행정청 · 지방자치단체 · 공공기관의 부정당제재

부정당업자
입찰참가자격 제한 해설

리걸플러스+ 150

행정청 · 지방자치단체 · 공공기관의 부정당제재

부정당업자
입찰참가자격 제한 해설

양창호 지음

■ 머리말

　정부가 발주하는 계약은 국민의 생활과 직결되고 그로 인한 공익적 목적을 달성하기 위한 것이 대부분입니다. 입찰참가자격 제한이란 정부와 계약을 체결한 자가 경쟁의 공정한 집행이나 계약의 적정한 이행을 해칠 염려가 있는 행위를 할 경우, 해당 계약상대자에 대하여 일정 기간 장래 정부가 발주하는 모든 입찰에 참여할 수 없도록 하는 조치를 말합니다. 따라서 입찰참가자격 제한조치를 받는 기업은 경제적·재정적으로 커다란 손해를 입게 됩니다. 국민의 권리를 침해하는 제재적 처분인 입찰참가자격 제한은 그 요건, 효과, 절차 등에 대하여 법령에 명확히 규정되어야 할 것이고, 법령을 잘못 해석하여 제재를 할 경우 법원에 의해 취소될 수도 있을 것입니다.

　입찰참가자격 제한은 「국가를 당사자로 하는 계약에 관한 법률」 제27조 하나의 조항에서 규율하고 있으나 그 중요성은 다른 조항에 비해 가장 크다고 볼 수 있습니다. 비록 동법 시행령 및 시행규칙에서 입찰참가자격 제한을 구체화하고 있으나, 이를 통해 그 사유 및 효과 등에 대해서 해석의 필요 없이 법령만으로 집행할 수는 없습니다. 따라서 업무담당자가 입찰참가자격 제한 조치를 집행할 때 법 해석을 잘못할 위험도 있을 수 있습니다.

　시중에는 입찰참가자격 제한 관련 업무담당자가 참고할 만한 자료는 찾을 수 없었습니다. 대부분 공공조달계약법 책의 일부분에 입찰참가자격 제한에 대한 대략적인 내용만을 다루고 있을 뿐 다양한 쟁점에 대한 내용까지는 포함하고 있지 않아 도움이 되지 않았습니다.

　필자는 방위사업청 법률소송담당관실(규제개혁법무담당관실)에서 근무하면서 국가계약 관련 여러 현안에 대해 검토하여 왔으며, 특히 계약심의회의 법무간사 업무를 담당하면서 입찰참가자격 제한과 관련된 여러 쟁점에 대해 법리적으로 고민하여 왔습니다. 방위사업청은 규모가 큰 무기체계에 대한 연구개발 및 구매 사업을 집행하고 있으므로,

입찰참가자격 제한을 받은 방산업체는 그 위법성에 대해 치밀하게 다투고 있습니다. 따라서 다른 행정기관보다 복잡하고 다양한 쟁점이 발생하였으며 이에 대해 문제없이 처리하여 왔습니다.

이러한 경험을 바탕으로 필자는 실무자의 입장에서 입찰참가자격 제한 업무를 처리함에 있어 실제로 발생하거나 발생할 가능성이 있는 모든 쟁점에 대해 법령, 법이론, 판례 등을 근거로 한 해설서를 만들고자 하였습니다. 판례는 최종심인 대법원이 아닌 하급심의 판단도 법 해석상 타당한 면에 있는 경우에는 근거로 삼았습니다.

계약상대자인 업체의 입장에서도 입찰참가자격 제한의 사유, 효력 및 절차 등에 관한 법적 지식이 계약을 이행하면서 발생되는 현안을 해결하는 데 필요한 참고자료가 될 것으로 확신합니다.

지방자치단체 또는 공공기관이 발주하는 계약의 경우에도 「지방자치단체를 당사자로 하는 계약에 관한 법률」 또는 「공공기관의 운영에 관한 법률」에 따라 입찰참가자격 제한이 집행됩니다. 이는 국가계약의 경우와 거의 유사하게 규정되어 있으나 다른 점이 존재하며 이에 대해 자세히 기술하였습니다. 또한 「방위사업법」에 따른 청렴서약 의무 위반에 따른 입찰참가자격 제한이나 국가연구개발사업의 참여제한에 관해서도 그 특징 및 다른 점을 기술하였습니다. 2016. 9. 2. 입찰참가자격 제한에 관한 조항이 개정되었는데 새로 개정된 조항에 대해서도 해석을 하였습니다.

이 책은 부정당업자 입찰참가자격 제한을 중심으로 발생할 수 있는 모든 쟁점에 대해 법적으로 정리한 것입니다. 아무쪼록 정부·지방자치단체·공공기관의 업무담당자 및 업체의 담당자에게 도움이 되기를 기원합니다.

끝으로 본서의 전반에 대해 독자 여러분의 질문이나 의견을 주시면 검토하여 반영하도록 하겠습니다. 고맙습니다.

※ 문구를 이해하기 쉽게 일부 수정하고 중요한 최신판례를 반영하였습니다.

2021년 3월
저자씀

CONTENTS

제2장 입찰참가자격 제한의 제재사유

부 록

법률 약칭(법제처)

· 국가를 당사자로 하는 계약에 관한 법률=국가계약법

　지방자치단체를 당사자로 하는 계약에 관한 법률=지방계약법

　공공기관의 운영에 관한 법률=공공기관운영법

　조달사업에 관한 법률=조달사업법

　하도급거래 공정화에 관한 법률=하도급법

　독점규제 및 공정거래에 관한 법률=공정거래법

　대·중소기업 상생협력 촉진에 관한 법률=상생협력법

　채무자 회생 및 파산에 관한 법률=채무자회생법

※ 국가계약법은 '법'으로 국가계약법 시행령은 '영'으로 약칭하는 부분도 있음.

제1장 총칙

제1절 의 의

국가가 수행하는 사업은 공공성이 높고 국민생활에 미치는 사회적·경제적 영향력
이 매우 크다. 이러한 사업의 수행을 위한 계약을 체결할 때 국가는 원칙적으로 공개
경쟁입찰 방법에 의하고 있다. 이는 공정한 경쟁원리에 따라 국가가 요구하는 품질
을 만족시킬 수 있는 적격자를 선정함으로써 계약의 공정성과 투명성을 확보하고 국
가사업의 시행을 원활하게 하기 위한 것이다. 이러한 입찰에서 입찰참가자들이 낙찰
에만 집착하여 행하는 많은 불법행위들을 그대로 방치한다면, 공정성을 담보로 하는
공개경쟁입찰원칙은 무의미하게 되고, 국가예산이 낭비되며 국가사업의 원활한 수행
에 큰 지장을 받게 된다. 또한 국가계약의 이행의무 위반 등이 가져오는 공익에 대한
침해의 정도나 사회적 파급효과는 매우 크므로, 국가계약의 체결 과정에서 그 공정
성과 적정한 이행을 확보할 수 있는 방안을 마련하는 것이 필수적이다. 이에 따라 「
국가를 당사자로 하는 계약에 관한 법률」 제27조는 입찰의 공정성 및 계약질서를 어
지럽히는 행위를 하는 자에 대하여 일정 기간 동안 입찰참가를 배제함으로써, 국가
계약 체결의 공정성과 그 충실한 이행을 확보하고 국가가 입게 될 불이익을 미연에
방지하기 위한 것이다.[1]

지방자치단체 또는 공공기관이 발주하는 계약도 국가가 수행하는 계약과 그 제도
적 근간을 같이 하며, 「지방자치단체를 당사자로 하는 계약에 관한 법률」 제31조 및
「공공기관의 운영에 관한 법률」 제39조제2항을 통해 입찰의 공정성 및 계약질서를

---

1) 헌법재판소 2016. 6. 30.자 2015헌바125, 290(병합) 결정.

어지럽히는 행위를 하는 자에 대하여 일정 기간 동안 입찰참가를 배제하고 있다.

최근 입찰참가자격 제한의 제재사유가 증가하는 방향으로 법령이 개정되었고, 행정기관은 법령의 제한요건을 부정당업자에게 불리하게 완화하여 해석하려는 경향이 많아졌다. 이에 따라 입찰참가자격 제한처분이 증가하였고 더불어 법적·소송적 분쟁이 늘어나고 있는 추세이다. 반면에 입찰참가자격 제한처분에 대한 법원의 집행정지 결정의 인용률이 높아 입찰참가자격 제한 제도의 실효성이 문제되고 있다. 입찰참가자격 제한은 일정 기간 동안 공공조달의 입찰참가가 배제되므로, 회사에는 중대한 손해를 유발하고 특히 중소기업은 그 존립도 위태로워질 수 있다. 따라서 입찰참가자격 제한에 있어서 발생하였거나 발생할 수 있는 쟁점에 대해 법령 및 판례를 근거로 논의하고자 한다.

제2절 입찰참가자격 제한의 부과주체

국가가 당사자인 계약의 경우 부정당업자의 입찰참가자격 제한처분을 부과할 수 있는 주체는 "각 중앙관서의 장"이다(국가계약법 제27조). "각 중앙관서의 장"은 헌법 또는 정부조직법등 그 밖의 법률에 따라 설치된 중앙행정기관을 의미한다(국가계약법 제4조, 국가재정법 제6조). 정부조직법상 중앙행정기관은 부·처 및 청으로 구분된다. 예컨대 국방부등 행정각부와 조달청, 방위사업청등 소속 청이 이에 해당한다.

☞ 지방계약법의 경우 부정당업자의 입찰참가자격 제한처분을 부과할 수 있는 주체는 "지방자치단체의 장"이다(지방계약법 제31조). 공기업·준정부기관을 당사자로 하는 계약의 경우에는 제한처분을 부과할 수 있는 주체는 "공기업·준정부기관의 장"이다(공공기관운영법 제39조). 지방공기업·지방공단이 계약의 당사자인 계약의 경우 제한처분의 부과주체는 "지방공기업·지방공단의 장"이다(지방공기업법 제64조의2 제4항, 제76조제2항).

[유권해석] 국가계약법 제2조에는 "동법은 국가가 대한민국 국민을 계약상대자로 하여 체결하는 계약 등 국가를 당사자로 하는 계약에 대하여 적용한다"라고 규정되어 있음. 따라서 사인 간의 계약에는 동법을 적용할 수 없고 상대 계약자의 부정당 행위에 대해 국가계약법상의 입찰참가자격 제한을 할 수 없을 것임(계약제도과-794, 2015. 6. 23.).

따라서 민간에서 발주하는 공사, 용역 및 물품구매의 계약에는 적용되지 않으며, 국가기관 등이 당사자가 되는 계약에서 계약상대자와 하수급자로 체결하는 계약에도 적용되지 않는다.

[유권해석] 허위실적서류를 서로 다른 관서에 제출한 경우라면 각 중앙관서의 장은 시행규칙 제76조 등을 적용하여 부정당업자제재조치를 하여야 함(회계제도과-377, 2003. 12. 29.). 이 경우 그 제재시점 및 제재기간이 서로 같아야 하는 것은 아님(회계 45107-1330, 1995. 8. 10.).

[유권해석] 국가계약법에 의한 부정당업자의 입찰참가자격 제한조치는 해당 중앙관서의 장이 하도록 규정하고 있으며, 동 조치는 입찰참가자 또는 계약상대자의 입찰참가 권리를 제한하는 것이므로 기관자체의 업무위임 등에 따라 산하기관에 위임할 수 있는 범위에 해당되지 않는다고 보임(회제 41301-1020, 2003. 9. 22.).

1. 계약사무 위탁

국가가 당사자인 계약의 경우 각 중앙관서의 장은 그 소관의 계약에 관한 사무를 다른 관서에 위탁할 수 있고(국가계약법 제6조제3항), 지방자치단체가 계약의 당사자인 계약의 경우 지방자치단체의 장은 중앙행정기관의 장, 다른 지방자치단체의 장 또는 전문기관[2]에 위임·위탁할 수 있다(지방계약법 제7조제1항[3]). 또한 국가, 지방

---

2) 지방계약법 시행령 제6조 ② 법 제7조제1항에서 "대통령령으로 정하는 전문기관"(이하 이 조에서 "전문기관"이라 한다)이란 계약이나 회계 등 관련 분야에 전문성을 갖춘 다음 각호의 기관을 말한다. 다만, 원가계산의 적정성에 대한 검토(이하 "원가검토"라 한다)를 위한 계약사무의 위탁은 제4호 각 목의 기관으로서 원가검토 대상 계약목적물에 대한 원가계산서를 작성하지 아니한 기관에 하여야 한다.
　1. 「공공기관의 운영에 관한 법률」에 따른 공기업과 준정부기관
　2. 「지방공기업법」에 따른 지방공사와 지방공단
　3. 공익목적을 위하여 관련 법률에 따라 설립된 비영리법인으로서 「감사원법」 제22조 및 제23조에 따라 감사원의 회계검사를 받는 기관 또는 법인
　4. 다음 각 목의 어느 하나에 해당하는 자로서 행정자치부장관이 정하는 요건을 갖춘 기관 또는 법인
　　가. 국가·지방자치단체 및 그 투자기관이 자산의 100분의 50 이상을 출자하거나 출연한 연구기관
　　나. 「고등교육법」 제2조 각호에 따른 학교의 연구소
　　다. 「공인회계사법」 제23조에 따라 설립된 회계법인
　　라. 「민법」이나 그 밖의 다른 법령에 따라 주무관청의 허가 등을 받아 설립된 법인
　　마. 「산업교육진흥 및 산학협력촉진에 관한 법률」 제25조에 따른 산학협력단
　5. 「지방자치단체 출자·출연 기관의 운영에 관한 법률」에 따른 지방자치단체 출자·출연 기관
3) 지방계약법 7조(계약사무의 위임·위탁) ① 지방자치단체의 장은 다른 법령에서 정한 경우 외에는 그 소관 계약사무를 처리하기 위하여 필요하다고 인정되면 그 사무의 전부 또는 일부를 「지방회계법」에 따른 회계관계공무원, 중앙행정기관의 장, 다른 지방자치단체의 장 또는 대통령령으로 정하는 전문기관에 위임하거나 위탁하여 처리하게 할 수 있다.

자치단체 또는 공공기관 등은 수요물자 또는 공사 관련 계약을 체결함에 있어 대통령령이 정하는 기준에 해당하는 경우에는 조달청장에게 계약체결을 요청하여야 한다(조달사업법 제5조의2 제1항[4]). 이 경우 위탁된 계약의 이행 등과 관련한 입찰참가자격 제한에 관한 권한이 위탁기관 또는 수탁기관에게 있는지에 대한 논의가 있다.

가. 지방자치단체의 장

지방자치단체의 장이 조달청장에게 수요물자 구매에 관한 계약체결을 요청한 경우, 그 계약의 이행 등과 관련한 입찰참가자격 제한에 관한 권한이 위탁기관인 지방자치단체의 장에게 있는지 또는 수탁기관인 동시에 계약당사자인 조달청장에게 있는지에 대한 논의가 있다.

> **【관련판례】** 지방자치단체를 당사자로 하는 계약에 관한 법률 제7조제1항, 제2항, 제31조제1항[5] 및 조달사업에 관한 법률 제5조의2 제1항, 제2항 등 관련 규정들을 모두 종합하여 보면, 지방자치단체의 장이 조달청장에게 수요물자 구매에 관한 계약 체결을 요청한 경우 그 계약사무의 처리에 관하여는 지방계약법이 적용되고 그 계약의 이행 등과 관련한 입찰참가자격 제한에 관한 권한은 지방계약법 제31조제1항에 따라 지방자치단체의 장에게 있다고 할 것이다(대법원 2012. 11. 15. 선고 2011두31635 판결 참조).

지방자치단체의 장이 조달청장에게 계약체결을 요청한 수요물자의 구매는 지방자치법 제9조에 따라 지방자치단체의 사무이며, 지방자치단체가 위탁된 계약에 따라 권리·의무의 귀속 주체가 되고, 위탁된 계약은 지방자치단체의 수입 및 지출의 원인이 되는 등 지방자치단체가 위탁된 계약에 관하여 실질적 이해관계를 가지게 된다.

---

4) 조달사업법 제5조의2(계약 체결의 요청)
　① 수요기관의 장은 수요물자 또는 공사 관련 계약을 체결함에 있어 계약 요청 금액 및 계약의 성격 등이 대통령령으로 정하는 기준에 해당하는 경우에는 조달청장에게 계약 체결을 요청하여야 한다. 다만, 천재지변 등 부득이한 사유로 계약 체결을 요청할 수 없거나 국방 또는 국가기밀의 보호, 재해 또는 긴급 복구 및 기술의 특수성 등으로 계약 체결을 요청하는 것이 부적절한 경우 등 대통령령으로 정하는 경우에는 그러하지 아니하다.
　② 수요기관의 장은 제1항에 해당하지 아니하는 경우에도 조달청장에게 수요물자의 구매 및 공사의 계약 체결을 요청할 수 있다.

5) 舊 지방계약법 제31조(부정당업자의 입찰 참가자격 제한) ① 지방자치단체의 장은 대통령령으로 정하는 바에 따라 경쟁의 공정한 집행 또는 계약의 적정한 이행을 해칠 염려가 있거나 그 밖에 입찰에 참가시키는 것이 부적합하다고 인정되는 자(이하 "부정당업자"라 한다)에 대하여는 제32조에 따른 계약심의위원회의 심의를 거쳐 2년 이내의 범위에서 입찰 참가자격을 제한하여야 한다. 다만, 대통령령으로 정하는 사유가 있는 경우에는 계약심의위원회의 심의를 거치지 아니하고 입찰 참가자격을 제한할 수 있다(법률 제11690호, 2013.3.23. 시행).

또한 위탁된 계약에 대하여 지방계약법이 적용되므로(지방계약법 제7조제2항[6]), 지방계약법 제31조제1항에 따라 입찰참가자격제한처분을 할 수 있는 권한은 지방자치단체의 장에게 있다고 보는 것이 타당하다.

그렇다면 위 사안의 경우 수탁기관인 조달청장에게는 입찰참가자격 제한 처분을 할 수 있는 권한이 있는지 여부가 논의될 수 있다. 이 경우 조달사업법 기타 다른 법률에서 특별히 조달사업에 관한 계약사무의 처리에 관하여 정하고 있지 아니하고, 지방계약법 제7조제2항 단서는 명시적으로 위임·위탁받은 중앙관서의 장도 지방계약법이 정하는 바에 따라 계약사무를 처리하도록 규정하고 있다. 따라서 지방계약법 제31조제1항은 수탁자인 중앙행정기관의 장에게 입찰참가자격 제한에 관한 권한을 부여하지 않았으므로 조달청장에는 제재권한이 없다고 해석된다.[7]

위탁된 계약의 당사자는 대한민국이고 조달청장이 대한민국의 기관이어서 조달청장이 위탁된 계약의 해제권 등을 행사할 수 있다고 하더라도, 이러한 조달청장의 지위에서 공법상 제재처분인 입찰참가자격 제한 처분을 할 수 있는 권한이 바로 도출될 수 있는 것은 아니다. 따라서 조달청장에게 위탁계약에 관해 입찰참가자격 제한 처분을 할 수 있는 법적 근거가 있어야 한다. 다만, 지방계약법 제31조제1항은 2013. 8. 6. 법률 제12000호로, 지방자치단체의 장이 제7조제1항에 따라 중앙행정기관의 장에게 계약사무를 위임하거나 위탁하여 처리하는 경우 수탁기관인 중앙행정기관의 장에게 입찰참가자격 제한 처분을 할 수 있는 권한이 있는 것으로 개정되었는데, 이 규정에 따라 비로소 지방자치단체의 계약사무를 위탁받은 조달청장도 입찰참가자격 제한의 권한을 행사할 수 있게 된 것이다.[8]

나. 공공기관의 장

공공기관의 장은 수요물자 또는 공사 관련 계약을 체결함에 있어 대통령령이 정하

---

6) 지방계약법 제7조(계약사무의 위임·위탁) ② 제1항에 따라 계약사무를 위임 또는 위탁받는 기관의 계약담당자는 다른 법률에 특별한 규정이 없으면 이 법에서 정하는 바에 따라 계약사무를 처리하여야 한다. 다만, 「국가를 당사자로 하는 계약에 관한 법률」의 적용을 받는 중앙행정기관의 장 또는 전문기관에 위임 또는 위탁하는 경우에는 이 법에서 정하는 바에 따라 계약사무를 처리하여야 한다.

7) 부산고등법원(창원) 2011. 11. 10. 선고 2011누122 판결 참조.

8) 서울행정법원 2015. 6. 26. 선고 2014구합57072 판결 참조.

는 기준에 해당되는 경우에는 조달청장에게 계약체결을 요청하여야 한다. 또한 대통령령이 정하는 기준에 해당되지 않더라도 조달청장에게 계약 체결을 요청할 수 있다9)(조달사업법 제5조의2 제1항, 제2항). 기타 공공기관의 장이 조달청장에게 계약체결을 위탁한 경우 그 계약의 이행 등과 관련한 입찰참가자격 제한에 관한 권한이 위탁기관인 공공기관의 장에게 있는지 또는 수탁기관인 동시에 계약당사자인 조달청장에게 있는지에 대해 논의가 있다.

【관련판례】 이 사건 계약은 요청조달계약으로서 대한민국과 원고(업체)가 그 당사자이므로 이에 대하여는 국가계약법 제2조 및 제3조에 따라 다른 법률에 특별한 규정이 없는 한 당연히 국가계약법이 적용된다. 그러나 위 법리에 의하여 요청조달계약에 적용되는 국가계약법 조항은 국가가 사경제 주체로서 국민과 대등한 관계에 있음을 전제로 한 사법(私法)관계에 관한 규정에 한정되고, 고권적 지위에서 국민에게 침익적 효과를 발생시키는 행정처분에 관한 규정까지 당연히 적용된다고 할 수 없다. 특히 요청조달계약에 있어 조달청장은 수요기관으로부터 요청받은 계약 업무를 이행하는 것에 불과하므로, 조달청장이 수요기관을 대신하여 국가계약법 제27조 제1항에 규정된 입찰참가자격 제한 처분을 할 수 있기 위해서는 그에 관한 수권의 취지가 포함된 업무 위탁에 관한 근거가 법률에 별도로 마련되어 있어야 한다. 공공기관의 운영에 관한 법률 제44조제2항은 "공기업·준정부기관은 필요하다고 인정하는 때에는 수요물자 구매나 시설공사계약의 체결을 조달청장에게 위탁할 수 있다"고 규정함으로써, 공기업·준정부기관에 대해서는 입찰참가자격 제한 처분의 수권 취지가 포함된 업무 위탁에 관한 근거 규정을 두고 있는 반면, 기타 공공기관은 여기에서 제외하고 있음을 알 수 있다. 따라서 수요기관이 기타 공공기관인 요청조달계약의 경우에 관하여는 입찰참가자격 제한 처분의 수권 등에 관한 법령상 근거가 없으므로, 조달청장이 국가계약법 제27조제1항에 의하여서는 계약상대방에 대하여 입찰참가자격 제한 처분을 할 수는 없고, 그 밖에 그러한 처분을 할 수 있는 별도의 법적 근거도 없다고 봄이 타당하다(대법원 2017. 6. 29. 선고 2014두14389 판결10)).

---

9) 공공기관운영법 제44조(물품구매와 공사계약의 위탁)
　① 공기업·준정부기관이 「중소기업제품 구매촉진 및 판로지원에 관한 법률」 제6조에 따른 중소기업자 간 경쟁 제품을 「국가를 당사자로 하는 계약에 관한 법률」 제4조제1항에 따라 기획재정부장관이 고시한 금액 이상 구매하는 경우에는 조달청장에게 구매를 위탁하거나, 「조달사업에 관한 법률」 제5조에 따른 계약방법에 따라 이를 구매하여야 한다. 다만, 구매하고자 하는 제품의 특수성·전문성 또는 안전성 등을 고려하여 기획재정부령으로 정하는 경우에는 그러하지 아니하다.
　② 공기업·준정부기관은 필요하다고 인정하는 때에는 수요물자 구매나 시설공사계약의 체결을 조달청장에게 위탁할 수 있다.

10) 원심법원은 "이 사건 계약은 요청조달계약으로서 대한민국과 원고(업체)가 그 당사자이므로 이에 대하여는 국가계약법 제2조에 따라 국가계약법이 적용되는 결과, 그 과정에서 소속 직원이 뇌물을 교부한 원고(업체)에 대하여도 국가계약법 제27조제1항, 시행령 제76조제1항 제10호가 적용되어 해당 중앙관서의 장인 피고(조달청장)가 이 사건 제재를 하여야 함이 위 조항들의 문언에 비추어 명백

* 사안은 기타 공공기관인 부산대학교병원이 조달사업법 제5조의2 제1항에 따라 조달청에게 계약의 체결을 요청한 것임.

지방자치단체의 장으로부터 계약사무를 위탁받은 조달청장은 지방계약법에 따라 계약사무를 처리하여야 하는 근거조항이 있다. 반면에, 공공기관의 장으로부터 계약사무를 위탁받은 경우 적용해야 하는 법률에 대해서는 특별한 규정이 없으므로, 국가기관인 조달청장이 계약당사자이므로 국가계약법이 적용된다. 그러나 국가계약법 및 지방계약법이 계약에 적용된다고 하더라도 국가계약법 제27조 및 지방계약법 제31조제1항은 수탁받은 중앙행정기관의 장에게 입찰참가자격을 제한하는 권한을 부여한 규정이라고 해석할 수는 없으며, 이를 부여하는 특별한 법적 근거가 있어야 한다. 위 대법원 판례는 계약사무의 위탁규정인 공공기관운영법 제44조제2항을 입찰참가자격 제한처분의 수권 취지가 포함된 업무 위탁에 관한 규정이라고 해석하였다. 이는 지방계약법상 계약사무의 위탁규정인 제7조제1항을 입찰참가자격 제한처분의 수권 취지가 포함되지 않았다는 취지로 해석한 이전 판결과 상반되는 내용이다. 침익적 효과를 발생시키는 행정처분의 권한에 대한 위임·위탁은 법적 근거가 명확하여야 함에도 계약사무 위탁규정은 처분권한이 명확하지 아니하다는 비판이 가능하다. 그러나 기타 공공기관의 입찰참가자격의 제한조치는 사법상의 효력을 가지는 통지행위에 불과하므로 행정처분 권한 자가 아니므로 계약사무를 위임·위탁하였다고 행정처분 권한이 부여되었다고 볼 수는 없으므로 판례의 결론은 타당하다.

위 대법원 판례의 취지를 고려하면, 공기업·준정부기관의 장이 계약사무를 조달청장에게 위탁할 경우 조달청장은 국가계약법상 입찰참가자격 제한처분을 할 수 있다고 해석된다. 판례도 같은 입장이다.

【관련판례】 [1] 조달청장이 조달사업에 관한 법률 제5조의2 제1항 또는 제2항 에 따라 수요기관으로부터 계약 체결을 요청받아 그에 따라 체결하는 계약은, 국가가 당사자가 되고 수요기관은 수익자에 불과한 '제3자를 위한 계약'에 해당한다.
[2] 국가를 당사자로 하는 계약에 관한 법률(이하 '국가계약법'이라 한다) 제2조 는 그 적용 범위에 관하여 국가가 대한민국 국민을 계약상대자로 하여 체결하는 계약

하다. 따라서 이와 다른 내용을 규정하는 특별한 예외규정 등이 없는 한 이 사건 제재권한은 피고 (조달청장)에게 있다고 보는 것이 위 조항들의 문언내용에 부합한다"(서울고등법원 2014. 10. 28. 선고 2013누31549 판결 참조)고 판시하였다.

등 국가를 당사자로 하는 계약에 대하여 위 법을 적용한다고 규정하고 있고, 제3조는 국가를 당사자로 하는 계약에 관하여는 다른 법률에 특별한 규정이 있는 경우를 제외하고는 이 법에서 정하는 바에 의한다고 규정하고 있으므로, 국가가 수익자인 수요기관을 위하여 국민을 계약상대자로 하여 체결하는 요청조달계약에는 다른 법률에 특별한 규정이 없는 한 당연히 국가계약법이 적용된다. 그러나 위 법리에 의하여 요청조달계약에 적용되는 국가계약법 조항은 국가가 사경제 주체로서 국민과 대등한 관계에 있음을 전제로 한 사법(私法)관계에 관한 규정에 한정되고, 고권적 지위에서 국민에게 침익적 효과를 발생시키는 행정처분에 관한 규정까지 당연히 적용된다고 할 수 없다. 특히 요청조달계약에 있어 조달청장은 수요기관으로부터 요청받은 계약업무를 이행하는 것에 불과하므로, 조달청장이 수요기관을 대신하여 국가계약법 제27조 제1항에 규정된 입찰참가자격 제한 처분을 할 수 있으려면 그에 관한 수권의 근거 또는 수권의 취지가 포함된 업무 위탁에 관한 근거가 법률에 별도로 마련되어 있어야 한다. 한편 공공기관의 운영에 관한 법률(이하 '공공기관운영법'이라 한다) 제44조 제2항 은 "공기업·준정부기관은 필요하다고 인정하는 때에는 수요물자 구매나 시설공사계약의 체결을 조달청장에게 위탁할 수 있다."라고 규정하고 있다. 그런데 이처럼 공공기관운영법에 계약 체결 업무의 위탁에 관하여 법률 규정을 별도로 두고 있는 취지는 조달청에서 운영하고 있는 전문적이고 체계적인 조달시스템을 완전하게 이용하도록 하기 위한 것인 점, 요청조달계약의 수요기관이 준정부기관인 경우 공공기관운영 법 제39조제2항 에 따라 독자적인 입찰참가자격 제한 처분 권한을 보유하고 있는 점, 조달청장에게 계약 체결 업무가 전적으로 위탁된 이상 조달청장은 국가계약법에서 정한 제반 절차에 따라 위탁기관의 계약과 관련한 사무를 처리하여야만 하는 점 등을 종합하여 보면, 공공기관운영 법 제44조 제2항 은 국가계약법상의 입찰참가자격 제한 처분의 수권취지가 포함된 업무 위탁에 관한 근거 규정에 해당한다. 이러한 법리와 관련 규정의 내용 및 취지에 비추어 보면, 준정부기관으로부터 공공기관운영 법 제44조 제2항 에 따라 계약 체결 업무를 위탁받은 조달청장은 국가계약법제27조 제1항 에 따라 입찰참가자격 제한 처분을 할 수 있는 권한이 있다고 봄이 타당하다(대법원 2017. 12. 28. 선고 2017두39433 판결)

* 사안은 준정부기관인 한국교육학술정보원이 조달사업법 제5조의2 제1항에 따라 조달청에게 계약의 체결을 요청한 것임.

2. 공공기관의 입찰참가자격 제한

가. 공기업·준정부기관

공공기관운영법에 따르면 공공기관은 공기업, 준정부기관, 기타 공공기관으로 분류된다. 공공기관운영법은 공공기관의 지정요건에 해당하는 기관에 대해서는 기획재정부장관이 주무기관 장과의 협의 및 공공기관운영위원회의 심의·의결을 거쳐 공공기관으로 지정할 수 있도록 재량을 부여하고 있어, 요건을 충족하는 기관이라 할지라도 기획재정부의 판단 등에 따라 공공기관으로 지정되지 않을 수 있다. 또한 공공기관운영법에서는 공기업과 준정부기관은 정원 50인 이상의 공공기관 중에서 지정할 수 있고, 이에 속하지 않는 공공기관은 기타 공공기관으로 지정한다고 규정하고 있을 뿐이어서, 공기업이나 준정부기관의 지정요건을 충족하는 주요 공공기관도 기타 공공기관으로 지정할 수 있다.

공공기관운영법 제39조제2항에 따라 "공기업·준정부기관은 공정한 경쟁이나 계약의 적정한 이행을 해칠 것이 명백하다고 판단되는 사람·법인 또는 단체 등에 대하여 2년의 범위 내에서 일정 기간 입찰참가자격을 제한할 수 있다"고 규정하고 있고, 제3항은 "입찰참가자격의 제한기준 등에 관하여 필요한 사항은 기획재정부령으로 정한다"고 규정하여, 공기업 및 준정부기관이 입찰참가자격 제한 처분을 할 수 있는 법적 근거가 마련되어 있다.[11] 즉, 공기업 및 준정부기관은 일정 규모 이상일 것을 요건으로 함으로써 공공기관으로서의 성격이 있음에 비추어 관할관청인 기획재정부장관으로부터 그 지정을 받음으로써 공적 임무를 수행하는 영역에서 행정기관으로서의 지위를 부여받았다고 평가될 수 있다. 따라서 이러한 공기업·준정부기관의 입찰참가자격 제한 조치를 항고소송의 대상이 되는 처분으로 인정함에는 입찰참가자격을 제한할 수 있는 법률상 근거가 부여되면 족하고, 별도로 국가로부터 명시적으로 행정처분을 할 권한을 부여받을 필요가 없다고 봄이 상당하다.[12]

「공기업·준정부기관 계약사무처리규칙」 제15조는 "기관장은 공정한 경쟁이나 계약의 적정한 이행을 해칠 것이 명백하다고 판단되는 자에 대해서는 국가계약법 제27조에 따라 입찰참가자격을 제한할 수 있다"고 규정하고 있다. 동 규정에 따라 공기업·준정부기관은 국가계약법과 동일한 수준으로 입찰참가자격 제한 처분을 하여야 한다. 특히 국가계약법 제27조제5항이 적용됨에 따라 공기업·준정부기관은 그 제한내용을 전자조달시스템(나라장터)에 공개하여야 한다. 따라서 각 중앙관서의 장은 공공기관운

---

11) 과거 위 규정이 제정되기 전 「정부투자기관 관리기본법」하에서는, 공기업 및 준정부기관은 행정기관이 아니며 그러한 제재처분의 권한을 위임받은 바 없다는 이유로, 정부투자기관의 입찰참가자격 제한처분의 행정처분성을 부인하였다.

12) 안철상, 정부투자기관의 입찰참가자격 제한의 법적 성질-대법원 1999. 11. 26.자 99부3 결정-, 『판례평석』, p.9.

영법에 따라 입찰참가자격 제한을 한 사실을 통보하거나 전자조달시스템에 기재된 자에 대해서도 입찰에 참가할 수 없도록 하여야 한다(국가계약법 시행령 제76조제11항).

나. 기타 공공기관

공공기관의 입찰참가자격 제한 처분에 대한 근거조항은 공공기관운영법 제39조이며, 동 조항은 처분권한자를 "공기업·준정부기관"으로 명시함으로써 기타 공공기관은 적용범위에서 제외되었다. 따라서 기타 공공기관은 공공기관운영법에 의한 입찰참가자격 제한조치를 할 수 없을 뿐만 아니라, 중앙관서의 장도 아니므로 국가계약법 제27조제1항에 의하여 입찰참가자격 제한조치를 할 수 없다. 따라서 기타 공공기관은 행정소송법에 정한 행정청 또는 그 소속기관이거나, 이로부터 입찰참가자격을 제한하는 내용의 부정당업자제재 처분의 권한을 위임받았다고 볼 아무런 법적 근거가 없으므로, 기타 공공기관이 한 제재처분은 행정소송의 대상이 되는 행정처분이 아니다.

그렇다면 기타 공공기관이 행한 입찰참가자격 제한 조치는 단지 '상대방을 당해 기타 공공기관이 시행하는 입찰에 참가시키지 않겠다'는 뜻의 사법상의 효력을 가지는 통지행위에 불과하다. 그렇다면 현실적으로 기타 공공기관으로부터 제재조치를 당한 업체가 그 제재조치로 인해 피해로부터 구제를 받을 필요가 있다. 그런데 그 제재조치가 처분성이 없어 행정소송의 대상이 되지 않으므로 민사소송으로 구제받을 수밖에 없다. 가능한 수단으로 입찰참가자격 제한 통보행위의 무효확인을 구하는 것을 생각해 볼 수 있지만, 법원은 그 통지로 인하여 기타 공공기관과 업체 사이에 어떤 현실적인 권리 또는 법률관계가 생겼다고 볼 수 없으므로 무효를 다툴 소의 이익을 부정한 바 있다(대법원 1998. 3. 24. 선고 97다33867 판결, 서울고등법원 1997. 6. 24. 선고 96나21517 판결 참조[13]). 다만, 제재조치가 무효임을 전제로 하여 특정한

---

13) 피고(한국토지공사)의 통지행위가 있다 하여 국가 또는 지방자치단체 및 각 정부투자기관이 국가계약법 제27조나 지방재정법 제62조제2항에 의하여 자신들이 시행하는 모든 입찰에 원고(업체)의 참가를 제한하는 효력이 발생한다고 볼 수도 없다(위 94두36 판결 참조). 또한 행정명령에 불과한 회계예규에서 부정당업자로 제재받은 후 1년이 경과하지 아니한 자는 국가가 발주하는 공사계약의 연대보증인이 될 수 없게 되었거나, 입찰참가자격 제한을 받고 당해 제재지간 만료 후 1년 이상 경과하지 아니한 자에 대하여는 일정한 공사계약의 계약당사자로서 소정의 선금의 지급을 받을 수 없고 우수건설업자로 우대받지 못하게 되었다 하더라도, 이는 사실상·경제상의 불이익에 불과할 뿐 그 취소 또는 무효 확인을 구할 법률상의 익이 있는 것이라고 볼 수 없다(대법원 1995. 7. 14. 선고 95누4047 판결 참조).

입찰에 참여하기 전에 입찰자자격 지위확인을 구하는 것은 가능하다는 사례가 있다 (대법원 2010다83182 판결 참조).

기타 공공기관이 입찰참가자격 제한 조치를 할 수 있는 근거는 기획재정부 훈령인 「기타 공공기관 계약사무 운영규정」 제14조이다. 동 조항은 2012. 10. 29. 개정되기 전에는 기타 공공기관이 입찰참가자격 제한조치를 할 경우 기획재정부장관이 지정·고시하는 정보처리장치(나라장터)에 그 제한사항을 게재하고, 모든 기타 공공기관의 기관장은 위 정보처리장치(나라장터)에 게재된 업체에 대해 입찰참가자격을 제한하여야 했다. 그러나 2012. 10. 29. 개정되어 해당 항이 삭제되어,[14] 현재 기타 공공기관은 입찰참가자격 제한조치 시 나라장터에 게재할 의무가 없고, 입찰참가자격 제한조치는 당해 기타 공공기관이 집행하는 입찰에만 제한의 효과가 있게 되었다.

원고회사가 담합행위를 할 당시에 피고는 기타 공공기관이었으나 이후 공기업으로 변경 지정되었다. 이 경우 현재 공기업이 이전 원고회사의 담합행위에 대해 입찰참가자격 제한처분을 할 수 있는지 여부가 논의될 수 있다. 이에 대해 법원은, "공공기관운영 법 제39조 제2항은 입찰참가자격 제한을 할 수 있는 공공기관으로 공기업·준정부기관을 규정하고 있다. 그런데 공기업·준정부기관과 기타 공공기관은 그 직원 수, 수입액 등에 따라 기획재정부장관이 지정함으로써 구분되고, 각 공공기관이 행하는 업무나 행위의 공법성 정도에 따라 구분되는 것은 아니다. 따라서 기타 공공기관의 행위를 일률적으로 사법상의 행위라고 보아 민사소송의 방법으로 권리구제를 받아야 한다고 단정할 것은 아니다. 만약 기타 공공기관이 부정당업자에 대하여 한 입찰참가자격 제한 조치를 사법상의 통지행위에 불과한 것으로 본다면 현실적으로 제재를 받은 자는 민사소송의 방법으로 구제를 받아야 하는데, 통지행위 무효확인을 구할 이익이 있는지, 행정처분의 집행정지와 같은 신속한 구제가 가능한지 등 국민의 권리 구제에 문제가 따르기 때문에 위와 같은데도 타당하다고 보기 어렵다. 따라서 기타 공공기관의 입찰참가자격 제한 조치도 행정기관으로서 처분성을 인정함이 타당하다. 다만 기타 공공기관은 공기업·준정부기관의 입찰참가자격 제한에 관한 규정인 공공기관운영법 제39조제2항과 같은 규정이 없어 입찰참가자격을 제한할 법

---

14) 개정취지는 "경영자율성이 보장되는 기타 공공기관에 공기업·준정부기관에 준하는 수준의 국가계약상 규제를 할 실익이 크지 않고, 공공기관의 운영에 관한 법률의 위임범위를 벗어나는 문제를 해결하고자 부정당업자 입찰참가자격 제한에 관한 규제를 완화하려는 것"이다.

적 근거가 문제되지만, 이것은 본안에서 판단할 사항이다"라고 판시하여(서울고등법원 2015. 7. 15. 선고 2015누31024 판결), 기타 공공기관이 공기업으로 변경 지정된 경우 변경 전 위반행위에 대해 공기업이 제재처분을 할 수 있다는 전제에서 본안판단을 하였다.

다. 방위사업법상 계약의 위탁과 국방과학연구소장

방위사업청은 방위력개선사업을 수행하는 국방부 소속의 중앙행정기관이고, 국방과학연구소는 국방과학연구소법에 따라 정부 출연금으로 설립된 법인이다. 국방과학연구소는 공공기관운영법에 따라 '기타 공공기관'으로 지정되어 있다. 방위사업청은 방위사업법을 근거로 업무를 수행하며 방위력개선사업은 크게 무기체계에 대한 구매 및 연구개발로 구분된다. 이 중 연구개발은 일반적인 연구개발과 핵심기술에 관한 연구개발로 구분된다. 방위사업법에 따라 방위사업청장은 핵심기술 연구개발에 관한 계약 및 관리 업무를 국방과학연구소장에게 위탁하고 있다. 따라서 국방과학연구소장은 핵심기술의 연구개발에 관한 계약을 체결하고 관리하고 있다.

국방과학연구소장과 계약을 체결한 업체가 「기타 공공기관 계약사무 운영규정」 제14조의 제재사유(국가계약법 제27조의 5가지 제재사유)에 해당할 경우, 국방과학연구소장은 해당 업체에 대한 입찰참가자격 제한조치를 할 수 있다. 해당 제한조치는 행정처분이 아니며, 단지 해당 업체를 향후 국방과학연구소가 집행하는 입찰에 참가시키지 않겠다는 뜻의 사법상의 효력을 가질 뿐이다. 그러나 방위사업청장이 체결하는 사업과 국방과학연구소장이 체결하는 사업이 방위력개선사업으로 동일한 효력을 가짐에도 불구하고, 부정당업자에 대한 입찰참가자격 제한의 효과가 달라지는 불합리한 점이 내재하고 있다. 이에 국방과학연구소장이 체결한 핵심기술의 연구개발 계약 업체에 대해, 방위사업청장이 입찰참가자격 제한 처분을 할 수 있는지가 논의되고 있다.

국가계약법 제2조에는 "동법은 국가가 대한민국 국민을 계약상대자로 체결하는 계약"에 대하여 적용하므로, 국가가 아닌 국방과학연구소장이 업체와 체결하는 계약은 사인 간의 계약이므로 국가계약법이 적용되지 않는다는 점, 국가계약법 제6조는 중앙관서의 장이 그 소관의 계약에 관한 사무를 '다른 관서'에 위탁할 수 있는데, 국방과학연구소는 '관서'가 아니므로 동 조항이 적용되지 않는다는 점, 지방계약법은 국가계약법과 달리 관서뿐만 아니라 전문기관에 계약사무를 위임·위탁할 수 있고, 위임·위탁을 받은 기관은 지방계약법에 따라 계약사무를 처리해야 한다는 근거조항이 있어, 위임·위탁 사안에 대해 국가계약법과 다르게 규정하고 있는 점 등을 고려할 때, 방위사업청장에게는 부정당 입찰참가자격 제한처분을 할 권한이 없다고 판단된다.[15]

제3절 입찰참가자격 제한의 대상

1. 정의

부정당업자 입찰참가자격 제한의 대상은 "부정당업자"이며, "부정당업자"란 법 제27조제1항 및 영 제76조제1항에 해당하는 계약상대자, 입찰자 또는 영 제30조제2항에 따라 전자조달시스템을 이용하여 견적서를 제출한 자(계약상대자등)를 말한다. 또한 계약상대자등의 대리인, 지배인 또는 그 밖의 사용인이 법 제27조제1항 및 영 제76조제1항에 해당하는 행위를 한 경우에도 계약상대자등이 "부정당업자"에 해당한다(영 제76조제2항). 부정당업자는 국내업체뿐만 아니라 국외업체도 포함된다.

'계약상대자'라 함은 계약의 상대방이라는 의미이므로 경쟁계약의 계약상대방뿐만 아니라 수의계약의 계약상대방도 부정당업자 입찰참가자격 제한의 제재대상이 될 수 있다(계약제도과-310, 2015. 3. 24.). 또한 그 계약에는 주계약자가 체결한 계약뿐만 아니라 주계약자를 위하여 체결한 이행보증계약도 포함된다(대법원 2013. 5. 23. 선고 2011두19666 판결). 하수급자는 계약상대자가 아니므로 입찰참가자격 제한의 제재대상이 될 수 없다.

'입찰자'란 '당해 경쟁입찰에 참가한 자'를 의미한다. 따라서 당해 경쟁입찰에 참

---

15) 이에 반대하는 견해로, 위탁기관은 수탁기관의 수탁사무 처리에 대해 지휘·감독할 권한을 보유하고 있으므로, 방위사업청장은 핵심기술의 연구개발 사업에 대한 지휘·감독할 권한을 보유하고 있다는 점, 계약에 따른 최종적인 권리·의무의 귀속주체 및 예산의 근거는 국가이므로, 국가는 국방과학연구소장이 체결하는 계약과 실질적 이해관계를 가지고 있는 점 등을 근거로 국방과학연구소장이 체결한 계약도 국가계약법이 적용되어 방위사업청장이 입찰참가자격 제한처분을 할 수 있다고 주장한다.

가하지 아니함으로써 경쟁입찰의 성립 자체를 방해하는 담합행위는 설사 그 경쟁입찰을 유찰시켜 수의계약이 체결되도록 하기 위한 목적에서 비롯된 것이라 하더라도 '입찰자'에 해당하지 않기 때문에 입찰참가자격 제한 조치를 할 수 없다(대법원 2008. 2. 28. 선고 2007두13791, 13807 판결 참조). 또한 시행규칙 제15조에 따라 입찰참가자격 등록만 하고 있는 자 또는 시행규칙 제40조에 따라 입찰참가자격 신청 전에 실시하는 '입찰참가자격 사전심사'(PQ)에 참가 중인 자도 '입찰자'로 보기 어렵다(계약제도과-1159, 2012. 9. 4.). 입찰자는 추후 해당 입찰자의 입찰행위의 유·무효 판정 여부와 관계없이 객관적으로 입찰에 참가한 자를 의미하는 것이므로, 입찰자가 입찰참가자격이 없음에도 입찰에 참가하여 추후 해당 입찰이 무효가 되었다 할지라도 입찰에 참가하여 허위서류를 제출한 사실이 있다면 입찰참가자격을 제한하는 것이 타당하다(계약제도과-595, 2011. 5. 26.).

수의계약에 있어 견적서를 제출하는 자는 경쟁입찰의 '입찰자'와 유사한 지위를 가진다. 중앙관서의 장은 영 제26조제1항 제5호 가목[16]에 따라 수의계약 중 추정가격이 2천만 원을 초과하는 수의계약의 경우에는 전자조달시스템(나라장터)을 이용하여 견적서를 제출하도록 하여야 한다(영 제30조제2항). 이에 따라 **"전자조달시스템을**

---

16) 국가계약법 시행령 제26조 ① 법 제7조제1항 단서에 따라 수의계약에 의할 수 있는 경우는 다음 각 호와 같다.

　5. 제1호부터 제4호까지의 경우 외에 계약의 목적·성질 등에 비추어 경쟁에 따라 계약을 체결하는 것이 비효율적이라고 판단되는 경우로서 다음 각 목의 경우

　　가. 다음의 어느 하나에 해당하는 계약

　　　1) 「건설산업기본법」에 따른 건설공사(같은 법에 따른 전문공사는 제외한다)로서 추정가격이 2억 원 이하인 공사, 같은 법에 따른 전문공사로서 추정가격이 1억 원 이하인 공사 및 그 밖의 공사 관련 법령에 따른 공사로서 추정가격이 8천만 원 이하인 공사에 대한 계약

　　　2) 추정가격이 2천만 원 이하인 물품의 제조·구매계약 또는 용역계약

　　　3) 추정가격이 2천만 원 초과 5천만 원 이하인 계약으로서 「중소기업기본법」 제2조제2항에 따른 소기업 또는 「소상공인 보호 및 지원에 관한 법률」 제2조에 따른 소상공인과 체결하는 물품의 제조·구매계약 또는 용역계약. 다만, 제30조제1항 제3호 및 같은 조 제2항 단서에 해당하는 경우에는 소기업 또는 소상공인외의 자와 체결하는 물품의 제조·구매계약 또는 용역계약을 포함한다.

　　　4) 추정가격이 2천만 원 초과 5천만 원 이하인 계약 중 학술연구·원가계산·건설기술 등과 관련된 계약으로서 특수한 지식·기술 또는 자격을 요구하는 물품의 제조·구매계약 또는 용역계약

　　　5) 추정가격이 2천만 원 초과 5천만 원 이하인 계약으로서 「여성기업지원에 관한 법률」 제2조제1호에 따른 여성기업 또는 「장애인기업활동 촉진법」 제2조제2호에 따른 장애인기업과 체결하는 물품의 제조·구매계약 또는 용역계약

　　　6) 추정가격이 5천만 원 이하인 임대차 계약(연액 또는 총액을 기준으로 추정가격을 산정한다) 등으로서 공사계약 또는 물품의 제조·구매계약이나 용역계약이 아닌 계약

이용하여 견적서를 제출하는 자"도 부정당업자에 해당될 수 있다. 시행규칙 제33조에 따라 계약의 목적이나 특성상 전자조달시스템(나라장터)에 의한 견적서제출이 곤란한 경우는 전자조달시스템(나라장터)에 의하지 아니하고, 발주기관이 지정하는 방법이나 또는 제시하지 않는 경우 우편, 팩스, 이메일, 직접제출 등 일반적인 방법으로 제출이 가능한데(조달청 규제개혁법무담당관-2972, 2013. 6. 3.), 일정한 수의계약의 경우 지정정보처리장치로 견적서 제출의무화한 배경은 계약체결의 공정성과 신뢰성을 확보하기 위한 것인 점 및 침익적 행정처분의 근거가 되는 행정법규는 엄격하게 해석·적용하여야 한다는 점을 고려하면, 지정정보처리장치 이외의 방법으로 견적서를 제출한 자에 대해서는 부정당업자 입찰참가자격 제한 조치를 할 수 없다고 해석된다.

2. 공동계약의 공동수급체[17]

국가계약법 제25조에 따른 공동계약의 공동수급체가 법 제27조제1항 사유에 해당하는 경우에는 입찰참가자격 제한의 원인을 제공한 자에 대해서만 입찰참가자격을 제한한다(영 제76조제4항). 따라서 공공수급체 구성원 중 입찰참가자격 제한의 원인을 제공하지 않은 자에 대해서는 입찰참가자격을 제한할 수 없다.

3. 법인 또는 단체, 조합

입찰참가자격의 제한을 받은 자가 법인 또는 단체인 경우에는 법인 또는 단체뿐만 아니라 그 대표자에게도 입찰참가자격을 제한한다. 다만, 대표자가 여러 명 있는 경우에는 해당 입찰 및 계약에 관한 업무를 소관하는 대표자로 한정한다. 입찰참가자격 제한을 받은 자가 「중소기업협동조합법」에 따른 중소기업협동조합인 경우에는 조합뿐만 아니라 입찰참가자격 제한의 원인을 제공한 조합원에게도 입찰참가자격을 제한한다(영 제76조제5항). 동 조항은 조합이 단체적 계약[18]을 체결할 경우 그 계약체

---

17) '공동수급체'라 함은 구성원을 2인 이상으로 하여 수급인이 해당 계약을 공동으로 수행하기 위하여 잠정적으로 결성한 실체를 말한다. 계약담당공무원은 공동계약 체결 시 공공수급체 구성원 전원이 계약서에 연명으로 기명날인 또는 서명토록 하여야 한다(공동계약운용요령 제1조, 제6조).

18) 중소기업협동조합은 조합원의 경제적 이익을 도모하기 위한 단체적 계약을 체결할 수 있고, 단체적 계약은 직접 조합원에 대하여 효력을 가진다(중소기업협동조합법 제35조제7호, 제40조제2항). 또한 협동조합이 자신의 명의로 체결하는 단체적 계약의 당사자는 특별한 사정이 없는 한 협동조합 자신이며, 다만 단체적 계약의 효력은 그 계약의 수혜를 받게 되는 실수요자인 조합원에게도 미치고 그

결과정 또는 이행과정에서 실제로는 조합원이 입찰참가자격 제한사유를 야기하였을 경우, 영 제76조제2항에 따라 조합이 입찰참가자격 제한을 받게 되는 경우[19] 계약낙사자인 중소기업협동조합 이외에 그 원인을 야기시킨 조합원(법인 또는 단체인 경우에는 그 대표자)에 대해서도 입찰참가자격 제한을 적용하는 일종의 양벌적 제재규정이다. 만일 중소기업협동조합만 제재를 하고 이를 야기한 조합원을 제재하지 않는다면 사실상 부정당행위를 한 조합원은 언제든지 자신의 이름으로 국가계약을 할 수 있어 이러한 부당한 점을 시정하기 위해 필요한 조항이다.

【관련판례】 법 시행령 제76조제1항 소정의 계약상대자 본인 또는 그 사용인에 법인의 사원(社員)이 포함된다고 확대하여 해석할 수 없는 이상, 법인의 사원(社員)에 불과한 조합원의 행위가 법률상 중소기업협동조합의 행위로 되거나 이와 동일시할 수 있는 특별한 사정이 없는 한 조합원이 이 사건 계약체결과 관련하여 관계공무원에게 뇌물을 주었다고 하여 위 규정을 근거로 중소기업협동조합에게 입찰참가자격 제한처분을 할 수 없는 한편, 법 시행령 제76조제4항(현 제76조제5항)이 '제1항 내지 제3항의 규정에 의하여 입찰참가자격의 제한을 받은 자가 중소기업협동조합인 경우에는 그 원인을 직접 야기시킨 조합원에 대하여도 제1항의 규정을 적용한다'고 규정하고 있으나, 이는 중소기업협동조합이 입찰참가자격 제한을 받는 경우, 즉 조합이 체결한 단체적 계약이 조합원인 회사에 직접 효력을 미치게 되어 그 계약체결과정 또는 이행과정에서 실제로는 조합원인 회사가 법 시행령 제76조제1항 각호 소정의 입찰참가자격 제한사유를 야기하였으나 이것이 바로 그 단체적 계약의 당사자인 조합의 행위로 되는 결과가 발생함으로써 조합이 입찰자격 제한을 받게 되는 경우에 계약당사자인 중소기업협동조합 이외에 그 원인을 직접 야기시킨 조합원(법인 기타 단체인 경우에는 그 대표자)에 대하여도 입찰참가자격 제한규정을 적용하는 일종의 양벌적 제재규정이라고 해석함이 상당하므로, 조합원 회사가 중소기업협동조합과 무관하게 관계공무원에게 뇌물을 주는 등 중소기업협동조합의 행위로 볼 수 없는 행위를 한 경우에 위 규정을 근거로 하여 중소기업협동조합에 대하여 입찰참가자격 제한처분을 할 수도 없다고 할 것이다(대법원 2007. 10. 11. 선고 2005두6027 판결).

* 위 판례는 조합원은 영 제76조제2항(구 1항)의 '사용인'에 해당되지 않는다는 전제에서, 조합원의 행위가 조합의 행위와 동일시할 수 있는 특별한 사정이 있어야 조합원의 행위로 인해 조합에 대해 입찰참가자격 제한을 할 수 있다는 판시이다. 또한 영 제76조제5항(구 제4항)을 근거로 조합원의 행위로 인해 조합에 대해 입찰참가자

조합원은 협동조합과 연대하여 단체적 계약에 따른 의무를 부담한다(대법원 2009. 3. 26. 선고 2008다72325 판결).

19) 이에 대한 자세한 논의는 후술한다.

격을 제한할 수 없다. 즉, 조합원의 행위로 인해 계약상대자인 조합에 대해 입찰참가자격을 제한할 수 있는지에 대한 근거조항은 영 제76조제2항(구 제1항)이라는 판시이다.[20]

[유권해석] 부정당업자 입찰참가자격 제한 사유 발생 시점과 처분 시점의 법인 대표자가 다른 경우, 지방계약법 시행령 제92조제4항에서는 입찰참가자격 제한을 받은 자가 법인일 경우 그 대표자에 대하여도 입찰참가자격을 제한하도록 규정하고 있는바, 이 경우 입찰참가자격 제한은 그 사유가 발생한 시점의 대표자를 대상으로 하여야 할 것으로 판단된다(재정관리과-875, 2014. 3. 12.).

[유권해석] 입찰참가자격의 제한을 받는 법인의 면허가 말소된 경우라 하더라도 법인과 대표자 모두에 대하여 입찰참가자격을 제한하는 것이 타당하다(계약제도과-1135, 2013. 8. 23.).

[유권해석] 입찰참가자격의 제한을 받은 자가 법인인 경우 그 대표자에 대하여도 부정당업자 제재처분을 하는바, 파산선고로 파산절차가 개시된 경우에는 계약상 의무를 이행할 종전 법인은 사실상 존재하지 않게 되므로, 법원에 의해 파산선고와 동시에 선임된 파산관재인에 대하여 부정당업자 제재를 하는 것은 대표자에 대한 부정당업자 제재의 취지와 부합하지 않는 것임(회계제도과-379, 2005. 2. 23.).

※ 공기업·준정부기관이 제재주체일 경우 공공기관운영법 제39조 해석에 대한 대법원 2017. 6. 15. 선고 2016두52378 판결에 따라, 공기업·준정부기관은 중앙 행정청과 달리 국가계약법 시행령 제76조 제5항에 따라 처분의 대상인 법인 또는 단체의 대표자에 대해서 제재를 할 수 없다고 해석된다(후술).

4. 조합원

조합이 조합원을 위해 계약을 체결한 경우, 실제로 계약상 의무를 이행한 주체는 조합원이므로 계약체결과정 또는 이행과정에서 조합원이 입찰참가자격 제한사유를 야기하였을 때 조합이 아닌 조합원을 상대로 입찰참가자격을 제한할 수 있는지가 논의된다.

입찰참가자격 제한의 제재대상은 계약상대자이므로 조합원을 상대로 입찰참가자격

---

20) 중소기업협동조합의 단체적 계약은 현재도 계속 유지되고 있으므로 이에 대한 논의는 불필요해진 것은 아니다. 다만 공공기관이 중소기업협동조합과 우선적으로 단체수의계약을 체결할 수 있는 규정이 2007. 1. 1.부로 폐지되었을 뿐이다.

을 제한하려면 조합원이 계약상대자로 해석되어야 한다. 일반적으로 계약의 당사자가 누구인지는 그 계약에 관여한 당사자의 의사해석의 문제이므로 계약당사자 사이에 계약내용을 처분문서인 서면으로 작성한 경우에는 그 서면의 기재 내용에 의하여 당사자가 부여한 객관적 의미를 합리적으로 해석하여야 한다. 이 경우 대법원은 문언의 객관적인 의미가 명확하다면 특별한 사정이 없는 한 문언대로의 의사표시의 존재와 내용을 인정해야 한다고 판시하고 있다(대법원 2011. 1. 27. 선고 2010다81957 판결[21]). 또한 중소기업협동조합법에 따른 조합의 단체적 계약의 당사자는 특별한 사정이 없는 한 협동조합 자신이라고 판시하였다(대법원 2011. 5. 15. 선고 2001다15699 판결[22]). 즉, 단체적 계약은 직접 조합원에 대하여 효력을 가지고, 그 조합원은 협동조합과 연대하여 단체적 계약에 따른 의무를 부담하는 것으로 해석된다고 하더라도 이는 특별한 사정이라고 평가될 수 없다. 또한 영 제76조제4항은 조합이 입찰참가자격 제한을 받는 경우 조합 및 그 원인을 야기시킨 조합원에게도 입찰참가자격 제한규정을 적용하는 것이므로 이를 근거로 조합은 제재하지 않고 조합원만을 제재할 수 있는 것은 아니다. 따라서 계약서에 조합원이 계약당사자로 해석될 수 있는 특별한 사정이 없는 한 조합이 아닌 조합원만을 대상으로 입찰참가자격 제한처분을 할 수 없다고 해석된다.

> ※ 공기업·준정부기관이 제재주체일 경우 공공기관운영법 제39조 해석에 대한 대법원 2017. 6. 15. 선고 2016두52378 판결에 따라, 공기업·준정부기관은 중앙 행정청과 달리 국가계약법 시행령 제76조 제5항에 따라 중소기업협동조합이 제재대상인 경우 입찰참가자격 제한의 원인을 제공한 조합원에 대해서 제재를 할 수 없다고 해석된다(후술).

---

21) 일반적으로 계약의 당사자가 누구인지는 그 계약에 관여한 당사자의 의사해석의 문제에 해당한다. 의사표시의 해석은 당사자가 그 표시행위에 부여한 객관적인 의미를 명백하게 확정하는 것으로서, 계약당사자 사이에 어떠한 계약 내용을 처분문서인 서면으로 작성한 경우에는 그 서면에 사용된 문구에 구애받는 것은 아니지만 어디까지나 당사자의 내심적 의사의 여하에 관계없이 그 서면의 기재 내용에 의하여 당사자가 그 표시행위에 부여한 객관적 의미를 합리적으로 해석하여야 하며, 이 경우 문언의 객관적인 의미가 명확하다면, 특별한 사정이 없는 한 문언대로의 의사표시의 존재와 내용을 인정하여야 한다(대법원 2011. 1. 27. 선고 2010다81957 판결).

22) 중소기업협동조합법 제31조제1항 제7호, 제35조에 의하면, 중소기업협동조합은 조합원의 경제적 이익을 도모하기 위한 단체적 계약의 체결을 사업으로 행할 수 있고, 단체적 계약은 직접 조합원에 대하여 효력을 가지며, 조합원은 단체적 계약에 위반한 내용의 계약을 할 수 없다고 규정하는바, 이는 협동조합이 자신의 명의로 체결하는 단체적 계약의 당사자는 특별한 사정이 없는 한 협동조합 자신이며, 다만 단체적 계약의 효력은 그 계약의 수혜를 받게 되는 실수요자인 조합원에게도 미치고 그 조합원은 협동조합과 연대하여 단체적 계약에 따른 의무를 부담한다는 취지라고 해석함이 상당하고, 이러한 해석은 업종의 명칭을 붙인 협동조합연합회가 자신의 명의로 단체적 계약을 체결하는 경우에도 마찬가지이다(대법원 2001. 5. 15. 선고 2001다15699 판결).

제4절 대리인·지배인 그 밖의 사용인의 행위

1. 정의

"부정당업자"란 국가계약법 제27조제1항 및 동법 시행령 제76조제1항에 해당하는 계약상대자, 입찰자 또는 영 제30조제2항에 따라 전자조달시스템을 이용하여 견적서를 제출한 자('계약상대자등'이라 함)를 말한다. 따라서 계약상대자등의 대리인, 지배인 또는 그 밖의 사용인은 부정당업자가 아니므로 이들을 대상으로 입찰참가자격 제한조치를 할 수 없다. 그러나 계약상대자등은 사용인을 사용함으로 인하여 이익을 얻으므로 사용인을 사용함으로 인해 생기는 위험은 그로 인해 이익을 얻는 계약상대자등이 부담하는 것이 형평에 맞다. 따라서 사용인의 행위는 계약상대자등의 행위에 포함되어, 계약상대자등의 행위와 책임을 확대해야 하는 것이 타당하다. 따라서 계약상대자등의 대리인, 지배인 또는 그 밖의 사용인이 부정당제재사유에 해당하는 행위를 한 경우에도 해당 계약상대자등에게 입찰참가자격 제한조치를 할 수 있다.

대리인 및 지배인은 계약상대자등으로부터 대리권을 수여받은 자로 민법 및 상법에 의해 규정된다. '대리인'은 본인을 대리할 수 있는 자를 의미하고, '지배인'은 영업주에 갈음하여 그 영업에 관한 재판상 또는 재판 외의 모든 행위를 할 수 있는 권한(대리권)을 가지는 상업사용인으로 정의된다(상법 제11조제1항). 이에 반해, '그 밖의 사용인'의 개념에 대해서 정의규정이 없어 논의가 되고 있다.

계약상대자등은 자신이 모든 행위를 할 수 없을 경우 입찰행위나 계약이행행위에 대해 타인을 사용하여 자신의 이름으로 행위를 확장할 수 있다. 이러한 타인을 민법 제391조의 이행보조자의 개념에 해당된다고 볼 수 있다. '이행보조자'라 함은 일반적으로 채무자의 의사관여 아래 그 채무의 이행행위에 속하는 활동을 하는 사람이면 족하고, 반드시 채무자의 지시 또는 감독을 받는 관계에 있어야 하는 것은 아니므로 채무자에 대하여 종속적인가, 독립적인 지위에 있는가는 문제되지 않는다(대법원 2011. 5. 26. 선고 2011다1330 판결).

【관련판례】 '그 밖의 사용인'은 계약상대자나 입찰자의 업무를 위탁받아 수행하면서 그의 지시·감독을 받는 자로 해석함이 상당하고, 이때의 업무는 계약의 이행에 필요한 특정한 업무도 포함된다고 할 것이므로, 반드시 고용계약의 체결 등으로 인하여 포괄

적으로 감독을 받는 자에 한정된다고 볼 수 없다(서울고등법원 2016. 5. 27. 선고 2015누54980 판결). '그 밖의 사용인'은 반드시 부정당업자와 고용계약을 체결하는 등 일반적인 업무 전반에 관하여 직접적인 지휘·감독을 받는 자에 한정할 것이 아니라 부정당업자 스스로 처리해야 하는 의무가 있는 업무를 제3자에게 위탁하여 처리하도록 함으로써 부정당업자의 책임하에 그의 의무를 대신하여 처리하는 자 등을 포함하는 것으로 해석함이 타당하다(서울고등법원 2016. 12. 7. 선고 2016누38589 판결).

따라서 계약상대자와 하도급계약을 체결한 하수급업체는 국가계약법상 "그 밖의 사용인"에 해당된다고 해석된다.

법인의 사원은 '그 밖의 사용인'에 해당되지 않는다는 대법원의 판시가 있다. 따라서 법인의 주주 또는 조합의 조합원의 행위로 인해 법인 또는 조합에 대해 제재를 할 수 없다. 다만, 주주 또는 조합원의 행위가 법률상 법인 또는 조합의 행위로 되거나 이와 동일시할 수 있는 특별한 사정이 있는 경우에는 법인 또는 조합에 대한 제재가 가능하다(대법원 2007. 10. 11. 선고 2005두6027 판결[23]).

방산업체는 방산물자 공급계약을 체결하기 전에 원자재 및 부품에 관한 사전 품질보증활동을 할 수 있는데(방위사업법 시행령 제50조제5항), 그 기간에 (장래)협력업체가 위반행위를 한 사안에 대해 하급심 법원은, 계약상대자가 피고행정청 또는 협력업체와 정식으로 납품계약을 체결하고 있지 않는 점을 근거로 계약 전 사전생산 및 품질확인을 요청하여 승인받고 부품에 대한 품질보증계획서를 제출하였다는 사정만으로는 협력업체는 원고의 '사용인'에 해당되지 않는다고 판단하였다(2017. 3. 31.

---

[23] (원심은) 법 시행령 제76조제1항 본문은 중소기업협동조합이 계약상대자이고 그 조합원 중 1인이 입찰참가자격 제한사유에 해당하는 행위를 한 때에는 중소기업협동조합에 대하여 입찰참가자격을 제한하고자 하는 취지에서 마련된 것이라고 볼 여지가 있지만, 이와 같이 해석하면 헌법상의 과잉금지의 원칙에 어긋나거나 모법인 법 제27조의 내재적 위임범위와 한계를 벗어난 것으로 볼 수밖에 없으므로, 결국 조합원 중 1인이 입찰참가자격 제한사유에 해당한다고 하여 계약상대자인 조합에 대해서도 입찰참가자격을 제한할 수는 없는 것으로 위 시행령 조항을 합헌적 방향으로 해석하는 것이 타당하다는 이유로, 입찰참가자격 제한사유가 없음에도 행하여진 이 사건 처분은 위법하다고 판단하였다. 법 제27조 및 법 시행령 제76조제1항 제10호에 따라 중소기업협동조합에 대하여 입찰참가자격을 제한하는 처분은 중소기업협동조합의 이사장 및 이사, 종업원 등 사용인이 계약의 체결·이행과 관련하여 관계공무원에게 뇌물을 제공한 경우로 제한되고, 법 시행령 제76조제1항 소정의 계약상대자 본인 또는 그 사용인에 법인의 사원(社員)이 포함된다고 확대하여 해석할 수 없는 이상, 법인의 사원(社員)에 불과한 조합원의 행위가 법률상 중소기업협동조합의 행위로 되거나 이와 동일시할 수 있는 특별한 사정이 없는 한 조합원이 이 사건 계약체결과 관련하여 관계공무원에게 뇌물을 주었다고 하여 위 규정을 근거로 중소기업협동조합에 입찰참가자격 제한처분을 할 수 없다(대법원 2007. 10. 11. 선고 2005두6027 판결).

선고 2016구합67554 판결[24]).

'군수품무역대리업'이란 외국기업과 방위사업청장 간의 계약체결을 위하여 계약체결의 제반과정 및 계약이행과정에서 외국기업을 위해 중개 또는 대리하는 행위를 하는 업을 말한다(방위사업법 제3조제12호). 군수품무역대리업체는 소위 무기중개상의 법률상의 용어이다. 최근 군수품무역대리업자의 위법행위가 방산비리의 원인으로 보는 견해가 설득력을 얻고 있다. 현 방위사업법에 따르면, 군수품무역대리업을 하려는 자는 군수품무역대리업을 등록하여야 하고, 군수품무역대리업체가 방위사업에 참가하는 외국기업과 중개 또는 대리 행위에 관한 계약을 체결하는 경우에 청렴서약서를 제출하도록 하고 있다. 따라서 적법한 절차에 따라 군수품무역대리업을 수행하는 군수품무역대리업체는 계약상대자등의 '대리인' 또는 '그 밖에 사용인'에 해당된다. 만약 군수품무역대리업으로 등록이 되지 않더라도 계약체결 또는 계약이행과정에서 계약상대자를 위해 대리하거나 계약체결 업무를 위탁받아 지시·감독을 받은 사실이 있는 경우에는 '대리인 또는 그 밖의 사용인'에 해당될 수 있다.

2. 영 제76조제2항 단서의 개정

계약상대자등의 대리인, 지배인 또는 그 밖의 사용인이 제한사유에 해당하는 행위를 하여 계약상대자등에게 입찰참가자격의 제한 사유가 발생한 경우, 계약상대자등이 그 행위를 방지하기 위하여 상당한 주의와 감독을 게을리하지 아니한 경우에는 계약상대자등에 대해 제재를 부과하지 아니한다(영 제76조제2항 단서). 이는 사용인

---

24) 타인이 계약상대자의 '사용인'에 해당하는지 여부는 계약상대자와 타인 사이에 체결된 계약의 시기나 형식에 좌우되는 것이 아니라 양자 사이에 실질적 관계를 고려하여 타인의 부정행위 당시 '사용관계'가 형성되어 있다고 볼 수 있는지에 따라 판단되어야 한다. (생략) 다음과 같은 사정들을 종합할 때, 이 사건 검사방해 행위 당시 ○○회사가 원고의 '사용인'에 해당한다고 보기 어려우므로 이를 지적하는 원고의 주장은 이유 있다. (중략) 사격통제장치에 대한 방위산업체는 ○○회사로 지정되어 있다. 따라서 사격통제장치의 공급자는 원고의 의사와 무관하게 ○○회사로 이미 확정되어 있으므로, 원고에게 ○○회사를 사용하여 계약을 이행할지 여부를 결정할 수 있는 선택권은 배제되어 있었다. ② 원고 외 피고 사이에 정식으로 이 사건 소총에 관한 물품공급계약이 체결되거나 원고와 ○○회사 사이에 사격통제장치에 관한 납품계약이 체결되지도 않았다. 따라서 이 사건 검사방해 행위가 포함되어 있는 위 기간 동안 ○○회사는 원고의 수급인이나 이행보조자에 해당하지 않는다. ③ 원고가 ○○회사의 이 사건 검사방해 행위에 가담하거나 이를 알고도 방조, 묵인하였다고 인정할 증거는 없고, 오히려 관련 형사판결에서는 원고가 ○○회사 담당자들의 이 사건 검사방행 행위로 인한 사기 범행의 피해자로 되어 있다. 위와 같은 사정을 고려할 때, 원고가 피고에게 사격통제장치를 포함하여 이 사건 소총에 대하여 계약 전 사전생산 및 품질확인을 요청하여 승인받고, 국방기술품질원에 사격통제장치에 대한 품질보증계획서를 제출하였다는 사정만으로는 이 사건 검사방해 행위 당시 ○○회사가 원고의 '사용인'에 해당한다고 보기에 부족하다(2017. 3. 31. 선고 2016구합67554 판결) (현재 2심 계속 중).

의 모든 행위에 대해 사업주에게 책임을 묻는 것은 책임주의 원칙[25])에 반할 수 있다는 점을 감안하여 2010. 10. 22. 시행령을 개정한 것이다.

양벌규정이란 법인의 대표자나 법인 또는 개인의 대리인·사용인 기타 종업원이 그 법인 또는 개인의 업무에 관하여 일정한 위반행위를 한 때에는 그 직접적인 행위자를 처벌하는 외에 그 영업주인 법인이나 개인에 대해서도 위반행위자가 적용되는 해당 벌칙에 의하여 처벌하는 규정을 말한다. 예전 양벌규정은 종업원 등이 업무에 관하여 위반행위를 저지른 사실이 인정되면, 법인이 그와 같은 종업원 등의 범죄에 대해 어떠한 잘못이 있는지를 전혀 묻지 않고 처벌하도록 규정하고 있었는데, 2007. 11. 29. 이러한 양벌규정이 헌법상 책임주의 원칙에 위반되어 위헌이라는 최초의 헌법재판소의 결정이 있었고, 이후 동일한 취지의 위헌결정이 이어졌다.[26]) 이후 관련 110여 개 법률이 개정되어 법인의 면책조항[27])이 추가되었다. 국가계약법 시행령 제76조는 행정제재에 관한 조항이지 형벌인 양벌규정이 아니므로 위 위헌결정에 직접적인 관련이 있지 않지만, 그 취지가 고려되어 개정된 것으로 보인다.

3. '상당한 주의와 감독'의 해석

영 제76조제2항 단서에 따르면 계약상대자등이 사용인 등의 제재사유에 해당하는 행위를 방지하기 위하여 상당한 주의와 감독을 게을리하지 아니한 경우에는 계약상

---

25) 형벌에 대한 책임주의는 '책임 없는 자에게 형벌을 부과할 수 없다'는 형사법의 기본원리이다. 민법상 책임주의는 본인의 의사에 기한 법률행위에 대하여서만 본인이 책임을 지며, 고의나 과실이 없는 행위에 대해서는 불법행위의 책임을 지지 않는다는 것을 의미한다.

26) 이 사건 법률조항(구 건설산업기본법 제98조제2항)은 법인이 고용한 종업원 등이 업무에 관하여 구법 제96조제4호의 위반행위를 저지른 사실이 인정되면, 법인이 그와 같은 종업원 등의 범죄에 대해 어떠한 잘못이 있는지를 전혀 묻지 않고 곧바로 그 종업원 등을 고용한 법인에게도 종업원 등에 대한 처벌조항에 규정된 벌금형을 과하도록 규정하고 있는바, 오늘날 법인의 반사회적 법익침해활동에 대하여 법인 자체에 직접적인 제재를 가할 필요성이 강하다 하더라도, 입법자가 일단 "형벌"을 선택한 이상, 형벌에 관한 헌법상 원칙, 즉 법치주의와 죄형법정주의로부터 도출되는 책임주의원칙이 준수되어야 한다. 그런데 이 사건 법률조항에 의할 경우 법인이 종업원 등의 위반행위와 관련하여 선임·감독상의 주의의무를 다하여 아무런 잘못이 없는 경우까지도 법인에게 형벌을 부과될 수밖에 없게 되어 법치국가의 원리 및 죄형법정주의로부터 도출되는 책임주의원칙에 반하므로 헌법에 위반된다(헌법재판소 2009. 7. 30. 자 2008헌가18 결정).

27) 법인의 대표자나 법인 또는 개인의 대리인·사용인 및 그 밖의 종업원이 그 법인 또는 개인의 업무에 관하여 제○○조를 위반한 때에는 그 행위자를 벌하는 외에 그 법인 또는 개인에 대하여도 제○○조의 벌금형을 과(科)한다. 다만, 법인 또는 개인이 그 위반행위를 방지하기 위하여 해당 업무에 관하여 상당한 주의와 감독을 게을리하지 아니한 때에는 그러하지 아니하다.

대자등에게 재제를 부과하지 아니한다. 양벌규정의 면책조항에 따르면, 법인이 사용인의 위반행위를 방지하기 위하여 해당 업무에 관하여 상당한 주의와 감독을 게을리하지 아니한 때에는 면책된다. 여기서 '상당한 주의와 감독'의 해석이 중요한 쟁점인데, 이에 대해서 국가계약법 시행령보다 양벌규정에 대한 학설 및 판례가 많이 집적되어 있어 먼저 검토한다.

가. 양벌규정에 대한 학설 및 판례

먼저 종업원의 위법행위에 대해 법인이 책임을 지는 근거에 대해서는, 법인은 종업원에 대한 선임·감독상의 의무를 지는 자로서 종업원의 위반행위를 방지하기 위한 선임·감독할 의무를 부담하고 있기 때문에 이를 태만히 한 것에 대하여 영업주가 책임을 지는 것이다. 특히 양벌규정을 종업원의 범죄행위가 있으면 법인에게 감독상의 책임이 있다는 것을 추정하는 규정이라고 해석하고 이 추정을 깨트리는 법인의 무과실이 입증될 경우에는 그 책임을 면할 수 있다는 견해가 판례의 입장이다.

> **【관련판례】** 법인의 경우 직원 등의 위반행위에 대하여 행위자인 직원 등을 벌하는 외에 업무주체인 법인도 처벌하고, 이 경우 법인은 엄격한 무과실책임은 아니라 하더라도 그 과실의 추정을 강하게 하는 한편, 그 입증책임도 법인에게 부과함으로써 양벌규정의 실효를 살리자는 데 그 목적이 있다(대법원 2002. 1. 25. 선고 2001도5595 판결).

법인이 '상당한 주의와 감독'을 다하였는지 여부의 판단기준에 대해서, 법원은 "당해 법률의 입법취지, 처벌조항 위반으로 예상되는 법익침해의 정도, 그 위반행위에 관하여 양벌규정을 마련한 취지, 위반행위의 구체적인 모습, 그로 인하여 야기된 실제 피해결과와 피해 정도, 법인의 영업규모 및 행위자에 대한 감독 가능성 또는 구체적인 지휘감독관계, 법인이 위반행위 방지를 위하여 실제 행한 조치 등을 종합하여 판단하여야 한다"고 판시하고 있다(대법원 2010. 12. 9. 선고 2010도12069 판결 참조). 그러나 법원이 제시하고 있는 이러한 판단기준은 너무 일반적이고 추상적이며, 결국 판단을 위해서 제반사정을 고려해야 한다는 의미라고 해석된다. 결국 종업원의 위법행위를 방지하기 위한 상당한 조치가 구체적으로 어떤 행위인지가 중요한 쟁점이며, 이는 결국 구체적인 사례에 따라 달라진다.

먼저 종업원의 위법행위를 방지하기 위한 주의·감독의무를 다하였다는 점에 대한 입증책임은 법인이 부담한다. 따라서 법인이 아무런 행위를 하지 않은 것으로 평가되는 경우, 즉 법인의 조치가 종업원의 위법행위를 방지하기 위한 것이 아니라고 판단되는 경우에는 법인은 면책될 수 없다.

【관련판례】 대법원은 간호조무사의 의료행위로 인한 의료법 위반행위에 대한 판시에서, 간호조무사가 진료행위를 할 당시 병원에는 해당 환자를 진찰하거나 해당 간호조무사를 지휘·감독할 의사가 아무도 없었던 점을 근거로 병원의 책임을 인정하였다(대법원 2011. 7. 14. 선고 2010도1444 판결). 또한 회사의 대표자가 다른 신용카드가맹점 명의로 신용카드거래를 하여 여신전문금융업법을 위반한 사안에서, 위 행위는 회사를 위한 판매대금 수금의 방편으로 이루어졌고 이는 피고인 회사와 그 거래상대방 회사 사이의 상호 양해를 전제로 한 것이어서 피고인 회사가 그 내용을 알고 있었음이 충분히 인정됨을 근거로 피고인 회사의 책임을 인정하였다(대법원 2011. 7. 14. 선고 2009도7180 판결).

【관련판례】 지입차주가 제한중량을 초과하여 운행함으로써 도로법을 위반한 사안에서, 피고인 회사는 매월 실질적인 교육을 실시하고 수시로 문자메시지를 전송하는 등의 방법으로 과적행위의 위법성과 그 방지요령 및 필요성 등을 충분히 주지시키는 것으로 지입차주들의 과적행위를 방지하기 위한 '상당한 주의와 감독'을 하고 있다는 것을 인정하고, 그 이상으로 매 운송 시에 개별적이고 구체적인 감시까지 하는 것 등은 사실상 불가능한 것으로 지입회사의 일반적인 주의의무로서 이를 기대하기란 어렵다고 판시하여 피고인 회사의 책임을 인정하지 않았다(대법원 2010. 4. 15. 선고 2009도14605).

【관련판례】 호텔의 종업원이 호텔 투숙객에게 윤락녀를 소개하여 공중위생법을 위반한 사안에서, 피고인 호텔이 종업원들에 대한 윤락행위를 알선하지 못하도록 교육을 시켜왔고, 종업원들이 위 호텔에 입사할 때에 이를 위반할 때 해고해도 좋다는 각서를 받고 채용한 사실은 인정되지만, 피고인 호텔은 개업한 이래 이 사건 범행이 감독기관에 의하여 적발될 때까지 실제로 현장을 점검하여 교육한 대로 잘 지켜지고 있는지를 확인한 사실은 한 번도 없었을 뿐 아니라 종업원들로 하여금 호텔에서 그러한 윤락행위 알선 같은 일을 묵인하고 있는 것이 아닌가 하는 생각이 들 정도로 감독이 전혀 이루어지지 아니하였던 사실이 인정됨을 근거로 피고인 호텔의 책임을 인정하였다(대법원 1992. 8. 18. 선고 92도1396 판결).

【관련판례】 피고인 화물운송업 회사의 종업원이 고객의 개인정보를 유출하여 정보통신망법을 위반한 사안에서, 피고인 회사가 종업원의 자격 등을 자체적으로 심사하였고, 위 계약상 고객의 정보 등에 대하여 비밀유지의무를 규정하였으며, 그에 대한 다짐과 각서를 받았다고 하더라도 그와 같은 일반적이고 추상적인 감독을 하였다고 하더

라도 법인이 사용인의 위반행위를 방지하기 위하여 당해 업무에 대하여 상당한 주의와 감독을 한 것이 증명되었다고 할 수 없다고 판시하였다(수원지법 2005. 7. 29. 선고 2005고합160 판결).

결국 법원은 법인이 상당한 주의·감독을 다했다고 인정받기 위해서 직원에 대한 교육을 시키거나 각서 등을 받았다는 점만으로 부족하다는 취지이다. 법인의 면책을 부정한 판례 중에는 면책을 인정한 판례와는 달리 '교육'은 물론 '위반행위의 감시'라는 판단요소도 요구하여 법인의 상당한 주의와 감독을 부정하고 있다. 이러한 판례의 태도는 법인이 어느 정도의 '상당한 주의와 감독'을 다했을 때 과실이 없는 것으로 인정될 것인가에 대한 구체적이고 정형적인 기준을 찾아보기 어렵고, 각 법규의 목적, 특성, 위반행위의 내용, 위반자의 지위 등 구체적인 사건에 따라 판단하지 않을 수 없다는 것이다.[28]

최근의 판례에 나타난 '상당한 주의·감독의 판단기준'은 다음과 같이 정리할 수 있다.[29]

"구체적으로는 회사규모와 지휘감독관계, 직원들에 대한 교육실시 여부, 당해 행위를 한 직원의 법위반 전력, 회사의 직원에 대한 감독 필요성, 회사의 구체적인 감독 여부 등이며, 평소 위법행위 방지를 위한 교육이 회사 차원에서 정기적으로 이루어지고 있는지 여부, 사용인의 위법행위가 법인의 통상적인 업무영역에서 발생하는 것인지 아니면 예상하기 어려운 위반행위인지 여부, 위법행위 발생 이전 또는 이후 법인이 위법행위에 대처하는 방식 등을 검토해야 하며 직원의 위법행위 방지를 위한 교육 등이 회사 차원에서 공개적·정기적으로 이루어지고 있는 경우, 그러한 교육 등에도 불구하고 직원의 위법행위가 예상하기 어려운 업무영역(개인의 일탈행동 등)에서 발생한 경우 위법행위를 저지른 직원이 과거에 유사한 위법행위 전력이 있음을 회사에서 파악하고 특별히 주의를 기울여 관찰·감독해 온 경우에는 법인 등이 위반행위를 방지하기 위한 상당한 주의·감독을 게을리하지 않았다고 판단하였다."[30]

---

28) 최대호, 법인의 형사책임("양벌규정의 법인면책사유로서 '상당한 주의와 감독'의 판단기준", p.27).

29) 이순욱, "법인의 양벌규정에 관한 연구", 서울대학교 대학원 박사학위 논문; 박재형, "법인의 형사책임의 근거규정인 양벌규정에 있어서 책임제한조항의 해석 및 실무례", 『재판실무연구』, 광주지방법원, 2014, pp.399-400.

30) 춘천지방법원 2013. 8. 22. 선고 2012고정705 판결; 대구지방법원 안동지원 2013. 2. 21. 선고 2012

나. 입찰참가자격 제한에 있어서 판례의 입장

부정당업자 제재에 있어서 법인의 '상당한 주의와 감독'에 대해 해석을 함에 있어, 그 조항의 문언 및 규제형태가 동일한 점, 자연인이 아닌 법인의 입장에서는 양벌규정에 따른 벌금형과 부정당업자 제재처분은 별다른 차이가 없는 점 등을 고려하면, 양벌규정의 해석에 대한 논의가 부정당업자 제재에도 그대로 적용되더라도 불합리한 점은 없을 것으로 보인다. 법원도 영 제76조제2항 단서를 해석함에 있어 양벌규정과 다르게 해석하지 않고 있다.

"계약상대자등의 사용인의 행위로 인하여 입찰참가자격의 제한사유가 발생한 경우로서 계약상대자등이 그 사용인의 행위를 방지하기 위하여 상당한 주의와 감독을 게을리하지 아니한 경우"에는 국가계약법 시행령 제76조제1항 단서에 의하여 계약상대자등이 면책될 수 있는바, 이때 사용인의 행위를 방지하기 위하여 상당한 주의와 감독을 게을리하지 않았다는 점에 관한 증명책임은 계약상대자등에게 있다고 보아야 한다(서울고등법원 2013. 4. 19. 선고 2012누8856 판결). 따라서 계약상대자가 사용인의 위반행위에 대해서 아무런 행위를 하지 않은 것으로 평가되는 경우, 즉 계약상대자의 조치가 사용인의 위법행위를 방지하기 위한 것이 아니라고 판단되는 경우에는 법인은 면책될 수 없다.

영 제76조제2항 단서의 취지는 법인에 대한 입찰참가자격 제한이라는 행정처분을 통하여 입찰 등 절차의 공공성과 공정성을 확보하는 데 있으므로, 구체적인 사안에서 법인이 상당한 주의 또는 감독을 게을리하였는지 여부는 당해 위반행위와 관련된 모든 사정, 즉 당해 법령의 입법 취지, 사용인의 위반행위와 관련하여 법인에 대한 행정제재조항을 마련한 취지 등은 물론 위반행위의 구체적인 모습, 법인의 영업 규모 및 행위자에 대한 감독 가능성이나 구체적인 지휘·감독 관계, 법인이 위반행위 방지를 위하여 실제 행한 조치 등을 전체적으로 종합하여 판단하여야 한다(인천지방법원 2013. 4. 25. 선고 2012구합3488 판결).

고정301 판결; 대구지방법원 2013. 8. 23. 선고 2013노862 판결; 수원지방법원 안산지원 2012. 8. 8. 선고 2012고정112 판결; 의정부지방법원 고양지원 2011. 1. 19. 선고2009고정1162 판결 등(박재형, 앞의 글, pp.404-415 참조).

사용인의 위반행위를 방지하기 위해서 법인이 상당한 주의와 감독을 게을리하였는지 여부는 위반행위와 관련된 모든 사정을 전체적으로 종합하여 판단하여야 한다. 사용인의 행위에 대해 법인이 책임을 지는 근거는 법인의 사용인에 대한 선임·감독상의 의무를 해태하였기 때문이므로, '상당한 주의와 감독'은 과실범과 유사하게 결과방지를 위한 주의와 감독의무를 의미한다. 법인이 가능한 조치를 취했더라면 사용인의 위반행위를 방지할 수 있었음에도 이를 게을리한 법인의 책임이다. 그렇다면 먼저 사용인의 위반행위를 방지할 수 있는 조치가 무엇인지를 결과론적으로 판단하고, 법인에게 이러한 조치를 요구하는 것이 상당한지, 즉 통상의 법인이라면 이러한 조치를 취했을 것인지를 판단해야 할 것이다. 법인이 취하였어야 하는 조치는 일반적·추상적이 아닌 구체적이어야 한다. 특히 뇌물제공과 관련하여, 법인이 윤리규범 및 지침 등을 제정하여 운영하고 직원들을 대상으로 교육을 실시하고 각서를 징구한 사실과 같은 조치는 통상의 기업들이 일반적으로 실시하는 교육·지도에 해당하여, 이는 사용인의 위반행위를 방지하기 위한 구체적인 조치라고 볼 수 없다.

상당한지 여부는 회사규모와 지휘감독관계(사용인이 법인의 내부 직원인지 혹은 법인과 계약을 체결한 하청업체인지 여부), 사용인의 위반행위가 법인의 통상적인 업무영역에서 발생하는 것인지 아니면 예상하기 어려운 위반행위인지 여부, 법인의 사용인에 대한 감독 필요성 및 구체적인 감독 여부 등에 따라 구체적으로 판단되어야 할 것이다. 사용인이 법인의 직원인 경우보다 하청업체인 경우가 법인에게 요구하는 주의감독 의무가 낮아 면책될 가능성이 높을 것이고, 통상적으로 많이 발생하는 위반행위에 대해서는 단순히 형식적인 조치만으로는 법인이 면책될 가능성이 크지 않을 것이다. 예컨대 사용인의 뇌물행위에 대해서는 형식적인 교육만으로 면책될 가능성이 낮을 것이고, 협력업체가 허위 작성한 서류가 통상 계약상대자를 거쳐 행정청에 제출된다면 계약상대자의 서류 확인의무에 대한 기대 가능성이 커 면책될 가능성이 낮을 것으로 보인다.

【관련판례】 하청업체의 시험성적서 변조행위에 대해 주계약업체가 받은 부정당업자 제재처분 취소 사안에서, 원고(주계약업체)는 하청업체의 변조행위를 방지하기 위하여 상당한 주의와 감독을 게을리하지 아니하였음을 증명하지 않는 한 위 변조 행위에 따른 책임을 부담한다. 그런데 원고가 하청업체에 이 사건 계약의 전부를 하도급한 후 시험성적서 등의 제출을 독촉한 것 외에 하청업체의 시험성적서 변조행위를 방지하기 위하여 상당한 주의와 감독을 다하였다고 인정하기 부족하고, 달리 이를 인정

할 증거가 없다(수원지방법원 2016. 3. 25. 선고 2015구합920 판결).

【관련판례】 직원의 뇌물제공 행위로 인해 회사(원고)가 받은 부정당업자 제재처분 취소
사안에서, 원고는 직원들을 대상으로 정기적으로 청렴교육을 실시해 왔을 뿐만 아니
라 직원들로부터 청렴서약서를 개별적으로 징구하여 왔고, 청렴서약을 위반한 직원
들에게 징계조치를 취하기도 하였다는 점이 인정되지만, 이것만으로는 원고가 직원
들의 부정당행위를 방지하기 위하여 상당한 주의와 감독을 게을리하지 아니하였다고
인정하기에 부족하고, 달리 이를 인정할 증거가 없다. 오히려 원고의 경영관리·자금
관리 업무를 담당하는 부사장, 영업전반을 총괄하는 전무 등이 조직적으로 가담하여
수차례 다액의 뇌물을 공여한 사실을 인정할 수 있을 뿐이므로, 원고의 위 주장도 이
유 없다(대구지방법원 2013. 11. 22. 선고 2013구합57 판결).

【관련판례】 하청업체의 직원이 하청 받은 청소작업을 하지 않았음에도 실시한 것처럼
기망(과거 청소장면 동영상 편집하여 제출)하여 피고(공기업)로부터 계약금액을 편취
하였다는 사실로 유죄판결이 확정되었음을 근거로 원고에게 부정당업자 제재처분을
한 사안에서, 원고(업체)는 하청업체 직원의 편취행위에 가담하거나 묵인한 사실이
없음은 물론이고, 현장에 항상 피고 직원이 상주하고 있었으며, 원고도 현장감독자와
현장대리인을 선임하여 작업을 관리함으로써 사용인의 행위에 대하여 상당한 주의와
감독을 게을리하지 아니하였다고 주장하였다. 이에 대해서 법원은, 국가계약법 시행
령 제76조제1항 단서에 의하여 계약상대자등이 면책될 수 있는바, 이때 사용인의 행
위를 방지하기 위하여 상당한 주의와 감독을 게을리하지 않았다는 점에 관한 증명책
임은 계약상대자등에게 있다고 보아야 한다. 원고가 하수급인 측의 편취행위를 방지
하기 위하여 상당한 주의와 감독을 게을리하지 않았다는 점에 대한 증거로 원고의
대표이사가 위 편취행위로 인한 사기의 범죄사실에 대하여 검찰에서 무혐의처분을
받았다는 내용의 피의사건 처분결과 통지서, 피고 측 현장감독인 진술 등을 제출하
고 있으나, 위 각 증거들의 내용을 살펴보아도 원고가 직원 또는 대리인 등을 통하여
이 사건 공사를 관리·감독하였는지 여부에 대하여 아무런 언급이 없으므로 위 각
증거만으로는 원고가 하수급인 측의 편취행위를 방지하기 위하여 상당한 주의와 감
독을 게을리하지 않았음을 인정하기에는 부족하고 달리 이를 인정할 증거가 없다(창
원지방법원 2013. 6. 18. 선고 2012구합4386 판결[31]).

---

31) 오히려 원고는 도급받은 전기공사를 다른 공사업자에게 하도급 주어서는 아니 됨에도 위 전기공사
를 하도급 준 사실, 피고의 현장감독은 현장감독 당시에 하도급을 준 원고들에 대하여는 잘 알지 못
하고, 하청업체가 고용한 직원들만 있었을 뿐 원고의 관계인이 현장에 나와 있는 것을 본 사실이 없
다고 진술한 사실을 인정할 수 있는바, 위 인정사실에 의하면 원고는 위 각 공사와 관련하여 하수급
인의 직원들에 대해 아무런 지휘·감독을 하지 아니하였다고 봄이 타당하다. 따라서 원고의 이 부분
주장은 이유 없다. 또한 이 사건 처분은 하수급인의 직원이 실제로 이 사건 공사도급계약에 따른 청
소작업을 하지 아니하였음에도 마치 공사를 한 것처럼 피고를 기망하여 공사대금을 청구하였다는
점을 처분사유로 하는 것이므로, 이 사건 처분의 적법 여부를 판단함에 있어서는 원고들이 위 청소
작업에 대하여 상당한 주의와 감독을 게을리하지 아니하였는지 여부가 문제될 뿐, 원고가 하청업체

【관련판례】 직원의 담합합의 및 뇌물제공 행위를 근거로 부정당업자 제재처분을 한 사안에서, 원고는 담합합의는 직원 개인의 독단적 행위에 불과하고 원고는 전혀 이에 관여한 사실이 없다고 주장한다. 이에 대해 법원은, 다음과 같은 사정들을 종합하여 보면, 원고에게 부당한 공동행위를 방지하기 위해 필요한 상당한 주의 내지 관리감독의무를 다하지 않은 과실이 있음을 인정할 수 있으므로, 원고가 직원에 대한 관리감독의무를 충실히 이행하였음을 전제로 한 이 부분 원고의 주장은 이유 없다. ① 이 사건 공사는 추정가격이 922억여 원에 이르는 대형공사임에도 원고의 입찰 담당자가 이 사건 합의에 동의하고 투찰률을 정한 것은 원고가 담당 직원에게 그러한 권한을 주지 않는 한 어려운 일로 보인다. ② 원고는 당초 이 사건 공사의 실행가격의 91% 정도로 산정하였는데, 실제는 실행가격보다 높은 가격인 94% 정도로 투찰을 하였는바, 사전에 원고의 임원이나 책임자에게 이와 같은 것을 보고하지 않은 채 담당 직원이 단독으로 이와 같은 일을 하였다고 보기는 어렵다. ③ 원고의 임직원은 합계 4,500만 원의 뇌물공여 및 5,000만 원의 뇌물공여 의사표시를 하였는바, 위 임직원들이 사비를 들여 뇌물공여 내지 뇌물공여 의사표시를 한 것으로 보기에는 큰 액수이고, 이로 이하여 이익을 얻는 자는 회사인 점 등에 비추어 보면, 원고가 이와 같은 사실을 인지하고 있었다고 봄이 상당하다(광주지방법원 2015. 2. 12. 선고 2013구합10847 판결).

【관련판례】 2010. 7. 21. 시행령을 개정하면서 제76조제1항 단서(이하 '단서 규정'이라 한다)를 신설하여 국가계약의 계약상대자가 사용인의 행위로 입찰참가자격의 제한사유가 발생한 경우에 사용인의 해당 행위를 방지하기 위하여 상당한 주의와 감독을 다하였으면 입찰참가자격을 제한하지 않도록 규정하는 한편, 부칙 제1조, 제5조에서 2010. 10. 22. 후 최초로 제한사유가 발생하는 자부터 단서 규정을 적용하도록 하였다. 그런데 앞서 본 바와 같이 이 사건 금품수수는 모두 그 이전에 이루어졌으므로 단서 규정의 직접 적용을 받는다고 보기는 어렵다. 더욱이 앞서 본 바와 같이 원고가 장기간 반복적으로 이루어진 직원들의 뇌물 공여 행위를 제대로 감시하여 예방하지 못하였을 뿐 아니라, 오히려 영업활동을 강화하기 위하여 그러한 행위를 조장한 정황마저 엿보이는 점에 비추어 볼 때 가사 단서 규정이 이 사건 금품수수에 적용된다 한들 원고가 그에 따라 면책되기는 어렵다. 따라서 원고의 이 부분 주장은 어느 모로 보나 이유 없다(서울행정법원 2013. 8. 23. 선고 2012구합12266 판결).

직원의 동영상 편집행위에 대하여 감독을 하였는지 여부의 문제와는 무관하다. 또한 하청업체 직원의 위 동영상 편집작업이 은밀하게 이루어져 원고들이 도저히 예상할 수 없었고, 원고의 감독 범위도 벗어났다는 원고들의 주장을 인정할 만한 아무런 증거도 없으며, 오히려 원고들은 이 사건 각 공사의 수급인으로서 하수급인이 제출한 공사대금 청구자료를 면밀하게 검토하여 위자료에 오류나 허위의 사항이 없는지 여부를 확인하여야 함에도 이를 게을리한 채 피고에게 위 공사대금 청구자료를 근거로 공사대금을 청구하였으므로 원고들이 위와 같은 편취행위를 방지하기 위하여 상당한 주의와 감독을 하였다고 보기도 어렵다. 따라서 원고들의 이 부분 주장은 어느 모로 보나 이유 없다(창원지방법원 2013. 6. 18. 선고 2012구합4386 판결).

【관련판례】 직원의 뇌물공여행위는 영업실적을 높이려는 직원의 개인적인 비위행위로, 원고(회사)가 평소 직원들을 상대로 위법행위를 방지하기 위하여 윤리지침을 제정하고 윤리교육을 하는 등 주의감독의무를 다하였음에도 이 사건 처분을 한 것은 책임주의원칙에 반한다는 주장에 대해 법원은, 원고가 윤리경영이라는 경영이념하에 윤리규범, 윤리규범 실천지침, 윤리경영 가이드북 등을 제정하고 윤리경영 홈페이지를 운영하며, 직원들을 대상으로 온·오프라인 교육을 실시하고 윤리서 약서를 징구한 사실을 인정할 수 있다. 그러나 원고의 이러한 조치는 원고와 같은 통상의 기업들이 일반적으로 실시하는 교육 내지 지도에 해당할 뿐, 원고가 직원의 이 사건 뇌물제공행위를 방지하기 위하여 실제 행한 구체적인 조치라고 볼 수 없다. 따라서 위와 같은 사정만으로 원고가 사용인의 뇌물공여를 방지하기 위해 상당한 주의와 감독을 게을리하지 않았다고 보기 어렵고, 달리 이를 인정할 증거가 없다(인천지방법원 2013. 5. 10. 선고 2012구합3594 판결).

【관련판례】 직원의 뇌물공여행위(이하 '이 사건 위반행위'라 한다)는 임원 승진 대상자였던 직원이 자신의 실적을 올리기 위한 지극히 개인적 목적에서 저지른 것이고, 원고는 임직원 윤리행동 지침을 제정·시행하면서 직원들을 상대로 윤리경영 교육을 실시하는 등 업무와 관련한 뇌물공여행위를 방지하기 위한 상당한 주의와 감독을 게을리하지 아니하였으므로, 국가계약법 시행령 제76조제1항 단서에 따라 입찰참가자격 제한 대상이 되지 아니한다는 주장에 대해 법원은, 원고는 자체적으로 '임직원 윤리행동 지침'을 제정·시행하고, 전체 직원을 대상으로 온라인을 통한 윤리경영 교육을 실시하거나 신입사원들로부터 윤리서약서 등을 제출받아 온 사실은 인정되나, 원고의 이러한 조치는 원고와 같은 통상의 기업들이 일반적으로 실시하는 교육 내지 지도에 해당할 뿐, 원고가 직원의 이 사건 위반행위 방지를 위하여 실제 행한 구체적인 조치라 볼 수 없으므로, 원고가 주장하는 사유만으로는 원고가 사용인의 뇌물공여와 같은 위반행위를 방지하기 위하여 상당한 주의와 감독을 게을리하지 아니하였다는 점을 인정하기에 부족하고, 달리 이를 인정할 만한 증거가 없다(인천지방법원 2013. 4. 25. 선고 2012구합3488 판결).

【관련판례】 직원이 빵의 제조일자를 조작한 행위를 근거로 부정당업자 제재처분을 한 사안에서, 원고는 제조일자의 입력을 책임지는 포장공정 담당자가 회사로 하여금 불이익을 받게 하기 위하여 고의로 이 사건 일자 조작행위를 한 것인 이상, 이는 원고 회사의 일반적 주의 및 감독의무의 범위를 벗어난 것이므로 국가계약법 시행령 제76조제1항 단서에서 정한 면책사유에 해당한다고 주장하였고, 법원은 국가계약법 시행령 제76조제1항 단서에 의하여 계약상대자등이 면책될 수 있는바, 이때 사용인의 행위를 방지하기 위하여 상당한 주의와 감독을 게을리하지 않았다는 점에 관한 증명책임은 계약상대자등에게 있다고 보아야 한다. 설령 원고의 주장대로 직원이 허위로 이 사건 일자 조작행위를 저질렀다 하더라도, 원고가 제출한 증거들만으로는 원고가

직원의 이 사건 일자 조작행위를 방지하기 위하여 상당한 주의와 감독을 게을리하지 않았다고 보기에 부족하고, 달리 이를 인정할 만한 증거가 없다(서울고등법원 2013. 4. 19. 선고 2012누8856 판결).

제5절 입찰참가자격 제한조치의 시기

1. 즉시

각 중앙관서의 장은 계약상대자등이 법 제27조제1항 각호의 어느 하나에 해당하는 자에 대해서 "즉시" 입찰참가자격을 제한하여야 하며(영 제76조제2항), 중앙관서의 장이 임의로 입찰참가자격 제한의 시기를 정할 수 없다. 따라서 계약상대자등의 위반사실을 인지하였을 경우 정당한 사유가 없는 한 입찰참가자격 제한조치를 위한 절차에 즉시 착수하여야 한다. 구체적으로 살펴보면, 계약담당공무원이 계약상대자등이 법 제27조제1항의 부정당업자에 해당하는지 여부 및 제재필요성 등을 1차적으로 검토하여 제재사유 및 제재필요성이 있다고 판단하면 계약심의위원회에 즉시 의뢰하여야 한다. 계약심의위원회 역시 정당한 사유가 없는 한 즉시 회의를 개최하여 입찰참가자격 제한조치에 대해 심의를 하여야 할 것이다.

방위사업청의 경우 각 계약팀장은 부정당업자 제재사유가 발생한 경우에는 「부정당업자 제재 의뢰시기 기준32)」에 따라 관련부서 의견서 및 증거자료 등을 첨부한 심의안건을 작성하여 계약심의회 위원장에게 보고한 후 조달기획팀으로 계약심의회 소집을 요청한다(방위사업청 훈령 방위사업관리규정 제361조).

> [유권해석] 국가기관이 행한 입찰, 낙찰 또는 계약체결에 대하여 발주기관의 결정에 불복하여 '계약상대자등'이 취소소송 등을 제기하였을지라도 법원의 구체적인 결정(집행정지 결정 등)이 있기 전에는 국가계약법령에서 정한 요건에 해당될 경우 계약상대방에 대한 계약해제 및 부정당제재조치 등이 가능할 것임(회계제도과-1729, 2009. 10. 14.).

> [유권해석] 부정당업자 제재에 반드시 법원의 확정판결을 요한다고 볼 수 없으므로 소속직원의 금품제공에 대하여 검찰의 기소유예가 있는 경우에도 발주기관의 판단에 따라 법인에 대한 부정당업자 제재는 가능하다(계약제도과-622, 2010. 12. 31.).

32) 부정당업자 제재 의뢰시기 기준(방위사업청 훈령) (※ 구법 기준)

구분	제재사유	제재 의뢰 시기
1호	부실·조잡, 부당·부정행위	사실관계 및 법적으로 제재사유가 명확할 때 (관련사실 결재권자 보고 후)
2호	하도급 위반	
3호	「독점규제 및 공정거래에 관한 법률」 「하도급거래 공정화에 관한 법률」 위반	공정거래위원회 또는 중소기업청장 요청 시 (관련사실 결재권자 보고 후)
4호	조사설계금액이나 원가계산금액을 적정하게 산정하지 아니한 자	·고의, 중대한 과실이 명확할 때 (관련사실 결재권자 보고 후) ·원가관련 사항 중 특별원가검증 등을 통해 부당이득금 및 가산금 확정 후 (결재권자 결재 완료 시)
5호	안전대책 소홀	생명·재산·신체상 위해를 가했음이 명백할 때 (관련사실 결재권자 보고 후)
6호	계약불이행	·계약해지(해제/일부 해제 포함) 통지 후 ·하자보수 미이행 시
	계약미체결	업체계약 포기 문서 접수 시
7호	입찰담합	·사실관계 및 법적으로 제재사유가 명확할 때 (검찰기소, 공정거래위원회 조사결과, 감사원 처분결과 등 관련사실 보고 후) ·원가관련 사항 중 특별원가검증 등을 통해 부당이득금 및 가산금 확정 후 (결재권자 결재 완료 시)
8호	허위서류 제출	
9호	고의 무효 입찰자	사실관계 및 법적으로 제재사유가 명확할 때
10호	뇌물제공	·검찰기소 되어 증거자료 확보 후 (관련사실 결재권자 보고 후) ·검찰 불기소처분의 경우 불기소사유에 따라 제재 가능하다고 판단될 경우 (범죄사실은 인정되나 여타 사유로 기소 유예 시) ·제재사유에 대한 충분한 증거자료 확보 시
11호	입찰참가신청서 등을 제출 후 3회 이상 미참가자	·사실관계 및 법적으로 제재사유가 명확할 때 ·검찰 불기소처분의 경우 불기소사유에 따라 제재가능하다고 판단될 경우 (범죄사실은 인정되나 여타 사유로 기소 유예 시) ·원가관련 사항 중 특별원가검증 등을 통해 부당이득금 및 가산금 확정 후 (결재권자 결재 완료 시)
12호	입찰 및 계약이행 방해자	
13호	감독 또는 검사수행 방해	
14호	계약이행능력심사서류 전부 또는 일부 미제출자	
15호	일괄입찰 낙찰자 선정 후 실시설계서 미제출자	
16호	감리용역계약 미이행자	
17호	사기, 부정행위로 국가에 손해를 끼친 자	
18호	「전자정부법」 제2조제13호에 따른 정보시스템의 구축 및 유지·보수 계약 이행 간 정보 무단 누출자	

2. 제척기간

중앙관서의 장은 부정당업자 제재사유의 행위가 종료된 때부터 5년(담합 및 뇌물의 경우 7년)이 경과한 경우에는 입찰참가자격을 제한할 수 없다(법 제27조제4항). 그동안 입찰참가자격 제한 제도는 다른 법령상의 행정처분과는 달리 제척기간이 없어 입찰 참가자격 제한사유 발생일이 장기간 경과한 경우에도 입찰 참가자격 제한을 언제든지 할 수 있어 법적 안정성을 저해할 우려가 있었으며, 이러한 업체의 불확실한 지위 제거 및 신뢰보호 제고를 위해 2016. 9. 20. 국가계약법이 개정되어 시행되었다.

소멸시효는 일반적으로 일정한 사실상태가 일정 기간 계속되는 경우 그 상태가 진실한 권리관계와 부합하는지 여부를 묻지 않고 그 사실상태를 존중하여 그에 대하여 권리의 소멸이라는 법률효과를 부여하는 법률요건이라고 정의된다. 일반적으로 문언에 '시효로 인하여 소멸한다' 또는 '소멸시효가 완성한다'는 표현이 있다. 제척기간이란 일정한 권리에 관하여 법률이 예정하는 존속기간 또는 법률이 정하는 권리의 행사기간이라고 정의하며, 제척기간이 경과하면 권리가 소멸한다. 제척기간을 인정하는 취지는 권리관계를 조속히 확정시키기 위해서이다. 법 제27조제4항이 소멸시효인지 제척기간인지 조문에 명시적으로 규정하고 있지 않으나, 문언에 '시효'라는 표현이 없고, 개정이유서에 제척기간이라고 명시적으로 고지를 하였고 부정당업자 제재와 관련한 권리관계를 조속히 확정시키기 위한 개정취지에 비추어 보면 제척기간으로 보는 것이 타당하다.

학설은 일반적으로 제척기간의 취지가 특히 권리관계의 조속한 확정에 있음을 강조하면서, 소멸시효와 다음의 몇 가지 점에서 구별된다고 한다. ① 시효는 중단 또는 정지가 인정되지만, 제척기간에서는 인정되지 않는다. ② 시효는 당사자가 변론에서 주장하지 않으면 법원이 이를 고려하지 않지만, 제척기간은 당사자의 주장이 없더라도 고려하여야 한다. ③ 시효의 기산점은 권리를 행사할 수 있는 때이지만, 제척기간은 권리가 발생한 때이다. ④ 시효의 이익은 시효완성 후에 포기할 수 있지만, 제척기간의 경우는 포기할 수 없다. ⑤ 시효의 효력은 소급하지만, 제척기간에는 소급효가 없다. ⑥ 시효는 확정판결에 의해 기간이 늘어날 수 있지만, 제척기간은 그렇지 않다.[33]

---

33) 김용담, 『주석민법 민법총칙(3)』, 2010. 8.(4판), p.499.

따라서 국가가 부정당업체를 상대로 소를 제기한다고 하여 제척기간이 중단되지 않고 계속 진행되며 확정판결에 의해 기간이 늘어날 수도 없고, 입찰참가자격 제한 처분 취소소송에서 제척기간이 도과하였는지 여부는 법원의 직권조사사항으로 이에 대한 당사자의 주장이 없더라도 법원이 당연히 직권으로 조사하여 재판에 고려하여야 한다. 결국 부정당업자 제재사유가 발생한 때부터 5년(7년)이 경과하였다면 특별히 법률이 규정한 경우[34]를 제외하고는 부정당업자 제재를 할 수 있는 방법은 존재하지 않는다.

제척기간에 관한 국가계약법 제27조제4항은 공포 후 6개월이 경과한 날부터 시행한다는 부칙 조항만 있을 뿐 적용례 및 경과조치에 관한 부칙은 두지 않았다. 따라서 부정당업자 제재사유에 해당하는 행위를 이 법 시행일 이후에 행한 경우에만 부정당업자 제재에 제척기간이 있는 것이고, 부정당업자 제재사유에 해당하는 행위를 이 법 시행일 이전에 행한 경우에는 부정당업자 제재에 제척기간이 없는 것으로 해석된다고 주장할 수도 있다. 그러나 제척기간을 도입한 취지가 권리관계의 조속한 확정에 있으므로, 시행일 이후에 제재사유 행위를 행한 경우에만 제척기간이 적용된다고 해석한다면 시행일 이후 5년(7년) 후에야 제척기간이 적용되어 불합리하고 입법취지에 반한다는 점 및 행정처분은 처분 시 법률이 원칙적으로 적용된다는 점 등을 고려하면, 이 법 시행일 이전에 제재사유 행위를 행한 경우에도 제척기간이 적용된다고 해석된다.

제척기간의 기산점은 법 제27조제1항 각호의 행위가 종료한 때이다. 특히 제5호 및 제6호의 경우에는 공정거래위원회 또는 중소기업청장으로부터 요청이 있었던 때이다. 주요 제재사유의 제척기간에 대한 구체적인 기준은 다음과 같다.

---

34) 국세기본법 제26조의2 제2항 및 지방세기본법 제38조제2항은, 조세채권 부과권의 경우 제척기간 조항에도 불구하고 행정소송법에 따른 소송에 대한 판결이 확정된 날로부터 1년이 지나기 전까지는 판결에 따라 경정결정이나 그 밖에 필요한 처분을 할 수 있다고 규정하고 있다. 법원은 이러한 조항을 근거로, "종전의 과세처분이 위법하다는 이유로 이를 취소하는 판결이 선고·확정된 후 1년 내에 과세관청이 그 잘못을 바로잡아 다시 과세처분을 한 경우에는 구 국세기본법 제26조의2 제1항이 정한 제척기간의 적용이 없다"고 판시하여(대법원 2002. 1. 5. 선고 2001두9059 판결; 대법원 2002. 7. 23. 선고 2000두6237 판결; 대법원 1996. 5. 10. 선고 93누4885 판결 참조), 제척기간이 도과 후에도 재처분을 인정하고 있다. 이는 명문의 조항이 있어야 가능한 것이므로, 부정당제재의 경우에도 이를 도입하기 위해서는 국가계약법의 개정이 필요하다.

부실·조잡 또는 부당·부정행위: 위반행위 종료 시
입찰담합: 담합행위 종료 시
하도급위반: 불법 하도급계약 체결 시, 하도급조건 무단 변경 시
사기, 그 밖의 부정한 행위로 국가 손해: 국가가 손해를 입은 때(통상 대급지급일)
뇌물공여: 뇌물 제공 완료 시
계약에 관한 서류의 위조·변조·부정행사 또는 허위서류 제출: 위·변조 시, 부정행위 시,
허위서류 제출 시
계약미체결: 계약포기문서 접수 시, 수정계약 부동의 시
계약불이행: 계약포기 문서 접수 시 또는 계약해제 시
계약의 주요조건 위반 시: 주요조건 불이행 시

특히 2호 담합행위 종료일의 판단기준에 대한 논의가 있다. 이에 대한 직접적인 판례는 없으나, 공정거래법상 시정조치 등에 대한 제척기간에 대한 판례에 따르면, 입찰담합의 공동행위가 종료되었는지 여부는 해당 합의 내용을 기초로 하여 그에 따라 예정된 실행행위의 구체적 범위 및 태양, 합의 등에 따른 경쟁제한효과의 확정적 발생 여부 등 여러 요소를 종합적으로 고려해 각 사안별로 개별적·구체적으로 판단하여야 한다.

【관련판례】 공정거래법 제19조제1항 제1호에서 정한 가격결정 등의 합의 및 그에 기한 실행행위가 있었던 경우 부당한 공동행위가 종료된 날은 합의가 있었던 날이 아니라 합의에 기한 실행행위가 종료된 날을 의미하고, 이러한 법리는 구공정거래법 제19조 제1항 제8호에서 정한 낙찰자, 경락자, 투찰가격 등의 결정에 관한 입찰담합 및 그에 기한 실행행위가 있었던 경우에도 그대로 적용된다. 그리고 입찰담합에 기한 실행행위가 종료되었는지는 해당 합의 내용을 기초로 하여 그에 따라 예정된 실행행위의 구체적 범위 및 태양, 합의 등에 따른 경쟁제한효과의 확정적 발생 여부 등 여러 요소를 종합적으로 고려해 각 사안별로 개별적·구체적으로 판단하여야 한다(대법원 2015. 5. 28. 선고 2015두37396 판결).

【관련판례】 사업자들이 경쟁을 제한할 목적으로 공동하여 향후 계속적으로 가격의 결정, 유지 또는 변경행위 등을 하기로 하면서, 그 결정주체, 결정방법 등에 관한 일정한 기준을 정하고, 향후 이를 실행하기 위하여 계속적인 회합을 가지기로 하는 등의 기본적 원칙에 관한 합의를 하고, 이에 따라 위 합의를 실행하는 과정에서 수회에 걸쳐 회합을 가지고 구체적인 가격의 결정 등을 위한 합의를 계속하여 온 경우, 그 회합 또는 합의의 구체적 내용이나 구성원에 일부 변경이 있더라도, 그와 같은 일련의 합의는 전체적으로 하나의 부당한 공동행위로 봄이 상당하므로, 위 조항의 '법의 규정에 위반하는 행위가 종료한 날'을 판단함에 있어서도 각각의 회합 또는 합의를 개별

적으로 분리하여 판단할 것이 아니라 그와 같은 일련의 합의를 전체적으로 하나의 행위로 보고 판단하여야 할 것이니, 또한 가격 결정 등의 합의 및 그에 기한 실행행위가 있었던 경우 부당한 공동행위가 종료한 날은 그 합의가 있었던 날이 아니라 그 합의에 기한 실행행위가 종료한 날을 의미한다고 할 것이다(대법원 2006. 3. 24. 선고 2004두11275 판결; 대법원 2011. 6. 30. 선고 2009두12631 판결).

예컨대 담합합의의 내용이 특정입찰에 있어서 특정업체를 우선협상대상자로 사전에 결정하고 다른 업체는 특정업체보다 높은 투찰가격으로 입찰에 참여하는 것일 뿐이며 이를 넘어 추가적으로 경쟁을 제한할 우려가 있는 다른 행위를 예정하고 있지 않는 경우에는, 입찰로 인해 해당 합의의 내용이 최종적으로 실현되었고 예정된 경쟁제한 효과도 확정적으로 발생하였으므로, 공동행위는 입찰 참여일에 종료되었다고 해석된다. 반면에 여러 회사들이 가격의 결정방법, 시행시기 등에 관한 일정한 기준을 정하고, 향후 가격의 결정을 위하여 계속적인 회합을 가지기로 하는 등의 기본적 원칙에 관한 합의를 하고, 이에 따라 수회에 걸쳐 회합을 개최하여 구체적인 가격의 결정 등을 위한 개별적 합의를 계속해 온 이상, 일정 기간 회합이 없었더라도 일련의 합의는 단절되지 아니한 채 전체적으로 1개의 부당한 공동행위로 보아야 한다. 전체적(포괄적) 담합행위를 인정하는 실익은 제척기간이 도과된 개별 담합행위를 전체적 담합행위에 포함시켜 제재가 가능하다는 데 있다.

공정거래법상 부당한 공동행위는 '계약·협정·결의 기타 어떠한 방법으로 다른 사업자와 공동으로 부당하게 경쟁을 제한하는 행위(가격을 결정·유지·변경하는 행위 등)를 할 것을 합의하는 것'을 의미한다. 국가계약법상 담합행위는 '경쟁입찰, 계약체결 또는 이행과정에서 입찰자 또는 계약상대자 간에 서로 상의하여 미리 입찰가격, 수주물량 또는 계약의 내용 등을 협정하였거나 특정인의 낙찰 또는 납품대상자 선정을 위하여 담합한 자'를 의미한다. 즉, 공정거래법상 부당한 공동행위로 평가된 행위는 국가계약법상 담합행위에 해당된다고 평가될 수 있다. 실제로 공정거래위원회에서 부당한 공동행위로 과징금 및 시정조치를 받은 업체에 대해서 국가계약법상 부정당제재 처분을 하였으며, 법원도 이를 위법하다고 보지 않았다. 따라서 담합행위의 종료일에 대한 공정거래법상 시정조치에 대한 법원의 기준은 국가계약법상 부정당제재로서 담합행위의 종료일에 대해서도 적용될 수 있다.[35]

---

35) 2017년 군납급식 담합행위에 대해, 공정거래위원회는 업체의 담합행위가 부당한 공동행위에 해당하

결론적으로 일회적 입찰담합에 대한 제재처분의 제척기간 기산일은 입찰참여일이고, 업체들이 기본원칙을 정하고 원칙에 따라 계속적 입찰담합한 경우에는 최종 입찰참여일이 제재처분 제척기간의 기산일이다. 따라서 제척기간이 도과된 개별 담합행위도 계속적 입찰담합에 포함되어 제재가 가능하다.

제6절 입찰참가자격 제한의 제재기간

입찰참가자격 제한의 기간에 관한 사항은 제재사유별로 부실벌점, 하자비율, 부정행위 유형, 고의·과실 여부, 뇌물 액수 및 국가에 손해를 끼친 정도 등을 고려하여 기획재정부령으로 정하고(영 제76조제3항), 부정당업자의 입찰참가자격 제한의 세부기준은 시행규칙 별표2에서 규정하고 있다(시행규칙 제76조). 입찰참가자격 제한처분의 집행에 대해서는 법령에 특별한 규정이 없고 부정당업자에 대해서는 즉시 입찰참가자격을 제한하여야 하므로, 한 업체가 수 개의 입찰·계약에서 수 개의 위반행위를 하여 다른 시기에 여러 개의 부정당제재를 받은 경우에는 각 제재처분은 제재기간이 중첩하여 집행될 수 있다.

1. 제한기간의 가중

각 중앙관서의 장은 입찰참가자격의 제한을 받은 자에게 그 처분일부터 입찰참가자격 제한기간 종료 후 6개월이 경과하는 날까지의 기간 중 다시 부정당업자에 해당하는 사유가 발생한 경우에는 그 위반행위의 동기·내용 및 횟수 등을 고려하여 제재기준에 따른 기간의 2분의 1의 범위에서 자격제한기간을 늘릴 수 있다. 이 경우 가중한 기간을 합산한 기간은 2년을 넘을 수 없다(별표2 제1항). 이는 입찰참가자격 제한기간을 가중할 수 있는 유일한 사유이며, 처분 후 일정 기간 내에 다시 부정당행위가 있는 경우 비난 가능성이 증가되고 향후 예방목적을 위한 것이다.

문제는 다른 행정청으로부터 받은 입찰참가자격 제한기간 중에 있는 업체가 현 행

여 과징금 및 시정조치를 부과하였으며, 여러 담합행위를 하나의 공동행위로 인정하였다(공정위 의결 2017-121 2016카조1651 등). 방위사업청은 공정거래위원회의 의결에 따라 하나의 공동행위로 인정하여 부정당업자 제재를 하였다.

정청에게 부정당제재 행위를 한 경우 그 제한기간을 가중할 수 있는지가 논의된다. 예컨대 조달청으로부터 부정당업자 제재처분을 받은 업체가 그 기간 중 방위사업청에게 계약불이행을 한 경우가 가중사유에 해당하는지 여부이다. 시행규칙 문언상 '입찰참가자격의 제한을 받은 자'라고 규정하고 있을 뿐 제재 부여자에 대해 특별한 제한이 없는 점, 법 제27조제2항에 따르면 '제1항에 따라 입찰 참가자격을 제한받은 자'에 해당 중앙관서의 장으로부터 직접 입찰참가자격 제한처분을 받은 경우 및 다른 중앙관서의 장으로부터 제한사실을 통보받은 경우를 포함하여 해석된다는 점, 다른 행정청의 제재기간 중 다시 부정당행위가 있는 경우에도 비난 가능성이 증가된다는 점 등을 고려하면, 다른 행정청의 제재기간 중의 부정당제재 행위도 가중사유에 해당된다고 해석된다.

다만 선행 입찰참가자격 제한처분에 대해 법원의 집행정지 결정이 있는 경우가 문제이다. 처분에 대한 집행정지 결정은 처분의 효력정지이므로, 입찰참가자격의 효력을 정지시킴으로써 당해 처분이 없었던 것과 같은 상태가 되고, 행정청은 이러한 효력에 반하는 처분을 할 수 없다. 즉 선행처분에 대한 집행정지로 인해 선행처분은 없었던 것과 같은 상태가 된 것이다. 따라서 선행처분에 대한 집행정지 결정이 있다면 해당 기간 중에 새로운 부정당제재사유에 해당하는 행위를 하더라도 제재기간을 가중할 수 없다고 해석된다.

2. 2개 이상의 제한사유

각 중앙관서의 장은 부정당업자가 위반한 여러 개의 행위에 대하여 같은 시기에 입찰참가자격 제한을 하는 경우 입찰참가자격 제한기간은 위반행위에 대한 제한기준 중 제한기간을 가장 길게 규정한 제한기준에 따른다(별표2 2항).

1개 또는 수 개의 행위가 외견상 수 개의 구성요건에 해당하는 것같이 보이나 실제로는 한 구성요건이 다른 구성요건을 배척하기 때문에 하나의 제재사유만 되는 경우[36] 또는 수 개의 행위가 포괄적으로 1개의 구성요건에 해당하여 하나의 제재사유를 구성하는 경우[37]에는 해당 제재사유에 해당되는 제재기간으로 처분한다.

---

36) 예컨대, '담합을 주도하여 낙찰을 받은 자'(별표2 제2조제4항 가목)에 해당되면 '담합을 주도한 자'(동항 나목)에는 해당되지 아니한다.

1개의 행위가 수 개의 제재사유에 해당되는 경우[38](형법상 상상적 경합과 유사)에는 국가계약법령에는 규정이 없으나 시행규칙의 취지에 비추어 별표2 제1항 나목을 유추 적용하여 가장 중한 기준에 의하여야 한다. 수 개의 행위가 수 개의 제재사유에 해당하는 경우[39](형법상 실체적 경합과 유사)에 가장 중한 제재기간을 적용한다.

【관련판례】 (계약을 이행함에 있어서 부정한 행위를 하고 이로 인해 국가에게 손해를 끼친 경우) 전자의 행위와 후자의 행위는 행위의 태양 및 차원을 달리하는 것으로서 위 각 행위에 대하여 어느 제재사유가 적용되어야 하는지 여부는 별도로 판단되어야 하고, 전자의 행위가 국가계약법 시행령 제76조제1항 제1호 소정의 제재사유에 해당하는지 여부와 후자의 행위가 국가계약법 시행령 제76조제1항 제17호에 해당하는지 여부는 직접적인 관련이 있다고 할 수 없다. 이와 달리 전자의 행위와 후자의 행위를 전체로서 하나의 동일한 행위라고 보더라도, 그것이 위 두 조항 중 어느 조항에 해당하는지 여부는 해당 조항별로 각각 따져 보아야 하는 것(이다)(서울고등법원 2013. 5. 23. 선고 2012누32033 판결 참조).

부정당업자가 수 개의 제재사유에 해당하는 행위를 한 경우 관할 행정청의 인식에 따라 업체에 대한 처분의 개수 및 양형이 달라질 수 있다. 편의상 선행 위반행위와 후행 위반행위로 구분하여 설명한다. 일반적으로 행정청이 부정당업자의 선행 위반행위에 대해 제재처분을 한 경우, 후행 위반행위가 선행처분 이후 이루어졌다면 행정청은 후행 위반행위에 대해 추가적인 제재처분을 할 수 있다. 즉 2개의 제재처분을 하게 된다. 그런데 만약 행정청이 선행 위반행위를 즉시 밝혀내지 못하고 후행 위반행위가 발생한 이후에 알게 되었다면, 행정청은 선행 및 후행 위반행위에 대해 같이 제재를 할 수밖에 없으며 결국 수 개의 제재사유 중에 제한기간을 길게 규정한 제한기준에 따르게 된다. 결국 1개의 제재처분을 하게 된다. 이러한 차이는 부정당업자의 위반행위를 밝히지 못한 책임을 행정청이 부담하게 되는 결과가 되며, 이는 업체에게 부당하다고 볼 수 없으므로 타당하다.

---

37) 예컨대, 계약에 관한 서류를 위조하여 허위서류로 제출하는 경우(동조 제9항 나목)는 하나의 제재사유를 구성한다.

38) 예컨대, 검사에 필요한 서류를 위조하는 경우에는 검사방해(동조 18호)와 허위서류 제출(동조 제9호 나목)에 해당한다.

39) 예컨대, 위조된 서류를 제출하여 계약금액을 수령한 경우 허위서류 제출(동조 제9호 나목) 및 국가손해(동조 제6호)에 해당한다.

3. 제재처분 이후 그 이전 위반행위를 추가로 알게 된 경우

입찰참가자격 제한 처분이 있은 이후 그 처분이 있기 이전에 또 다른 위반행위가 있었음이 새롭게 밝혀진 경우 이에 대한 제재처분을 할 수 있는지 여부가 논의된다.

과거 기획재정부 회신은 "국가계약법 시행규칙 제76조제3항(현 별표2 제1조)은 중앙관서의 장이 부정당업자의 수 개 위반행위가 2 이상의 입찰참가자격 제한사유에 해당함을 인지한 경우라면 그중 제한기간이 긴 하나의 제재처분만이 가능하다는 것을 의미하므로, 각각의 제한사유에 대하여 개별적 또는 순차적으로 제한처분을 하는 것은 가능하지 않다. 다만, 중앙관서의 장이 2 이상의 제한사유가 있음을 인지하지 못하였을 경우에는 같은 시기에 발생한 위반행위에 대하여 각각 제재하는 것은 가능할 것이며, 이러한 경우 제한사유에 해당함을 인지하는 즉시 제한처분을 하여야 할 것"(회계제도과-1274, 2011. 10. 28.)이라고 유권해석을 내리면서 선행처분 이전 제재사유에 대해 처분청이 인지하지 못하였을 경우에는 선행처분 이후에도 제재를 처분을 할 수 있어, 처분청의 인지시점에 따라 처분의 결과가 달라진다.

그러나 유권해석과 달리 법원은, "공기업이 원고회사가 특정 구매입찰에서 담합행위를 하였다는 이유로 6개월의 입찰참가자격 제한처분(1차 처분)을 한 다음, 1차 처분이 있기 전에 다른 특정입찰에서 담합행위를 하였다는 이유로 원고회사에 다시 6개월의 입찰참가자격 제한처분(2차 처분)을 한 사안"에서 법원은, "구국가계약법 시행규칙 제76조제3항(이 사건 규칙조항)은 수 개의 위반행위에 대하여 그중 가장 무거운 제한기준에 의하여 제재처분을 하도록 규정하고 있고, 이는 가장 중한 위반행위에 대한 입찰참가자격 제한처분만으로도 입법 목적을 충분히 달성할 수 있다는 취지로 보이며, 또한 행정청이 입찰참가자격 제한처분을 할 때 그 전에 발생한 수 개의 위반행위를 알았거나 알 수 있었는지 여부를 구별하여 적용기준을 달리 정하고 있지도 아니하다. 나아가 수 개의 위반행위에 대하여 한 번에 제재처분을 받을 경우와의 형평성 등을 아울러 고려하면, 이 사건 규칙조항은 행정청이 입찰참가자격 제한처분을 한 후 그 처분 전의 위반행위를 알게 되어 다시 입찰참가자격 제한처분을 하는 경우에도 적용된다고 할 것이다"(대법원 2014. 11. 27. 선고 2013두18964 판결)고 판시한 바 있다.[40]

---

40) 원심법원도 "입찰참가자격 제한처분이 있은 이후 그 처분이 있기 이전에 또 다른 위반행위가 있었음이 새롭게 밝혀진 경우 공기업·준정부기관이 그 처분 당시에 그러한 사정을 알거나 알 수 있었

시행규칙 별표2 제1조 나항은 여러 위반행위가 있을 경우 그중 가장 중한 위반행위에 대한 제한처분만으로도 입찰참가자격 제한의 입법목적이 충분히 달성될 수 있다는 취지이므로, 이는 이미 행하여진 여러 위반행위 중 일부에 대해 제한처분이 있은 이후 나머지 위반행위가 새로 밝혀진 경우에도 적용될 수 있는 점, 관할 제재청은 여러 위반행위 전부에 대해 하나의 처분으로써 가장 중한 제한기준에 따른 처분을 할 수도 있고, 일부에 대해 먼저 제한처분을 한 후 다시 나머지에 대해 새로운 제한처분을 할 수도 있게 되어 제재청의 자의적인 권한행사가 가능해질 우려가 있고, 제재청의 주관적 인식에 의해 좌우되는 것이어서 법적 안정성이 현저히 침해될 위험이 있는 점, 제한처분 이후 새로 밝혀진 위반행위에 대해 다시 제한처분을 할 수 있다면, 제재청이 그 존재를 알지 못하였다는 이유로 같은 절차에서 처분되지 못하는 바람에 다시 제한처분을 받는 것이어서, 이는 결국 부정당업자가 자신의 위반행위를 관할 제재청에 자복하지 않았다는 이유로 가중 제재를 받는 것과 같은 것으로 자기부죄금지의 법리에 어긋날 뿐 아니라, 종전 처분 당시에 제재청이 다른 위반행위의 존재를 밝혀내지 못하였던 책임을 부정당업자에게 전가하는 셈이어서 부당하다는 점을 근거로 법원의 태도가 옳다고 판단된다.

다만, 새로 밝혀진 위반행위에 대한 제한기간이 종전 처분에 의한 제한기간보다 길다면, 그 초과된 부분에 한하여 다시 제한처분을 할 수 있다고 보아야 한다. 원래 하나의 처분으로 이루어졌더라도 그 결과는 이와 같았을 것이어서 부정당업자에게 특별히 불리하다고 할 수는 없으며, 만약 이 경우에도 새로운 처분을 할 수 없다고 본다면 부정당업자가 가벼운 위반행위를 자복하여 약한 제한처분을 받음으로써 중한 제한처분을 회피하는 수단으로 악용될 수 있기 때문이다.

는지에 관계없이 그 위반행위 전부에 대하여 하나의 입찰참가제한처분을 하는 경우와 마찬가지로 구 국가계약법 시행규칙 제76조제1항과 제3항을 적용하여 그중 가장 무거운 제한기준에 의하여야 한다고 봄이 옳다. 따라서 종전 위반행위와 새롭게 밝혀진 위반행위에 대한 제한기준을 비교하여 새롭게 밝혀진 위반행위에 대한 제한기준이 종전 위반행위에 대하여 행하여진 입찰참가자격 제한의 기간보다 길다면 그 초과된 기간에 한하여 새롭게 밝혀진 위반행위에 대해 입찰참가자격 제한처분을 할 수 있을 것이나, 이와 반대로 새롭게 밝혀진 위반행위에 대한 제한기준이 종전 위반행위에 대한 입찰참가자격 제한의 기간보다 짧거나 같은 경우에는 여러 위반행위 중 가장 무거운 제한기준에 의하여야 한다는 원칙에 따라 그에 대해서는 다시 입찰참가자격 제한처분을 할 수 없다고 보아야 한다. 그런데 이 사건의 경우 제1처분의 근거가 된 1차 위반행위와 이 사건 처분의 근거가 된 2차 위반행위는 동일한 유형으로서 입찰참가자격 제한기준상의 제재기간이 같다. 따라서 위와 같은 법리상 2차 위반행위에 대하여는 다시 입찰참가자격 제한처분을 할 수 없다고 보아야 하므로 2차 위반행위에 대한 이 사건 처분은 위법하다"고 판시하였다(서울고등법원 2013. 8. 21. 선고 2013누11583 판결).

선행처분 후 새로 밝혀진 선행처분 전 위반행위가 선행처분의 제재사유와 동일해야 제재를 할 수 없는 것은 아니다. 제재를 할 수 없는 근거가 '여러 개의 위반행위에 대한 제재는 가장 중한 제한기준에 따른다'는 시행규칙 조항인데, 동 조항은 제재사유가 다른 여러 개의 위반행위에도 적용되기 때문이다.

제재기관이 상이한 경우에도 위 법리가 적용되는지도 문제이다. 예컨대 업체가 조달청 및 방위사업청과 계약을 체결한 상태에서 각각 부정당제재 행위를 행했을 경우, 조달청이 업체에 대해 제재를 한 경우 방위사업청은 제재를 할 수 없는지 여부이다. 국가, 지방자치단체 및 공기업·준정부기관 중 어느 한 기관이 제한조치를 한 경우 그 조치의 효력은 해당 조치기관에 국한되지 않고 국가, 지방자치단체 및 공기업·준정부기관이 실시하는 모든 입찰에 미치게 되므로, 업체의 계약상대자로서의 지위는 계약당사자인 발주처에 따라 달라지지 않는다. 즉, 국가를 당사자로 하는 계약을 적용함에 있어 계약당사자가 국가인 점에 있어서 동일하므로 발주처에 따라 구분하지 않는 것이 합리적일 수 있다. 실무적으로 어느 한 기관의 입찰참가자격 제한조치는 다른 기관으로 통보 또는 전자조달시스템(나라장터)을 통해 공유되므로, 어느 한 기관이 제재처분을 한 경우 다른 기관은 그 처분 전에 발생된 사유에 대해서 제재를 하지 않을 가능성은 있다. 그러나 부정당제재의 부과주체는 국가(지방자치단체, 공기업·준정부기관)가 아니라 각 중앙행정기관의 장(각 지방자치단체의 장, 각 기관장)이므로, 각 중앙기관의 장은 다른 중앙행정기관의 장(지방자치단체의 장, 기관장)이 계약당사자인 계약과 관련한 부정당제재행위에 대해 제재를 할 수 없고, 따라서 여러 기관과 관련된 수 개의 제재행위의 경우에는 제한기간 중 가장 중한 제한기준에 따라 제재할 수 없다. 즉, 선행처분 후 새로 밝혀진 선행처분 전 위반행위를 제재할 수 없는 중요한 근거가, 제재기관이 상이한 경우에는 적용할 수 없게 되었으므로, 위 법리는 적용할 수 없다고 판단된다.

선행처분에 대해 법원의 집행정지 결정이 있는 경우에도 위 법리를 적용할 수 있는지가 문제이다. 입찰참가자격 제한처분에 대한 집행정지 결정은 처분의 효력정지이므로, 입찰참가자격의 효력을 정지시킴으로써 당해 처분이 없었던 것과 같은 상태가 되고, 행정청은 이러한 효력에 반하는 처분을 할 수 없다. 따라서 선행처분에 대한 집행정지로 인해 선행처분은 없었던 것과 같은 상태가 된 것이므로, 후행처분은 당연히 가능하다고 볼 수 있다. 이는 위 대법원 법리가 수 개의 위반행위에 대하여 가장 무거운 제한기준에 의한 하나의 처분을 받은 경우에는 중복하여 처분할 수 없다는 것으로, 이는 선행처분이 유효할 것을 전제로 한 것이다. 결론적으로 위 대법원의 법리를 적용하는 것이 처분상대방에게 유리하지만, 상대방 자신이 신청한 선행처분의 집행정지 결정으로 인한 불이익이라면 이는 집행정지 신청자가 감수해야 할 것으로 본다.

4. 제한기간의 감경

각 중앙관서의 장은 부정당업자에 대한 입찰참가자격을 제한하는 경우 자격제한기간을 그 위반행위의 동기·내용 및 횟수 등을 고려하여 별표2 제2호에서 정한 기간의 2분의 1의 범위에서 줄일 수 있다. 이 경우 감경 후의 제한기간은 1개월 이상이어야 한다. 문제는 제재기간을 감경할 수 있는 기준인 별표에서 정한 제한기간이 확정기간인지 최고한도인지 여부이다. 예컨대 허위서류 제출의 경우 별표의 제재기간은 6개월인데, 만약 확정기간이라고 한다면 최대로 감경하여도 3개월 아래로 낮출 수 없지만, 최고한도기간이라고 한다면 기본재제기간 6개월을 낮출 수 있으므로 최대로 감경하면 3개월 아래로 낮출 수 있게 된다.

> [유권해석] 시행규칙 제76조제4항은 부정당업자에 대한 입찰참가자격을 제한하는 경우 자격제한기간을 그 위반의 동기·내용 및 횟수 등을 고려하여 동 시행규칙 별표2의 해당호에서 정한 기간의 2분의 1의 범위에서 감경할 수 있도록 하고 있음. 동 규정은 각 중앙관서의 장에게 부정당업자 입찰참가자격 제한기간의 감경에 대한 재량을 부여함과 동시에 재량의 한계도 정하고 있는바, 2분의 1을 초과하여 자격제한기간을 감경할 수 없다고 할 것임(계약제도과-1120, 2011. 9. 23.).

실무적으로는 시행규칙 별표2에서 정한 제재기간을 최고한도기간으로 해석한다면 2분의 1의 범위에서 감경할 수 있다는 재량의 한계를 규정한 취지가 몰각될 수 있으므로, 확정기간으로 해석하고 있다.

그러나 최근 협력업체가 위변조한 시험성적서를 제출한 사유로 입찰참가자격 제한처분을 한 사안에서 법원은, "국가계약법 시행규칙 제76조제1항 별표2 '부정당업자의 입찰참가자격 제한기준'은 비록 법규명령이기는 하나, 모법의 위임규정의 내용과 취지 및 헌법상의 과잉금지의 원칙과 평등의 원칙 등에 비추어 보면, 같은 유형의 위반행위라 하더라도 그 규모나 기간, 사회적 비난 정도, 위반행위로 인하여 다른 법률에 의하여 처벌받은 다른 사정, 행위자의 개인적 사정 및 위반행위로 얻은 불법이익의 규모 등 여러 요소를 종합적으로 고려하여 사안에 따라 적정한 입찰참가제한의 기간을 정하여야 할 것이므로, 그 기간은 확정적인 것이 아니라 최고한도라고 보아야 한다(대법원 2006. 2. 9. 선고 2005두11982 판결 참조[41]). (중략) 따라서 허위서류 제출에 해당하는 별표2 제10호 나목을 적용하여 원고회사의 입찰참가자격 제한기간을 위 행정처분기준에서 정한 6개월에서 3개월로 감경하여 주었으나, 앞서 관련 법리에서 본 바와 같이 위 6개월의 제재기간은 최고한도에 해당하므로, 원고에 대한 제재기간을 3개월 아래로 낮추는 것도 가능하다고 보아야 한다"(서울행정법원 2016. 9. 8. 선고 2015구합70492 판결; 서울고등법원 2017. 2. 7. 선고 2016누66454 판결로 확정)고 판시한 바 있다.

대부분의 행정제재처분은 법령의 별표로 제재처분 부과의 기준을 정하고 있는바, 이러한 기준에 대해서 제반사정을 고려하여 사안에 따라 제재기간을 정해야 할 것이므로 그 기준은 확정적인 것이 아니라 최고한도라고 판시한 사례가 있다. 특히 대법원은 국민건강보험법 시행령의 '업무정지처분 및 과징금부과의 기준', 청소년보호법의 '과징금처분 기준'에 대해서 해당 기준이 최고한도라고 판시하였다.[42] 당시 법규 및 별표에는 제재처분에 대한 감경규정이 없었기 때문에 행정청은 제재처분 기준상의 기간대로 제재를 하였으며, 법원은 별표의 기준은 최고한도이므로 제반사정에 따라 감경하여야 함에도 하지 않은 재량권 일탈남용으로 위법한 처분이라고 판시하였던 것이다. 현재 국민건강보험법 시행령 및 청소년보호법 시행령에는 '제반사정을 고려하여 1/2 감경할 수 있다'는 조항이 포함되어 있다. 즉, 판례의 취지는 별표상의 제재처분의 기준은 감경규정이 없더라도 제반사정을 고려하여 감경할 수 있다는 것이므로 감경규정이 신설된 이상 제재처분 기준을 최고한도로 해석할 필요는 없다고

---

41) 국민건강보험법 제85조제1항, 제2항에 따른 같은 법 시행령(2001. 12. 31. 대통령령 제17476호로 개정되기 전의 것) 제61조제1항 [별표 5]의 업무정지처분 및 과징금부과의 기준은 법규명령이기는 하나 모법의 위임규정의 내용과 취지 및 헌법상의 과잉금지의 원칙과 평등의 원칙 등에 비추어 같은 유형의 위반행위라 하더라도 그 규모나 기간·사회적 비난 정도·위반행위로 인하여 다른 법률에 의하여 처벌받은 다른 사정·행위자의 개인적 사정 및 위반행위로 얻은 불법이익의 규모 등 여러 요소를 종합적으로 고려하여 사안에 따라 적정한 업무정지의 기간 및 과징금의 금액을 정하여야 할 것이므로 그 기간 내지 금액은 확정적인 것이 아니라 최고한도라고 할 것이다(대법원 2006. 2. 9. 선고 2005두11982 판결).

42) 대법원 2001. 3. 9. 선고 99두5207 판결.

볼 수 있다. 만약 제재기간을 최고한도로 해석한다면 '1/2 범위 안'에서 감경할 수 있다는 조항은 의미가 없어진다. 또한 제재처분 기준을 낮추고 그 기준에서 1/2 범위 안에서 또 감경을 할 수 있다면 동일한 제반사정으로 이중으로 감경을 하는 것이 되어 불합리하다고 볼 수 있다.

그러나 제재처분의 기준이 6개월인 제재사유의 경우 최대로 감경해도 1/2인 3개월 미만으로 제재처분을 할 수 없게 되어, 구체적인 사례에 있어 제재기간을 3개월 미만으로 처분해야 할 구체적 타당성이 있는 경우에도 해당 규정으로 인해 3개월을 처분할 수밖에 없다. 제재적 행정처분의 기준은 행정청 내부의 사무처리준칙을 정한 것이므로 위 처분기준에 적합하다 하여 곧바로 당해 처분이 적합한 것은 아니고, 위 처분기준만이 아니라 관계법령의 규정 내용과 취지에 따라 판단하여야 한다는 것이 법원의 처분에 대한 위법성 판단기준이다. 그러나 행정청 공무원의 경우 법규대로 업무를 처리해야 하는 것이므로, 특별한 규정이 없는 이상 별표 제재기간을 기준으로 1/2 범위 안에서 감경해야 할 것이다. 그러나 부정당행위에 대해 제재기간을 1/2로 감경하더라도 다른 사유와의 형평성 또는 구체적 타당성에 부합하지 않는 경우에는 위 판례(서울행정법원 2016. 9. 8. 선고 2015구합70492 판결; 서울고등법원 2017. 2. 7. 선고 2016누66454 판결)를 근거로 별표 제재기준을 최고한도로 해석하여 기준 제재기간을 낮추고 여기에 1/2 범위 안에서 감경하더라도 법률 및 판례의 취지에 부합하는 처분이라는 것이 사견이다.[43]

☞ 입찰참가자격 제한처분이 재량권 일탈·남용으로 위법하다는 법원의 판결 후 행정청이 하자를 보완하기 위해 재처분할 수 있다. 위 사례의 경우 법원의 판례에 따라 기본재제 기간 6개월의 1/2 감경한 3개월에서 1/2 더 감경하여 다시 처분하였다.

입찰참가자격 제한처분 취소소송 결과 해당 처분이 재량권 일탈·남용으로 위법하다는 법원의 판결을 받은 경우, 행정청은 하자를 보완한 새로운 처분을 한다. 위 취소소송 진행 중 해당 제한처분의 제재기간이 일부 집행되는 경우가 있는데,[44] 이 경

---

43) 별표의 제재기간을 최고 한도로 보아 낮출 때 고려할 제반사정은 '위반행위의 규모나 기간, 사회적 비난 정도, 위반행위로 인하여 처벌받은 다른 사정, 행위자의 개인적 사정 및 위반행위로 얻은 불법이익의 규모 등'이고, 1/2 범위 안에서 감경할 때 고려할 사항은 '위반행위의 동기, 내용 및 횟수 등'으로 구분이 될 수 있다.

44) 일반적으로 입찰참가자격 제한처분 취소소송은 집행정지 결정 이후 진행된다. 집행정지는 해당 심급의 판결 선고 시까지 효력이 있으므로, 상소할 경우 상급심 판결 시까지의 집행정지 결정을 다시

우 새로운 제한처분을 할 때 이미 집행된 기간을 고려해야 하는지가 논의된다. 원칙적으로는 일부 제재기간이 집행된 사실과는 별개로 과거 제재처분 전체는 재량권 일탈·남용으로 위법하다는 법원의 판결이 있었으므로 취소된 것이다. 결국 일부 집행된 기간을 새로운 처분의 제재기간에 산입하여야 한다는 명시적인 규정이 없는 이상 산입할지 여부 및 산입한다면 어느 정도의 기간을 산입할 것인지는 행정청의 재량이라 할 것이다. 기 집행된 기간 동안 행정청이 별다른 입찰을 진행한 바 없어 그 기간 동안 입찰참가자격을 제한받았더라도 업체에게 아무런 손해가 발생하지 아니하였다면, 그 기간을 산입하지 아니하였다고 하여 재량권을 일탈·남용한 것이라고 보기 어렵다[45]고 판단된다. 만약 업체가 제재처분의 일부가 집행된 점에 대해 다투고자 한다면 손해배상청구 등이 가능할 것으로 보이지만 손해가 인정되기는 어려울 것이다.

5. 별표의 입찰참가자격 제한기준의 성격

제재적 행정처분의 기준이 부령의 형식으로 규정되어 있더라도 그것은 행정청 내부의 사무처리준칙을 정한 것에 지나지 아니하여 대외적으로 국민이나 법원을 기속하는 효력이 없고, 당해 처분의 적법 여부는 위 처분기준만이 아니라 관계 법령의 규정 내용과 취지에 따라 판단되어야 하므로, 위 처분기준에 적합하다 하여 곧바로 당해 처분이 적법한 것이라고 할 수는 없지만, 위 처분기준이 그 자체로 헌법 또는 법률에 합치되지 아니하거나 위 처분기준에 따른 제재적 행정처분이 그 처분사유가 된 위반행위의 내용 및 관계 법령의 규정 내용과 취지에 비추어 현저히 부당하다고 인정할 만한 합리적인 이유가 없는 한 섣불리 그 처분이 재량권의 범위를 일탈하였거나 재량권을 남용한 것이라고 판단해서는 안 된다(대법원 2007. 9. 20. 선고 2007두6946 판결).

식품위생법 시행규칙 제53조에 따른 별표 15의 행정처분기준은 행정기관 내부의 사무처리준칙을 규정한 것에 불과하기는 하지만 규칙 제53조 단서의 식품 등의 수급 정책 및 국민보건에 중대한 영향을 미치는 특별한 사유가 없는 한 행정청은 당해 위반사항에 대하여 위 처분기준에 따라 행정처분을 함이 보통이라 할 것이므로, 행정청이 이러한 처분기준을 따르지 아니하고 특정한 개인에 대하여만 위 처분기준을 과

받아야 하는데 이것이 지연된 경우 제재처분의 일부 기간이 진행되기도 한다.
45) 서울행정법원 2013. 6. 7. 선고 2013구합50791 판결 참조.

도하게 초과하는 처분을 한 경우에는 재량권의 한계를 일탈하였다고 볼 만한 여지가 충분하다(대법원 1993. 6. 29. 선고 93누5635 판결).

따라서 제재적 행정처분의 기준이 규칙의 형식으로 되어 있다고 하더라도 그러한 규칙이 법령에 근거를 두고 있는 이상 그 법적 성질이 대외적·일반적 구속력을 갖는 법규명령인지 여부와는 상관없이, 관할 행정청이나 담당공무원은 이를 준수할 의무가 있다. 따라서 행정청이 이러한 처분기준을 따르지 아니하고 특정인에 대해서만 위 처분기준을 과도하게 초과하는 처분을 한 경우에는 재량권의 한계를 일탈하였다고 판단될 수도 있다. 또한 행정청 공무원이 별표의 처분기준에 적합하게 처분을 하였을 경우, 원칙적으로는 적법한 처분으로 판단될 것이다. 다만 예외적으로 해당 처분이 위반행위의 내용 및 법령의 취지에 비추어 현저히 부당하다고 인정할 만한 합리적인 이유가 있는 경우에는 재량권의 일탈·남용으로 위법한 처분이 될 수 있다. 전항에서 설명했듯이 제재처분 기준을 감경함에 있어 판례를 근거로 구체적으로 타당한 제재처분을 할 수 있을 것이다.

제7절 법령의 개정

처분사유발생 이후에 법이 행위자에게 불리하게 개정된 경우에 행정청은 어느 시점의 법령을 적용해야 하는지 문제 된다. 국가계약법 및 동법 시행령이 제정된 이후 입찰참가자격 제한사유 또는 제한기준이 법령개정으로 추가 또는 변경되었으며, 이 경우 적용되어야 하는 법률이 구법인지 신법인지에 대한 논의가 있다.

항고소송에서 행정청이 행한 행정행위의 위법 여부는 행정행위 시의 법령 및 사실상태를 기준으로 위법성을 판단하는 처분시주의가 원칙이다. 즉, 처분사유발생 후 처분기준에 관한 법령이 변경된 경우 행정기관은 법치행정의 원칙 및 공익보호의 원칙에 비추어 행정처분 당시의 법령을 적용하여 행정행위를 하여야 하는 것이 원칙이다. 다만 이 같은 처분 시의 법령적용 원칙은 예외가 있는바, ① 처분사유발생 시의 법률이 적용된다는 경과규정이 있는 경우 그에 따른다. ② 헌법 제13조제1항에서 형벌법규 불소급의 원칙을 규정하고 있지만 동 조에서 말하는 '처벌'에는 반드시 형사법에 의한 처벌에 한정하지 아니하고 행정에 의한 처벌로서 제재적 처분도 포함된다고 해석하거나 유추 적용된다고 한다면, 제재적 처분사유 이후 법령의 변경된 때에도 제재처분사유 발생 시의 법령을 적용해야 한다.[46]

【관련판례】구 건설업법(1981.12.31. 법률 제3501호)이 시행되던 당시에 한 건설업면허의 대여행위에 대하여 행정상의 제재처분을 하려면, 그 후 전면 개정된 건설업법(1984. 12. 31. 법률 제3765호)의 부칙 제1항에 "이 법은 1985. 7. 1.부터 시행한다"고 규정되어 있고, 제2항에 "이 법 시행 전에 종전의 규정에 의하여 행하여진 처분은 이 법의 규정에 의하여 행한 처분으로 본다"라고 규정하고 있을 뿐 달리 특별한 규정을 두고 있지 아니한 이상, 그 위반행위 당시에 시행되던 구 건설업법에 의하여야 할 것이다(대법원 1987. 1. 20. 선고 86누63 판결).

【관련판례】법령이 변경된 경우 신 법령이 피적용자에게 유리하여 이를 적용하도록 하는 경과규정을 두는 등의 특별한 규정이 없는 한 헌법 제13조 등의 규정에 비추어 볼 때 그 변경 전에 발생한 사항에 대하여는 변경 후의 신 법령이 아니라 변경 전의 구 법령이 적용되어야 한다(대법원 2002. 12. 10. 선고 2001두3228 판결).

【관련판례】정당한 절차에 의하지 않고 구두에 의한 하도급계약을 체결하여 공사를 시작한 때에 건설업법 제34조제3항의 위반행위를 범한 것이 되니 그 위반행위를 이유로 한 행정상의 제재처분(행위 당시에는 필요적 취소사유)을 하려면 그 위반행위 이후 법령의 변경에 의하여 처분의 종류를 달리(영업정지 사유로) 규정하였다 하더라도 그 법률적용에 관한 특별한 규정이 없다면 위반행위 당시에 시행되던 법령을 근거로 처분을 하여야 마땅하다(대법원 1983. 12. 13. 선고 83누383 판결).

* 법원은 제재처분을 부과함에 있어 경과규정이 없다면 제재사유의 발생시점 법령보다 유리하게 개정된 경우에도 행위시법주의에 따라야 한다는 입장이다.

일반적으로 법령의 부칙에서 시행일을 정하여 법령의 효력이 발생하는 시점을 정하게 된다. 따라서 제정 또는 개정된 법령은 시행일부터 효력을 발휘하게 되는데, 사안에 따라서는 시행일을 정하는 것만으로는 구체적으로 제정 또는 개정된 법령의 적

---

46) 박정훈, "처분사유발생 후 행정처분기준의 변경과 법적용관계", 『경희법학』, 제50권 제4호, 2015, p.144; 그 외에 우리 헌법은 제13조제2항에서 소급입법에 의한 재산권박탈을 명시적으로 금지하고 있으므로 조세입법에 관한 기본원칙으로 소급과세금지의 원칙이 과세처분의 법적용관계에 적용된다. 따라서 납세의무를 발생케 한 사실관계에 대해서 그 사실관계가 성립된 이후에 제·개정된 세법에 의해 소급하여 과세처분을 해서는 안 되고 납세의무의 사실관계 당시의 법을 적용해야 하므로 이 경우에는 처분시법을 적용할 수 없다.

용 대상과 시기가 명확하지 않은 경우가 있다. 이러한 경우에는 새로 시행되는 법령의 부칙에서 해당 법령의 구체적 적용형태를 명확히 하기 위해 필요한 규정을 두게 되는데 이를 '적용례'라고 한다.[47] 적용례를 두지 않는 경우 행정청은 이에 갈음하는 합리적인 기준을 설정하고 업무를 수행할 수 있다. '경과조치'는 새로 제정되거나 또는 개정된 법령에 의한 기득권 침해를 방지하기 위한 것으로,[48] 경과조치를 두지 않은 경우에는 해당 행정청은 이에 갈음하는 조치를 할 수 없고 신법을 적용해야 한다.

즉, 일반적인 행정처분의 경우에는 처분시법주의에 따라 행정처분 당시의 법령을 기준으로 하므로, 경과조치를 두지 않는 경우에는 신법을 적용하는 것이 원칙이다. 다만 입찰참가자격 제한처분과 같은 제재적 행정처분의 경우에는 헌법상 처벌불소급 원칙에 따라 위반행위 시의 법령을 적용한다. 위반행위 시의 법령이 처분 시의 법령보다 불리하다고 하더라도 행위 시 법령이 적용된다.

☞ 계약 주요조건 위반(영 제76조제1항 제2호 가목 후단)은'16. 9. 2. 이후 입찰공고한 계약부터 적용하고, 정보시스템 무허가 접속 등(영 제76조제1항 제3호 다목)은'16. 9. 2. 이전 체결된 계약 중 시행일 당시 이행과정에 있는 계약도 적용된다. 특히 사기 그 밖의 부정한 행위로 국가에 손해를 끼친 자(법 제27조제1항 제4호) 및 정보시스템 정보 무단 누출(영 제76조제1항 제3호 나목)은'10. 10. 22. 이후 최초 제재사유 발생 시 적용한다. 따라서 위 제재사유에 해당하는 행위를 위 기준시 이전에 행한 경우에는 부정당제재를 할 수 없게 되므로 주의가 필요하다.

---

47) 그 예로, "제○○조의 개정규정은 이 법 시행 후 제한사유가 발생한 경우부터 적용한다", "제○○조의 개정규정은 이 법 시행 후 최초로 입찰공고 하는 계약부터 적용한다" 등의 형태이다.

48) 그 예로, "이 법 시행 전의 행위에 대한 행정처분은 종전 규정에 의한다", "이 법 시행 전의 행위에 대한 행정처분은 이 법의 개정규정에 의한다", "이 법 시행 전의 위반행위에 대한 행정처분은 그 처분규정이 종전보다 강화된 것은 종전의 규정에 의하고, 그 처분규정이 완화된 것은 개정규정에 의한다. 다만 이미 처분을 받은 경우에는 종전의 규정을 적용한다" 등의 형태이다.

제2장 입찰참가자격 제한의
제재사유

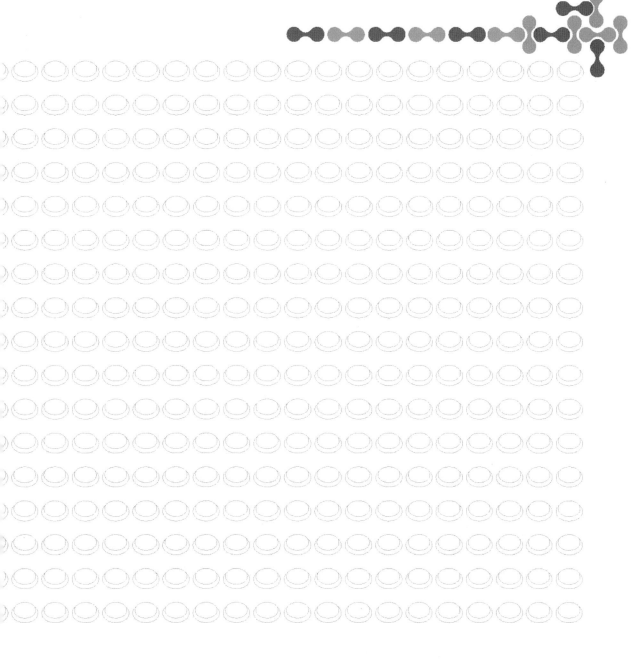

제1절 제재필요성

입찰참가자격 제한제도는 부정당업자가 공공조달계약에 관여함에 따라 여러 가지 공적 폐해가 발생할 우려가 있는 경우를 방지하고 계약의 공정성을 확보함과 동시에 공공기관이 추구하는 공적 목표를 달성하기 위하여 계약의 충실한 이행을 확보하는 것을 목적으로 한다. 이러한 입찰참가자격 제한제도의 목적에 비추어, "경쟁의 공정한 집행을 해칠 염려가 있는 경우"란 공정한 자유경쟁을 방해할 염려가 있는 상태를 발생시키는 경우, 즉 공정한 자유경쟁을 통한 적정한 가격형성에 부당한 영향을 주는 상태를 발생시키는 경우를 의미하고(대법원 2003. 9. 26. 선고 2002도3924 판결 참조), "계약의 적정한 이행을 해칠 염려가 있는 경우"란 낙찰자로 결정된 이후에 계약을 체결하지 않거나 체결된 계약을 계약내용대로 이행하지 않는 경우를 의미하는 것으로 봄이 상당하다(서울행정법원 2013. 1. 18. 선고 2011구합43942 판결).

1. 개정 전

개정 전에는, 경쟁의 공정한 집행이나 계약의 적정한 이행을 해칠 염려가 있거나 그 밖에 입찰에 참가시키는 것이 적합하지 아니하다고 인정되는 자를 '부정당업자'로 정의하고, 계약상대자등 또는 계약상대자등의 사용인이 입찰참가자격 제한사유에 해당하는 행위를 한 경우 부정당업자인 계약상대자등에게 입찰참가자격 제한을 하였다. 즉, 입찰참가자격 제한사유에 해당되더라도 추가적으로 경쟁의 공정한 집행이나 계약의 적정한 이행을 해칠 염려 또는 그 밖에 입찰에 참가시키는 것이 적합하지 아니하다고 인정되어야 한다. 판례도 이와 동일한 입장이다.

【관련판례】 국가계약법 제27조제1항에서 부정당업자의 입찰참가자격을 제한하는 제도를 둔 취지는 국가를 당사자로 하는 계약에서 공정한 입찰 및 계약질서를 어지럽히는 행위를 하는 자에 대하여 일정 기간 동안 입찰참가를 배제함으로써 국가가 체결하는 계약의 성실한 이행을 확보함과 동시에 국가가 입게 될 불이익을 미연에 방지하기 위한 것이므로(헌법재판소 2005. 6. 30. 선고 2005헌가1 전원재판부 결정), 국가계약법 시행령 제76조제1항 제6호의 규정을 해석함에 있어서는 모든 채무불이행에 대하여 무조건 입찰참가자격을 제한하는 것은 비례원칙에 위반될 소지가 크므로, 개별적이고, 구체적인 사안에서 계약의 내용, 체결경위 및 그 이행과정 등을 고려하여 채무불이행에 있어 정당한 이유가 없고, 아울러 그것이 경쟁의 공정한 집행 또는 계약의 적정한 이행을 해할 염려가 있거나 기타 입찰에 참가시키는 것이 부적법하다고 인정되는 경우에 한하여 그 입찰참가자격을 제한하여야 할 것이다(대법원 2007. 11. 29. 선고 2006두16458 판결).

【관련판례】 구 국가를 당사자로 하는 계약에 관한 법률(2012. 3. 21. 법률 제11377호로 개정되기 전의 것, 이하 '구 국가계약법'이라 한다) 제27조제1항에서 부정당업자의 입찰참가자격을 제한하는 제도를 둔 취지는 국가를 당사자로 하는 계약에서 공정한 입찰 및 계약질서를 어지럽히는 행위를 하는 사람에 대하여 일정 기간 입찰참가를 배제함으로써 국가가 체결하는 계약의 성실한 이행을 확보함과 동시에 국가가 입게 될 불이익을 미연에 방지하기 위한 것이므로, 같은 법 시행령(2011. 12. 31. 대통령령 제23477호로 개정되기 전의 것) 제76조제1항 제8호의 '허위서류를 제출한 자'에 해당하기 위해서는 구체적인 사안에서 계약체결의 경위와 그 내용, 허위서류의 작성 및 제출의 경위, 허위서류의 내용, 허위서류가 계약에서 차지하는 비중 등을 고려할 때 허위서류의 제출이 경쟁의 공정한 집행 또는 계약의 적정한 이행을 해할 염려가 있거나 기타 입찰에 참가시키는 것이 부적절하다고 인정되어야 한다(대법원 2014. 12. 11. 선고 2013두26811 판결).

【관련판례】 협력업체의 시험성적서 위변조 사안에서 법원은, "업체가 방사청에 대하여 품질보증과 품질검사의 의무를 부담하고 있음에도, 협력업체로부터 제공받은 시험성적서를 확인하였을 뿐 그에 관하여 상당한 주의와 감독을 기울이지 아니하여 방사청에게 변조된 시험성적서를 제출하였던 점, 시험성적서 변조행위 중에는 소재규격에서 요구되는 성분수치를 변조한 것도 포함되어 있는데 그로 인하여 방사청은 계약에서 정한 규격 외의 소재로 제작된 제품을 납품받고도 업체가 제출한 시험성적서 결과를 신뢰하여 그러한 사실을 쉽게 알 수 없게 된 점 등에 비추어 업체가 장래 적정한 계약이행을 해칠 염려가 있다"고 판시하였다(서울행정법원 2016. 5. 13. 선고 2015구합71815 판결).

2. 개정 후

개정 전 입찰참가자격의 제한사유는 법률이 아닌 시행령에서 열거하고 있었으므로, 국민의 권리를 제한하는 입찰참가자격 제한처분의 본질적인 사항인 제재사유가 시행령에서 규정하고 있어 법률유보원칙과 포괄위임금지원칙에 반할 수 있다는 의견이 있었다. 최근 대법원은 개정 전 국가계약법 제27조제1항이 제재처분의 본질적인 사항인 처분의 주체, 사유, 기간, 방법을 직접 규정하고 있으므로 법률유보원칙과 포괄위임금지원칙에 반하지 않는다고 판단하였지만(대법원 2017. 4. 7. 선고 2015두50313 판결), 2016. 9. 3. 국가계약법 및 동법 시행령을 개정하여, 주된 입찰참가자격 제재사유를 법률에 열거하고 나머지 제재사유는 시행령으로 규정하되 법률에 시행령으로 규정될 내용의 대강을 법률에 명시하여, 이러한 논의를 원천적으로 차단하였다.

현 법률 및 시행령의 개정은 제재사유를 단순히 법률로 상향시킨 것 이외에, 제재 필요성 요건에 있어서는 문언상 중대한 변경이 이루어졌다. 개정된 현행 국가계약법 제27조제1항 및 동법 시행령 제76조제1항의 문언의 구조를 살펴보면, 입찰참가자격 제한사유에 해당하는 자를 '부정당업자'로 정의하고, 그중 법 제27조제1항의 7개 제재사유는 경쟁의 공정한 집행이나 계약의 적정한 이행을 해칠 염려 또는 그 밖에 입찰에 참가시키는 것이 적합하지 아니하다고 인정되는지와 무관하게 제재를 부과할 수 있고, 영 제76조제1항의 15개 제재사유는 각각 경쟁의 공정한 집행을 저해할 염려가 있거나 계약의 적정한 이행을 해칠 염려가 있거나 입찰에 참가시키는 것이 적합하지 아니하다고 인정되는 자가 각 분류된 제재사유에 해당되어야 제재를 부과할 수 있다. 즉, 7개 제재사유에 해당하는 행위를 행한 자에 대해서는 제재필요성과 무관하게 제재를 할 수 있고, 나머지 제재사유에 해당하는 행위를 행한 자에 대해서는 제재필요성이 있어야 제재를 할 수 있다고 문언적으로 해석된다.

법률에서 규정한 7개 제재사유는 부실조잡, 담합, 하도급, 국가손해, 공정거래위원회의 요청, 중소기업청장의 요청, 뇌물이다. 위 제재사유는 다른 사유에 비해 위법성이 정도가 중대하다고 판단하여 당연히 제재필요성이 있기 때문에 이에 대한 판단이 불필요하다는 것이 입법취지라고 주장할 수도 있다.

그러나 국가계약법상 부정당업자의 입찰참가자격을 제한하는 제도를 둔 취지는 국가를 당사자로 하는 계약에서 공정한 입찰 및 계약질서를 어지럽히는 행위를 하는 자에 대하여 일정 기간 동안 입찰참가를 배제함으로써 국가가 체결하는 계약의 성실한 이행을 확보함과 동시에 국가가 입게 될 불이익을 미연에 방지하기 위한 것이라는 사실은 국가계약법 제27조의 개정 전후에 있어서 동일하다는 점, 법률에서 규정한 7개의 제재사유가 시행령에서 규정한 나머지 사유보다 위법성이 당연히 크다고 볼 수는 없는 점, 7개 제재사유에 대한 입찰참가자격 제한 처분을 함에 있어 제재필요성을 판단하지 않을 실익이 없는 점 등을 고려하면, 현행 법률이 적용되어도 입찰참가자격을 제한하기 위해서는 제재필요성이 필요하다고 해석된다.

3. 공공기관이 계약당사자인 경우

공기업·준정부기관[49]은 공정한 경쟁이나 계약의 적정한 이행을 해칠 것이 명백하다고 판단되는 사람·법인 또는 단체 등에 대하여 2년의 범위 내에서 일정 기간 입찰참가자격을 제한할 수 있고(공공기관운영법 제39조제2항), 입찰참가자격의 제한기준 등에 관하여 필요한 사항은 기획재정부령으로 정한다(동조 제3항). 따라서 공기업·준정부기관의 기관장은 공정한 경쟁이나 계약의 적정한 이행을 해칠 것이 명백하다고 판단되는 자에 대해서는 국가계약법 제27조에 따라 입찰참가자격을 제한할 수 있다(공기업·준정부기관 계약사무규칙 15조).

입찰참가자격 제한에 관하여 규정한 국가계약법과 공공기관운영법을 대비해 보면, 그 규정의 내용이나 규정방식에 상당한 차이가 있다. 우선 국가계약법은 그 목적을 계약업무의 원활한 수행만을 들고 있는 것과 달리 공공기관운영법은 공공기관의 사경제 주체성에도 주목하여 공공기관의 경영합리화와 대국민서비스 증진을 목적으로 하고 있다(각 제1조). 입찰참가자격 제한의 요건 등과 관련해서도, 국가계약법은 경쟁의 공정한 집행 또는 계약의 적정한 이행에 대한 침해의 '염려'나 입찰에 참가시키는 것이 '부적합'하다고 인정되는 경우 등 그 대상을 폭넓게 규정하면서도, 그 요건에 해당하면 입찰참가자격을 제한하여야 한다고 하여 기속규정의 형식을 취하고 있다(제27조제1항). 공공기관운영법은 공정한 경쟁이나 계약의 적정한 이행을 해칠 것이 '명백'한 경우로 요건은 더 제한적으로 규정하면서도 제한 여부에 대해서는 '제한할 수 있

---

49) 기타 공공기관의 입찰참가자격 제한조치의 근거인 기타 공공기관 계약사무운영규정 제14조제1항에도 공공기관법과 동일하게 규정하고 있다.

다'고 하여 처분 재량을 인정하고 있다. 따라서 행위 태양이 동일하더라도 국가계약법이 적용될 경우에는 입찰참가자격이 제한되지만 공공기관운영법이 적용될 경우에는 제한되지 않는 경우를 법률이 이미 예상하고 있다고 할 수 있으며(대법원 2013. 9. 12. 선고 2011두10584 판결), 실제로 구체적인 사안에서 그러하게 판단하고 있다.

【관련판례】 건설회사의 직원(현장소장)이 발주처인 공기업의 직원에게 뇌물을 제공한 사안에서 법원은, 공기업의 직원이 금품을 달라고 요구하여 회사 직원이 수동적으로 금품을 지급한 점, 액수가 200만 원에 불과한 점, 금전을 지급한 취지도 원활하게 공사 진행을 하게 해 달라는 것으로 계약의 적정한 이행과 관계가 없는 점 등에 비추어 보아 회사 직원이 한 금전 수수행위로 인하여 이 사건 계약의 적정한 이행을 해칠 것이 명백하다고 하기는 어렵다고 판시한 바 있다(대법원 2013. 9. 12. 선고 2011두10584 판결).

【관련판례】 하청업체가 위변조한 시험성적서를 발주처인 공기업에 제출한 사안에서 법원은, 업체가 이 사건 계약 이행으로써 공기업에게 위조된 이 사건 시험성적서를 제출하기는 하였으나, 이 사건 시험성적서는 하청업체가 위조한 점, 업체는 공기업으로부터 이 사건 시험성적서의 진위 여부 등에 관한 소명요청 공문을 받고 이 사건 시험성적서가 위조되었음을 인지하였고, 달리 업체가 이 사건 시험성적서의 위조에 관여한 것으로 보이지 않는 점, 업체가 공인기관인 한국화학시험연구원 명의의 이 사건 시험성적서 자체의 진위 여부까지 확인하기는 현실적으로 곤란하였을 것으로 보이는 점, 업체의 이 사건 시험성적서 제출은 이 사건 처분 시로부터 약 5년 전의 행위이고, 문제된 시험성적서는 단 한 장에 불과한 점, 업체가 이 사건 시험성적서와 함께 공기업에게 납품한 이 사건 물품에 실제로 어떠한 하자가 있었다거나 그로 인하여 문제가 발생하였음을 인정할 아무런 자료가 없는 점, 업체는 이 사건 시험성적서가 위조된 것임을 인지한 즉시 공기업에게 계약물품을 교체 납품한 점, 그 밖에 공공기관운영법의 목적, 입찰참가제한 규정의 내용과 취지 등에 비추어 보면, 업체가 위조된 이 사건 시험성적서를 피고에게 제출하였다는 사정만으로는 업체가 '이 사건 계약의 적정한 이행을 해칠 것이 명백하다고 판단되는 자'에 해당한다고 할 수 없다고 판시하였다(대구지방법원 2015. 1. 14. 선고 2014구합665 판결).

제2절 구체적 제재사유

입찰참가자격 제한은 국민의 권리를 제한하는 처분이므로 제재사유를 법률에 열거하고 나머지 제재사유는 시행령으로 정하되 법률에서 시행령으로 규정될 내용의 대강을 법률에 명시하였다. 또한 입찰참가자격 제한의 대상인 '부정당업자'를 입찰참가자격 제한사유에 해당하는 자로 정의함으로써, 법 제27조제1항의 7개 재제사유의 경우에는 제재필요성(경쟁의 공정한 집행이나 계약의 적정한 이행을 해칠 염려 또는 그 밖의 입찰에 참가시키는 적합하지 아니하다고 인정)에 대한 판단이 필요하지 않다고 해석될 여지가 있지만, 해석상 모든 입찰참가자격 제한의 경우에는 제재필요성에 대한 판단이 필요하다고 본다.

입찰참가자격 제한처분은 계약상대자등의 권리를 침해하는 내용이므로, 법 제27조제1항 및 이에 근거한 영 제76조제1항의 각 사유는 예시가 아닌 열거적 사항으로 법령의 조문에 명시되지 아니한 사유로 제한조치를 할 수 없다. 따라서 법령의 조문에 명시되지 아니한 사유를 계약특수조건에 넣어 합의하여도 당해 사유로 부정당업자 제재는 불가능하다.

입찰참가자격 제한의 기간에 관한 사항은 법 제27조제1항 각호에 해당하는 행위별로 제반사정 등을 고려하여 기획재정부령으로 정한다(영 제76조제3항). 시행규칙 별표2는 제한사유별로 기준 제재기간을 정하였다(시행규칙 제76조). 실무상 논의될 수 있는 문제는, 시행규칙 별표에서 분류한 제한사유에 해당되지 않지만 법 제27조제1항 각호 및 영 제76조제1항 각호의 사유에 해당된다고 판단되는 경우 법률 및 시행령만을 근거로 입찰참가자격을 제한할 수 있는지 여부이다. 제재적 행정처분의 기준은 행정청 내부의 사무처리준칙을 정한 것이어서 위 처분기준만이 아니라 관계 법령의 규정 내용과 취지에 따라 판단하여야 하고(대법원 2007. 9. 20. 선고 2007두6946 판결), 시행령이 시행규칙에 위임한 사항은 제한사유가 아니라 제한기간만이므로, 시행규칙 별표에 분류되지 아니한 사유에 대해 법률 및 시행령만을 근거로 처분을 하더라도 위법하지는 않다고 해석된다.

【관련판례】 운전면허취소처분의 적법 여부는 도로교통법시행규칙 제53조제1항이 정한 [별표 16]의 운전면허 행정처분 기준에만 의하여 판단할 것이 아니라 도로교통법의 규정 내용과 취지에 따라 판단해야 할 것이므로, 비록 위 운전면허 행정처분기준에서 자동차를 이용하여 범죄행위를 한 경우를 운전면허의 취소사유로 하면서 그 범죄행위로 살인 및 시체유기, 강도, 강간, 방화, 유괴·불법감금만을 규정하고 강제추행을 규정하고 있지 아니하더라도, 자동차를 운전하여 범죄행위를 한 자의 운전면허를 취소·정지함으로써 다시 자동차를 이용하여 범죄행위를 못 하도록 하려는 도로교통

법 제78조제1항 제5호의 규정 내용과 취지 등에 비추어 보면, 일반시민의 교통의 편의를 담당하고 있는 개인택시운전사로서 불특정 다수의 승객을 매일 운송하여야 하는 개인택시운전사가 승객인 피해자를 강제추행한 점 등의 사정에 의하면 개인택시운전사가 자동차를 이용하여 동종의 범죄를 재범할 위험성이 상당히 크므로 당해 운전면허취소처분은 적법하고, 또 그에 있어 재량권의 일탈·남용도 없다(대법원 1997. 10. 24. 선고 96누17288 판결).

1. 부실·조잡, 부당·부정행위(법 제27조제1항)

> 1호: 계약을 이행함에 있어서 부실·조잡 또는 부당하게 하거나 부정한 행위를 한 자

시행규칙 [별표2] 입찰참가자격 제한사유	제재 기간	과징금	
		책임	경쟁
1. 법 제27조제1항제1호에 해당하는 자 중 부실시공 또는 부실설계·감리를 한 자			
가. 부실벌점이 150점 이상인 자	2년	10%	30%
나. 부실벌점이 100점 이상 150점 미만인 자	1년	5%	15%
다. 부실벌점이 75점 이상 100점 미만인 자	8개월	4%	12%
라. 부실벌점이 50점 이상 75점 미만인 자	6개월	3%	9%
마. 부실벌점이 35점 이상 50점 미만인 자	4개월	2%	6%
바. 부실벌점이 20점 이상 35점 미만인 자	2개월	1%	3%
2. 법 제27조제1항제1호에 해당하는 자 중 계약의 이행을 조잡하게 한 자			
가. 공사			
1) 하자비율이 100분의 500 이상인 자	2년	10%	30%
2) 하자비율이 100분의 300 이상 100분의 500 미만인 자	1년	5%	15%
3) 하자비율이 100분의 200 이상 100분의 300 미만인 자	8개월	4%	12%
4) 하자비율이 100분의 100 이상 100분의 200 미만인 자	3개월	1.5%	4.5%
나. 물품			
1) 보수비율이 100분의 25 이상인 자	2년	10%	30%
2) 보수비율이 100분의 15 이상 100분의 25 미만인 자	1년	5%	15%
3) 보수비율이 100분의 10 이상 100분의 15 미만인 자	8개월	4%	12%
4) 보수비율이 100분의 6 이상 100분의 10 미만인 자	3개월	1.5%	4.5%
3. 법 제27조제1항제1호에 해당하는 자 중 계약의 이행을 부당하게 하거나 계약을 이행할 때에 부정한 행위를 한 자			
가. 설계서(물품제조의 경우에는 규격서를 말한다. 이하 같다)와 달리 구조물 내구성 연한의 단축, 안전도의 위해를 가져오는 등 부당한 시공(물품의 경우에는 제조를 말한다. 이하 같다)을 한 자	1년	5%	15%
나. 설계서상의 기준규격보다 낮은 다른 자재를 쓰는 등 부정한 시공을 한 자	6개월	3%	9%
다. 가목의 부당한 시공과 나목의 부정한 시공에 대하여 각각 감리업무를 성실하게 수행하지 아니한 자	3개월	1.5%	4.5%

※ 위 표에서 "부실벌점"이란 「건설기술진흥법」 제53조제1항 각호 외의 부분50)에 따른 벌점을 말한다.
※ 위 표에서 "하자비율"이란 하자담보책임기간 중 하자검사결과 하자보수보증금에 대한 하자발생 누계금액비율을 말한다.
※ 위 표에서 "보수비율"이란 물품보증기간 중 계약금액51)에 대한 보수비용발생 누계금액비율을 말한다.

---

50) '건설기술진흥법 제53조제1항 각호 외의 부분에 따른 벌점'은 건설기술진흥법 제53조제1항에 따른 벌점을 의미하는 것으로 보이며, 지방계약법 시행규칙 별표2는 '위 표에서 부실벌점이란 「건설기술

본 제한사유는 계약상대자등의 단순한 계약불이행을 넘어선 부실·조잡 또는 부당·부정한 행위에 대한 비난 가능성이 제재의 근거이며, 계약내용의 충실한 이행의무를 외면한 계약상대방에 대하여 일정 기간 동안 입찰참가를 배제함으로써 계약의 성실한 이행을 확보함과 동시에 국가가 입게 될 불이익을 미연에 방지하는 것이 위 규정의 취지이다. 본 제한사유의 문제점은 '부실·조잡 또는 부당하게 하거나 부정한 행위'의 개념이 추상적이고 이를 구체화한 시행규칙 별표의 내용이 적용범위와 관련하여 논란의 여지가 있어 검토가 필요하다.[52]

가. 계약의 이행을 부실하게 한 자(별표 1호)

시행규칙 별표2에 따르면, "계약을 이행함에 있어 부실하게 한 자" 중 "부실시공 또는 부실설계·감리를 한 자"의 구체적인 기준은 건설기술진흥법 제53조에 따른 부실벌점을 기준으로 20점 이상인 자이다. "부실벌점"이란 국토교통부장관, 발주청과 인·허가기관의 장은 건설업자등이 건설기술용역, 건축설계, 공사감리 또는 건설공사를 성실하게 수행하지 아니함으로써 부실공사가 발생하였거나 발생할 우려가 있는 경우 및 건설공사의 타당성 조사에서 건설공사에 대한 수요 예측을 고의 또는 과실로 부실하게 하여 발주청에 손해를 끼친 경우 부실의 정도를 측정하여 부여하는 벌점을 의미한다. "부실한 계약이행"에 대한 시행규칙 별표의 기준은 공사계약의 시공 또는 설계·감리에 한해서 적용되고, 물품제조계약에는 적용되지 않는다. 물품제조의 부실한 계약이행은 결국 조잡하게 이행하는 경우와 동일하므로 공사계약처럼 부실과 조잡을 구분할 실익이 없기 때문으로 보인다.

나. 계약의 이행을 조잡하게 한 자(별표 2호)

"계약의 이행을 조잡하게 한 자"는, 공사의 경우 하자비율이 100분의 100 이상인 공사계약을 이행한 자 또는 물품의 경우 보수비율이 100분의 6 이상인 물품공급계약

진흥법」 제53조에 따른 부실벌점을 말한다'고 규정하고 있는바, 국가계약법 시행규칙 별표2의 '외의 부분'은 불필요한 문언으로 보인다.

51) 단가계약의 경우 '계약금액'이란 당해 물품에 대한 납품요구금액이 아니라 계약단가에 당해 연도 내에 사용할 이행예정수량을 곱한 총 계약금액을 말한다(회계제도과-748, 2007. 6. 19.).

52) '부실·조잡'이라 함은 납품된 물품에 객관적 하자가 있어 이를 그대로 사용할 수 없거나 조악하여 보수를 하지 아니하고는 사용될 수 없는 경우 등을 말한다는 하급심 판례가 있다(서울고등법원 2008. 6. 13. 선고 2007누35038 판결).

을 이행한 자를 의미한다. "하자비율"이란 하자담보책임기간 중 하자검사 결과 하자보수보증금에 대한 하자발생 누계금액비율을 말한다. "보수비율"이란 물품보증기간 중 계약금액에 대한 보수비용발생 누계금액비율을 말한다. 공사계약의 하자비율이 100분의 100 미만이거나 물품공급계약의 보수비율이 100분의 6 미만인 경우에는 입찰참가자격을 제한할 필요성이 없다는 기준을 설정한 것으로 해석되며, 이는 시행령에서 위임받아 시행규칙이 제재기간을 설정한 것이다.

　행정청은 계약의 이행이 부실·조잡하다고 판단할 경우 하자로 판정하고 계약상대자에게 하자보수를 요청할 것이다. 만약 계약상대자가 하자를 인정하지 않는 경우에는 하자보수를 거부하여 실제로 보수가 이행되지 않는 상황이 발생한다. 또한 계약상대자의 위반행위가 계약이행 이후 상당한 기간이 경과된 후 감사원·수사기관의 조사에 의해 제재절차가 진행될 경우, 급식 등 식자재가 계약물품인 경우에는 이미 소비되었으므로 하자보수 자체가 불가능할 것이다. 따라서 실제로 하자보수가 이행되지 않거나 불가능한 경우에는 별표에서 규정된 방식대로 하자비율 또는 보수비율을 산정할 수 없게 된다. 이와 같이 하자비율 또는 보수비율을 산정할 때 별표에서 규정된 방식대로 산정하기 불가능하거나 곤란한 경우에는, 계약의 이행이 부실·조잡하다는 점이 분명하다면 합리적인 방식대로 산정하여 처분기준을 정할 수 있다고 해석해야 할 것이다.

【관련판례】 가루세탁비누(gr인증규격) 납품계약의 계약상대자가 gr인증규격에 미달한 비누를 납품한 사안에서, "이 사건의 경우 보수비용이 따로 발생하지 아니한 것으로 보이나 이는 가루비누라는 제품의 특성상 보수비용이 발생할 수 없어 그런 것일 뿐이지 원고회사가 계약의 이행을 부실·조잡하게 하여 법을 위반한 것은 분명하여 입찰참가자격 제한처분의 필요성은 존재하므로 합리적인 기준이 있다면 그에 따라 자격제한처분을 하여야 할 것인바, 피고행정청이 적용한 방식인 규격품과 규격 미달품인 이 사건 가루비누의 제조원가 차이의 비율을 보수비율에 준하는 것으로 보고 처분기준을 삼은 것은 합리적이고 적절하다"고 보인다(서울행정법원 2006. 9. 26. 선고 2005구합26038 판결).

다. 계약의 이행을 부당하게 한 자(별표 3호 가목)

　"계약의 이행을 부당하게 한 자"는, 설계서(공사의 경우) 또는 규격서(물품제조의 경우)와 달리 구조물 내구성 연한의 단축, 안전도의 위해를 가져오는 등 부당한 시공 또는 제조를 한 자를 의미한다. 즉, 본 제재사유는, 계약상대자가 설계서와 달리 공사를 하였거나 규격서와 달리 물품을 제조하였고, 이러한 행위로 인해 구조물(물품)의 내구성 연한이 단축되거나 안전도의 위해를 가져오는 결과가 발생되어야 한다. 행정소송에 있어서 원칙적으로 행정처분의 적법성에 관하여는 당해 행정청이 이를 주장·입증하여야 할 것이므로, 본 제재사유에 있어서는 규격서와 달리 물품을 제조하였다는 사실 및 이로 인해 물품의 내구성 연한 단축 또는 안전도 위해의 결과가 발생하였다는 사실을 입증해야 할 것이다. 여러 부품으로 복잡하게 제조된 계약물품[53]의 경우 특정 하나의 부품을 규격서와 달리 제조하였다는 점으로 인해 계약물품 전체의 내구성이나 안전도에 영향을 미쳤다고 입증하기는 어렵다. 따라서 본 제재사유에 해당하는 행위가 다른 제재사유에 포섭될 수 있는 경우에는 다른 제재사유로 처분하려는 실무적 경향이 있다.

또한 '내구성 연한의 단축' 및 '안전도의 위해'에 대해서는 특별한 규정은 없지만, 내구성 연한이 상당히 단축되거나 안전도 위해가 상당히 증가되어야 계약의 적정한 이행을 해칠 염려가 있다고 볼 수 있다. 안전도의 위해 등의 요건은 해당되는 부정한 행위 자체로부터 야기될 수 있는 위험을 객관적·규범적으로 판정하여야 하는 것이고 실제 부정한 행위로 야기될 수 있는 위험이 현실화되었을 것까지 요구되지 않는다.[54]

【관련판례】 계약물품인 햄빵의 제조일자를 허위로 표시한 행위는 국가계약법 시행령 제76조제1항 제1호에 의한 '계약을 이행할 때 부당하게 하거나 부정한 행위를 한 경우'에 해당하고, 나아가 같은 법 시행규칙 제 76조제1항 [별표 2] 제3호 가목이 정한 '규격서와 달리 안전도의 위해를 가져오는 부당한 물품 제조'에 해당함은 분명해 보인다. (중략) 살피건대, 위 법령에서 정한 '계약의 적정한 이행을 해칠 염려' 및 '안전도의 위해' 등의 요건은 해당되는 부정한 행위 자체로부터 야기될 수 있는 위험을 객관적·규범적으로 판정하여야 하는 것이고 실제 부정한 행위로 야기될 수 있는 위험이 현실화되었을 것까지 요구된다고 보기 어려운 점 (중략) 등을 종합하여 보면, 이 사건 처분의 적극적 사유는 인정된다(서울고등법원 2013. 4. 19. 선고 2012누8856 판결).

시행규칙 별표는 '설계서(규격서)와 달리 구조물 내구성 연한의 단축 또는 안전도

---

53) 특히 방위사업청이 집행하는 방위력개선사업에 따른 무기체계는 고도로 복잡하게 제작되어 입증하기가 더욱 어렵다.

54) 아래 판례 사안에서 제조일자가 조작된 빵이 외부로 반출될 위험이 없고 실제 이 사건 단속 직후 전량 폐기처분 되었으므로 계약의 적정한 이행을 해칠 염려가 있거나 안전도의 위해를 인정할 수 없다는 원고의 주장은 인정되지 않았다.

의 위해를 가져오는 "등" 부당한 시공'이라고 규정하고 있으므로 별표에서 제시된 행위에 한정되는 것은 아니다. 부당한 시공에 해당될 수 있는 기타 사유에는 '내구성 연한', '안전도'와 동일한 법적 평가를 받거나 '내구성·안전도'라는 표현으로 충분히 예측 가능할 만큼의 유사한 행위유형도 포함된다. 따라서 안전과 관련된 설계서(규격서)의 내용과 달리 시공(제조)하였다면 본 제재사유에 포함된다고 해석하는 것이 제재의 취지에 부합한다. 단순히 기준규격보다 낮은 자재를 사용하여 시공하였을 경우 안전과 관련된다고 객관적으로 입증할 수 없는 경우에는 '부정한 행위'를 사유로 제재하여야 할 것이다.

라. 계약을 이행할 때 부정한 행위를 한 자(별표 3호 나목)

"부정한 행위를 한 자"는 설계서상의 기준규격보다 낮은 다른 자재를 쓰는 등 부정한 시공을 한 자를 의미한다. 여기서 기준규격보다 낮다는 판단기준이 무엇인지가 문제이다.

이에 대해서 하급심 법원은 "거래의 관행, 당해 자재의 가치에 관한 일반적인 통념 등을 종합하여 '질적인 측면'에서 판단할 수 있다"는 취지로 판시한 바 있고(서울행정법원 2011. 11. 10. 선고 2011구합13262 판결 참조), 구 시행규칙 별표의 '현저하게 기존규격보다 낮은 다른 자재를 쓰는 경우'를 판단함에 있어 "원고회사가 현저하게 계약상의 규격보다 낮은 등급의 것으로서 납품하였다고 할 수 있으려면, 납품된 줌렌즈가 약정된 것보다 낮은 등급의 것으로서 가격 또한 낮다는 사정만으로는 부족하고, 나아가서 당해 줌렌즈를 장착한 결과 화재감시시스템의 성능이 눈에 뜨일 정도로 저하되었다는 점이 입증되어야 한다"는 취지로 판시한 바 있다(서울행정법원 2001. 8. 31. 선고 2000구39816 판결 참조).

계약서의 기준규격은 계약물품의 성능 및 사양에 관한 것이다. 따라서 기준규격보다 낮은 자재에 해당되는지는 가격적인 측면이 아닌 질적인 측면에서 거래의 관행, 당해 자재의 가치에 관한 일반적인 통념 등을 종합하여 계약물품 성능이 저하되었는지 여부가 그 판단기준이라고 할 것이다.

【관련판례】 규격서에 규정된 햄버거 패티의 재료 배합비율과 달리 우육 대신 계육으로 배합하여 납품한 사안에서, 원고회사는 우육보다 계육의 단가가 높다는 주장에 대해 법원은 "계약특수조건에서 햄버거 패티의 주된 재료로 정한 우육이나 돈육 대신에 그 사용을 금한 잡육에 해당하는 계육을 햄버거 패티의 재료로 사용함과 동시에 빵 가루의 배합비율을 약 9% 정도 늘린 것은 그 자체로 부정한 제조에 해당한다"고 판시하였다(서울행정법원 2011. 11. 10. 선고 2011구합13262 판결 참조).

[유권해석] 하수급업체가 공사현장에서 불법적인 방법으로 토사를 반입한 경우, 하수급업체가 반입한 토사에 대한 품질을 검사한 결과가 설계서상 기준규격보다 동등 이상일 뿐만 아니라 그 토사를 사용한 공사시공에 하자가 발생하지 않았다면 계약상대자가 별표2 제3호 나목의 '설계서상의 기준규격보다 낮은 다른 자재를 쓰는 등 부정한 시공을 한 자'에 해당한다고 보기 어려움(회계제도과-2089, 2009. 12. 24.).

본 제재사유의 '부정한 행위를 한 자'에게는 '부정한 의사나 의도'를 가지고 있어야 하는지가 문제이다. 행정법규 위반에 대하여 가하는 제재조치는 행정목적의 달성을 위하여 행정법규 위반이라는 객관적 사실에 착안하여 가하는 제재이므로 위반자의 의무 해태를 탓할 수 없는 정당한 사유가 있는 등의 특별한 사정이 없는 한 위반자에게 고의나 과실이 없다고 하더라도 부과될 수 있다(대법원 2003. 9. 2. 선고 2002두5177 판결). 따라서 계약내용의 충실한 이행의무를 외면한 계약상대방에 대하여 일정 기간 동안 입찰참가를 배제함으로써 계약의 성실한 이행을 확보함과 동시에 국가가 입게 될 불이익을 미연에 방지하는 것이 위 규정의 취지인데, 각 규정에서 명시적으로 정하지 아니한 '부정한 의사나 의도'를 입찰참가자격 제한의 요건으로 삼을 수 없다고 해석하는 것이 위 규정의 취지에 보다 충실하다(서울행정법원 2011. 11. 10. 선고 2011구합13262 판결 참조).

시행규칙 별표는 '설계서상의 기준규격보다 낮은 다른 자재를 쓰는 "등" 부정한 시공'이라고 규정하고 있으므로 별표에서 제시된 행위에 한정되는 것은 아니다. 부정한 시공에 해당될 수 있는 기타 사유에는 '기준규격보다 낮은 자재를 쓰는 것'과 동일한 법적 평가를 받거나 충분히 예측 가능할 만큼의 유사한 행위유형도 포함된다. 따라서 물품구매계약에서 그 사용을 금지한 재료를 당해 물품의 제조에 사용하는 것은 그 자체로 부정한 제조에 해당한다고 보아야 한다는 판례의 태도는 타당하다(서울행정법원 2011. 11. 10. 선고 2011구합13262 판결 참조). 예컨대 시설을 간이흙막이 공법으로 시공하고 마치 계약조건인 시트파일 공법으로 시공한 것처럼 피고행정청에 기성금을 청구하여 수령한 행위는, 내구성·안전도에 위해를 가져오는 경우 등에 해당되지 아니하고, '기준규격보다 낮은 자재를 사용하였음에도 기준규격대로 시공하였다고 속이는 부정한 행위'와 유사하여 본 제재사유에 해당한다고 해석한다(서울고등법원 2013. 5. 23. 선고 2012누32033 판결도 동일한 취지로 보임).

'계약의 이행을 부당하게 한 자'와 '계약을 이행할 때에 부정한 행위를 한 자'는 문언의 용어 해석상 명확히 구분하기가 어렵다. 그러나 시행규칙 별표에는, 부당한 행위의 예시로 설계서와 달리 시공을 하여 내구성·안전도에 위해를 가져오는 경우를 들고 있고, 부정한 행위의 예시로 기준규격보다 낮은 자재를 써 시공을 한 경우를 들고 있다. 또한 제재기간에 있어서도 부당한 행위는 12개월이고 부정한 행위는 6개월이다. 따라서 부당한 행위와 부정한 행위는 위반행위의 위법성 및 내구성·안전도의 위험성에 따라 구분할 수밖에 없다고 해석된다.

마. 감리업무를 성실하게 수행하지 아니한 자(별표 3호 다목)

시공감리용역계약의 '감리업무'에는 설계도면의 적정성 검토업무는 포함되지 아니하므로, 행정청은 계약상대자가 설계도면의 적정성 검토의무를 소홀히 하였음을 이유로 입찰참가자격 제한 처분을 할 수 없다(서울고등법원 1997. 10. 24. 선고 95구24731 판결).[55]

바. 방위사업법상 면제 특칙(2017. 9. 22. 이후 체결한 계약부터 적용)

방위사업청장은 방위사업법 제18조제4항에 따른 핵심기술의 연구개발을 수행하는 자가 연구개발을 성실하게 수행한 사실이 인정되는 경우에는 국가계약법 제27조제1

---

[55] "시공감리의 주된 내용은 시공자가 작성한 시공도면 등을 검토하고 시공이 설계도면 및 시방서의 내용에 적합하게 행하여지고 있는지를 확인하는 데 있는 것이지 설계도면의 적정성을 검토하는 데 있는 것은 아니라는 점, (중략) 지하철건설본부가 원고에게 교부한 과업지시서상 설계도의 적정성 검토가 감리업무의 범위에 포함되어 있다고 하더라도 이는 시공감리자가 시공도면을 검토하고 시공이 설계도면 및 시방서의 내용에 적합하게 행하여지고 있는지 확인하는 등 업무를 수행하는 과정에서 설계도면에 외관상 나타나는 명백한 잘못이 있는지를 검토하는 데 그친다고 할 것이고, 만약 이것이 구조계산을 통하여 설계의 구조적정성(구 건설기술관리법시행령 제52조제1항 제5호에 정한 구조물규격의 적합성 검토와는 상이한 의미이다)을 검토하는 등 설계도의 적정성을 전면 검토하는 것을 의미한다면 이는 주계약서상의 근거 없이 감리자에게 새로운 의무를 부과하는 것으로서 그 효력이 없다고 보아야 할 것이다. (중략) 원고의 위와 같은 잘못을 들어 이 사건 시공감리용역계약에 의한 공사감리의 수행이 조잡하다거나 또는 부당하였다고 볼 수는 없다(서울고등법원 1997. 10. 24. 선고 95구24731 판결)."

항 제1호(계약을 이행함에 있어서 부실·조잡하게 한 경우에 한정한다)에도 불구하고 지체상금을 면제하거나 입찰참가자격 제한을 하지 아니할 수 있다(방위사업법 제46조의2 제1항). 국방 과학기술 분야의 창의적이고 도전적인 연구기반 조성을 위하여 방위사업청장은 핵심기술 연구개발을 수행하는 자가 연구개발을 성실하게 수행한 사실이 인정되면 지체상금을 면제하거나 입찰 참가자격 제한을 하지 않을 수 있도록 하려는 것이 입법취지이다.

방위사업법상 입찰참가자격 제한에 대한 면제특칙이 적용되는 계약은 방위사업법 제18조제4항에 따른 핵심기술 연구개발사업에 한정된다. 또한 위 면제특칙은 "국가계약법 제1항제1호(부실·조잡한 계약이행)"로 한정하였기 때문에, 계약상대자가 연구개발의 모든 단계를 이행했음에도 실패한 경우에 한정하는 것이며, 연구개발을 중간에 포기하는 경우는 이에 포함되지 아니하는 것으로 해석된다.[56]

방위사업법 시행령 제61조의3[57]은 성실한 연구개발 수행의 인정기준 등을 구체화하고 있다. 즉 방위사업청장은 방위사업법 제18조제4항에 따라 방산업체등이 수행한 핵심기술 연구개발 과제의 수행 결과 합격기준을 충족하기 못하였거나 지체된 과제에 대하여 아래 각 호의 기준에 따라 성실한 연구개발의 수행을 인정할 수 있다. 이 때 성실수행 대상은 시험평가 또는 이에 준하는 평가를 거친 과제로 한정한다. 즉 방위사업법 제46조의2의 취지에 따라, 시험평가를 거치지 아니한 과제는 연구개발을 중간에 포기한 것으로 평가하여 성실수행 평가의 대상이 될 수 없다.

1. 법 제21조에 따른 시험평가 또는 이에 준하는 평가를 거친 연구개발과제인지 여부
2. 당초 목표를 도전적으로 설정하여 목표를 달성하지 못한 것인지 여부
3. 환경 변화 등 외부요인에 따라 목표를 달성하지 못한 것인지 여부
4. 연구수행 방법 및 과정이 체계적이고 충실하게 수행된 것인지 여부

---

56) 만일 "국가계약법 시행령 제76조제1항 제2호 가항(계약불이행)"으로 특정했다면 연구개발 중단도 포함될 수 있을 것인데, 입법적으로 이를 포함시키지 않기 위해서 "국가계약법 제1항제1호"로 한정한 것이다.

57) 방위사업법 시행령 제61조의3 ② 방위사업청장은 법 제46조의2제1항에 따라 연구개발을 성실하게 수행한 사실을 인정하기 위하여 필요한 경우 국방기술품질원장의 의견을 들을 수 있다. ③ 제1항 및 제2항에서 규정한 사항 외에 연구개발을 성실하게 수행한 사실을 인정하기 위하여 필요한 세부 사항은 방위사업청장이 정한다.[본조신설 2017.9.22].

사. 실무상 논의

"부실·조잡"이라 함은 납품된 물품에 객관적 하자가 있어 이를 그대로 사용할 수 없거나 조악하여 보수를 하지 아니하고는 사용될 수 없는 경우를 말하며, 판단기준으로 부실벌점·하자비율·보수비율의 정도에 따라 제재기간을 정한다. 따라서 공사계약인 경우 부실공사로 인한 하자발생으로 인해 부실벌점을 부여받은 경우 별표2의 1호 및 2호가 동시에 해당될 수 있다. 이 경우 시행규칙의 취지에 비추어 별표2 제1항 나목을 유추 적용하여 가장 중한 기준에 의하여야 할 것이다.

공사 또는 물품에 대한 행정청의 하자보수 청구에 대해, 계약상대자가 정당한 이유 없이 하자보수의무를 이행하지 않는 경우에는, 부실·조잡 사유(법 제27조제1항제1호)와 계약불이행 사유(영 제76조제1항 제2호 가목)에 해당되며, 가장 중한 제재기간을 적용한다. 문제는 계약상대자가 하자보수의무를 이행하였을 경우 법 제27조제1항 제1호의 사유로 입찰참가자격 제한을 할 수 있는지가 논의될 수 있다.

이에 대해서 별표2의 보수비율을 기준으로 제한기간을 정하고 있는 것은 본 제재사유가 계약상대자의 단순한 계약불이행을 넘어서 부실·조잡 또는 부당·부정한 행위에 대한 비난 가능성이 제재의 근거이며, 계약내용의 충실한 이행의무를 외면한 계약상대방에 대하여 일정 기간 동안 입찰참가를 배제함으로써 계약의 성실한 이행을 확보하는 데 있으므로, 계약상대자가 하자보수의무를 이행하더라도 본 제재를 할 수 있다고 해석할 수 있다. 유권해석도 이와 동일하다.

[유권해석] 물품구매계약에 있어 물품보증기간 중 계약금액에 대한 보수비용 발생 누계금액비율(보수비율)이 규칙 제76조 관련 별표2 각호에서 정하고 있는 일정 비율 이상인 때에는 그 조잡 정도에 따라 1월 이상 2년 이하의 범위에서 부정당업자의 입찰참가자격을 제한하여야 하는바, 물품납품 후 보증기간 내에 하자가 발생하여 계약상대자가 물품구매계약일반조건 제21조제2항에 따라 해당 물품을 전량 대체 납품하였거나 물품대금을 전액 반납한 사항과는 별개로 부정당업자 제재사유에 해당되는 경우에는 입찰참가자격을 제한함이 타당하다고 봄(회계제도과-2062, 2005. 10. 4.).

그러나 계약상대자의 하자보수의무 이행으로 국가에 대한 손해는 발생하지 않고 있는 점, 신기술을 이용한 제조 등(무기체계 제조·연구개발 등) 하자가 발생할 가능성이 큰 계약인 경우 보수비율 6/100은 상대적으로 과도하게 낮은 기준으로 평가될 수 있는 점, 별표2에서 규정된 보수비율의 방식대로 산정하기 불가능하거나 곤란한 경우에는 합리적인 방식대로 산정하여 처분기준을 정할 수 있는 점 등을 고려하면, 계약상대자가 하자보수의무를 이행할 경우 본 제재를 할 수 없다고 해석하는 것이 타당하다. 따라서 별표2를 개정하여 부실·조잡 제재사유는 하자보수의무를 이행하지 않는 경우에 한정하여 적용하든지 혹은 기준 보수비율(6/100)을 상향 조정하여야 할 것이다. 다만, 현재로서는 계약이행의 난이도, 계약물품에 대한 평균적인 하자비율 등 제반사정을 고려하여, 계약을 충실히 이행하였음에도 하자가 발생하였다고 판단될 경우에는 하자보수의무를 성실하게 이행하여 하자가 치유되었을 경우에 한하여 제재필요성이 없다는 방향으로 검토해 볼 수는 있을 것이다.

【관련판례】위 각 규정의 내용, 형식 및 취지 등에 비추어 보면, 국가계약법 시행규칙 [별표 2] 제1 내지 3호에서 정하고 있는 입찰참가자격의 제한사유는 병렬적인 것으로, 일정한 물품구매계약을 체결한 각 중앙관서의 장으로서는 당해 계약을 이행함에 있어 부실·조잡 또는 부당하게 하거나 부정한 행위를 한 계약상대방 등에 대하여 위 [별표 2] 제1 내지 3호 중 구체적인 제재사유를 특정하여 그에 상응하는 제재기간 동안 입찰참가자격을 제한하게 되는 것이지 어떠한 제재사유가 다른 제재사유보다 우위에 있어 우선 적용되어야 한다거나 그 우선 적용에 따라 다른 제재사유의 적용이 본질적으로 배제된다고 볼 수는 없다[58](서울행정법원 2011. 11. 10. 선고 2011구합13262 판결 참조).

【관련판례】이 사건 계약의 특수조건 제20조제2항 전문이 납품된 물품의 규격과 품질이 계약 내용과 상이함이 발견된 경우 피고가 원고에게 상당한 기간을 정하여 당해 물품의 보수, 대체납품(교환)을 청구할 수 있다고 규정하고 있고, 같은 특수조건 제45조제4항은 (중략) 성분미달 등 품목별 성분규격과 납품된 물품의 규격이 불일치할 경우 그 대금을 감액한다고 규정하고 있다. 위 각 규정의 내용과 형식, 입찰참가자격 제한처분의 취지 등에 비추어 보면, 이는 원고의 불완전한 계약이행의 경우 피고가 원고에 대하여 하자보수나 대체납품, 대금감액 등을 청구할 수 있는 권리를 정함으로써 당해 계약에 따른 쌍방 채무의 균형 있는 이행을 도모하고자 한 것에 불과할 뿐으로 입찰참가자격의 제한과는 그 취지를 달리하는 이상, 별다른 명문의 규정 없이 이 사건 처분을 위한 전 단계로서 위와 같은 절차를 거쳐야 한다고 볼 수는 없으

---

58) 별표2 제3호에 우선하여 제2호가 적용되어야 하고, 피고행정청이 원고회사에게 하자보수를 요구한 적이 없으므로 보수비율을 산정할 수 없고, 설령 피고행정청이 원고회사에 대하여 부과한 부당이득금을 보수비용으로 본다 하더라도 보수비율이 100분의 6에 미치지 않는다는 원고 측 주장에 대한 법원의 판단이다.

므로, 원고의 이 부분 주장 또한 받아들이기 어렵다(서울행정법원 2011. 11. 10. 선고 2011구합13262 판결 참조).

시행규칙 별표2 제1호부터 제3호는 공사계약과 물품계약에 대해서만 규정하고 있기 때문에, 용역계약의 계약상대자가 계약을 이행함에 있어 부실·조잡 또는 부당하게 하거나 부정한 행위를 할 경우 이에 대한 제재 여부 및 그 제재기준은 어떻게 결정할지가 문제이다. 제재적 행정처분의 기준은 행정청 내부의 사무처리준칙을 정한 것이어서 관계 법령의 규정 내용과 취지에 따라 판단하여야 하고, 법 제27조제1항 제1호에는 적용되는 계약에 대한 제한이 없으므로 용역계약의 부실한 이행 등에 대해서 제재를 할 수 있다. 따라서 그 처분기준은 공사·물품계약의 기준을 고려하여 처분행정청이 합리적으로 결정해야 할 것이다.

> [유권해석] 공사, 물품 및 용역 등의 계약에서 계약상대자가 계약을 이행함에 있어서 조잡하게 한 경우에는 영 제76조제1항 제3호 및 계약당사자 간의 계약문서인 공사계약일반조건 제49조의 규정에 의하여 입찰참가자격 제한조치의 사유가 되는 것이며, 동 입찰참가자격 제한의 세부기준을 정한 규칙 제76조 관련 [별표2]의 제1호 내지 제3호의 각 "나"목의 규정은 계약이행의 조잡정도에 따른 제재기간을 세분화한 것인바, 동 규정에 예시된 공사와 물품 이외의 계약의 경우에는 해당 중앙관서의 장이 조잡의 정도를 고려하여 제재기간을 결정할 사항이며, 공사의 경우 하자담보책임기간 중 하자검사 결과 하자보수보증금에 대한 하자발생 누계금액비율이 100분의 100 미만인 경우에는 상기 규정에 의한 입찰참가자격 제한조치 대상에 해당되지 아니함(회계제도과 41301-3829, 1998. 12. 1.).

※ 판례에서 인정되는 사례

○ 적용규격서에 규정한 햄버거 패티의 재료 배합비율과는 달리 우육 대신 계육으로 배합하여 햄버거 패티를 제조·납품: 제3호 낮은 자재 사용에 해당(계약특수조건에서 계육 배합금지)(서울행정법원 2011. 11. 10. 선고 2011구합13262 판결 참조).

○ 납품된 리튬전지가 폭발하여 인명사고가 발생하자 한국전기연구원의 성능확인 결과 장기 저장된 제품의 저온에서 초기전압지연 시간과 방전시간이 국방규격에 미달한다는 이유로 제재: 부실조잡에 해당하지 않음(계약조건에 충족되지 아니하나 제반사정[59]에 비추어 부실조잡에는 해당되지 않음)(서울고등법원

---

59) 초기전압지연시간은 리튬전지의 고유한 특성으로 현재까지도 그 현상은 해소되지 않은 점, 초기전압지연시간 기준을 5초로 정하는 것은 국내외 기술수준에 비추어 불가능할 수도 있는 점, 장기저장

2008. 6. 13. 선고 2007누35038).

○ 재활용 가루세탁비누의 gr인증규격은 순비누분 50% 이상 에틸알코올 불용성분 45% 이하여야 하는데, 순비누분이 6~10%, 에틸알코올 불용성분이 83~88%인 가루세탁비누를 납품: 제2호 보수비율에 해당(서울행정법원 2006. 9. 26. 선고 2005구합26038).

○ 계약상의 줌렌즈 배율은 55인데 납품된 줌렌즈의 배율은 50.5에 불과하여 제재: 제3호 낮은 자재 사용에 해당(2배 확대기를 부착할 경우 초점거리가 증가할 뿐 줌렌즈의 배율이 증가하지 않음)(서울행정법원 2001. 8. 31. 선고 2000구39816).

○ 계약상 시트파일 공법으로 시공하게 되어 있음에도 공사를 간이흙막이 공법으로 시공하고 마치 시트파일 공법으로 시공한 것처럼 피고행정청에 기성금을 청구하여 받음: 부정한 행위를 한 자에 해당[60](서울고등법원 2013. 5. 23. 선고 2012누32033).

2. 담합행위(법 제27조제1항 제2호)

> 2. 경쟁입찰, 계약 체결 또는 이행 과정에서 입찰자 또는 계약상대자 간에 서로 상의하여 미리 입찰가격, 수주 물량 또는 계약의 내용 등을 협정하였거나 특정인의 낙찰 또는 납품대상자 선정을 위하여 담합한 자

시행규칙 [별표2] 입찰참가자격 제한사유	제재 기간	과징금	
		책임	경쟁
4. 법 제27조제1항제2호에 해당하는 자			
가. 담합을 주도하여 낙찰을 받은 자	2년		30%
나. 담합을 주도한 자	1년	—	15%
다. 입찰자 또는 계약상대자 간에 서로 상의하여 미리 입찰가격, 수주 물량 또는 계약의 내용 등을 협정하거나 특정인의 낙찰 또는 납품대상자 선정을 위하여 담합한 자	6개월		9%

가. 공정거래법상 부당한 공동행위와 담합

입찰참가자격 제한사유로서의 '담합'의 개념과 「독점규제 및 공정거래에 관한 법

후 저온상태의 방전시험은 국방규격에 규제되어 있지 않는 점 등을 고려하였음.

60) '사기 기타 부정한 행위로 국가에 손해를 끼친 사유'(구 영 제76조제1항 제17호)에 해당될 수 있지만 위 조항이 시행되기 전의 위반행위라 부칙에 따라 제17호를 이유로 제재할 수 없다.

률」(공정거래법)의 '부당한 공동행위'의 개념이 동일한지가 논의될 수 있지만, 판례 및 실무에서는 동일한 개념임을 전제로 하고 있다. 공정거래법상 '부당한 공동행위'는 계약·협정·결의 기타 어떠한 방법으로도 다른 사업자와 공동으로 부당하게 경쟁을 제한하는 가격을 결정·유지 또는 변경하는 행위 등을 할 것에 대한 합의를 의미한다. 국가계약법상 '담합'은 경쟁입찰, 계약 체결 또는 이행 과정에서 입찰자 또는 계약상 대자 간에 서로 상의하여 미리 입찰가격, 수주 물량 또는 계약의 내용 등을 협정하였 거나 특정인의 낙찰 또는 납품대상자 선정을 위하여 담합한 행위를 의미한다.

국가계약법상 '담합'의 대상은 입찰가격, 수주물량 또는 계약의 내용 등으로 예시 적으로 규정하고 있어, 공정거래법상 부당한 경쟁을 제한하는 가격, 지급조건, 거래 의 제한, 거래지역 제한 등과 유사하게 적용된다는 점, 국가계약법과 공정거래법은 규범 목적에 있어서 차이가 있지만, 공공사업에서 경쟁의 공정한 집행이라는 국가계 약법이 추구하는 목적은 자유롭고 공정한 경쟁을 보호하려는 공정거래법의 목적과 유사한 점, 공정거래법을 위반하여 공정거래위원회로부터 입찰참가자격 제한의 요청 이 있는 경우가 국가계약법상 독립적인 제재사유라는 점, 국가계약법에서는 입찰담 합에 가담한 사업자에게 입찰참가자격을 제한하고 제한기간을 설정하고 있을 뿐 담 합을 어떻게 적발할 것인지는 명확하게 규정하고 있지 않아 사실상 담합행위의 존재 및 심사는 공정거래위원회에 의존할 수밖에 없는 점 등을 고려하면, 공정거래법상 '부당한 행위'는 국가계약법상 '담합'과 매우 유사한 개념이므로 공정거래위원회가 '부당한 공동행위'로 의결한 행위는 국가계약법상 '담합'이 있다고 판단하더라도 적 법하다고 평가될 것이다.[61] 그러나 행정청이 객관적이고 명백한 담합의 증거가 있다 고 판단한다면 공정거래위원회의 의결이 없다고 하더라도 본 제재사유로 부정당제재 를 할 수 있다.

나. 담합의 정의

"담합"이라 함은 입찰자가 입찰을 할 즈음하여 실질적으로는 단독 유찰인 것을 그 로 인한 유찰을 방지하기 위하여 경쟁자가 있는 것처럼 제3자를 시켜 형식상 입찰을 하게 하는 소위 들러리를 세운다거나 입찰자들끼리 특정한 입찰자로 하여금 낙찰 받

---

61) 실제로 입찰담합에 대한 조사는 공정거래위원회에 의존할 수밖에 없으므로, 행정청은 공정거래위원 회에서 '부당한 공동행위'로 의결한 행위가 국가계약법상 '담합'에 해당되지 않는다는 판단을 하기 는 실무상 어려울 것이다.

게 하거나 당해 입찰에 있어서 입찰자들 상호 간에 가격경쟁을 하는 경우 당연히 예상되는 적정가격을 저지하고 특정 입찰자에게 부당한 이익을 주고 입찰실시자에게 그 상당의 손해를 입히는 결과를 가져올 정도의 가격으로 낙찰되도록 하기 위한 사전협정으로서 그 어느 경우이든 최저가가 입찰자가 된 입찰자에게 책임을 돌릴 수 있는 경우를 말한다(서울고등법원 1997. 7. 4. 선고 96구2165 판결; 대법원 1994. 12. 2. 선고 94다41454 판결). 단지 기업이윤을 고려한 적정선에서 무모한 출혈경쟁을 방지하기 위하여 일반 거래통념상 인정되는 범위 내에서 입찰자 상호 간에 의사의 타진과 절충을 한 것에 불과한 경우는 담합에 포함되지 않는다(대법원 1994. 12. 2. 선고 94다41454 판결).

법 제27조제1항 제2호의 입찰참가자격 제한사유로서의 담합은 ① 경쟁입찰, 계약체결 또는 이행 과정에서 입찰자 또는 계약상대자 간에 서로 상의하여 미리 입찰가격, 수주 물량 또는 계약의 내용 등을 협정하거나, ② 특정인의 낙찰 또는 납품대상자 선정을 위하여 담합한 행위로 구분한다. 두 번째 행위는 입찰자 또는 계약상대자 간에 입찰가격, 수주물량 또는 계약의 내용 등을 협정하는 것 이외에, 특정인의 낙찰 또는 납품대상자 선정을 위하여 협정하는 것이라고 해석된다. 예컨대, 경쟁입찰에 참가하지 아니하는 방법으로 공개입찰의 성립 자체를 방해하여 특정인으로 하여금 수의계약을 체결하게 하는 행위가 이에 해당된다고 볼 수도 있지만, 이에 대해선 논의가 있다.

이에 대해 고등법원은,[62] '특정인의 낙찰을 위하여 담합한 자'에 해당하기 위하여 공개입찰에 2인 이상의 유효한 입찰이 있어야 하는 것이 아니므로, 특정인이 수의계약을 체결하게 하기 위하여 이 사건 입찰에 참가하지 않는 행위는 '특정인의 낙찰을 위하여 담합한 자'에 해당된다고 판시하였다. 그러나 이와 달리 대법원은,[63] 국가계

---

[62] "원고회사를 포함한 회원사 대표들이 이 사건 입찰 자체를 유찰시킨 후 업체에 유리한 조건으로 수의계약을 체결하기 위하여 이 사건 입찰에 있어서 이 사건 입찰에 참가하지 않는 방법으로 이 사건 입찰을 유찰시킨 사실은 앞서 인정한 바와 같으므로, 원고회사들의 위와 같은 행위는 '특정의 낙찰을 위하여 담합한 자'에 해당한다고 할 것이다. (중략) 법 시행령 제76조제1항 제7호 소정의 '특정인의 낙찰을 위하여 담합한 자'에 해당하기 위하여 공개입찰에 2인 이상의 유효한 입찰이 있어야 하는 것은 아니다"(서울고등법원 2007. 6. 13. 선고 2006누28507 판결).

[63] "국가계약법 시행령 제76조제1항 본문이 입찰참가자격 제한의 대상을 '계약상대자 또는 입찰자'로 정하고 있는 점 등에 비추어 보면, 같은 제7호에 규정된 '특정인의 낙찰을 위하여 담합한 자'는 '당해 경쟁입찰에 참가한 사람'으로서 그 입찰에서 특정인이 낙찰되도록 하기 위한 목적으로 담합한

약법상 입찰참가자격 제한의 대상은 '계약상대자 또는 입찰자'이므로, 제7호에 규정된 '특정인의 낙찰을 위하여 담합한 자'는 '당해 경쟁입찰에 참가한 사람'이어야 하므로, 당해 경쟁입찰에 참가하지 아니함으로써 경쟁입찰의 성립 자체를 방해한 자는 '특정인의 낙찰을 위하여 담합한 자'에 해당되지 않는다고 판시하였다(대법원 2008. 2. 28. 선고 2007두13791 판결).

결국 '특정인의 낙찰을 위하여 담합한 자'는 당해 경쟁입찰에 참가하여 특정인의 낙찰을 위하여 담합한 자를 의미한다. 예컨대, 입찰에 형식적으로 참여했다가 포기함으로써 특정인 이외의 업체의 입찰참여를 실질적으로 봉쇄하여 수의계약을 유도하는 경우 등이 이에 해당할 수 있다.

별표2 제4호에 따라 담합행위의 유형을 '담합을 주도한 자'와 '담합을 한 자'로 구분하여 불법의 정도에 따라 차등적인 제재를 하도록 규정하였다. 구체적으로는 '담합을 주도하여 낙찰을 받은 자'는 제재기간을 2년, '담합을 주도하였으나 낙찰을 받지 않은 자'는 제재기간을 1년, '담합을 주도하지 않고 입찰자(계약상대자) 간에 서로 상의하여 미리 입찰가격, 수주 물량 또는 계약의 내용 등을 협정한 자'는 제재기간을 6개월로 정하였다.

'담합을 주도한 자'의 '주도하다'의 사전적 의미는 '어떤 일에 관한 주동적인 처지, 즉 주장이 되어 이끈다'는 것이므로 담합을 '주도'하였다고 함은 다른 사업자를 설득·종용하거나 거부하기 어렵도록 회유함으로써 담합행위에 나아가도록 이끄는 역할을 수행한 경우를 의미한다고 해석함이 타당하다(대법원 2010. 3. 11. 선고 2008두15169 판결; 서울고등법원 2015. 7. 15. 선고 2015누31024 판결). 특히 계약상대자가 관련 시장에서 시장지배자적 지위에 있었다는 사정만으로는 입찰담합을 주도하였다고 단정할 수는 없다(서울행정법원 2012. 8. 24. 선고 2012구합690 판결). 담합을 주도하였을 경우 제재기간은 1년, 2년으로 중하므로, 법원은 이에 대한 입증을 엄격히 요구하고 있다. 따라서 담합을 주도하였음을 입증할 수 있는 구체적·객관적 자료가 없

사람을 의미한다고 보아야 하고, 당해 경쟁입찰에 참가하지 아니함으로써 경쟁입찰의 성립 자체를 방해하는 담합행위자는 설사 그 경쟁입찰을 유찰시켜 수의계약이 체결되도록 하기 위한 목적에서 비롯된 것이라 하더라도 위 '계약상대자 또는 입찰자'에 해당할 수 없다"(대법원 2008. 2. 28. 선고 2007두13791 판결).

는 경우에는 섣불리 '담합을 주도한 자'로 제재를 하는 것은 삼가야 할 것이다.

다. 제재시기

본 제재사유는 공정거래위원회의 위반행위(부당한 공동행위) 통보에 근거하여 개시하게 된 것이므로, 비록 공정거래위원회의 시정명령 및 과징금 처분이 법원에서 다투어지고 있다 하더라도 판결로 효력이 부정되기 전에는 유효한 것으로 보아 입찰참가자격을 제한할 수 있다. 그러나 입찰참가자격 제한 조치가 기업의 영업활동에 직접적인 영향을 미치는 과중한 제재로서 그 처분에 신중을 기할 현실적 필요성 등을 감안하여 발주기관은 부정당행위의 존부와 관련하여 소송이 제기된 경우에 이해관계인의 의견청취, 당해 사실의 확인 등을 통해 필요한 경우에는 법원의 최종판단 시까지 입찰참가자격 제한조치를 유보하는 것도 가능하다는 것이 유권해석의 입장이다(계약제도과-816. 2011. 7. 11.). 특히 해당 담합행위에 대해 검찰의 불기소 결정이 있는 경우 문제가 되는데, 공정거래위원회의 처분과 검찰의 결정이 상반되지만 본 제재사유의 근거는 공정거래위원회의 처분통보인 점, 법원의 판결이 반드시 검찰의 결정대로 내려지는 것은 아니라는 점 등을 고려하면 입찰참가자격 제한조치를 할 수 있는 것이지만 법원의 최종판단 시까지 제한조치를 유보하는 것도 가능하다. 결국 입찰참가자격 제한 조치는 위반행위에 대해서 즉시 제재를 하는 것이 원칙이지만, 위 사정(검찰 불기소)은 제재를 법원의 판결 시까지 유보할 수 있는 정당한 사유라고 볼 수 있으므로, 발주기관은 제반사정을 고려하여 유보 여부를 판단해야 할 것이다.[64]

라. 공정거래위원회의 입찰참가자격 제한 요청(제5호와의 관계)

국가계약법에 따른 계약상대자등의 입찰담합 등 부정행위가 공정거래법 또는 하도급거래법의 규정에 위반되어 공정거래위원회가 조사하였으나, 해당 행위에 대하여 발주기관에 입찰참가자격 제한을 요청하지 않은 경우(위반사실은 통보한 경우), 발주기관인 중앙관서의 장은 위 계약상대자등에 대하여 국가계약법 시행령 제76조제1항 제5호를 제외한 각호 중 어느 하나에 해당함을 이유로 입찰참가자격을 제한할 수 있

---

64) 부정당업자 제재처분을 하려는 기관은 공정위 입찰담합 의결내용과 재심 의결내용, 검찰조사 내용 및 기타 증거자료를 바탕으로 법률자문을 거쳐 검토한 후 계약심사협의회를 통하여 제재처분을 할 것인지 여부를 스스로 판단 결정하여야 할 사항이다. 다만 입찰담합으로 제재처분을 하는 것으로 결정한 경우 검찰의 불기소 처분 내용을 감안하여 제재기간의 경감을 검토하는 것은 가능할 것으로 판단된다(조달청 유권해석 2015. 7. 9.).

는지가 문제될 수 있다.

이에 대해서, 공정거래법 또는 하도급거래법에서는 공정거래법 또는 하도급거래법의 규정에 위반한 자에 대한 입찰참가자격 제한에 대하여 특별한 규정을 두고 있지 않다. 또한, 법 문언상 국가계약법 시행령 제76조제1항에 따르면 각호 어느 하나에 해당하는 경우에 입찰참가자격을 제한할 수 있다고 규정하고 있는바, 부정당업자의 입찰참가자격 제한 권한은 각 중앙관서의 장에게 부여되어 있다는 점에서 이 사안에서와 같이 국가계약법에 따른 계약상대자등의 입찰담합 등 부정행위가 공정거래법 또는 하도급거래법의 규정에 위반되나 공정거래위원회의 요청이 없는 경우에도 발주기관인 중앙관서의 장은 위 계약상대자등에 대하여 국가계약법 시행령 제76조제1항 제3호(현 5호)를 제외한 각호 중 어느 하나에 해당함을 이유로 입찰참가자격을 제한할 수 있다고 할 것이다(법제처 13-0420 회신, 2013. 11. 29.).

3. 하도급 위반(법 제27조제1항 제3호)

3. 「건설산업기본법」, 「전기공사업법」, 「정보통신공사업법」, 「소프트웨어산업 진흥법」 및 그 밖의 다른 법률에 따른 하도급에 관한 제한규정을 위반(하도급통지의무위반의 경우는 제외한다)하여 하도급한 자 및 발주관서의 승인 없이 하도급을 하거나 발주관서의 승인을 얻은 하도급조건을 변경한 자

시행규칙 [별표2] 입찰참가자격 제한사유	제재 기간	과징금	
		책임	경쟁
5. 법 제27조제1항제3호에 해당하는 자			
가. 전부 또는 주요부분의 대부분을 1인에게 하도급한 자	1년	5%	15%
나. 전부 또는 주요부분의 대부분을 2인 이상에게 하도급한 자	8개월	4%	12%
다. 면허·등록 등 관련 자격이 없는 자에게 하도급한 자	8개월	4%	12%
라. 발주기관의 승인 없이 하도급한 자	6개월	3%	9%
마. 재하도급금지 규정에 위반하여 하도급한 자	4개월	2%	6%
바. 하도급조건을 하도급자에게 불리하게 변경한 자	4개월	2%	6%

법 제27조제1항 제3호의 사유는 ① 「건설산업기본법」, 「전기공사업법」, 「정보통신공사업법」, 「소프트웨어산업 진흥법」 및 그 밖의 다른 법률에 따른 하도급에 관한 제한규정을 위반(하도급통지의무위반의 경우는 제외한다)하여 하도급한 자, ② 발주관서의 승인 없이 하도급한 자, ③ 발주관서의 승인을 얻은 하도급조건을 변경한 자

로 분류한다.

가. 법률에 따른 하도급에 관한 제한규정을 위반하여 하도급한 자(별표 5호 가, 나, 다, 마목)

「건설산업기본법」 제29조(건설공사의 하도급 제한), 「전기공사업법」 제14조(하도급의 제한 등), 「전기통신공사업법」 제31조(하도급의 제한 등), 「소프트웨어산업 진흥법」 제20조의3(하도급 제한 등)은 하도급의 제한에 관해 규정하고 있다. 대표적으로 건설업자는 도급받은 건설공사의 전부 또는 주요부분의 대부분을 원칙적으로 다른 건설업자에게 하도급할 수 없고,[65] 일부에 대한 하도급은 허용되지만 동일한 업종에 해당하는 건설업자에게는 발주자의 승낙이 없는 한 하도급할 수 없다. 또한 하도급을 받은 하수급인은 하도급 받은 공사를 원칙적으로 다른 사람에게 다시 하도급할 수 없다.[66] 다른 법률에도 「건설산업기본법」과 유사하게 규정하고 있다.[67]

따라서 계약상대자는 위 하도급 제한에 관한 조항을 위반하여 하도급하였을 경우 본 제재사유에 해당한다. 다만 허용되는 하도급을 하였을 경우 계약상대자는 발주자에게 통보하여야 할 의무를 부담하는데, 이를 위반할 경우에는 제재사유에 해당되지 않는다.

하도급의 제한에 관한 내용을 규정하고 있는 기타 법률로는 「문화재수리 등에 관

---

65) (건설산업기본법령) 규정은 건설업자에 대하여 그가 도급받은 건설공사의 '전부'나 '부대공사에 해당하는 부분을 제외한 주된 공사의 전부'를 다른 건설업자에게 하도급하는 것을 금지하고 있으므로, 건설공사 중 부대공사만을 하도급하거나 부대공사를 제외한 주된 공사의 일부를 하도급하는 행위는 하도급 금지대상에 포함되지 않는다고 할 것이다(대법원 2008. 4. 24. 선고 2006두8198 판결).

66) 계약상대자로부터 하도급 받은 하수급자를 국가계약법상 '기타 사용인'에 해당한다고 해석할 경우, 하수급자에게 적용되는 조항이다.

67) (전기)공사업자는 도급받은 전기공사를 다른 공사업자에게 하도급을 주어서는 아니 된다. 다만, 대통령령으로 정하는 경우에는 도급받은 전기공사의 일부를 다른 공사업자에게 하도급 줄 수 있다. 하수급인은 하도급 받은 전기공사를 다른 공사업자에게 원칙적으로 다시 하도급을 주어서는 아니 된다(전기공사업법 제14조제1항). (정보통신)공사업자는 도급받은 공사의 100분의 50을 초과하여 다른 공사업자에게 하도급을 하여서는 아니 된다. 다만 다음 각호의 어느 하나에 해당하는 경우에는 공사의 전부를 하도급하지 아니하는 범위에서 100분의 50을 초과하여 하도급할 수 있다. 하수급인은 하도급 받은 공사를 다른 공사업자에게 원칙적으로 다시 하도급을 하여서는 아니 된다(정보통신공사업법 제31조제1항). 소프트웨어사업자가 국가기관등의 장과 소프트웨어사업 계약을 체결하는 경우 사업금액의 100분의 50을 초과하여 하도급할 수 없다. 다만, 다음 각호의 어느 하나에 해당하는 경우에는 그러하지 아니하다. 하도급 받은 소프트웨어사업자는 도급받은 사업을 원칙적으로 다시 하도급할 수 없다(소프트웨어산업 진흥법 제20조의3 제1항).

한 법률」,「소방시설사업법」,「승강기시설 안전관리법」,「시설물의 안전 및 유지관리에 관한 특별법」 등이 있다.

'**도급**'이란 원도급, 하도급, 위탁 그 밖에 어떠한 명칭이든 상관없이 공사를 완성할 것을 약정하고 상대방이 그 일의 결과에 대하여 대가를 지급할 것을 약정하는 계약을 말한다.[68] 결국 도급은 도급계약을 의미하고, 계약의 명칭에 상관없이 그 실질에 따라 판단하여야 한다.[69] 하도급 제한규정에 위반했는지 판단하는 중요한 요소인 공사의 '전부 또는 주요부분'인지 판단함에 있어서는 원도급금액과 하도급금액, 하도급금액이 원도급금액에서 차지하는 비중 외에도 발주자로부터 도급받은 전체 공사 및 하도급한 공사의 내용, 하도급한 공사가 전체 공사에서 차지하는 위치, 하도급한 공사의 수급인과 하수급인이 실제 시공한 각 공사의 내역 등을 종합하여 고려해야 한다[70](대법원 2008. 4. 24. 선고 2006두8198).

공사도급계약을 체결한 낙찰자가 도급받은 전기공사의 전부 또는 대부분을 1인에게 하도급 준 경우에는 발주처에 대한 통지나 발주처의 승인이 있었는지를 묻지 아니하고 입찰참가자격 제한의 대상이 된다고 할 것이다. 이는 공사의 대부분을 하도급 주는 행위는 실질적으로 경쟁입찰에 따라 정해진 낙찰자를 사후적으로 변경하는 것일 뿐만 아니라 다단계 도급구조를 양산하는 결과가 되어 발주자가 이를 인식하거나 부득이 승인한 경우라 하더라도 경쟁의 공정을 확보하기 위해서는 제재의 필요성이 있기 때문이다(서울행정법원 2014. 8. 13. 선고 2013구합7131 판결).

시행규칙 별표에는 **"일부"**만을 하도급한 경우는 규정하고 있지 않다. 만약 '전부 또는 주요부분의 대부분'을 하도급하지 않고 '일부'만을 하도급한 경우에 입찰참가자

---

[68] "하도급거래"란 원사업자가 수급사업자에게 제조위탁·수리위탁·건설위탁·용역위탁을 한 경우, 그 위탁을 받은 수급사업자가 위탁받은 것을 제조·수리·시공·용역수행하여 원사업자에게 납품·인도·제공하고 그 대가를 받는 행위를 말한다(하도급거래 공정화에 관한 법률).

[69] 계약상 직접생산 의무를 위반하였을 경우는 일반적으로 하도급에 해당되나, 계약조건상 생산공장 제한 의무를 위반하였을 경우에는 하도급에 포함되지 아니한다(관련법령: 중소기업제품 구매촉진 및 판로지원에 관한 법률 제9조제2항, 동법 시행령 제10조제4항).

[70] 이 사건 공사에서 압입공정이 차지하는 비중이 70-80% 이상이고, 실제 원고회사가 하수급자에 지급한 공사대금도 이 사건 공사대금 중 적게는 50%, 많게는 70%를 초과하는 점, 이 사건 공사는 기본적으로 땅속에 전선을 매설하는 전기공사이므로 전선을 매설할 수 있도록 땅속에 구멍을 뚫는 공정이 중요한 점 (중략) 등을 고려하면 이 사건 공사의 주요부분을 하도급하였다 할 것이다(서울행정법원 2013. 4. 26. 선고 2012구합22201 판결).

격을 제한할 수 있는지가 문제이다. 제재적 행정처분의 기준은 행정청 내부의 사무처리준칙을 정한 것이어서 관계 법령의 규정 내용과 취지에 따라 판단하여야 하고, 시행령이 시행규칙에 위임한 사항은 제한사유가 아니라 제한기간만이므로, 시행규칙 별표에 분류되지 아니한 사유에 대해 법률 및 시행령만을 근거로 처분을 하더라도 위법하지는 않다고 해석된다. 법 제27조제1항 제3호는 "법률에 따른 하도급에 관한 제한규정을 위반하여 하도급한 자"로 명확히 규정하고 있으므로, 일부를 하도급한 것이 법률에 위반이라면 입찰참가자격을 제한하여야 할 것이다. 이 경우 위법한 일부 하도급과 가장 유사한 행위는 별표2 제4호 라목(발주기관의 승인 없이 하도급한 자)이므로 이를 기준으로 보더라도 재량권 일탈·남용이 아니라 할 것이다(서울행정법원 2014. 2. 27. 선고 2013구합51633 참조).

> **【관련판례】** 어떤 공사에 전기공사에 해당하는 부분과 정보통신공사에 해당하는 부분이 모두 포함되어 있다면 이를 전기공사와 정보통신공사로 분리하여 발주하는 것이 원칙이고, 그와 같이 분리발주 되었다면 전기공사에 대하여는 전기공사업법의 하도급 제한규정이, 정보통신공사에 대하여는 정보통신공사업법의 하도급 제한규정이 각 적용될 것이다. 그러나 전기공사와 정보통신공사가 분리되지 아니하고 하나의 공사로 발주된 경우 앞서 본 것과 같이 전기공사업법의 하도급 제한규정과 정보통신공사업법의 하도급 제한규정은 그 실체적·절차적 요건을 달리하므로 위 각 하도급 제한규정이 중첩적으로 적용된다고 볼 수 없고, 그중 주된 공사가 어떤 공사인지에 따라 전기공사업법의 하도급 제한규정 또는 정보통신공사업법의 하도급 제한규정이 선택적으로 적용된다고 봄이 옳다(서울행정법원 2014. 2. 27. 선고 2013구합51633 판결).

별표2 제5호 다목의 "면허·등록 등 관련 자격이 없는 자에게 하도급한 자"의 의미는, 계약상대자가 해당 공사를 수행할 수 없는 자에게 하도급을 주어 계약의 적정한 이행을 해칠 염려가 큰 행위이다. 예컨대 건설산업기본법에 따라 하도급을 받을 수 있는 자격 있는 자는 '건설업자'이며, '건설업자'란 건설산업기본법 또는 다른 법률에 따라 등록 등을 하고 건설업을 하는 자를 말한다.[71]

별표2 제5호 마목은 하수급자(계약상대자로부터 하도급을 받은 자)가 법령상 재하

---

71) 전기공사업법에 따라 하도급을 받을 수 있는 자는 전기공사를 업으로 하는 공사업의 등록을 한 '공사업자'이고, 정보통신공사업법에 따라 하도급을 받을 수 있는 자는 정보통신공사업의 등록을 하고 공사업을 경영하는 '정보통신공사업자'이고, 소프트웨어산업 진흥법에 따라 하도급을 받을 수 있는 자는 소프트웨어사업을 하는 '소프트웨어사업자'이다.

도급금지 규정에 위반하여 하도급을 한 경우이다. 이는 하수급자가 국가계약법상 '기타 사용인'에 해당한다는 전제에서, 사용인인 하수급자가 법령상 재하도급금지 규정에 위반하여 재하도급을 할 경우 계약상대자인 하도급자에게 입찰참가자격 제한처분을 해야 할 것이다.

나. 발주관서의 승인 없이 하도급을 한 자(별표 5호 라목)

"발주관서의 승인 없이 하도급을 한 자"에서 논의되는 것은, 발주관서의 승인에 대한 근거가 건설산업기본법 등 관련 법령에 있어야 하는지에 관해서이다. 즉, 건설공사, 전기공사, 정보통신공사와 달리 법령에 하도급 자체가 제한되지 않은 물품제조 및 용역계약을 발주함에 있어 발주관서가 계약특수조건에 하도급을 제한하는 조항을 포함시켜 발주관서의 승인을 받지 않고는 하도급을 할 수 없도록 하여 계약을 체결한 경우에도, 발주관서의 승인 없이 하도급을 하였을 경우 입찰참가자격을 제한할수 있는지에 관한 문제이다.

문언상으로 "법령에 따른 하도급의 제한규정에 위반하여"가 "하도급한 자"뿐 아니라 "발주관서의 승인 없이 하도급하거나"까지 수식하는 것으로 해석될 소지가 있다. 그러나 문언에 따른 해석을 하더라도, '하도급한 자'에는 아무런 제한이 없으므로 법령에 따라 발주관서의 승인이 필요한 경우까지 포함되는 것으로 봐야 할 것이다. 또한 법령에 하도급제한 규정이 적용되지 않는 계약이더라도 발주관서가 계약 특성상하도급제한이 필요하여 계약특수조건으로 발주관서의 승인 없는 하도급을 금지하고 있다면, 이러한 계약상 의무를 위반하여 승인 없이 하도급을 한 계약상대자에는 제재필요성이 크다고 할 수 있다. 따라서 계약상 의무를 위반하여 '발주관서의 승인 없이 하도급을 한 자'에게 입찰참가자격을 제한할 수 있다. 하급심 판례도 동일한 입장이다. 즉, 별표2 제5호 라목은 법령상 규정 또는 계약상 의무에 위반하여, 발주관서의 승인 없이 하도급한 자를 의미한다.

【관련판례】 피고공기업은(계약서의 일부인 규격서를 통해) 이 사건 전력량계에 관하여 조정공정의 외주를 금지하였을 뿐이고, 원고회사는 그러한 외주금지에 위반한 바가 없어, 이 사건 전력량계를 납품함에 있어 계약사무규칙 제15조 소정의 "경쟁의 공정한 집행"이나 "계약의 적정한 이행"을 해칠 우려가 있다고 볼 수 없고, 위와 같은 납품이 국가계약법 시행령 제76조제1항 제2호 소정의 "발주관서의 승인 없이 하도급"

을 한 경우에 해당한다고 볼 수도 없다(서울고등법원 2013. 1. 11. 선고 2011누35226 판결).

[유권해석] 발주관서의 승인 없이 하도급을 한 자에 대해서는 시행령 제76조제1항 제2호 후단에 따라 입찰참가자격을 제한해야 함. 동 후단의 규정은 국가기관이 체결하는 계약과 관련하여 동 계약에 대한 관련 법령이 없는 경우라도 적용되며, 또한 계약서의 내용과는 상관없이(계약서의 하도급 관련 내용의 유무에 불구) "발주관서의 승인 없이 사업의 전부 또는 주요 부분을 하도급한 자"에 대하여 적용되는 것임(회계제도과-2284, 2007. 12. 31.).

[유권해석] '발주관서의 승인 없이 하도급을 한 자'에 대해서는 물품 구매계약의 경우에도 허용된다고 봄이 타당할 것임. 따라서 발주기관의 승인 없이 계약상대자가 아닌 타 동종업체를 통해 물품을 납품한 사안의 경우 '발주관서의 승인 없이 하도급을 한 자'에 해당되어 입찰참가자격 제한이 가능할 것으로 판단됨(계약제도과-678, 2012. 5. 31.). 물품제조계약에 있어서 계약상대자가 계약이행 시 계약목적물의 전부 또는 주요부분을 발주관서의 승인 없이 하도급을 하는 것은 시행령 제76조제1항 제2호의 '발주관서의 승인 없이 하도급한 자'에 해당되어 입찰참가자격 제한대상임(계약제도과-14, 2011. 1. 5.).

다. 발주관서의 승인을 얻은 하도급 조건을 변경한 자(별표 5호 바목)

본 제재사유는, 법령상 혹은 계약상 하도급에 대한 제한이 있어 발주관서의 승인을 얻어 하도급을 하였을 경우를 전제한 것으로 해석된다. 또한 하도급 위반에 대해 제재를 하는 취지는 하도급계약의 부실한 이행으로 국가계약의 충실한 이행이 이루어지지 못하는 것을 방지하고자 하는 것이므로, 하도급 조건을 하수급자에게 유리하게 변경하는 경우에는 하도급계약이 부실하게 될 우려가 없으므로 제재필요성이 없다고 해석된다.[72] 따라서 별표2 제5호의 '하도급자'는 '하수급자'를 의미하는 것으로 해석된다.

[판례에서 다투어진 사례]

○ 계약서의 일부인 규격서에 계약물품을 제작함에 있어 조정공정의 외주를 금지하였으므로, 이러한 외주금지 의무를 위반한 바 없으므로 '발주관서의 승인 없이 하도급'한 것이 아님(서울고등법원 2013. 1. 11. 선고 2011누35226).

---

72) 최다미, "국가계약법상 부정당업자 입찰참가자격 제한의 법적 쟁점에 대한 고찰", 고려대학교 석사논문, p.74.

○ 원고 전기공사업자는 피고 공기업 직원의 지시로 공사의 대부분을 하도급하였으며, 이는 사실상 피고 공기업의 승인을 받은 하도급으로 볼 수 있지만, 별표2는 공사의 전부 또는 주요부분 대부분을 하도급한 자에 대한 제재는 발주처의 승인이 있었는지와 무관하므로 제재는 적법(서울행정법원 2014. 8. 13. 선고 2013구합7131).

○ 원고 공사업자는 공사 전부를 공동수급인으로 하여금 다른 하도급업체에 일괄하여 하도급을 하도록 승낙 내지 위임함으로써 법률 및 계약조건의 일괄하도급 금지규정을 위배하였음(서울고등법원 1995. 9. 1. 선고 94구20930).

4. 사기 그 밖의 부정한 행위로 국가에 손해를 끼친 자(법 제27조제1항 제4호)

> 4. 사기, 그 밖의 부정한 행위로 입찰·낙찰 또는 계약의 체결·이행 과정에서 국가에 손해를 끼친 자

시행규칙 [별표2] 입찰참가자격 제한사유	제재 기간	과징금	
		책임	경쟁
6. 법 제27조제1항제4호에 해당하는 자(사기, 그 밖의 부정한 행위로 입찰·낙찰 또는 계약의 체결·이행 과정에서 국가에 손해를 끼친 자) 　가. 국가에 10억 원 이상의 손해를 끼친 자 　나. 국가에 10억 원 미만의 손해를 끼친 자	2년 1년	— 	30% 15%

입찰·낙찰 또는 계약의 체결·이행과정에서 계약상대자가 사기 그 밖의 부정한 행위를 하고, 그 부정한 행위로 인해 국가에 손해를 끼친 경우에, 그 손해액의 규모에 따라 제재기간을 정하고 있다. 본 제재사유는 국가에 손해가 발생할 경우 제재기준이 1년 이상으로 중한 제재사유 중의 하나이며, 특히 다른 제재사유에 해당하더라도 국가에 손해를 끼치는 결과가 발생할 경우 다른 제재사유와 중복하여 본 제재사유가 적용될 가능성이 크다. 따라서 '사기 그 밖의 부정한 행위' 및 '손해'의 해석이 중요한데, 이에 대해서 법령에서 명확하게 정의되어 있지 않아 문제이다.

☞ 본 제재사유는 2010. 10. 22. 이후 최초로 제한사유가 발생한 자부터 적용하므로, 그 이전에 있었던 위반행위에 대해서는 본 제재사유로 처분을 할 수 없다.

가. '사기, 그 밖의 부정한 행위'의 해석

(1) 「조세범처벌법」상 '사기나 그 밖의 부정한 행위'의 해석

'사기, 그 밖의 부정한 행위'의 개념을 해석하기 위해서 다른 법률에 동일한 문언에 대한 해석을 참고할 수 있을 것이다. 「조세범처벌법」 제3조는 사기나 그 밖의 부정한 행위로써 조세를 포탈하거나 조세의 환급·공제를 받은 자는 징역 또는 벌금으로 처벌하며, '사기나 그 밖의 부정한 행위'란 장부의 거짓 기장 등[73] 조세의 부과와 징수를 불가능하게 하거나 현저히 곤란하게 하는 적극적 행위를 말한다.[74] 이에 대한 정의는 국세기본법상 국세부과권의 제척기간을 10년으로 연장하는 조항에서도 준용되고 있다.[75] 또한 국세기본법상 부당한 방법의 경우 무신고가산세를 가중하고 있는바, 구 국세기본법 시행령 제27조제2항 제6호가 부당한 방법의 하나로 들고 있는 '사기, 그 밖의 부정한 행위'라고 함은 "조세의 부과와 징수를 불가능하게 하거나 현저히 곤란하게 하는 위계 기타 부정한 적극적인 행위를 말하고, 적극적 은닉의도가 나타나는 사정이 덧붙여지지 않은 채 단순히 세법상의 신고를 하지 아니하거나 허위의 신고를 함에 그치는 것은 여기에 해당하지 않는다"고 판시한 바 있다(대법원 2017. 4. 13. 선고 2015두44158 판결).

---

73) 1. 이중장부의 작성 등 장부의 거짓 기장, 2. 거짓 증빙 또는 거짓 문서의 작성 및 수취, 3. 장부와 기록의 파기, 4. 재산의 은닉, 소득·수익·행위·거래의 조작 또는 은폐, 5. 고의적으로 장부를 작성하지 아니하거나 비치하지 아니하는 행위 또는 계산서, 세금계산서 또는 계산서합계표, 세금계산서합계표의 조작, 6. 「조세특례제한법」 제5조의2 제1호에 따른 전사적 기업자원 관리설비의 조작 또는 전자세금계산서의 조작, 7. 그 밖에 위계(僞計)에 의한 행위 또는 부정한 행위.

74) '사기나 그 밖의 부정한 행위'에 대한 정의는 2010. 1. 1. 개정되어 시행되었으며, 이전의 판례의 입장을 반영한 것이다. 이전 판례는 "조세포탈죄에 있어서의 '사기 기타 부정한 행위'라고 함은 조세의 포탈을 가능하게 하는 행위로서 사회통념상 부정이라고 인정되는 행위, 즉 조세의 부과징수를 불능 또는 현저히 곤란하게 하는 위계 기타 부정한 적극적인 행위를 말하는 것이므로, 과세권자가 조세채권을 확정하는 부과납부방식의 소득세와 증여세에 있어서 납세의무자가 조세포탈의 수단으로서 미신고·과소신고의 전(후)단계로서 '적극적인 소득 은닉행위'를 하는 경우에 '사기 기타 부정한 행위'에 해당한다 할 것이고(대법원 1999. 4. 9. 선고 98도667 판결 등 참조), 다른 어떤 행위를 수반함이 없이 단순히 세법상의 신고를 하지 아니하거나 허위의 신고를 함에 그치는 것은 사기 기타 부정한 행위에 해당하지 아니한다고 할 것이다"고 동일한 취지로 계속 판시하였다(대법원 2003. 2. 14. 선고 2001도3797 판결; 대법원 2008. 6. 12. 선고 2008도2300 판결).

75) 국세기본법 제26조의2(국세 부과의 제척기간) 제1항제1호 "납세자가 대통령령으로 정하는 사기나 그 밖의 부정한 행위로 국세를 포탈(逋脫)하거나 환급·공제받은 경우에는 그 국세를 부과할 수 있는 날부터 10년간(중략)으로 한다"; 동법 시행령 제12조의2(부정행위의 유형 등) 제1항 "법 제26조의2 제1항제1호에서 '대통령령으로 정하는 사기나 그 밖의 부정한 행위'란 「조세범 처벌법」 제3조제6항 각호의 어느 하나에 해당하는 행위를 말한다."

조세범처벌법에 따른 '사기나 그 밖의 부정행위'에 관한 해석을 국가계약법상 '사기, 그 밖의 부정한 행위'에 그대로 적용해야 하는 것은 아니다. 특히 조세범처벌법의 대상에 '소극적 행위'가 포함되어 있지 않는 이유는, 신고납부방식과 부과과세방식의 조세의 차이점 및 사전소득은닉행위에 대한 평가와 관련한 조세범에 있어서 특별한 사정[76] 때문에 제외된 것이므로, 국가계약법상 '사기, 그 밖의 부정한 행위'에는 소극적 행위가 제외될 이유가 없다.[77]

(2) 국가계약법상 '사기, 그 밖의 부정한 행위'의 해석

'사기'란 '사람을 기망하여 착오에 빠지게 하는 행위'라고 정의할 수 있다. 이러한 '사기'는 형법상 사기죄에 준해서 판단할 수 있을 것이다. 형법상 '사기죄'는 '사람을 기망하여 재물을 교부받거나 재산상의 이익을 취득한 행위'이며, 여기서 '기망'이란 '널리 재산상의 거래행위에 있어서 서로 지켜야 할 신의와 성실의 의무를 저버리는 모든 적극적 및 소극적 행위로서 사람으로 하여금 착오를 일으키게 하는 것'이라고 정의한다. 이를 고려하여 입찰참가자격 제한사유의 '사기'란 '기망행위'이며, '입찰·낙찰 또는 계약의 체결·이행 과정에서 서로 지켜야 할 신의와 성실의 의무를 저버리는 모든 적극적 및 소극적 행위로서 사람으로 하여금 착오에 빠지게 하는 행위'로 정의할 수 있다. 기망행위는 행위자의 '고의'를 전제로 하는 개념이므로, 행위자는 상대방을 기망하여 착오에 빠지게 하려는 고의가 있어야 하며 이러한 고의는 미필적

---

76) 신고납부방식의 조세는 신고의무가 있으므로 부작위에 의한 조세포탈이 가능하지만, 부과과세방식의 조세에 있어서는 신고는 세액을 결정하는 참고자료에 불과하므로 부작위에 의한 조세포탈이 불가능하므로, 무신고 자체를 부정한 행위에 포함시키게 되면 신고납부방식의 조세의 경우에만 단순 무신고에 의한 조세포탈을 처벌하게 되어 형의 불균형이 발생하게 된다. 또한 적극적 행위에는 작위와 부작위가 모두 포함되지만 적극행위로서의 부작위는 사전소득은닉행위와 같은 정도의 불법성을 가져야 하는 것이므로, 과소신고 또는 무신고 행위 자체는 사전은닉행위와 같은 정도의 불법성을 가졌다고 볼 수 없다(조세범처벌법 제3조의 "'사기나 그 밖의 부정한 행위'에 대한 고찰", 이승식, 『경희법학』, 제48권 제4호, 2013).

77) 영유아보육법상 보육시설장 자격정지 처분취소소송에서 "구 영유아보육법(2010. 1. 18. 법률 제9932호로 개정되기 전의 것) 제36조 등에서 정한 인건비 지원금은 성질상 넓은 의미의 보조금에 속하는 것이므로, 보조금 반환명령, 보육시설 운영정지명령, 보육시설장 자격정지명령 처분의 요건이 되는 '거짓이나 그 밖의 부정한 방법'이란 정상적인 절차에 의하여서는 보조금을 지급받을 수 없음에도 위계 기타 사회통념상 부정이라고 인정되는 행위로서 보조금 교부에 관한 의사결정에 영향을 미칠 수 있는 적극적 및 소극적 행위를 뜻하고, 위 각 처분의 성격이나 인건비지원금의 재원, 지급 목적, 대상 및 요건 등에 비추어 보면 이는 조세범처벌이나 퇴직연금 반환 등에서 문제되는 '사기 기타 부정한 행위'나 '허위 기타 부정한 방법'의 경우와 같이 반드시 적극적인 부정행위가 있어야만 하는 것은 아니다"라고 판시하여 동일한 문언에 대해 조세법처벌법과 달리 해석하였다(대법원 2012. 12. 27. 선고 2011두30182 판결).

고의만으로 충분하다고 본다. 또한 국가에 손해를 끼친다는 점에 대해서도 고의가 있어야 하는 것으로 해석된다.[78]

'그 밖의 부정한 행위'란 '사기'와 동일한 법적 평가를 받거나 '사기'라는 표현으로 충분히 예측 가능할 만큼의 유사한 행위유형이어야 한다. 즉, '입찰·낙찰 또는 계약의 체결·이행 과정에서 국가에 손해를 끼치게 하는 행위로서 사회통념상 부정이라고 인정되는 행위, 즉 입찰·낙찰 또는 계약의 체결·이행을 불능 또는 현저하게 곤란하게 하는 행위'라고 정의할 수 있다. 또한 사기에 준하여 고의가 있어야 하며, 부정한 행위 및 국가의 손해에 대한 고의가 있어야 한다.

따라서 고의로 허위원가자료를 제출하여 부풀려진 계약금액을 수령한 경우, 입찰담합을 통해 부당한 이익을 얻은 경우에는 허위자료 제출 및 담합 시 국가에 손해를 끼친다는 점에 인식이 있으므로 '사기 그 밖의 부정한 행위'에 포함된다. 그러나 단순한 부실시공은 이에 해당되지는 않는다. 실무상 허위서류 제출, 입찰담합이 본 제재사유와 중복하여 적용되고 있다.

> **【관련판례】** 수의계약 업체가 제출하는 세금계산서 등의 원가자료는 원가·예정가격 산정 및 계약금액 결정에 있어서 중요하고도 결정적인 기초자료가 되는 사실이므로, 허위의 원가자료가 제출되었다는 사정을 알았더라면 원고와 같은 내용의 계약을 체결하지 않았으리라는 점은 경험칙상 명백하므로, 원고가 방위사업청에 허위의 세금계산서를 마치 진정한 원가자료인 것처럼 제출한 것은 국가계약법 시행령 제76조제1항 제17호의 '사기 그 밖의 부정한 행위'에 해당한다고 봄이 타당하다(서울행정법원 2015. 8. 28. 선고 2013구합63193 판결; 서울행정법 2015. 8. 20. 선고 2013구합63131 판결 참조).

나. '손해'의 해석

법 제27조제4호에서 규정하고 있는 입찰참가자격 제한사유에서의 '손해'의 범위는 해당규정을 구체화한 시행규칙 [별표2] 제6호 등에 근거하여 판단해 보건대, 금전적

---

78) 행정법규 위반에 대하여 가하는 제재조치는 행정목적의 달성을 위하여 행정법규 위반이라는 객관적 사실에 착안하여 가하는 제재이므로 특별한 사정이 없는 한 위반자에게 고의나 과실이 없다고 하더라도 부과될 수 있지만(대법원 2003. 9. 2. 선고 2002두5177 판결), 본 재제사유는 '사기, 그 밖의 부정한 행위'라는 문언 해석상 고의가 필요하다고 본다.

손해 또는 금전으로 측정이 가능한 구체적 손해를 의미하는 것으로 보는 것이 타당하며, 금전적으로 측정이 곤란한 막연하고 추상적인 손해는 포함되지 않는다(계약제도과-1476, 2014. 11. 20.). 다만, 시행령 제76조제1항 제4호에는 '손해의 발생'만을 요건으로 하고 '손해의 범위'를 요건으로 하고 있지 아니하므로, 국가에 손해가 발생하였음이 분명하다면 그 손해의 범위가 명확하게 입증되지 않더라도 제재를 할 수 있다(서울행정법원 2015. 8. 28. 선고 2013구합63193 판결). 이 경우 제재기간은 별표 2의 '국가에 10억 원 미만의 손해를 끼친 자'로 적용해야 할 것이다.

다수의 계약에서 수차례 국가에 손해를 끼친 경우 각 손해액을 합한 총액을 기준으로 할 것인지 가장 많은 손해액을 기준으로 할 것인지가 논의된다. 다수의 계약에서 수차례 국가에 손해를 끼친 사실이 동일시점이 아닌 시차를 두고 인지된 경우에는 각각의 손해 건에 대해서 제재를 하게 되고, 시행규칙에 의해 가중하여 제재 받을 가능성이 존재함에 반하여, 동일사실이 동일시점에 인지된 경우에는 시차를 두고 발견된 경우와 비교하여 제재 기간이 짧아지는 결과를 초래하게 될 것이다. 따라서 다수의 계약과 관련하여 수차례 국가에 손해를 끼친 사실이 동일시점에 인지된 경우에는 손해액을 합산하여 제재하는 것이 타당하다는 견해가 있다.

그러나 부정당업자가 위반한 여러 개의 행위에 대하여 같은 시기에 입찰참가자격을 제한하는 경우 별표2의 제한기준을 가장 길게 규정한 제한기준에 따라야 한다. 여기서 '여러 개의 행위'는 계약별로 판단해야 한다고 해석되므로, 다수의 계약에 따른 손해행위는 각각 여러 개의 행위라고 봐야 할 것이므로 손해액총액을 기준으로 삼는 것은 시행규칙 위반의 소지가 있다고 볼 수 있다. 다만, 그러한 제재처분이 시행규칙 별표를 위반하였다고 당연히 제재처분이 위법한 것은 아니고, 위반행위의 내용 및 관계 법령의 규정 내용과 취지에 비추어 재량권의 일탈·남용인지 판단해야 할 것이다.

☞ 다수의 계약에서 수차례 뇌물을 제공한 경우 뇌물액수 기준에 대해서도 동일한 논의가 있다.

【관련판례】 원고가 세금계산서를 원가자료로 제출하면 방위사업청은 허위로 작성된 세금계산서 등에 기초해 적정한 재료비 등의 단가를 결정하여 이를 '계약원가'로 정하고, 이 '계약원가'에 다시 '예정가격률'을 곱하여 예정가격을 산정한 다음 그 범위 내에서 계약금액을 결정하였다. 그러므로 만약 원가가 진정한 세금계산서를 제출하였

다면 계약금액이 위와 같이 부풀려진 액수에 비례하여 낮아졌을 것으로 보이고, 국가는 일응 그 차액 상당의 손해를 입었다고 볼 수 있다. 구 국가계약법 시행령 제76조제1항 제17호는 '손해의 발생' 외에 '손해의 범위'를 그 요건으로 하고 있지 아니하므로, 원고의 허위 세금계산서 제출에 의하여 국가에 손해가 발생하였음이 분명한 이상 그 손해의 범위가 명확하게 입증되지 아니하였다고 하더라도 원고가 위 조항이 정한 부정당업자 제재사유에 해당한다(서울행정법원 2015. 8. 28. 선고 2013구합63193 판결).

【관련판례】 원가자료로서 방위사업청에 제출된 세금계산서에는 위와 같이 부풀려진 금액이 포함되어 있어 그 금액만큼 국가에 손해를 끼쳤다고 볼 수 있는 점, (중략) 비록 피고 및 ○○회계법인의 원가검증에 원고회사가 주장하는 바와 같은 오류가 있다고 하더라도 (중략) 10회의 계약에 관하여는 제76조제1항 제17호가 정한 처분사유, 즉 부정한 행위로 계약의 체결·이행 과정에서 국가에 손해를 끼쳤다는 사실을 인정하기에 부족함이 없다(서울고등법원 2015. 8. 18. 선고 2015누35262 판결 참조).

【관련판례】 '원가계산에 의한 가격'을 구성하는 가장 큰 항목은 재료비이고 실무상 법정이윤의 상한으로 원가를 산정하고 있으므로, 허위로 부풀린 세금계산서상 가격을 재료비에 포함할 경우 원가계산에 의한 가격이 변경될 것인 점, 피고는 원가계산에 의한 가격에 예정가격률을 곱해서 예정가격을 산정하는데, 그 예정가격률 적용에 의한 감액은 불과 2~5%에 불과한 점, 형사판결에 의하면 "허위 세금계산서를 이용한 사기행위로 국가가 손해를 입었다"는 사실이 인정된 점, 계약가격은 원고가 예정가격 범위 내 금액을 제시하면 그대로 수의계약으로 체결되고, 실제로 예정가격과 계약가격은 거의 차이가 나지 않는 점, 민사소송에 의하여 구체적인 손해액이 확정되지 아니하였더라도 이 사건 처분을 할 수 있는 점, 주요재료비의 변동은 간접재료비, 경비, 제조원가, 일반관리비, 이윤, 부가가치세를 순차적으로 변동시키는 점, 따라서 주요재료비가 변동된 이상 설령 원가검증에 일부 오류가 있다고 하더라도 손해발생을 부인할 수 없는 점 등을 고려할 때, 국가는 이 사건 세금계산서의 제출로 10억 원 미만의 손해를 입었다고 봄이 타당하다(서울행정법원 2015. 1. 16. 선고 2013구합63155 판결).

【관련판례】 이 사건 각 공사의 하수급인의 직원 등이 허위의 공사대금 청구자료를 제출하여 피고를 기망하였고 이에 따라 피고로부터 각 5억, 1억을 각 부당 수령한 사실을 인정할 수 있으므로, 원고들의 위 부당수령 행위는 구 국가계약법 시행령 제76조제1항 제1호 또는 국가계약법 시행령 제76조제1항 제17호에 해당한다(창원지방법원 2013. 6. 18. 선고 2012구합4386 판결).

5. 공정거래위원회 요청(법 제27조제1항 제5호)

> 5.「독점규제 및 공정거래에 관한 법률」또는「하도급거래 공정화에 관한 법률」을 위반하여 공정거래위원회로부터 입찰참가자격 제한의 요청이 있는 자

시행규칙 [별표2] 입찰참가자격 제한사유	제재 기간	과징금	
		책임	경쟁
7. 법 제27조제1항제5호 또는 제6호에 따라 공정거래위원회 또는 중소기업청장으로부터 입찰참가자격 제한 요청이 있는 자	각호 따름	—	각호 따름
가. 이 제한기준에서 정한 사유로 입찰참가자격 제한 요청이 있는 자			
나. 이 제한기준에 해당하는 사항이 없는 경우로서 입찰참가자격 제한 요청이 있는 자	6개월		9%

본 제재사유는 계약상대자가 공정거래법 또는 하도급법을 위반하고, 공정거래위원회가 해당 행정청에 입찰참가자격 제한의 요청을 한 경우이다. 이는 제재적 처분의 요건이므로 공정거래위원회로부터 받은 '위반사실에 대한 통보'로는 부족하고 '입찰참가자격 제한의 요청'이라는 명확한 행위(실무상 공문)가 있어야 한다.

가. 하도급법 위반

공정거래위원회는 하도급법을 시행하기 위하여 필요하다고 인정할 때에는 관계 행정기관의 장에게 필요한 협조를 요청할 수 있다(하도급법 제26조제1항). 또한 공정거래위원회는 제3조제1항부터 제4항까지 및 제9항, 제3조의4, 제4조부터 제12조까지, 제12조의2, 제12조의3, 제13조, 제13조의2, 제14조부터 제16조까지, 제16조의2 제7항 및 제17조부터 제20조까지의 규정을 위반한 원사업자 또는 수급사업자에 대하여 그 위반 및 피해의 정도를 고려하여 벌점을 부과하고, 그 벌점이 5점을 초과하는 경우에는 관계 행정기관의 장에게 입찰참가자격의 제한을 취할 것을 요청해야 한다(하도급법 제26조제2항, 동법 시행령 제17조, 별표3). 즉, 공정거래위원회는 업체의 각 하도급법 위반행위에 대해 관계 행정관청에 입찰참가자격 제한 요청을 할 수 있는 재량이 있고, 그중 주요의무를 위반한 사업자에 대해선 벌점을 부과하고 벌점이 5점을 초과하는 경우 관계 행정기관의 장에게 필요적으로 입찰참가자격의 제한을 요청해야 한다.

나. 공정거래법 위반

공정거래위원회는 공정거래법의 규정에 의한 시정조치의 이행을 확보하기 위하여 관계행정기관의 장에게 필요한 협조를 요청할 수 있다(공정거래법 제64조제3항). 그러나 공정거래법은 하도급법과 달리 필요적으로 입찰참가자격 제한을 요청해야 하는 규정이 없다. 따라서 공정거래위원회는 사업자의 각 불공정거래행위에 대해 관계 행정기관의 장에게 입찰참가자격 제한을 요청할 수 있는 재량이 있다. 다만, 「입찰질서 공정화에 관한 지침」(공정거래위원회 예규)에 따르면, 공정거래위원회는 입찰과 관련한 공정거래법 위반행위를 한 당해 사업자에 대해 필요한 경우 법위반행위의 정도, 횟수 등을 고려하여 발주기관에 입찰참가자격 제한을 요청할 수 있고, 다만, 과거 5년간 입찰담합으로 받은 벌점 누계가 5점을 초과한 사업자가 다시 입찰담합을 한 경우에는 원칙적으로 입찰참가자격 제한 요청을 하여야 한다. 실무상 공정거래위원회는 사업자의 담합행위에 대해 시정조치 및 과징금을 부과할 경우 관계 행정청의 장에게 '담합행위 위반사실을 통보'할 뿐이어서 본 제재사유에는 해당되지 아니하며, 발주기관은 법 제2호(담합행위)를 근거로 입찰참가자격 제한처분을 하고 있다.[79]

다. 제척기간

본 제재사유의 제척기간의 기산점은 계약상대자의 위반행위가 종료된 때가 아니라, 공정거래위원회로부터 요청이 있었던 때이다. 따라서 계약상대자의 위반행위에 대한 제척기간이 도과되었다 하더라도, 공정거래위원회로부터 요청을 받은 경우에는 본 제재사유를 근거로 입찰참가자격 제한을 할 수 있다.

6. 중소기업청장으로부터 입찰참가자격 제한의 요청(법 제27조제1항 제6호)

> 6. 「대·중소기업 상생협력 촉진에 관한 법률」 제27조제5항에 따라 중소기업청장으로부터 입찰참가자격 제한의 요청이 있는 자

---

79) 방위사업청의 계약담당공무원은 공정거래위원회로부터 법 위반 행위를 하여 입찰참가자격 제한 통보를 받은 사업자(또는 사업자단체)에 대하여 「국가를 당사자로 하는 계약에 관한 법률 시행령」 제76조 또는 제76조의2 규정에 따라 입찰참가자격 제한 또는 과징금 부과를 위해 계약심의회에 상정해야 한다(방위사업 입찰질서 공정화에 관한 지침 제10조, 방위사업청 예규 2014. 6. 3.).

시행규칙 [별표2] 입찰참가자격 제한사유	제재 기간	과징금	
		책임	경쟁
7. 법 제27조제1항제5호 또는 제6호에 따라 공정거래위원회 또는 중소기업청장으로부터 입찰참가자격 제한 요청이 있는 자	각호 기준	—	각호
가. 이 제한기준에서 정한 사유로 입찰참가자격 제한 요청이 있는 자			
나. 이 제한기준에 해당하는 사항이 없는 경우로서 입찰참가자격 제한 요청이 있는 자	6개월		9%

본 제재사유의 취지는 대기업과 중소기업 간의 위탁거래 과정에서 발생하는 불공정거래행위를 방지하기 위한 것이다. 중소기업청장은 「대·중소기업 상생협력 촉진에 관한 법률」(상생협력법) 제21조부터 제23조까지 또는 제25조제1항을 위반한 위탁기업에 대하여 그 위반 및 피해의 정도에 따라 벌점을 부과할 수 있으며, 그 벌점이 별표에 따른 누산점수가 5점을 초과하는 경우에는 입찰참가자격의 제한을 해당 중앙관서의 장, 지방자치단체의 장 또는 공공기관의 장에게 요청할 수 있다[80](상생협력법 제27조제5항, 동법 시행규칙 제5조의3 제1항, 제2항).

본 제재사유의 제척기간의 기산점은 계약상대자의 위반행위가 종료된 때가 아니라, 중소기업청장으로부터 요청이 있었던 때이다. 따라서 계약상대자의 위반행위에 대한 제척기간이 도과되었다 하더라도, 중소기업청장으로부터 요청을 받은 경우에는 본 제재사유를 근거로 입찰참가자격 제한을 할 수 있다.

7. 뇌물을 준 자(법 제27조제1항 제7호)

> 7. 입찰·낙찰 또는 계약의 체결·이행과 관련하여 관계 공무원(제27조의3 제1항에 따른 과징금부과심의위원회, 제29조제1항에 따른 국가계약분쟁조정위원회, 「건설기술 진흥법」에 따른 중앙건설기술심의위원회·특별건설기술심의위원회 및 기술자문위원회, 그 밖에 대통령령으로 정하는 위원회의 위원을 포함한다)에게 뇌물을 준 자

시행규칙 [별표2] 입찰참가자격 제한사유	제재 기간	과징금	
		책임	경쟁
8. 법 제27조제1항제7호에 해당하는 자		—	
가. 2억 원 이상의 뇌물을 준 자	2년		30%
나. 1억 원 이상 2억 원 미만의 뇌물을 준 자	1년		15%
다. 1천만 원 이상 1억 원 미만의 뇌물을 준 자	6개월		9%
라. 1천만 원 미만의 뇌물을 준 자	3개월		4.5%

---

80) 중소기업청장이 법 제27조제5항에 따라 입찰참가자격 제한을 요청하는 경우에는 그 요청 여부에 대하여 공정거래위원회위원장과 미리 협의하여야 한다(동법 시행규칙 제5조의3 제3항).

입찰・낙찰 또는 계약의 체결・이행과 관련하여 관계 공무원에게 뇌물을 준 자는 뇌물 액수에 따라 입찰참가자격을 제한한다. 관계 공무원에게 증뢰한 것은 그로 인하여 계약의 공정한 체결이 방해받거나 계약의 불이행 또는 계약의 이행에 있어서 부당부정행위가 발생할 위험이 있는데, 본 제재의 취지는 이를 방지하기 위함이다.

가. 관계 공무원

관계 공무원에 해당되는 자에는, 해당 입찰・낙찰 또는 계약의 체결・이행 업무와 관련하여 해당 업무를 담당하거나 관계가 있는 공무원, 제27조의3 제1항에 따른 과징금부과심의위원회의 위원, 제29조제1항에 따른 국가계약분쟁조정위원회의 위원, 「건설기술 진흥법」에 따른 중앙건설기술심의위원회・특별건설기술심의위원회 및 기술자문위원회의 각 의원이 포함된다(법 제27조제1항 제7호). 또한 해당 입찰・낙찰 또는 계약의 체결・이행에 관한 사전심사 및 자문 업무를 수행하는 영 제42조제7항에 따른 종합심사낙찰제심사위원회의 위원, 영 제43조제8항에 따른 제안서평가위원회의 위원, 영 제94조제1항에 따른 계약심의위원회의 위원도 위 관계 공무원에 포함된다(영 제118조).

그 외 형법상 뇌물죄 적용에 있어서 공무원으로 의제된 자(특정범죄가중처벌 등에 관한 법률 제4조 및 동법 시행령 제2조 등)도, 해당 입찰・계약업무에 관련이 있다면 본 제재사유의 공무원에 해당된다고 볼 수 있다(수원지방법원 2011. 10. 13. 선고 2011구합6524 판결 참조). 공기업・준정부기관이 계약당사자인 경우, 해당 입찰・계약 업무를 담당하거나 관계가 있는 공공기관의 임직원, 운영위원회의 위원은 본 제재사유의 관계 공무원에 당연히 포함된다(공공기관운영법 제53조).

나. 뇌물

(1) 뇌물의 정의

법 제27조제1항 제7호의 "뇌물"의 개념에 대한 별도의 정의조항이 없으므로, 기본적으로 형법 129조 이하에서 정의한 뇌물의 개념과 같다고 해석된다(수원지방법원 2011. 10. 13. 선고 2011구합6524 판결, 유권해석[81]). 뇌물이란 일반적으로 직무에 관한 부당한 이익이라고 정의된다.

---

81) 회계제도과-2371, 2004. 12. 17.; 계약제도과-622, 2010. 12. 31.

(2) 부당한 이익

뇌물의 내용인 이익이라 함은 금전, 물품 기타의 재산적 이익뿐만 아니라 사람의 수요 욕망을 충족시키기에 족한 일체의 유형·무형의 이익을 포함한다(대법원 2001. 9. 18. 선고 2000도5438 판결). 따라서 뇌물에는 음식과 술의 대접 등 향응의 제공, 해외여행, 승진, 취직알선 등도 포함된다(판례[82]). 수뢰자가 증뢰자와 함께 향응을 하고 증뢰자가 이에 소요되는 금원을 지출한 경우 이에 관한 수뢰자의 수뢰액을 인정함에 있어서는 먼저 수뢰자의 접대에 해당한 비용과 증뢰자가 소비한 비용을 가려내어 전자의 수액을 가지고 수뢰자의 수뢰액으로 하여야 하고, 만일 각자에 요한 비용이 불명일 때에는 이를 평등하게 분할한 액을 가지고 수뢰자의 수뢰액으로 인정하여야 한다(대법원 2001. 10. 12. 선고 99도5294 판결).

피고행정청 담당공무원은 원고회사 직원들로부터 서로 다른 시기에 다른 방법으로 뇌물을 수수하여 형사판결에서 포괄일죄가 아니라 4건의 수뢰죄의 경합범으로 처벌받았을 경우, 국가계약법 및 시행령의 관련 조항들의 내용, 형식, 취지에 비추어 별표 기준에 따른 뇌물 공여액을 인정함에 있어서는 특별한 사정이 없는 한, 법 제27조제1항 제7호에서 규정된 "입찰·낙찰 또는 계약"의 단위별로 판단하여야 할 것이지 형사판결에서의 죄수에 따라 판단할 것은 아니다. 따라서 각 공여행위를 별개로 구분하기보다는 이를 합쳐서 별표 기준에 따른 공여액수를 정하여야 한다(서울고등법원 2014. 6. 27. 선고 2013누26660 판결).

다수의 계약에서 여러 관계공무원에게 수차례 뇌물을 제공한 사실이 동일시점에 인지된 경우 뇌물제공총액을 기준으로 제재하여야 한다는 유권해석이 있다.[83] 그러

---

82) 대법원 1996. 12. 6. 선고 96도144 판결; 서울고등법원 2014. 1. 10. 선고 2013노2400 판결; 대법원 2001. 10. 12. 선고 2001도3579 판결; 창원지방법원 2011. 11. 18. 선고 2011고단3527 판결.

83) "다수의 계약에서 수차례 뇌물을 제공한 사실이 동일시점이 아닌 시차를 두고 인지된 경우에는 각각의 뇌물제공 건에 대해 제재하게 되고, 시행규칙 제76조제2항에 의해 가중하여 제재받을 가능성이 존재함에 반하여, 동일 사실이 동일시점에 인지된 경우에는 시차를 두고 발견된 경우와 비교하여 제재 기간이 짧아지는 결과를 초래할 것입니다. 따라서 다수의 계약과 관련하여 수회의 뇌물제공을 한 사실이 동일시점에 인지된 경우에는 뇌물제공총액으로 제재하는 것이 타당할 것입니다"(계약제도과-1263, 2012. 9. 28.). 그러나 조달청 유권해석은 "수 개의 제재사유에 의해 발생하는 각각의 제재기간을 합산하는 것은 아니고 그중 가장 제재기간이 많은 제재사유의 기준을 적용하라는 의미이므로, 동일시점에서 다수의 제재사유가 발생한 경우라면 그중 제재기간이 가장 많은 제재사유에 해당하는 제재기간을 적용하여 부정당업자 제재처분을 하는 것이 타당할 것으로 판단됩니다"(조달청 2015. 4. 27.).

나 부정당업자가 위반한 여러 개의 행위에 대하여 같은 시기에 입찰참가자격을 제한하는 경우 별표2의 제한기준을 가장 길게 규정한 제한기준에 따른다. 여기서 '여러 개의 행위'는 계약별로 판단해야 한다고 해석되므로, 다수의 계약에 따른 뇌물행위는 각각 여러 개의 행위라고 봐야 할 것이므로 뇌물제공총액을 기준으로 삼는 것은 시행규칙 위반의 소지가 있다고 본다.[84]

(3) 대가관계

공무원의 직무와 금원의 수수가 전체적으로 대가관계에 있으면 뇌물수수죄가 성립하고, 특별히 청탁의 유무, 개개의 직무행위의 대가적 관계를 고려할 필요가 없으며, 또한 그 직무행위가 특정된 것일 필요도 없다(대법원 1997. 12. 26. 선고 97도2609 판결). 뇌물죄의 성립에 있어서 구체적인 직무관련성까지 필요하지 아니하는 취지는 금품 공여의 의사표시 등이 있으면 구체적이거나 현실적 이익과 연결되지 아니하더라도 직무 수행에 있어 적어도 소극적으로 근거 없는 불이익을 주지 않거나 호의적인 대접을 하여 주거나, 장래의 직무수행과 관련하여 호의적인 직무를 수행하여 줄 것은 최소한 기대된다는 현실 인식을 바탕에 두고 있는 것이므로, 만약 직무와 관련 없는 다른 목적이 있거나 개인적인 친분관계에 따른 교분상의 필요에 의한 것이라고 명백하게 인정할 수 있는 경우 등 특별한 사정이 있으면 직무와의 관련성이 없는 것으로 보아야 할 것이다(서울고등법원 2007. 9. 7. 선고 2007노329 판결). 공무원이 그 직무의 대상이 되는 사람으로부터 금품 기타 이익을 받은 때에는 그것이 그 사람이 종전에 공무원으로부터 접대 또는 수수한 것을 갚는 것으로서 사회상규에 비추어 볼 때에 의례상의 대가에 불과한 것이라고 여겨지거나, 개인적인 친분관계가 있어서 교분상의 필요에 의한 것이라고 명백하게 인정할 수 있는 경우 등 특별한 사정이 없는 한 직무와의 관련성이 없는 것으로 볼 수 없고, 공무원의 직무와 관련하여 금품을 수수하였다면 비록 사교적 의례의 형식을 빌려 금품을 주고받았다 하더라도 그 수수한 금품은 뇌물이 된다(대법원 1998. 2. 10. 선고 97도2836 판결; 2000. 1. 21. 선고 99도4940 판결; 2001. 10. 12. 선고 2001도3579 판결 등 참조).

---

84) 다만, 그러한 제재처분에 대한 취소소송이 제기된다면, 법원은 시행규칙 별표를 위반하였다고 당연히 제재처분이 위법하다고 판단하지 않고, 위반행위의 내용 및 관계 법령의 규정 내용과 취지에 비추어 재량권의 일탈·남용인지 판단할 것이다.

다. 뇌물죄

본 제재사유의 '뇌물'은 형법에서 정한 뇌물의 개념과 같으므로, 뇌물성 여부에 대해서는 법원의 판단이 최종적이어서 법원의 판결이 있어야 입찰참가자격을 제한할 수 있는지가 문제 된다. 이에 대해서는 국가계약법 제27조제1항 제10호 등 관련 규정에서 뇌물죄에 대한 법원의 판결을 요구하고 있지 않은 점, 행정청에 검사가 기소유예처분을 하는 등으로 공소가 제기되지 아니하거나 기소가 되었다 하더라도 공소기각 또는 면소가 되는 등으로 법원이 뇌물성 여부에 대한 실체적 판단을 할 수 없는 경우 위 규정을 전혀 적용할 수 없다고 보는 것은 불합리한 반면, 행정청이 이를 뇌물로 보아 입찰참가자격 제한처분을 한 경우 추후 형사재판을 통하거나 위 처분에 대한 행정소송을 통하여 뇌물성 여부에 대한 법원의 판단을 받아 이를 시정할 수 있는 여지가 있는 점 등을 고려해 보면, 반드시 뇌물성 여부에 대한 법원의 판단을 전제로만 입찰참가자격 제한처분을 할 수 있다고 볼 수 없다.[85]

부정당업자 제재사유에 해당되는지는 행정청이 판단할 사항이지만, 뇌물에 해당되는지는 사법적인 판단이 필요하므로 행정청이 판단하기에 어려운 점이 많다. 따라서 본 제재사유는 제재시점이 언제인지 논의된다. 원칙적으로 검찰의 기소 시점이 타당한 기준이라고 생각한다. 검찰의 불기소 중 혐의 없음 이외 기소유예 등은 제재가 가능하다고 본다.[86]

> [유권해석] 뇌물은 형법상의 뇌물에 해당한다고 할 것이므로 법원의 확정판결이 있은 후에 법인에 대한 부정당업자 제재를 하는 것이 타당할 것이나, 부정당업자 제재에 반드시 법원의 확정판결을 요한다고 볼 수 없으므로 소속직원의 금품제공에 대하여 기소유예가 있는 경우에도 발주기관의 판단에 따라 법인에 대한 부정당업자 제재는 가능하다고 할 것임(계약제도과-622, 2010. 12. 31.).

직무관련자로부터 받은 향응의 금전적 가치가 적은 경우(보통 100만 원 미만) 보통 형사적으로 처벌하지 않고 징계절차로만 처리하고 있다.[87] 이 경우 징계처분 결

---

85) 수원지방법원 2011. 10. 13. 선고 2011구합6524 판결.

86) 방위사업청은 경우 본 제재사유의 제재 의뢰시기는 "검찰 기소되어 증거자료 확보 후 또는 검찰 불기소처분의 경우 불기소사유에 따라 제재 가능하다고 판단될 경우(기소유예)"로 규정하고 있다(방위사업관리규정 별지 제III-37호).

87) 「공무원의 직무관련 범죄 고발지침」(국무총리훈령), 「조달청 직무고발 운영지침」(조달청훈령) 등 각

과만을 근거로 본 제재사유의 '뇌물성'을 인정할 수 있는지가 문제 된다. 공무원이 직무관련자로부터 금품·향응 등 재산상 이익의 취득은 청렴의무 위반에 해당되며, 그 징계기준은 금품·향응 등 재산상 이익의 금전적 가치, 직무관련성, 위법·부당한 처분 여부에 따라 징계양정이 달라진다(공무원징계령 시행규칙 별표1의2 청렴의 의무 위반 징계기준). 직무관련자는 공무원의 소관 업무와 관련되는 자로서 민원신청 중인 자 등을 말한다(공무원행동강령 제2조제1호).

공무원이 그 직무의 대상이 되는 사람으로부터 금품 기타 이익을 받은 때에는 특별한 사정이 없는 한 직무와의 관련성이 있다는 대법원 판례의 취지에 따를 때(2001. 10. 12. 선고 2001도3579 판결 등), 직무관련자로부터 금품·향응 등을 수수한 경우에는 제반사정을 검토하여 형법상 뇌물죄에 해당된다고 판단하더라도 무리한 해석이 아니라고 본다. 다만, 금품·향응의 금전적 가치가 적고 형사처벌의 필요성이 적어 징계로만 처리한 점을 고려하여 제재필요성 여부를 판단할 수 있을 것이다.

형법상 뇌물죄는 수뢰죄(제129조), 제3자뇌물제공죄(제130조), 수뢰후부정처사죄 및 사후수뢰죄(제131조), 알선수뢰죄(제132조), 뇌물공여죄(제133조)로 구분하고 있다. 본 제재사유의 뇌물은 형법상 뇌물의 개념과 동일하므로, 계약상대자의 행위가 형법상 뇌물죄의 하나에 해당하는 경우에는 본 제재사유의 뇌물에 해당된다. 따라서 관계 공무원에게 뇌물을 제공한 행위 이외에 뇌물을 받은 관계 공무원의 직무수행이 있어야 제재를 할 수 있는 것은 아니다.[88]

계약상대자가 관계 공무원에게 뇌물을 주기로 약속한 행위로 형법상 뇌물공여의사표시죄(형법 제133조제1항)로 처벌받은 경우, 본 제재사유의 '뇌물을 준 자'에 해당되는지가 문제이다. 법령을 해석할 때에는 법령에 사용된 문언의 통상적인 의미에 충실하게 해석하는 것을 원칙으로 하고, 법령의 문언 자체가 비교적 명확한 개념으로 구성되어 있다면 원칙적으로 더 이상 다른 해석방법은 활용할 필요가 없거나 제

행정부처의 직무관련 범죄의 고발과 관련된 지침에는 보통 100만 원 이상의 금품·향응 수수의 경우 반드시 형사고발하여야 한다고 규정하고 있다.

88) 관계 공무원에게 증뢰한 것은 그로 인하여 계약의 공정한 체결이 방해받거나 계약의 불이행 또는 계약의 이행에 있어서 부당부정행위가 구체적으로 발생하는 것은 아니지만 그러한 위험이 있다는 데 있으므로, 뇌물을 제공한 행위만으로 계약의 공정한 집행 또는 계약의 적정한 이행을 해할 염려가 있는 행위로 판단된다.

한될 수밖에 없다고 할 것인바(대법원 2009. 4. 23. 선고 2006다81035 판결례 참조), 뇌물을 '주는 행위'에 '주기로 약속하는 행위'까지 포함하여 해석하는 것은 문언의 통상적인 의미를 벗어나는 해석으로 보인다. 따라서 뇌물공여의사표시죄로 처벌받은 자는 본 제재사유에 해당되지 않는다. 다만, 업체의 대표이사가 관계 공무원에게 금품을 제공하였으나 관계 공무원이 이를 거절하여 반환한 경우 해당 업체의 대표이사는 뇌물공여의사표시죄(제133조제1항)로 처벌받은 경우에도, 본 제재사유의 '뇌물을 준 자'에 해당될 수 있다고 본다.

라. 상당한 주의와 감독

영 제76조제2항 단서에 따르면 계약상대자등이 사용인의 제재사유에 해당하는 행위를 방지하기 위하여 상당한 주의와 감독을 게을리하지 아니한 경우에는 계약상대자등에게 재제를 부과하지 아니한다. 업체의 대표이사 또는 임원이 직접 관계 공무원에게 뇌물을 제공하거나 이들로부터 지시를 받은 직원이 뇌물을 제공한 경우에는 업체에게 부정당업자 책임을 지우는 것은 당연하다. 또한 대표이사의 지시가 없더라도 직원의 증뢰행위가 업체의 이익을 위한 것으로 평가된다면 직원의 행위를 이유로 업체에 대해 입찰참가자격을 제한할 수 있다고 본다. 다만 업체가 직원의 뇌물 제공 행위를 방지하기 위하여 상당한 주의와 감독을 게을리하지 아니하였음을 입증한 경우에는 제재를 부과하지 않을 수 있다.

☞ 이에 대한 자세한 내용은 전술하였으므로 여기서는 본 제재사유와 관련된 내용만 요약하여 서술한다.

국가계약법 시행령 제76조제1항 단서에 의하여 계약상대자등이 면책될 수 있는바, 이때 사용인의 행위를 방지하기 위하여 상당한 주의와 감독을 게을리하지 않았다는 점에 관한 증명책임은 계약상대자등에게 있다고 보아야 한다(서울고등법원 2013. 4. 19. 선고 2012누8856 판결). 따라서 법인이 사용인의 위반행위에 대해서 아무런 행위를 하지 않은 것으로 평가되는 경우, 즉 법원의 조치가 종업원의 위법행위를 방지하기 위한 것이 아니라고 판단되는 경우에는 법인은 면책될 수 없다.

사용인의 위반행위를 방지하기 위해서 법인이 상당한 주의와 감독을 게을리하였는지 여부는 위반행위와 관련된 모든 사정을 전체적으로 종합하여 판단하여야 한다.

사용인의 행위에 대해 법인이 책임을 지는 근거는 법인의 사용인에 대한 선임·감독상의 의무를 해태하였기 때문이므로, '상당한 주의와 감독'은 과실범과 유사하게 결과방지를 위한 주의와 감독의무를 의미한다. 법인이 가능한 조치를 취했더라면 사용인의 위반행위를 방지할 수 있었음에도 이를 게을리한 법인의 책임이다. 그렇다면 먼저 사용인의 위반행위를 방지할 수 있는 조치가 무엇인지를 결과론적으로 판단하고, 법인에게 이러한 조치를 요구하는 것이 상당한지, 즉 통상의 법인이라면 이러한 조치를 취했을 것인지를 판단해야 할 것이다. 법인이 취하였어야 하는 조치는 일반적·추상적이 아닌 구체적이어야 한다. 따라서 법인이 윤리규범 및 지침 등을 제정하여 운영하고 직원들을 대상으로 교육을 실시하고 각서를 징구한 사실과 같은 조치는 통상의 기업들이 일반적으로 실시하는 교육·지도에 해당하여, 이는 사용인의 위반행위를 방지하기 위한 구체적인 조치라고 볼 수 없다.

상당한지 여부는 회사규모와 지휘감독관계(사용인이 법인의 내부 직원인지 혹은 법인과 계약을 체결한 하청업체인지 여부), 사용인의 위반행위가 법인의 통상적인 업무영역에서 발생하는 것인지 아니면 예상하기 어려운 위반행위인지 여부, 법인의 사용인에 대한 감독 필요성 및 구체적인 감독 여부 등에 따라 구체적으로 판단되어야 할 것이다. 사용인이 법인의 직원인 경우보다 하청업체인 경우가 법인에게 요구하는 주의감독의무가 낮아 면책될 가능성이 높을 것이고, 통상적으로 많이 발생하는 위반행위에 대해서는 단순히 형식적인 조치만으로는 법인이 면책될 가능성이 크지 않을 것이다. 예컨대 사용인의 뇌물행위에 대해서는 형식적인 교육만으로 면책될 가능성이 낮을 것이다.

【관련판례】 원고회사의 현장감독이 수급한 공사에 관련하여 편의를 보아 달라는 명목에서 관계 공무원에게 금원을 제공하였다면 이는 원고회사를 위한 것으로 보이므로 그 증뢰가 원고회사의 자금 또는 원고회사 대표이사의 지시에 의하여 이루어진 것이 아니라 하더라도 위와 같은 증뢰행위는 공사계약의 상대자인 원고회사의 사용인이 그 계약의 이행에 관련하여 관계 공무원에게 증뢰한 경우에 해당한다고 봄이 상당하다 (대법원 1985. 7. 23. 선고 85누136 판결; 대법원 1984. 4. 24. 선고 83누574 판결).

【관련판례】 영 제76조제2항 단서의 취지는 법인 등 업무주에 대한 입찰참가자격 제한이라는 행정처분을 통하여 입찰 등 절차의 공공성과 공정성을 확보하는 데 있으므로, 구체적인 사안에서 법인이 상당한 주의 또는 감독을 게을리하였는지 여부는 당해 위

반행위와 관련된 모든 사정, 즉 당해 법령의 입법 취지, 사용인의 위반행위와 관련하여 법인에 대한 행정제재조항을 마련한 취지 등은 물론 위반행위의 구체적인 모습, 법인의 영업 규모 및 행위자에 대한 감독 가능성이나 구체적인 지휘·감독 관계, 법인이 위반행위 방지를 위하여 실제 행한 조치 등을 전체적으로 종합하여 판단하여야 한다(인천지방법원 2013. 4. 25. 선고 2012구합3488 판결).

【관련판례】 직원의 뇌물제공 행위로 인해 회사(원고)가 받은 부정당제재 처분취소 사안에서, 원고는 직원들을 대상으로 정기적으로 청렴교육을 실시해 왔을 뿐만 아니라 직원들로부터 청렴서약서를 개별적으로 징구하여 왔고, 청렴서약을 위반한 직원들에게 징계조치를 취하기도 하였다는 점이 인정되지만, 이것만으로는 원고가 직원들의 부정당행위를 방지하기 위하여 상당한 주의와 감독을 게을리하지 아니하였다고 인정하기에 부족하고, 달리 이를 인정할 증거가 없다. 오히려 원고의 경영관리·자금관리 업무를 담당하는 부사장, 영업전반을 총괄하는 전무 등이 조직적으로 가담하여 수차례 다액의 뇌물을 공여한 사실을 인정할 수 있을 뿐이므로, 원고의 위 주장도 이유 없다(대구지방법원 2013. 11. 22. 선고 2013구합57 판결).

【관련판례】 직원의 뇌물공여행위(이하 '이 사건 위반행위'라 한다)는 임원 승진 대상자였던 직원이 자신의 실적을 올리기 위한 지극히 개인적 목적에서 저지른 것이고, 원고는 임직원 윤리행동 지침을 제정·시행하면서 직원들을 상대로 윤리경영 교육을 실시하는 등 업무와 관련한 뇌물공여행위를 방지하기 위한 상당한 주의와 감독을 게을리하지 아니하였으므로, 국가계약법 시행령 제76조제1항 단서에 따라 입찰참가자격 제한 대상이 되지 아니한다는 주장에 대해 법원은, 원고는 자체적으로 '임직원 윤리행동 지침'을 제정·시행하고, 전체 직원을 대상으로 온라인을 통한 윤리경영 교육을 실시하거나 신입사원들로부터 윤리서약서 등을 제출받아 온 사실은 인정되나, 원고의 이러한 조치는 원고와 같은 통상의 기업들이 일반적으로 실시하는 교육 내지 지도에 해당할 뿐, 원고가 직원의 이 사건 위반행위 방지를 위하여 실제 행한 구체적인 조치라 볼 수 없으므로, 원고가 주장하는 사유만으로는 원고가 사용인의 뇌물공여와 같은 위반행위를 방지하기 위하여 상당한 주의와 감독을 게을리하지 아니하였다는 점을 인정하기에 부족하고, 달리 이를 인정할 만한 증거가 없다(인천지방법원 2013. 4. 25. 선고 2012구합3488 판결).

8. 계약에 관한 서류의 위조·변조·부정행사·허위서류 제출(법 제27조 제1항 제8호 가목, 영 제76조제1항 제1호 가목)

> [법] 8. 그 밖에 다음 각 목의 어느 하나에 해당하는 자로서 대통령령으로 정하는 자
> 가. 입찰·계약 관련 서류를 위조 또는 변조하거나 입찰·계약을 방해하는 등 경쟁의 공정한 집행을 저해할 염려가 있는 자

> [영] 1. 경쟁의 공정한 집행을 저해할 염려가 있는 자로서 다음 각 목의 어느 하나에 해당하는 자
> 가. 입찰 또는 계약에 관한 서류(제39조에 따라 전자조달시스템을 통하여 입찰서를 제출하는 경우에 「전자서명법」 제2조제8호에 따른 공인인증서를 포함한다)를 위조·변조하거나 부정하게 행사한 자 또는 허위서류를 제출한 자

시행규칙 [별표2] 입찰참가자격 제한사유	제재 기간	과징금	
		책임	경쟁
9. 영 제76조제1항제1호 가목에 해당하는 자			
가. 입찰에 관한 서류(제15조제2항에 따른 입찰참가자격 등록에 관한 서류를 포함한다)를 위조·변조하거나 부정하게 행사하여 낙찰을 받은 자 또는 허위서류를 제출하여 낙찰을 받은 자	1년	—	15%
나. 입찰 또는 계약에 관한 서류(제15조제2항에 따른 입찰참가자격등록에 관한 서류를 포함한다)를 위조·변조하거나 부정하게 행사한 자 또는 허위서류를 제출한 자	6개월		9%

본 제재사유의 취지는 입찰 또는 계약에 관한 서류를 위조·변조하거나 부정하게 행사하거나 허위서류를 제출하여 공정한 입찰 및 계약질서를 어지럽히는 행위를 하는 자에게 일정 기간 입찰참가를 배제함으로써 공공조달계약의 성실한 이행을 확보함과 동시에 국가가 입게 될 불이익을 미연에 방지하기 위한 것이다. 본 제재사유는, 입찰 또는 계약에 관한 서류를 ① 위조·변조한 자, ② 부정하게 행사한 자, ③ 허위서류를 제출한 자로 규정하고 있다. 이때 문언상 허위서류의 대상에 제한이 없는 것으로 보이나, 본 제재의 입법취지에 비추어 '입찰 또는 계약에 관한 허위서류'를 의미하는 것으로 해석함이 타당하다.

제재기준은, 단순히 입찰 또는 계약에 관한 서류를 위조·변조·부정행사하거나 허위서류를 제출하기만 한 경우에는 6개월이나, 입찰에 관한 서류를 위조·변조·부정행사하거나 허위서류를 제출하여 낙찰을 받은 경우에는 1년으로 규정하고 있다. 따라서 중한 제재기준은 보다 엄격하게 해석을 해야 하므로, 입찰에 관한 서류의 위

조·변조·부정행사 또는 허위서류의 제출이 낙찰자 결정에 실질적인 영향을 미친 경우에 한하여 1년의 제재기간을 적용하는 것은 타당하다고 할 것이다(유권해석[89]).

가. 입찰 또는 계약에 관한 서류

'입찰에 관한 서류'란 입찰자가 입찰과 관련되어 제출하는 서류로, 구체적으로 입찰참가자격 사전심사 시(PQ),[90] 입찰참가신청 시,[91] 입찰 시[92] 제출서류가 이에 해당된다.

'계약에 관한 서류'는 계약의 체결에 관한 서류뿐만 아니라 계약의 이행에 관한 서류도 포함한다고 해석된다. 그 이유는 입찰참가자격 제한의 입법취지는 계약의 적정한 이행을 확보하기 위하여 이를 해칠 염려가 있는 행위를 한 자에 대하여 일정한 기간 입찰참가자격을 제한하려는 데 있고, 이를 구체화한 것이 법 제27조제1항 및 영 제76조제1항 각호의 규정이므로, 같은 항 가목의 '계약에 관한 서류'를 해석함에 있어서도 이러한 입법취지를 존중하여 그에 맞도록 해석해야 하기 때문이다. 또한 국가계약법 제27조제1항 및 시행령 제76조제1항 각호는 계약의 체결과 이행을 구분하여 규정하고 있는데(법 제2, 4, 7호, 영 제1호 라목, 제2호 가목은 계약의 체결 또는 이행을 방해한 경우를, 법 제1호, 영 제3호 가목, 나목, 다목은 계약의 이행만을 방해한 경우를 각 규정하고 있다), 영 제1호 가목은 계약의 체결과 이행을 구분하지 아니하고, "계약에 관한 서류"라고 규정하고 있다. 이와 같은 입법취지 및 규정형식에 비추어 볼 때, 국가계약법 시행령 제76조제1항 제1호 가목의 "계약에 관한 서류"는 계약 체결 당시 계약의 내용과 효력을 결정하는 서류로 한정할 것이 아니라 계약이 적정하게 이행되고 있는지 여부를 판단하기 위한 서류 등도 포함한다고 해석함이

---

89) 허위서류의 제출을 통하여 낙찰된 자에 대하여는 단순히 허위서류를 제출한 자보다 더 엄격하게 재제토록 하고 있는바, 동 허위서류가 낙찰자 결정에 실질적인 영향을 미친 경우에는 시행규칙 제76조 관련 [별표2] 제10호 가목의 규정(1년)을 적용해야 할 것이며, 동 허위서류가 낙찰자 결정에 실질적인 영향을 미치지 않은 경우(허위실적을 제외하더라도 낙찰에 영향을 미치지 않음)에는 동 허위서류로 인해 낙찰된 것이 아니므로 동 [별표2] 제10호 나목의 규정(6개월)에 따라 제재하는 것임(회계제도과-1064, 2008. 9. 11.).

90) 입찰참가자격 사전심사 시 제출서류: 실적명세서, 시공평가자료, 건설기술자 보유 증명서, 수요물자 납품(판매)실적증명원, 신용평가등급확인서 등.

91) 입찰참가신청 시 제출서류: 입찰참가신청서, 입찰참가자격을 증명하는 서류, 인감증명서 또는 본인 서명사실확인서, 기타 공고 또는 통지로 요구하는 서류 등.

92) 입찰신청 시 제출서류: 입찰서, 산출내역서(공사), 신용평가등급 평가명세서, 청렴계약서 등.

타당하다.[93]

　　따라서 '계약에 관한 서류'에는 계약상대방이 계약을 체결하기 위하여 제출하는 서류(계약서에 첨부되는 설계서, 산출내역서 등)뿐 아니라, 계약의 적정한 이행을 위한 전제조건 내지 그 고려요소에 관계되는 서류도 포함된다. 따라서 계약을 적절히 이행하였는지 판단하기 위한 품질보증서류(예, 시험성적서) 및 계약금액을 확정하는 원가 관련 자료가 이에 해당된다.

　　【관련판례】 국가로부터 대금을 지급받기 위해서는 납세증명서를 제출하여야 하는데, 원고회사는 체납액이 없다는 위조된 납세증명서를 행정청에 제출한 사안에서, "국가와 계약을 체결한 상대방이 자신의 급부를 이행하여 국가로부터 그에 따른 반대급부를 받을 권리만을 남겨 두고 있다 하더라도 유기적 협력관계로서의 채권관계의 특질에 비추어 반드시 양 당사자 사이에 계약의 이행이 완료되었다고 보기 어려울 뿐 아니라, 상대방으로부터 급부를 수령받는 과정에서 부정한 방법을 사용하는 행위 역시 계약의 적정한 이행을 해칠 염려가 있는 경우에 해당한다는 점에서 법 시행령 제76조 제1항 제8호 소정의 '입찰 및 계약에 관한 서류'는 입찰의 참가 또는 계약의 체결에 관한 서류로 국한할 것이 아니라 그 이행에 관한 서류까지 포함하는 개념으로 넓게 해석하여야 할 것이다"(서울행정법원 2001. 9. 4. 선고 2001구합9881 판결).

　　【관련판례】 (관련규정에 따르면) 원고회사는 국방기술품질원에 품질보증계획서를 제출할 의무가 있고, 원고회사가 국방기술품질원에 제출한 품질보증계획서에 따르면, 계약물품 중 하나인 연결상자 하우징의 원자재에 관하여는 그 품질보증을 '공인성적서'에 의하여야 하는바, 위 원자재의 품질을 보증하기 위한 공인성적서인 이 사건 시험성적서는 원고회사가 적정한 품질의 원자재를 사용하여 제조한 물품을 납품하여 이 사건 계약을 적절히 이행하였는지 여부를 판단하기 위하여 필수적으로 요구되는 서류에 해당되므로, 구 국가계약법 시행령 제76조제1항 제8호에서 규정된 '계약에 관한 서류'에 해당한다(서울행정법원 2015. 1. 8. 선고 2014구합61477 판결). [시험성적서 사안]

---

93) 과거 '계약에 관한 서류'에 '계약의 이행에 관한 서류'가 포함된다는 하급심 판례(서울행정법원 2001. 7. 24. 선고 2001구9881, 2012. 12. 20. 선고 2011구합43522 판결은 대법원 상고기각 확정 등)가 다수 있었고, '계약의 체결에 관한 서류'만을 의미한다고 해석하는 판례(서울행정법원 2006. 1. 12. 선고 2005구합24582 판결은 대법원 심리불속행 상고기각)도 있었다. 그러나 최근 방산업체에 대한 시험성적서 위변조 사안에서, '계약에 관한 서류'는 계약의 체결에 관한 서류뿐만 아니라 계약의 이행에 관한 서류도 포함한다고 해석하는 것이 다소 확립된 법리라고 볼 수 있다(서울행정법원 2015. 1. 8. 선고 2014구합61477 판결; 서울고등법원 2015. 9. 25. 선고 2015누32256 판결; 대법원 2015두54292 판결로 심리불속행 상고기각 판결 등 다수).

【관련판례】 계약자가 다른 경쟁 사업자를 배제하거나 부당하게 계약을 체결하기 위하여 제출하는 서류로서 계약의 전제 조건이나 내용 또는 고려 요소 등과 관계되는 것은 경쟁의 공정한 집행 또는 계약의 적정한 이행과 관련됨이 분명하므로, 이는 '계약에 관한 서류'에 포함된다고 봄이 타당하다. 이 사건 세금계산서(원가계산자료)는 계약가격을 결정[94]하는 데 직접적으로 영향을 미치는 자료들로서 '계약에 관한 서류'라고 봄이 타당하다[95](서울행정법원 2015. 1. 16. 선고 2013구합63155 판결). [계약체결 시 제출하는 원가계산자료 사안]

【관련판례】 이 사건 사업의 작업일보는 개산계약 이후 정산원가의 계산을 위해 제출해야 하는 증빙자료의 하나로 작성된 서류이므로 '계약에 관한 서류'가 아니라는 원고 회사의 주장에 대해 법원은 "이 사건 계약 체결 시 계약조건에 작업일보를 제출하여야 한다는 구체적 조항은 없고 이 사건 작업일보가 최종 원가계산자료 제출 시 피고에게 직접 제출되는 것이 아니긴 하나, (중략) 원고가 매 분기별 작업일보를 피고 측에 제출하면 피고가 이를 검토하여 직접노무비를 정산하는 과정을 거쳤고 이러한 작업일보는 피고가 계약금액을 결정하는 데 고려요소가 되는 서류로 보이므로 이 사건 작업일보는 국가계약법 시행령 제76조제1항 제8호에서 규정하고 있는 '계약에 관한 서류'에 해당한다"고 판단된다(서울행정법원 2012. 12. 20. 선고 2011구합43522 판결). [계약체결 후 정산 시 제출하는 원가계산자료 사안]

---

94) 목적물인 물품에 대하여 적정한 거래가 형성되어 있는 경우에는 그 거래실례가격을 기준으로 예정가격을 결정하나, 특수규격품 등 적정한 거래실례가격이 없는 경우에는 '원가계산에 의한 가격'으로 예정가격을 결정하는데(동 시행령 제9조제1항 제2호), 이 경우 계약 목적물인 물품을 구성하는 재료비, 노무비, 경비, 일반관리비 등을 산정한 다음, 법정 이윤을 더한 금액을 기준으로 원가를 산정한 다음(법정 이윤은 실무상 동 시행규칙 제8조제2항 제2호에 정한 이윤의 상한인 25%를 인정한다), 예정가격률을 적용·감액하여 예정가격을 결정하게 된다.

95) 피고는 수의계약 전에 미리 예정가격을 결정하여야 하고(국가계약법 시행령 제7조의2 제1항), 예정가격은 계약금액의 결정기준이 되므로(국가계약법 시행령 제2조제2호), 예정가격은 계약의 필수불가결한 요소라 할 수 있다. (중략) 이 사건 계약과 같이 업체가 제시하는 원가 계산자료를 기초로 계약가격을 정하는 계약에 있어서 계약상대방인 원고는 법령상 또는 '계약상' 진정한 원가 계산자료를 제출하거나 정당한 가격을 제시할 의무가 있다(대법원 2008. 5. 15. 선고 2007다88644 판결 참조). 또 이 사건 계약상 피고에 특별히 우월한 법적 지위나 권한에 기하여 원가조사를 할 수 있는 권한이 인정되는 것도 아니다. 결국 피고가 예정가격을 결정하기 위해서는 해당 물품을 제조하여 납품하는 수의계약 업체가 제공하는 원가자료 등에 의존할 수밖에 없다. (중략) 원가자료 중 재료비와 관련하여 의미가 있는 것은 세금계산서, 물가조사서 정도인데, 물가조사서는 산출 근거도 적시하지 않고 증빙 자료도 첨부되지 않은 채 (중략) 제출하므로, 원가 산정에 필요한 검증을 하지 못한다. 결국 이 사건 세금계산서는 가장 중요한 원가 확인 및 산정의 기초자료가 된다. (중략) 또한 수의계약 업체가 제출하는 세금계산서 등의 원가자료는 원가·예정가격 산정 및 계약가격 결정에 있어서 중요하고도 결정적인 기초자료가 됨은 앞서 본 바와 같은 점, 만일 피고가 허위 원가자료가 제출되었다는 사정을 알았더라면, 원고와 이 사건 계약을 체결하지 않거나, 적어도 당초의 계약가격으로 계약을 체결하지 않았을 것인 점 등을 고려할 때, 부풀려진 이 사건 세금계산서는 이 사건 계약의 계약가격 결정에 영향을 주었다고 봄이 타당하다.

나. 위조

'위조'란 강한 넓은 의미의 위조의 개념으로 유형위조뿐만 아니라 무형위조도 포함되므로, 타인의 명의로 서류를 제출할 권한이 없는 자가 타인의 명의를 도용하여 타인 명의의 서류를 작성하는 경우(유형위조)와 정당한 작성권한이 있는 자가 그 작성권한 내의 서류를 작성함에 있어 그 내용만을 허위로 기재하는 경우(무형위조)를 의미한다(대법원 2000. 10. 13. 선고 99두3201 판결[96])).

> **【관련판례】** (세금계산서는 공급자 명의의 서류인데) 공급자인 원고회사가 공급자보관용 세금계산서를 허위로 작성하여 피고행정청에 제출한 사안에서, 공급자보관용 세금계산서는 공급자인 원고회사가 정당한 작성권한이 있으므로 타인의 명의를 도용한 것이 아니고 세금계산서의 내용만을 허위로 기재하는 경우이므로 이는 무형위조에 해당되어 제재사유에 해당한다(대법원 2000. 10. 13. 선고 99두3201 판결 참조).

유형위조이든 무형위조이든 위조된 서류를 제출한 경우에는 '허위서류를 제출한 자'에 해당되므로, 법 적용에 있어서 '위조'의 개념에 '무형위조'가 포함되어야 할 필요는 없어졌다.[97] 다만 작성권한이 있는 자가 허위서류를 작성하고 제출하지 않은 사례의 경우에는 '허위서류 제출'로 제재할 수 없지만 '위조'로 제재가 가능할 것으로 보인다.

다. 변조

'변조'란 권한 없이 이미 진정하게 성립된 타인 명의의 문서내용에 대해서 동일성을 해하지 않을 정도로 변경을 가하는 것을 말한다. 예컨대, 공인기관에 성분분석을 의뢰하지 않은 채 기존에 작성된 시험성적서의 시험기간, 발행일자 등을 변경한 행

---

96) 법 제27조제1항의 입법취지가 원심 판시와 같이 경쟁의 공정한 집행 또는 계약의 적정한 이행을 확보하기 위하여 이를 해하는 행위를 한 자에 대하여 일정 기간 동안 입찰참가자격을 제한하려는 데에 있고 이를 구체화한 것이 영 제76조제1항 각호의 규정이므로 제8호가 정하는 서류위조의 의미를 해석함에 있어서도 가능한 한 이러한 입법취지를 존중하여 그에 부합되도록 새기는 것이 타당하다 할 것인바, (중략) 영에서 말하는 위조의 의미를 반드시 형법상 가장 좁은 의미의 위조의 개념인 유형위조로만 한정하여 해석하여야 할 근거는 없다 할 것이니, 위 영의 해석에 있어서는 위와 같은 서류를 허위로 작성한 행위도 서류를 위조한 경우에 해당하는 것으로 해석함이 상당하다 할 것이고, 이와 같이 새긴다고 하여 이를 유추해석이나 확장해석이라고 할 것은 아니다.

97) 위 대법원 판례는 '허위서류를 제출한 자'가 제재사유가 아니었던 1999. 9. 9. 이전에는 의미가 있다고 본다.

위가 변조의 전형적인 예이다.

라. 부정하게 행사

'입찰 또는 계약에 관한 서류를 부정하게 행사한 자'란, 진정하게 성립된 문서를 사용할 권한 없는 자가 문서명의자로 가장 행세하여 이를 사용하거나 또는 사용할 권한이 있더라도 그 문서의 본래의 작성목적 이외의 다른 사실을 직접 증명하는 용도에 이를 사용하는 것을 말한다. 예컨대, 전자입찰에서 자신의 공인인증서를 타인에게 제공하여 입찰을 대행시키거나 타인의 공인인증서를 제공받아 입찰을 대행하는 자가 이에 해당한다.

[유권해석] 전자입찰 시 공인인증서는 입찰참가자 본인 여부 확인 및 입찰서의 정당성을 확보하기 위한 필수불가결한 전자적인 문서로서, 입찰에 관한 서류에 해당된다고 볼 수 있겠으며, 동 공인인증서를 부정하게 사용하였는지 여부는 입찰의 위임·피위임 관계의 적법성·정당성 여부, 동 인증서의 사용정황 등을 고려하여 판단할 사항임(회계제도과-515, 2005. 3. 15.).

[유권해석] 공동수급체의 구성원 중 대표사가 해당 입찰의 구성원 적격 및 입찰참가자격 요건을 갖추지 못한 설계업체에 하도급을 주어 작성한 기본설계서를 일괄입찰에 제출한 경우라면 대표사를 부적격 기본설계서를 제출한 자로 볼 수는 있어도 위 규정에서 말하는 입찰서류를 부정하게 행사한 자로 보기는 어려울 것임. 또한 제출된 기본설계서는 내용 그 자체에 거짓이 없다면 허위서류로 보기도 어려울 것임. 다만, 사기 그 밖의 부정한 행위로 입찰과정에서 국가에 손해를 끼친 자에 대하여 부정당업자 제재토록 하고 있음에 비추어 부적격 기본설계서를 제출한 자가 설계보상비를 수령하거나 공사 발주의 지연 등 국가에 손해를 끼친 경우에는 부정당업자 제재가 가능할 것임(계약제도과-234, 2012. 3. 7.).

마. 허위서류의 제출

(1) 정의

'허위서류'는 객관적 진실에 반하는 내용으로 작성한 서류를 의미한다. 즉, 진실이 아닌 것을 진실한 것처럼 서류내용을 꾸며 제출하여야 한다. '제출'의 대상 및 범위는 발주기관에 제출하는 입찰·계약에 관한 서류를 의미한다.[98]

---

98) 따라서 법원에 증거서류로서 제출하는 경우까지를 포함하는 것으로는 볼 수 없을 것임(조달청 법무

【관련판례】 (원고회사가 대한건설협회로부터 발급받은 허위 공사실적확인서를 제출한 사안) 원고가 당초 공사실적을 대한건설협회에 허위 신고하였고 그 후 허위 신고한 공사실적을 기재하여 대한건설협회에 공사실적 확인을 요청함으로써 사실과 다른 내용이 기재된 이 사건 공사실적확인서를 발급받아 입찰 절차에서 제출하였음은 위에서 인정한 바와 같은바, 위 공사실적확인서의 내용이 허위인 이상 원고의 이러한 행위는 국가계약법 시행령상 입찰 또는 계약에 관한 허위서류를 제출한 경우에 해당한다(서울행정법원 2004. 10. 13. 선고 2004구합763 판결).

【관련판례】 (변조된 시험성적서 제출 사안) 이 사건 시험성적서에 기재된 시료명은 이 사건 부품의 재고번호와 분명히 달라 외관상으로 명백하게 이 사건 시험성적서가 이 사건 부품에 관한 시험성적서가 아니어서, 이 사건 부품에 대한 시험성적서는 제출되지 않은 것으로 본다는 1심판결에 대해, "이 사건 시험성적서에 기재된 시료명은 이 사건 부품의 재고번호와 다르기는 하나, 원고회사 직원은 이 사건 부품에 대한 시험성적서 발급 신청이 누락되어 이 사건 계약에 따른 전체 납품 지연을 막기 위해 이 사건 부품에 대한 규격에 맞고, 이 사건 부품에 대한 검사기준을 충족하는 이 사건 시험성적서를 변조한 점, 다른 완성품 검사성적서의 서류를 보더라도 시험성적서의 시료명과 계약명세서의 재고번호가 일치하지 않는 경우가 많은 점, 이 사건 시험성적서가 이 사건 계약에 따라 국방기술품질원에 제출된 이상 이 사건 부품에 대한 시험성적서로 보는 것이 자연스럽고, 피고와 국방기술품질원 역시 그와 같이 파악한 점 등을 비추어 변조된 이 사건 시험성적서는 이 사건 부품에 대한 것으로 봄이 상당하다"고 판시하였다(서울고등법원 2016. 5. 13. 선고 2015누52021).

[유권해석] 발주기관에 제출된 인력투입계획과 실제 투입된 인력이 상이하더라도 당초 투입계획보다 실제 투입된 인력의 경력·등급이 동등 이상이고, 인건비 투입 총액이 이를 초과하는 경우라면 국가계약법 시행령 제76조제1항 제8호에 따른 입찰참가자격 제한은 곤란하다고 보는 것이 타당할 것임(계약제도과-645, 2012. 5. 24.). 낙찰업체가 제출한 타 감리용역의 감리원 배치계획서에 배치인원을 실명 표기하지 않고 단순히 무기명으로 표기하여 제출한 경우 동 서류를 허위서류로 보기는 곤란할 것임(계약제도과-1194, 2011. 10. 12.). 발주기관이 발급한 시공실적증명서 내용 자체가 허위가 아닌 한 발주기관의 승인 없이 행한 하도급 실적금액을 명기하지 않았다는 이유만으로 허위서류에 해당하지 않음(회계제도과-1112, 2009. 7. 9.).

[유권해석] 분할합병이 무효가 된 경우 분할합병의 효과가 소멸됨으로 합병 이전의 상태에서 개별적으로 영업활동을 해야 할 것이나 분할합병된 실적(두 회사의 합친 실적)을

지원팀-3670, 2006. 11. 9.).

기준으로 입찰에 참여하는 것은 입찰참가자격 제한대상이다(조달청 2017. 3. 2.).

(2) 허위성 인식

본 제재사유의 다른 유형인 '위조', '변조', '부정행사'는 각 행위 유형의 개념상 고의 또는 적어도 그러한 사실에 대한 주관적 인식을 전제로 하고 있으므로, '허위사실의 제출'의 경우에도 허위성에 대한 인식이 있어야 제재를 할 수 있는지가 문제 된다.

이에 대해서 법원은, "행정법규 위반에 대하여 가하는 제재조치는 행정목적의 달성을 위하여 행정법규 위반이라는 객관적 사실에 착안하여 가하는 제재이므로 위반자의 의무 해태를 탓할 수 없는 정당한 사유가 있는 등의 특별한 사정이 없는 한 위반자에게 고의나 과실이 없다고 하더라도 부과될 수 있다"는 대법원 판례(대법원 2003. 9. 2. 선고 2002두5177 판결 등)를 근거로, 계약상대자가 계약에 관한 서류(시험성적서)가 위·변조된 사실에 대하여 인식하지 못하였다고 하더라도 그 행정법규 위반 사실에 대하여 제재처분을 할 수 있다고 판시하고 있다(서울고등법원 2015. 9. 25. 선고 2015누32256 판결; 2016. 12. 7. 선고 2016누38589 판결 등).

위 판례와 달리 유권해석은, 허위서류의 제출을 작성권한이 있는 자가 진실에 반한 내용으로 작성한 서류를 제출하거나 작성권자가 아닌 자가 허위서류임을 알고도 제출하는 경우로 보는 것이 타당할 것이며, 계약상대자의 인지 여부는 해당 중앙관서의 장이 계약상대자가 제출한 서류를 확인하여 판단하여야 할 것이라고 하였다. 계약상대자가 허위서류임을 전혀 인지하지 못한 사실의 입증은 계약상대자가 하여야 할 것이라고 하였다(조달청 2013. 4. 16.).

계약당사자는 원칙적으로 서로에게 진실한 내용의 서류를 제출해야 하는 의무가 있으므로, 허위서류를 제출한 사실만으로 의무위반에 대한 과실책임은 면하기 어려울 것이다. 따라서 개념상 고의행위임을 전제로 하는 위조, 변조, 부정행사와 달리 허위서류의 경우에는 허위자료를 제출한다는 고의나 의도가 없다고 하더라도 허위서류를 제출했다는 객관적 사실만으로 입찰참가자격 제한의 제재를 가할 필요성은 충족된다고 할 것이다. 다만 계약상대자가 허위서류임을 알지 못한 점에 대해 위반자의 의무 해태를 탓할 수 없는 정당한 사유가 있는 등의 특별한 사정이 있는 경우에는 위반자의 (과실)책임을 면제할 수 있을 것이다. 이러한 정당한 사유가 있는 등의 특별한 사정은 이를 주장하는 계약상대자에게 입증책임이 있다.

☞ 결국 허위성을 인식하지 못한 점에 대한 귀책이 필요하다는 결론이나, 입증책임이 계약상대자로 전환되었다.

문제는 정당한 사유에 대한 판단기준이 무엇인지이다. '정당한 이유'의 의미에 대해서, "위반자가 그 의무를 알지 못하는 것이 무리가 아니었다고 할 수 있어 그것을 정당시할 수 있는 사정이 있을 때 또는 그 의무의 이행을 그 당사자에게 기대하는 것이 무리라고 하는 사정이 있을 때"[99]가 추상적이지만 일응 판단기준이 될 수 있다고 본다.

【관련판례】 (실적증명서에 전문건설업자에게 하도급하였음에도 '해당 없음'으로 기재한 사안) 원고가 이 사건 입찰참여 시에 제출한 실적증명서가 허위의 서류이기는 하나, 피고가 이 사건 입찰공고 시 제시하고 있는 실적증명서 서식은 '하도급 부분'에 있어 '전문건설업자에게 하도급한 경우에는 해당 없음 표기'라고 되어 있을 뿐 전문건설업자에게 하도급한 경우가 어떤 경우를 의미하는지에 대하여 이 사건 입찰공고 시 피고가 어떠한 안내를 하였는지를 인정할 아무런 증거가 없어 원고가 전문건설업자인 ○○주식회사에게 '신호기장치 설치공사' 부분을 하도급한 것이 위 서식의 '전문건설업자에게 하도급한 경우'에 해당한다고 판단한 것을 탓할 수만은 없다고 보이는 점, 원고의 ○○주식회사에 대한 위 하도급은 적법한 하도급이고 위 하도급 부분을 제외한다고 하더라도 원고의 낙찰적격심사의 시공실적부분 점수에 영향이 없는 사정에 비추어 원고가 위 하도급 사실을 숨기기 위하여 의도적으로 하도급란에 '해당 없음'으로 기재한 것이 아니라고 보이는 점 등을 종합하여 보면 원고의 이 사건 실적증명서 제출은 그 의무 위반을 탓할 수 없는 정당한 사유가 있는 경우에 해당한다고 판단하였다(대법원 2014. 12. 24. 선고 2010두6700 판결).

【관련판례】 (협력업체가 위변조한 시험성적서를 아무런 확인을 하지 않고 그대로 발주관서에 제출한 사안) 다음 사정을 종합하여 보면, 원고에게 의무해태를 탓할 수 없는 정당한 사유가 있다고 보기 어렵다. ① 원고가 방위사업청과 이 사건 납품계약을 체결하였고, 협력업체는 원고와 하도급계약을 체결하고 그에 따라 원고에게 연결상자

---

99) 과태료와 같은 행정질서벌은 행정질서유지를 위한 의무의 위반이라는 객관적 사실에 대하여 과하는 제재이므로 반드시 현실적인 행위자가 아니라도 법령상 책임자로 규정된 자에게 부과되고 원칙적으로 위반자의 고의·과실을 요하지 아니하나, 위반자가 그 의무를 알지 못하는 것이 무리가 아니었다고 할 수 있어 그것을 정당시할 수 있는 사정이 있을 때 또는 그 의무의 이행을 그 당사자에게 기대하는 것이 무리라고 하는 사정이 있을 때 등 그 의무 해태를 탓할 수 없는 정당한 사유가 있는 때에는 이를 부과할 수 없다(대법원 2000. 5. 26. 선고 98두5972 판결).

하우징을 납품한 자에 불과하므로 방위사업청에 이 사건 연결상자 하우징이 약정한 바와 같이 품질을 갖추었음을 증명할 수 있는 서류를 제출할 의무는 원고에게 있다. ② 원고는 이 사건 시험성적서를 발급한 공인시험기관에 문의하는 등의 방법으로 이 사건 시험성적서의 변조 여부를 쉽게 확인할 수 있었다. ③ 원고도 일부 인정하는 바와 같이 원고는 재하도급업자의 입장에서 시험성적서를 위·변조한 바 있으므로 위·변조에 대하여 충분히 의심할 수 있는 지위에 있었다고 보인다. ④ (생략) 협력업체가 원고에게 제출한 변조된 이 사건 시험성적서를 소지하고 있다가, 착오로 이를 국방기술품질원에 그대로 제출한 것에 불과하다 하더라도 이러한 사정이 원고에게 의무 해태를 탓할 수 없는 정당한 사유가 될 수 없다. ⑤ 그 밖에 달리 원고가 시험성적서의 위조·변조·부정행사 및 계약에 관한 허위의 서류를 제출하는 것을 방지하기 위한 노력을 기울였다는 등의 사정도 보이지 않는다(서울고등법원 2015. 9. 25. 선고 2015누32256 판결).[100]

(3) 단순 착오나 오기

계약상대자의 단순한 착오나 오기에 의한 허위서류의 제출에 대한 논의가 있다. 착오나 오기에 의한 허위서류의 제출은 허위성에 대한 인식이 없다는 것을 의미하므로, 결국 허위서류 제출자의 착오나 오기에 대해 위반자의 의무해태를 탓할 수 없는 정당한 이유가 있는지는 구체적인 사정에 따라 판단해야 할 사안이라고 본다. 다만, 서류제출자의 단순한 착오나 오기가 명백하고, 그러한 서류가 전체 계약에 미치는 실질적 영향이 경미하다면, 허위서류의 제출에 대한 제재필요성이 없다고 판단할 수 있을 것이다.

> **[유권해석]** 서류제출담당자의 단순한 착오에 의한 오기가 명백한 경우라면 이를 '허위서류'로 보기는 어려울 것이나, 동 사항이 계약상대자의 단순한 착오에 의한 오기인지는 제반사정을 종합적으로 고려하여 계약담당공무원이 판단할 사항이다(계약제도과-1380, 2013. 10. 8.).

---

100) [유사판례] 원고는 2007년 이 사건 시험성적서를 제출한 협력업체 중 하나인 주식회사 ○○이 시험성적서 및 기타 품질보증자료 관리가 미흡한 업체라는 사실을 확인하여 국방기술품질원에 '향후 추진 시 수입검사요원 업체 성적서 입회 확인 후 납품조치' 할 것을 보고하기도 한 점에 비추어 보면 원고는 협력업체의 위·변조 행위의 문제를 충분히 인식하고 있었던 것으로 보이는 점, 그럼에도 원고가 협력업체가 제출한 이 사건 시험성적서에 대하여 위·변조 여부를 확인하거나 이 사건 부품을 재시험하였다는 점을 인정할 자료가 없고 원고는 협력업체가 제출한 이 사건 시험성적서를 만연히 제출한 것으로 보이는 점 등을 고려하면 원고가 주장하는 사정을 고려하더라도 원고에게 그 의무 위반을 탓할 수 없는 정당한 이유가 있다고 볼 수도 없다(서울고등법원 2016. 12. 7. 선고 2015누38589).

【관련판례】 허위서류의 경우에는 허위자료를 제출한다는 고의나 의도가 없다고 하더라도 허위서류를 제출했다는 객관적 사실만으로 입찰참가자격 제한의 제재를 가할 요건이 충족된다고 할 것이다. 하지만 단순한 착오나 오류에 의하여 사실과 다른 내용의 서류가 제출되었고, 그러한 서류가 전체 계약에 미치는 실질적 영향이 경미한 경우까지 일괄하여 제재처분의 대상인 허위서류 제출에 해당된다고 볼 것은 아니며, 계약의 상호성 측면에서 볼 때 허위서류가 제출된 착오나 오류가 발생한 책임을 계약 상대방 측에만 돌릴 수 없는 경우에도 제재처분의 대상으로 삼기는 적절치 아니하다고 할 것이다(서울행정법원 2012. 12. 20. 선고 2011구합43522 판결).

【관련판례】 (제반사정[101]을 고려하여) 이 사건 작업일보는 피고행정청의 용인과 개산계약의 특성으로 인해 작업일보 기재가 사실상 형식화되어 있는 상황에서 원고회사 소속 연구원들의 단순한 착오와 오기로 인하여 사실과 다르게 작성된 것으로서 전체 계약에 미치는 영향이 경미하므로, 이사건 작업일보의 중복기재로 인하여 (제재필요성이 없어) 이 사건 처분이 위법하다(대법원 2014. 12. 11. 선고 2013두26811 판결).

바. 경쟁의 공정한 집행을 저해할 염려가 있는 자

개정된 현행 국가계약법 제27조제1항 및 동법 시행령 제76조제1항의 문언의 구조를 살펴보면, 입찰참가자격 제한사유에 해당하는 자를 '부정당업자'로 정의하고, 그 중 법 제27조제1항의 7개 제재사유는 경쟁의 공정한 집행이나 계약의 적정한 이행을 해칠 염려 또는 그 밖에 입찰에 참가시키는 것이 적합하지 아니하다고 인정되는지와 무관하게 제재를 부과할 수 있고, 영 제76조제1항의 15개 제재사유는 각각 경쟁의 공정한 집행을 저해할 염려가 있거나 계약의 적정한 이행을 해칠 염려가 있거나 입찰에 참가시키는 것이 적합하지 아니하다고 인정되는 자가 각 분류된 제재사유에 해당되어야 제재를 부과할 수 있다.

본 제재사유는 '경쟁의 공정한 집행을 저해할 염려가 있는 자'에 해당되어야 된다. 개정 전 국가계약법령은, '경쟁의 공정한 집행이나 계약의 적정한 이행을 해칠 염려

---

101) (원고회사가 계약금액 정산을 위해 원가자료인 작업일보를 제출한 사안) 이 사건 작업일보는 이 사건 병행사업의 작업일보에 중복 기재되었다고 하여 이 사건 작업일보에 기재된 해당 연구원의 작업시간 전부가 허위 기재하고 단정할 수 없는 점, 피고행정청은 원고회사 소속 연구원들의 노무량을 산정하면서 1일 노무시간을 8시간으로 한정함으로써 위 연구원들이 8시간을 초과하여 근무하더라도 그 초과시간은 노무비 산정에 반영되지 아니하도록 정해 놓은 점, 이 사건 사업과 이 사건 병행사업의 작업일보 작성에 관한 체계적인 관리가 이루어지지 아니하였고, 위 두 사업은 서로 관련되어 있는데다가 사업기간이 겹쳐 있어 두 작업을 동시에 수행하는 연구원들로서는 정확한 작업내용과 시간을 구분하여 작업일보를 작성하는 것이 용이하지 아니하였던 점 등 그 판시와 같은 사정.

가 있는 자'를 부정당업자로 정의하고 부정당업자가 제재사유에 해당되어야 입찰참가자격을 제한할 수 있다. 따라서 입찰참가자격 제한의 입법취지는 경쟁의 공정한 집행 및 계약의 적정한 이행을 확보하기 위한 것이므로, 본 제재사유의 "계약에 관한 서류"는 계약 체결 당시 계약의 내용과 효력을 결정하는 서류로 한정할 것이 아니라 계약이 적정하게 이행되고 있는지 여부를 판단하기 위한 서류 등도 포함한다고 해석하여 왔다.

따라서 현 법령의 문언에 따라 본 제재사유는 '경쟁의 공정한 집행'과 관련이 있으므로 '계약의 적정한 이행'과 관련이 있는 '계약의 이행에 관한 서류'를 위·변조·부정행사 또는 허위서류제출을 한 경우는 제재할 수 없다고 해석될 소지가 있다.

그러나 국가계약법상 부정당업자의 입찰참가자격을 제한하는 제도를 둔 취지는 국가를 당사자로 하는 계약에서 공정한 입찰 및 계약질서를 어지럽히는 행위를 하는 자에 대하여 일정 기간 동안 입찰참가를 배제함으로써 국가가 체결하는 계약의 성실한 이행을 확보함과 동시에 국가가 입게 될 불이익을 미연에 방지하기 위한 것이라는 사실은 국가계약법 제27조의 개정 전후에 있어서 동일하다는 점, 법률에서 규정한 7개의 제재사유가 시행령에서 규정한 나머지 사유보다 위법성이 당연히 크다고 볼 수는 없는 점, 7개 제재사유에 대한 입찰참가자격 제한 처분을 함에 있어 제재필요성을 판단하지 않을 실익이 없는 점, 개정 전 법률에도 '경쟁의 공정한 집행이나 계약의 적정한 이행을 해칠 염려가 있거나 그 밖의 입찰에 참가시키는 것이 적합하지 아니하다고 인정되는 자'로 규정하고 있었던 바, '경쟁의 공정한 집행을 저해할 염려가 있는 자'와 '계약의 적정한 이행을 해칠 염려가 있는 자'는 서로 명확하게 구분할 수 없고 '입찰에 참가시키는 것이 적합하지 아니하다고 인정되는 자'의 구체적인 예에 불과하므로, 위 3가지 유형은 서로 명확히 구분할 수 없다는 점 등을 고려하면, 현행 법률이 적용되어도 입찰참가자격을 제한하기 위해서는 제재필요성이 필요하며 시행령에 따라 3가지로 구분하여 적용될 수 없다고 해석된다.

그러나 국민의 권리를 제한하는 제재적 처분의 근거법령은 엄격히 제한적으로 해석해야 한다는 원칙에 비추어 보면, 관련조항을 그대로 해석하면 '계약에 관한 서류'에는 '계약의 이행에 관한 서류'가 포함되지 않는 것으로 보아야 한다는 주장도 근거가 전혀 없는 것은 아니다.

【관련판례】 '허위서류를 제출한 자'에 해당하기 위해서는 구체적인 사안에서 계약체결의 경위와 그 내용, 허위서류의 작성 및 제출의 경위, 허위서류의 내용, 허위서류가 계약에서 차지하는 비중 등을 고려할 때 허위서류의 제출이 경쟁의 공정한 집행 또는 계약의 적정한 이행을 해할 염려가 있거나 기타 입찰에 참가시키는 것이 부적절하다고 인정되어야 한다(대법원 2007. 11 29. 선고 2006두16458 판결).

【관련판례】 (협력업체가 위변조한 시험성적서를 아무런 확인을 하지 않고 그대로 발주관서에 제출한 사안) 이 사건 계약상 물품의 원자재에 관한 시험성적서는 원고가 적정한 품질의 원자재를 사용한 물품을 납품하여 이 사건 계약을 적절히 이행하였는지 여부를 판단하기 위하여 필수적으로 요구되는 계약에 관한 서류에 해당한다. 그뿐만 아니라, 원고에게는 이 사건 계약에 따라 연결상자 하우징의 원자재에 관하여 진정한 시험성적서를 제출할 의무가 있음에도 불구하고, 국방기술품질원에 객관적인 사실에 부합하지 않는 변조된 이 사건 시험성적서를 제출하였는바, 위 시험성적서를 제출하는 과정에서 제대로 확인하지 아니한 원고의 책임도 존재한다고 보인다. 따라서 원고가 주장하는 사정만으로는 변조된 위 시험성적서 제출에 대하여 정당한 이유가 있다고 볼 수 없고, 아울러 원고의 변조된 위 시험성적서 제출은 경쟁의 공정한 집행 또는 계약의 이행을 해할 염려가 있거나 기타 입찰에 참가시키는 것이 부적합 경우에 해당한다(서울고등법원 2015. 9. 25. 선고 2015누32256 판결).[102]

---

102) [유사판례] 원고가 위·변조된 공인기관 시험성적서를 제출한 사실은 앞서 인정한 바와 같고, 시험성적서를 제출하는 취지는 품질 확인을 위해 소요되는 시간이나 비용을 절약하고 계약의 적정한 이행을 담보하기 위한 예방적 측면까지도 고려한 것이어서 설사 원고의 주장과 같이 이 사건 시험성적서의 대상 품목이 기능이나 품질 면에서 별다른 문제가 없다고 하더라도 위·변조된 시험성적서가 제출된 것만으로도 이미 계약의 적정한 이행을 해친 경우에 해당한다고 할 것이다. 나아가 공인기관 시험성적서가 제출된 경우 그 시험성적서를 믿고 품질확인을 하는 것이 일반적으로 인정된 업무관행이라고 할 것인 점, 공인기관의 시험성적서가 제출된 경우에도 피고 또는 국방기술품질원으로 하여금 하나하나 그 시험성적서가 위·변조되었는지 여부를 심사하도록 하는 것은 적정한 품질 확인 절차의 진행을 어렵게 만들어 계약의 적정한 이행에 장애를 초래하는 점, 자발적으로 제출하는 경우에는 위·변조된 서류를 제출하여도 좋다거나 서류를 제출하지 않는 경우와 동일하게 평가하는 것은 상당하지 않은 점, 원고가 제출한 증거만으로 이 사건 시험성적서 대상이 된 품목의 실제 성능에는 아무런 하자가 없다거나 전체 제품의 기능에 영향을 미치지 않는 지극히 부수적인 부품에 불과하다는 점을 인정할 수 없고 오히려 이 사건 계약은 대부분 표준품질보증형(Ⅲ형) 또는 체계품질보증형(Ⅳ형)으로 정비성능 및 군수업무 수행에 영향을 미치는 신뢰성이 요구되는 품목에 관한 것이므로 계약에서 요구하는 일정 수준 이상의 성능과 안전성을 갖추는 것이 중요한 품목이라고 보이고 피고는 시험성적서의 위·변조 사실 발견 후 일부 품목을 전량 교체하기도 한 점, 설사 국방규격에 오류나 검사관행의 불합리가 있었다고 하더라도 원고는 이러한 사정을 알고 이 사건 계약을 체결한 것으로 보이고 이러한 불합리를 사전에 피고에게 정식으로 이의를 제기하여 수정계약을 체결하거나 국방규격을 개정하는 등의 절차를 거쳐야 할 것이지 이러한 사정을 이유로 임의로 위·변조된 이 사건 시험성적서를 제출한 것이 정당화될 수 없는 점 등을 종합하여 보면 원고가 위·변조된 공인기관의 시험성적서를 제출한 것은 계약의 적정한 이행을 해칠 염려가 있다고 인정된다(서울고등법원 2016. 12. 7. 선고 2015누38589).

9. 고의 무효입찰(법 제27조제1항 제8호 가목, 영 제76조제1항 제1호 나목)

> [법] 8. 그 밖에 다음 각 목의 어느 하나에 해당하는 자로서 대통령령으로 정하는 자
> 가. 입찰·계약 관련 서류를 위조 또는 변조하거나 입찰·계약을 방해하는 등 경쟁의 공정한 집행을 저해할 염려가 있는 자

> [영] 1. 경쟁의 공정한 집행을 저해할 염려가 있는 자로서 다음 각 목의 어느 하나에 해당하는 자
> 나. 고의로 무효의 입찰을 한 자

시행규칙 [별표2] 입찰참가자격 제한사유	제재 기간	과징금	
		책임	경쟁
10. 영 제76조제1항제1호 나목에 해당하는 자(고의로 무효의 입찰을 한 자)	6개월	—	9%

입찰참가자격이 없는 자가 행한 입찰 등 시행규칙 제44조[103] 및 입찰유의서[104]에

---

103) **시행규칙 제44조(입찰무효)** ① 영 제39조제4항에 따라 무효로 하는 입찰은 다음과 같다.
  1. 입찰참가자격이 없는 자가 한 입찰
  1의2. 영 제76조제5항에 따라 입찰참가자격 제한기간 내에 있는 대표자를 통한 입찰
  2. 입찰보증금의 납부일시까지 소정의 입찰보증금을 납부하지 아니하고 한 입찰
  3. 입찰서가 그 도착일시까지 소정의 입찰장소에 도착하지 아니한 입찰
  4. 동일사항에 동일인(1인이 수 개의 법인의 대표자인 경우 해당 수 개의 법인을 동일인으로 본다)이 2통 이상의 입찰서를 제출한 입찰
  5. 삭제 <2006.5.25.>
  6. 영 제14조제6항에 따른 입찰로서 입찰서와 함께 산출내역서를 제출하지 아니한 입찰 및 입찰서상의 금액과 산출내역서상의 금액이 일치하지 아니한 입찰과 그 밖에 기획재정부장관이 정하는 입찰무효사유에 해당하는 입찰
  6의2. 삭제 <2010.7.21.>
  6의3. 제15조제1항에 따라 등록된 사항 중 다음 각 목의 어느 하나에 해당하는 등록사항을 변경등록하지 아니하고 입찰서를 제출한 입찰
  가. 상호 또는 법인의 명칭
  나. 대표자(수인의 대표자가 있는 경우에는 대표자 전원)의 성명
  다. 삭제 <2006.12.29.>
  라. 삭제 <2006.12.29.>
  7. 삭제 <2009.3.5.>
  7의2. 영 제39조제1항에 따라 전자조달시스템 또는 각 중앙관서의 장이 지정·고시한 정보처리장치를 이용하여 입찰서를 제출하는 경우 해당 규정에 따른 방식에 의하지 아니하고 입찰서를 제출한 입찰
  7의3. 영 제43조제5항에 따라 제안요청서 등에 대한 설명(이하 이 호에서 "제안요청서설명"이라 한다)을 실시하면서 제안요청서설명에 참가한 자에 한하여 계약에 참가할 수 있다는 뜻을 입찰공고에 명시한 경우로서 입찰에 참가한 자 중 제안요청서설명에 참가하지 아니한 자의 입찰
  8. 영 제44조제1항의 규정에 의한 입찰로서 제42조제6항의 규정에 의하여 입찰서와 함께 제출하여야 하는 품질 등 표시서를 제출하지 아니한 입찰

서 정하는 사유에 해당하는 입찰은 무효로 한다[105)](영 제39조제4항). 이와 같이 입찰무효 사유를 명확히 하는 이유는 입찰무효 여부에 대한 입찰담당공무원의 자의적인 판단을 배제하고 입찰관계인들 간에 분쟁의 여지가 없도록 하려는 데 그 취지가 있다. 따라서 시행규칙 제44조 및 입찰유의서에서 규정된 사유는 예시가 아닌 열거로 보아야 하며, 여기서 규정되어 있지 않은 사유는 원칙적으로 입찰무효에 해당되지 않는 것으로 보아야 할 것이다. 다만, 열거된 무효사유 이외에 관련 법령을 위반한 입찰은 일반 사법상 법리[106)]에 따라 무효로 될 수 있다.

---

9. 영 제72조제3항 또는 제4항에 따른 공동계약의 방법에 위반한 입찰
10. 영 제79조에 따른 대안입찰의 경우 원안을 설계한 자 또는 원안을 감리한 자가 공동으로 참여한 입찰
10의2. 영 제98조제2호에 따른 실시설계 기술제안입찰 또는 같은 조 제3호에 따른 기본설계 기술제안입찰의 경우 원안을 설계한 자 또는 원안을 감리한 자가 공동으로 참여한 입찰
11. 제1호부터 제10호까지 외에 기획재정부장관이 정하는 입찰유의서에 위반된 입찰

104) **공사 입찰유의서** 제15조(입찰의 무효) 시행규칙 제44조에서 무효로 규정한 입찰 및 다음 각호의 어느 하나에 해당하는 입찰은 무효로 한다.
 1. 입찰자(법인인 경우 대표자를 말한다. 이하 같다)가 직접 입찰을 하지 아니하고 대리인을 통하여 입찰을 할 경우에 제8조제2항에 의한 대리인이 아닌 자가 한 입찰 또는 대리권이 없는 자가 한 입찰
 2. 동일사항에 대하여 타인의 대리를 겸하거나 2인 이상을 대리한 입찰
 3. 입찰서의 입찰금액 등 중요한 부분이 불분명하거나, 정정한 후 정정날인을 누락한 입찰
 4. 담합하거나 타인의 경쟁참가를 방해 또는 관계공무원의 공무집행을 방해한 자의 입찰
 5. 입찰자의 기명날인이 없는 입찰(입찰자의 성명을 기재하지 아니하고 대리인 성명 또는 회사명을 기재한 경우 및 입찰참가신청서 제출 시 신고한 인감과 다른 인감으로 날인된 경우도 포함한다)
 6. 입찰서에 기재한 중요부분에 착오가 있음을 이유로 개찰현장에서 입찰자가 입찰의 취소의사를 표시한 것으로서 계약담당공무원이 이를 인정한 입찰
 7. 시행령 제14조에 의한 내역입찰에 있어서 타인의 산출내역서와 복사 등의 방법으로 동일하게 작성한 산출내역서가 첨부된 입찰(동일한 내용의 산출내역서를 제출한 자 모두 해당) 또는 「정부입찰·계약집행기준」 제7장에서 무효입찰로 규정한 입찰
 8. 삭제 <2016.1.1.>
 9. 「건설산업기본법령」에 의하여 종합공사를 시공하는 업종을 등록한 건설업자가 도급받아서는 아니 되는 공사금액의 하한을 위반한 입찰
 10. 제9조제1항 및 제4항에 위반하여 소정의 입찰서를 사용하지 않거나 입찰서의 금액을 아라비아 숫자로만 기재한 입찰 또는 전산서식에 의한 입찰서를 훼손하거나 전산표기방법과 상이하게 작성·기재하여 전산처리가 되지 아니한 입찰
 11. 공동계약의 공동수급체구성원이 동일 입찰 건에 대하여 공동수급체를 중복적으로 결성하여 참여한 입찰, 입찰등록 시 공동수급표준협정서를 제출하지 아니한 입찰, 「공동계약운용요령」 제9조를 위반한 입찰
105) 국가계약법 시행규칙 제44조는 계약담당 공무원이 입찰절차에서 지켜야 할 내부규정이라고 하더라도 대표자 변경등록을 해태한 경우 입찰무효가 될 수 있다는 점을 입찰공고 등을 통해 입찰참가자들에게 고지하거나 제시함으로써 이를 숙지하도록 하고 입찰참가자들도 이를 전제로 입찰에 참가한 경우에는 위와 같은 사유가 있는 참가자의 입찰은 무효가 되어 해당 참가자는 입찰절차에서 배제된다(대법원 2012. 9. 20. 선고 2012마1097 판결).
106) (법령을 위반한) 하자가 입찰절차의 공공성과 공정성을 현저히 침해될 정도로 중대할 뿐 아니라 상

본 제재사유의 취지는 공공조달계약을 체결하는 과정에서 당해 입찰참가자가 입찰유효의 요건이 되는 제반의무를 고의를 위반하여 입찰무효의 결과를 초래하는 때에는 공공조달 계약질서를 어지럽힌 행위로 보아 일정 기간 입찰참가자격을 제한하는 것이다. 여기서 '고의'라 함은 입찰무효의 요건이 되는 구체적인 의무위반사실을 인식하면서도 감히 그와 같은 의무위반행위를 하는 것을 말한다. 그러나 '고의'에는 입찰을 무효화시키려는 목적이 있어야 하는 것은 아니라고 해석해야 할 것이다(대법원 1986. 10. 14. 선고 84누314 판결 참조). 또한 '무효의 입찰'을 한 것이므로 당해 입찰이 무효가 되어야 할 것이다. 입찰을 무효로 하는 경우에는 입찰자에게 입찰무효의 이유를 명시하고 그 뜻을 알려야 하므로(시행규칙 제45조), 입찰이 무효라는 점은 명확히 판단할 수 있다.

☞ 낙찰자로 결정된 자가 계약체결 이전에 입찰무효 등 부적격자로 판명되어 낙찰자 결정이 취소된 경우 동 부적격자를 제외하고 2인 이상 유효한 입찰이 성립되어 있는 때에는 차순위자 순으로 필요한 심사 등을 실시하여 낙찰자를 결정한다(공사입찰유의서 제18조제6항). 다만 종전의 입찰을 유지시키기 어려운 중대한 사정이 있다고 판단되는 경우에는 새로운 입찰절차를 다시 진행시킬 수 있다고 할 것이다(법제처 07-0402, 2008. 2. 1.). 계약체결 이후 입찰무효 사유가 밝혀질 경우에는, 무효인 입찰에 터 잡아 이루어진 계약은 무효라 할 것이다(대법원 1997. 7. 25. 선고 97다15852 판결[107]) 참조).

【관련판례】 (원고회사의 임원이) 대리권이 없는 자가 입찰에 참가하면 그 입찰이 무효로 됨을 알면서도 대리권 없이 입찰에 참가하였음을 자인하고 있으므로 그 소위를 위 법령에 정한 고의로 무효입찰을 한 경우에 해당하는 것으로 못 볼 바 아니다(대법원 1986. 10. 14. 선고 84누314 판결).

대방도 이러한 사정을 알았거나 알 수 있었을 경우 또는 누가 보더라도 낙찰자의 결정 및 계약체결이 선량한 풍속 기타 사회질서에 반하는 행위에 의하여 이루어진 것임이 분명한 경우 등 이를 무효로 하지 않으면 그 절차에 관하여 규정한 국가계약법의 취지를 몰각하는 결과가 되는 특별한 사정이 있는 경우에 한하여 무효가 된다고 해석함이 타당하다(대법원 2001. 12. 11. 선고 2001다33604 판결).

107) 건설회사 임직원과 관계 공무원 간의 공모로 최종 낙찰 예정가를 사전에 알아내어 그에 근접한 금액으로 낙찰을 받은 경우, 그 입찰은 구 예산회계법시행령(1995. 7. 6. 대통령령 제14710호로 개정되기 전의 것) 제97조제3항, 구 계약사무처리규칙(1995. 7. 6. 폐지) 제25조제9호에 의하여 적용되는 입찰유의서(회계예규) 제10조제8호 소정의 '담합하거나 타인의 경쟁참가를 방해 또는 관계 공무원의 공무집행을 방해한 자의 입찰'에 해당하여 무효이고, 이에 터 잡아 이루어진 공사도급계약 역시 무효이다(대법원 1997. 7. 25. 선고 97다15852 판결).

【관련판례】 (입찰참가자격 제한처분의 효력을 승계받아 입찰참가자격이 없음에도 입찰에 참여한 사안) 원고가 이 사건 입찰을 무효화시키려는 목적이 있다고는 보이지 아니할 뿐만 아니라, 원고가 그 이후로도 약 11회에 걸쳐 관급공사에 아무런 문제 제기 없이 입찰에 참가하여 낙찰을 받아 옴으로써 원고가 자신의 자격에 문제가 없는 것으로 믿었거나 또는 그에 이르지는 않더라도 이를 의심하는 정도의 상태에 있었다고 봄이 상당하고, 비록 원고가 자신의 입찰참가자격에 관하여 수차 관계기관에 문의를 한 바 있고, 질의회신에는 원고와 ○○산업이 동일한 법인으로서 그 제한처분의 효력이 미칠 것이라는 답변을 들은 바도 있으나 이는 원고 스스로 자신의 입찰참가자격에 관하여 확인을 하는 절차에 불과하여 이러한 사정만으로 원고가 자신에게 입찰참가자격이 없다는 점을 인식하고도 감히 그와 같은 의무위반의 행위를 한 것, 즉 고의로 무효의 입찰을 한 것이라고 단정하기에는 부족하다(서울고등법원 1997. 6. 13. 선고 95구36376 판결).

[유권해석] 입찰대행자가 동일 입찰 건에 2인 이상을 대리한 입찰은 무효입찰에 해당(입찰유의서 제15조제2호)되는 것으로 인식한 상황에서 입찰을 하였다면 고의로 무효입찰을 한 것으로 볼 수 있다(회계제도과-515, 2007. 6. 19.).

10. 입찰미참가(법 제27조제1항 제8호 가목, 영 제76조제1항 제1호 다목)

> [법] 8. 그 밖에 다음 각 목의 어느 하나에 해당하는 자로서 대통령령으로 정하는 자
> 가. 입찰·계약 관련 서류를 위조 또는 변조하거나 입찰·계약을 방해하는 등 경쟁의 공정한 집행을 저해할 염려가 있는 자

> [영] 1. 경쟁의 공정한 집행을 저해할 염려가 있는 자로서 다음 각 목의 어느 하나에 해당하는 자
> 다. 입찰참가신청서 또는 입찰참가승낙서를 제출하고도 정당한 이유 없이 해당 회계 연도 중 3회 이상 입찰(제39조제1항에 따라 전자조달시스템 또는 각 중앙관서의 장이 지정·고시한 정보처리장치를 통하여 입찰서를 제출하게 한 입찰은 제외한다)에 참가하지 아니한 자

시행규칙 [별표2] 입찰참가자격 제한사유	제재 기간	과징금	
		책임	경쟁
11. 영 제76조제1항제1호 다목에 해당하는 자[입찰참가신청서 또는 입찰참가승낙서를 제출하고도 정당한 이유 없이 해당 회계 연도 중 3회 이상 입찰(영 제39조제1항에 따라 전자조달시스템 또는 각 중앙관서의 장이 지정·고시한 정보처리장치에 의하여 입찰서를 제출하게 한 입찰을 제외한다)에 참가하지 아니한 자]	1개월	0.5%	1.5%

입찰신청서 또는 입찰참가승낙서를 제출하고도 정당한 이유 없이 해당 회계 연도 중 3회 이상 입찰에 참가하지 아니하는 경우가 본 제재사유이다. 국가계약법령의 각 입찰참가자격 제한사유는 "각 중앙관서의 장"이 체결하는 계약이 기준이므로, 본 제재사유도 이와 동일하게 해석해야 한다. 따라서 입찰에 참가하지 아니한 횟수를 산정할 때에는 동일한 발주기관을 기준으로 해야 한다. 또한 전자조달시스템 또는 지정정보처리장치를 이용하여 입찰서를 제출하게 한 입찰은 제외한다(전자입찰의 시행에 따라 입찰시스템 작동미숙 등 과실에 의한 불참사례가 많이 생기자 2006. 12. 29. 시행령 개정 시 추가되었다). 현재 입찰절차는 전자입찰로 이루어지고 있으므로 실제로 본 제재사유가 발생할 가능성은 거의 없어 존치 필요성이 의문이다.

[유권해석] 한 회계 연도 중 동일기관에서 발주되는 입찰에의 불참을 근거로 하여 제재토록 하고 있는 것인바, 2개의 중앙관서가 1개 부처로 통합된 경우 통합 전의 불참횟수에 따른 부담을 통합된 부처가 시행한 입찰에 추가하는 것은 타당하지 않을 것임 (회계제도과 45107-653, 1996. 4. 4.).

11. 입찰참가·계약체결이행 방해(법 제27조제1항 제8호 가목, 영 제76조제1항 제1호 라목)

[법] 8. 그 밖에 다음 각 목의 어느 하나에 해당하는 자로서 대통령령으로 정하는 자
  가. 입찰·계약 관련 서류를 위조 또는 변조하거나 입찰·계약을 방해하는 등 경쟁의 공정한 집행을 저해할 염려가 있는 자

[영] 1. 경쟁의 공정한 집행을 저해할 염려가 있는 자로서 다음 각 목의 어느 하나에 해당하는 자
  라. 입찰참가를 방해하거나 낙찰자의 계약체결 또는 그 이행을 방해한 자

시행규칙 [별표2] 입찰참가자격 제한사유	제재기간	과징금	
		책임	경쟁
12. 영 제76조제1항제1호 라목에 해당하는 자(입찰참가를 방해하거나 낙찰자의 계약체결 또는 그 이행을 방해한 자)	3개월	—	4.5%

본 제재사유는 ① 입찰참가를 방해한 자, ② 낙찰자의 계약체결을 방해한 자, ③ 낙찰자의 계약이행을 방해한 자로 구분된다. 여기서의 '방해'의 의미를 해석함에 있어 관련 법령에 특별한 정의규정이 없으므로 형법상 입찰방해죄(형법 제315조)에 대

한 해석이 참고가 될 수 있다. 형법상 입찰방해죄는 입찰의 공정을 해할 행위를 하면 족하고 현실적으로 입찰의 공정을 해한 결과가 발생할 필요가 없다(대법원 1993. 2. 23. 선고 92도3395 판결). 이러한 형법상 해석을 고려하면, 본 제재사유도 입찰참가, 계약체결 또는 계약이행을 방해하는 행위가 있으면 충분하고 현실적으로 그 방해행위를 한 결과가 발생할 필요는 없다고 해석된다. 또한 입찰 또는 낙찰에 관한 제재이므로 수의계약의 경우에는 적용되지 않는다고 해석된다.

"입찰참가를 방해한 자"는 입찰에 참가하려는 자를 참가하지 못하도록 하는 행위를 의미한다. 구체적으로는 입찰장소의 주변을 에워싸고 사람들의 출입을 막는 행위, 입찰참가신청서 또는 입찰서가 발주기관으로 송달되는 것을 막는 행위 등이 그 예이다. 다만 제2호 담합행위와 관련해서, 서로 합의하여 경쟁입찰에 참가하지 않을 경우가 이에 해당되는지가 문제 되는데, 법령에서 담합행위를 규율하고 있다는 사실만으로 담합행위를 '입찰참가 방해'에서 제외할 이유는 없다고 본다. 다만, 하급심에서는 "회원사 각자가 경쟁입찰에 응찰할 상황이 되지 못하여 행정청에 계속적으로 수의계약에 의한 대행계약의 체결을 요구한 것으로 보이므로, 원고들이 상호간 또는 다른 회원사들에 대하여 입찰참가를 방해한 것이라기보다는 원고들을 포함한 회원사들이 서로 합의하여 경쟁입찰에 참가하지 않았다고 할 것이다. 따라서 원고들이 서로 협의하여 경쟁입찰에 참가하지 않은 사실만으로는 원고들이 입찰참가를 방해하였다고 단정할 수 없다"고 판시하였다(춘천지방법원 2006. 10. 26. 선고 2005구합2627, 2658 판결 참조).

"낙찰자의 계약체결 또는 그 이행을 방해한 자"는 낙찰자 결정 이후 낙찰자가 계약을 체결하거나 이행하는 것을 막는 행위이다. 예컨대 특수성능이 요구되는 물품의 납품계약에 있어 독점적 공급자가 낙찰자에게 해당 물품을 공급하지 않는 행위는, 계약체결 자유의 원리에 따라 원칙적으로 계약이행을 방해한 행위에 포함되지 않는다고 본다. 낙찰자를 결정하기 위한 과정(예, 적격심사 등)을 방해한 자는 본 제재사유에 해당되지 않는다.

12. 계약이행능력 심사포기(법 제27조제1항 제8호 가목, 영 제76조제1항 제1호 마목)

> [법] 8. 그 밖에 다음 각 목의 어느 하나에 해당하는 자로서 대통령령으로 정하는 자
> 가. 입찰·계약 관련 서류를 위조 또는 변조하거나 입찰·계약을 방해하는 등 경쟁의 공정한 집행을 저해할 염려가 있는 자

> [영] 1. 경쟁의 공정한 집행을 저해할 염려가 있는 자로서 다음 각 목의 어느 하나에 해당하는 자
> 마. 정당한 이유 없이 제42조제1항에 따른 계약이행능력의 심사에 필요한 서류의 전부 또는 일부를 제출하지 아니하거나 서류제출 후 낙찰자 결정 전에 심사를 포기한 자

시행규칙 [별표2] 입찰참가자격 제한사유	제재 기간	과징금	
		책임	경쟁
13. 영 제76조제1항제1호 마목에 해당하는 자(정당한 이유 없이 영 제42조제1항에 따른 계약이행능력의 심사에 필요한 서류의 전부 또는 일부를 제출하지 아니하거나 서류 제출 후 낙찰자 결정 전에 심사를 포기한 자)	3개월	1.5%	4.5%

각 중앙관서의 장은 국고의 부담이 되는 경쟁입찰에 있어서 예정가격 이하로서 최저가격으로 입찰한 자의 순으로 당해 계약이행능력을 심하여 낙찰자를 결정한다(영 제42조제1항). 계약이행능력 심사에 대해 필요한 사항은 적격심사기준(기획재정부예규)으로 규율하고 있다. 본 제재사유는 ① 정당한 이유 없이 계약이행능력의 심사에 필요한 서류의 전부 또는 일부를 제출하지 아니한 자, ② 서류제출 후 낙찰자 결정 전에 심사를 포기한 자로 분류된다. 본 제재사유의 취지는, 공공조달 입찰에서 낙찰자를 결정하기 위한 절차를 진행함에 있어 입찰에 스스로 참가한 자가 절차 진행 중 정당한 이유 없이 포기함으로 인해 발주기관 및 이해관계자에게 예측하지 못한 손해를 끼치는 등 입찰 및 계약질서를 어지럽히게 할 수 있으므로 이에 해당하는 자에 대해 입찰참가자격을 제한하는 것이다.

"정당한 이유"에 대한 정의규정이 존재하지 않으며 유사법률에 관한 판례의 취지 등을 고려하면, "정당한 이유"란 심사서류의 미제출 또는 심사포기를 할 수 밖에 없는 결과를 입찰참가자의 책임으로 돌릴 수 없는 사유 또는 심사서류의 제출을 입찰참가자에게 기대하는 것이 어렵다고 인정되는 사유라고 정의할 수 있을 것이다. 이에 대해 기획재정부는 "입찰참가자가 심사서류 미제출 또는 심사포기를 할 수밖에

없는 객관적 사유라 할 것인바, 이에는 예측 가능성이 없는 사건의 발생 또는 낙찰되더라도 계약의 적정한 이행이 불가능하게 되는 경우(예, 부도·파산·영업정지 등)"로 유권해석하고 있다(계약제도과-762, 2012. 6. 12.). 결국 구체적인 판단은 입찰 진행상황의 제반 사실관계를 종합적으로 고려하여 계약담당공무원이 내려야 할 것이다. 일반적으로 업체의 부도, 파산, 법정관리 등은 계약불이행의 정당한 이유로 보지 않는다. 반면, 계약이행능력 심사 포기의 정당한 이유에는 해당될 수 있다고 본다. 그 이유는 부도·파산 등은 계약이행능력이 없는 사유에 해당되고, 입찰참가자의 심사 포기로 인해 후순위자가 낙찰자로 결정되어 발주기관에는 손해가 없는 점에서 계약불이행과 차이가 있기 때문이다.

[유권해석] 제조사가 예정가격을 초과한 세부협약 금액을 요구함에 따른 협약 미체결 사유로 관련서류 등을 미제출한 경우가 정당한 사유에 해당하는지 여부는 '정부입찰·계약집행기준' 제5조의3의 취지와 협약의 내용과 범위, 협약서상 '공정한 거래질서'의 의미, 세부협약 미체결에 대한 이해당사자 간 귀책의 정도 등 입찰 진행상황의 제반 사실관계를 종합적으로 고려하여 계약담당공무원이 판단할 사항임(회계제도과-1086, 2009. 6. 29.).

【관련판례】 (적격심사 과정에서 기능사 보유서류를 제출하지 않아 적격심사에서 탈락한 사안) 피고에게 원고가 제조한 이 사건 물품을 판매하는 것이 원고 매출의 주요 부분을 차지하는 것으로 보이는 점, 이 사건 입찰 전후에 원고가 참가한 입찰에서 기능사 보유 항목을 사실대로 체크하고 증빙서류 등을 제출한 점, 이 사건 입찰의 계약금액이 10억 원을 초과하는바, 신입직원이 이 사건 입찰 업무를 혼자서 처리하였다는 것은 쉽게 납득하기 어려운 점, (중략) 적격심사 최종평가 점수 산정 과정이 어려워 착오가 개입될 소지가 크다고 보이지 아니한 점, 설령 원고 측이 적격심사 최종평가 점수를 잘못 계산하였다고 하더라도 낙찰을 위한 적격심사를 받음에 있어 적격심사 대상자는 평가항목에 관한 정보를 사실대로 제공하고 관련 증빙서류 일체를 제출하여야 할 의무가 있는 점 등을 종합해 볼 때, 원고의 기능사 항목 미체크 및 관련서류 미제출이 원고 측 직원의 단순 실수 내지 착오에 의한 것이라는 원고의 주장은 받아들이기 어렵다. 원고는 적격심사신청서를 작성함에 있어 기능사를 보유하고 있었음에도 기능사 항목을 체크하지 아니하고 관련 서류를 제출하지 아니함으로써 피고가 낙찰자를 선정함에 있어 사실과 다른 정보를 바탕으로 원고가 기능사를 보유하지 않은 것으로 오인하게 하여 낙찰자 선정을 그르치게 하였는바 위와 같은 행위는 피고의 낙찰자 선정 업무를 방해하였다는 측면에서는 적극적으로 허위서류를 제출하여 낙찰자 선정 업무를 방해한 것과 유사한 것으로 평가할 수 있다(서울행정법원 2013. 1. 31. 선고 2012구합29622).

【관련판례】 (1순위 심사업체로 선정된 후 포기) 원고들은 이 사건 이전에 국가 등에 일반적인 방염복을 납품하기는 하였으나 이 사건 물품과 같은 고성능 방염복을 납품한 적은 없는데 위 입찰공고의 구매규격서를 면밀히 검토하지 아니한 채 기존에 취급하던 일반적인 방염복의 시중가격만을 조사한 후 입찰에 참가한 사실을 인정할 수 있는바, 사정이 위와 같다면 원고들이 입찰 후 계약을 포기한 것은 입찰 전에 원단 공급업체를 확인·확보하고 원단의 원가를 미리 파악하는 등으로 이 사건 물품의 납품 가능성을 제대로 조사하지 아니한 스스로의 잘못에 기인한 것이고, 달리 피고에게 이 사건 물품의 원단을 생산하는 업체나 그 업체의 원단생산단가까지 공고할 법령상 의무가 있는 것도 아니므로 이 점에 관하여 피고에게 무슨 잘못이 있다고 볼 수도 없다(이 사건 처분은 적법하다)(서울행정법원 2011. 6. 17. 선고 2011구합5964 판결).

13. 종합심사 포기(법 제27조제1항 제8호 가목, 영 제76조제1항 제1호 바목)

> [법] 8. 그 밖에 다음 각 목의 어느 하나에 해당하는 자로서 대통령령으로 정하는 자
> 가. 입찰·계약 관련 서류를 위조 또는 변조하거나 입찰·계약을 방해하는 등 경쟁의 공정한 집행을 저해할 염려가 있는 자

> [영] 1. 경쟁의 공정한 집행을 저해할 염려가 있는 자로서 다음 각 목의 어느 하나에 해당하는 자
> 바. 제42조제4항에 따른 낙찰자 결정과정에서 정당한 이유 없이 심사에 필요한 서류의 전부 또는 일부를 제출하지 아니하거나 서류제출 후 낙찰자 결정 전에 심사를 포기한 자

시행규칙 [별표2] 입찰참가자격 제한사유	제재 기간	과징금	
		책임	경쟁
14. 영 제76조제1항제1호 바목에 해당하는 자(영 제42조제4항에 따른 종합 심사 낙찰자 선정과정에서 정당한 이유 없이 심사에 필요한 서류의 전부 또는 일부를 제출하지 아니하거나 서류제출 후 낙찰자 결정 전에 심사를 포기한 자)	3개월	1.5%	4.5%

각 중앙관서의 장은 추정가격이 300억 원 이상인 공사 등 공사입찰에 대해서는 각 입찰자의 입찰가격, 공사수행능력 및 사회적 책임 등을 종합 심사하여 합산점수가 가장 높은 자를 낙찰자로 결정한다(영 제42조제4항). 본 제재사유는 종합심사 낙찰자 선정과정에서 ① 정당한 이유 없이 심사에 필요한 서류의 전부 또는 일부를 제출하지 아니한 자, ② 서류제출 후 낙찰자 결정 전에 심사를 포기한 자로 구분된다. 제재 취지 및 '정당한 이유'에 대한 판단은 계약이행능력 심사포기(영 제76조제1항 제1호 마목) 제재사유와 같다.

14. 실시설계서 미제출(법 제27조제1항 제8호 가목, 영 제76조제1항 제1호 사목)

> [법] 8. 그 밖에 다음 각 목의 어느 하나에 해당하는 자로서 대통령령으로 정하는 자
> 가. 입찰·계약 권련 서류를 위조 또는 변조하거나 입찰·계약을 방해하는 등 경쟁의 공정한 집행을 저해할 염려가 있는 자

> [영] 1. 경쟁의 공정한 집행을 저해할 염려가 있는 자로서 다음 각 목의 어느 하나에 해당하는 자
> 사. 제87조에 따라 일괄입찰의 낙찰자를 결정하는 경우에 실시설계적격자로 선정된 후 정당한 이유 없이 기한 내에 실시설계서를 제출하지 아니한 자

시행규칙 [별표2] 입찰참가자격 제한사유	제재기간	과징금	
		책임	경쟁
15. 영 제76조제1항제1호 사목에 해당하는 자(영 제87조에 따라 일괄입찰의 낙찰자를 결정하는 경우에 실시설계적격자로 선정된 후 정당한 이유 없이 기한 내에 실시설계서를 제출하지 아니한 자)	3개월	1.5%	4.5%

일괄입찰은 기본설계입찰을 실시하여 입찰자 중 설계점수가 높은 순으로 최대 6인을 선정한 후 이들 중 실시설계적격자 결정방법을 적용하여 실시설계적격자로 결정한다(영 제87조제1항). 실시설계적격자로 선정된 자에 한하여 실시설계서를 제출하게 하여야 한다(영 제85조제1항). 본 제재사유는 일괄입찰의 낙찰자를 결정하는 경우 실시설계적격자로 선정된 자가 정당한 이유 없이 기한 내에 실시설계서를 제출하지 아니하는 경우이다. 제재취지 및 '정당한 이유'에 대한 판단은 계약이행능력 심사포기(영 제76조제1항 제1호 마목) 제재사유와 같다.

[유권해석] 실시설계·시공입찰에 있어 입찰 시 제출한 실시설계서를 심의한 결과 부적격하다는 사유만으로는 부정당업자 제재조치를 할 수 없음(회제 41201-105, 1998. 3. 10.).

15. 계약불이행(법 제27조제1항 제8호 나목, 영 제76조제1항 제2호 가목)

> [법] 8. 그 밖에 다음 각 목의 어느 하나에 해당하는 자로서 대통령령으로 정하는 자
> 나. 정당한 이유 없이 계약의 체결 또는 이행 관련 행위를 하지 아니하거나 방해하는 등 계약의 적정한 이행을 해칠 염려가 있는 자

시행규칙 [별표2] 입찰참가자격 제한사유	제재 기간	과징금	
		책임	경쟁
16. 영 제76조제1항제2호 가목에 해당하는 자			
가. 계약을 체결 또는 이행(하자보수의무의 이행을 포함한다)하지 아니한 자	6개월	3%	9%
나. 공동계약에서 정한 구성원 간의 출자비율 또는 분담내용에 따라 시공하지 아니한 자			
1) 시공에 참여하지 아니한 자	3개월	1.5%	4.5%
2) 시공에는 참여하였으나 출자비율 또는 분담내용에 따라 시공하지 아니한 자	1개월	0.5%	1.5%
다. 계약상의 주요조건을 위반한 자	3개월	1.5%	4.5%
라. 영 제52조제1항 단서에 따라 공사이행보증서를 제출하여야 하는 자로서 해당 공사이행보증서 제출의무를 이행하지 아니한 자	1개월	0.5%	1.5%
마. 영 제42조제5항에 따른 계약이행능력심사를 위하여 제출한 하도급관리계획, 외주근로자 근로조건 이행계획에 관한 사항을 지키지 아니한 자	1개월	0.5%	1.5%

　본 제재사유는 정당한 이유 없이 ① 계약을 체결하지 아니한 자, ② 계약을 이행하지 아니한 자, ③ 입찰공고와 계약서에 명시된 계약의 주요조건을 위반한 자로 구분하고 있다. 본 제재사유는 입찰참가자격 제한 처분의 가장 기본적인 사유이며 공공조달계약에 있어서 가장 많은 비중을 차지하고 있다.

가. 정당한 이유

　"정당한 이유"에 대한 정의규정이 존재하지 않으며, 하급심 법원은 "계약상대방에게 계약불이행에 대한 귀책사유가 없어 그 책임을 계약상대방에게 부담시키도록 하는 것이 부당한 경우를 의미한다"고 판시한 바 있다.[108] 기타 유사법률에 관한 대법원 판례의 취지[109]를 고려하면, "정당한 이유"란 "천재지변 등 불이행의 결과를 계약

---

108) 서울행정법원 2013. 10. 11. 선고 2013구합7032 판결.

109) 舊조세범처벌법 제10조에서 말하는 '정당한 사유'라 함은 천재·지변·화재·전화 기타 재해를 입거나 도난을 당하는 등 납세자가 마음대로 할 수 없는 사유를 말하며, 그 정당한 사유의 유무를 판단함에 있어서는 그 처벌의 입법 취지를 충분히 고려하면서 체납의 경위, 체납액 및 기간 등을 아울러 참작하여 구체적인 사안에 따라 개별적으로 판단하여야 할 것이고(대법원 2007. 11. 15. 선고 2007도7482 판결 참조), 舊병역법 제89조의2 제1호에서 말하는 '정당한 사유'라 함은 병무청장 등이 결정으로 구체화된 병역의무의 불이행을 정당화할 만한 사유, 즉 질병 등 복무 이탈자의 책임으

상대자의 책임으로 돌릴 수 없는 사유 또는 계약의 이행을 계약상대자에게 기대하는 것이 어렵다고 인정되는 사유"라고 일응 정의할 수 있을 것이다. 이에 대해 기획재정부는 "천재지변 또는 예기치 못한 돌발사태 등을 포함하여 명백한 객관적인 사유로 인한 경우"로 유권해석하고 있다(회계제도과-1116, 2007. 6. 14.). 결국 입찰참가자격 제한의 취지 및 제반사정을 고려하여 구체적인 사안에 따라 개별적으로 판단되어야 할 문제이다. 일반적으로 자금사정, 파산, 해산, 부도, 법정관리, 워크아웃으로 계약을 이행하지 못한 경우는 정당한 이유로 보지 않는다.

> **[유권해석]** 최저가로 투찰해 낙찰자가 된 업체가 입찰금액을 착오로 기재하였으며 해당 낙찰금액으로는 계약이행이 불가능하다고 통지한 경우, 입찰금액의 착오기재는 고의성 유무를 불문하고 계약불이행의 정당한 이유로 볼 수 없다(조달청 2013. 12. 18.).

나. 계약을 체결하지 아니한 자

"정당한 이유 없이 계약을 체결하지 아니한 자"는 정당한 이유 없이 상대방과의 계약체결의무를 위반한 자, 즉 입찰의 방법을 통하여 계약상대방으로 선정되어 행정청과 사이에 계약을 체결할 의무를 지고 있음에도 정당한 이유 없이 계약을 체결하지 아니한 자를 뜻한다. 따라서 행정청이 발주한 건설공사의 실시설계적격자로 선정되었을 뿐 낙찰자의 지위에 있지 않은 자에 대해서는 본 제재사유로 입찰참가자격을 제한할 수 없다(서울고등법원 2005. 9. 7. 선고 2003누9734 판결 참조).

국가계약법상 낙찰자의 지위는 계약담당공무원이 입찰자 중 적격자를 낙찰자로 결정하고 낙찰선언을 할 때부터 개시되었다고 볼 수 있다(법 제10조제2항, 영 제40조). 계약담당공무원은 낙찰자를 결정한 경우 해당자에게 지체 없이 통보하여야 하며, 낙찰자는 낙찰통지를 받은 후 10일 이내에 계약을 체결하여야 한다[110](공사입찰유의서, 물품구매입찰유의서).

로 돌릴 수 없는 사유를 의미하고(대법원 2014. 6. 24. 선고 2014도5132 판결 참조), 「노동조합 및 노동관계조정법」 제81조제3호 단체교섭에 대한 사용자의 거부나 해태에 정당한 이유가 있는지 여부는 (중략) 종합하여 사회통념상 사용자에게 단체교섭의무의 이행을 기대하는 것이 어렵다고 인정되는지 여부에 따라서 판단하여야 한다(대법원 2006. 2. 24. 선고 2005도8606 판결 참조)고 판시한 바를 참고할 수 있다.

110) 지방자치단체의 경우 계약담당자는 낙찰자 결정 결과를 10일 이내에 해당자에게 문서로 통지해야 한다. 계약담당자는 통지일로부터 10일 이내에 계약을 체결한다(지방자치단체 입찰 시 낙찰자 결정기준).

【관련판례】 국가계약법 제11조는 지방자치단체가 당사자로서 계약을 체결하고자 할 때에는 계약서를 작성하여야 하고 그 경우 담당공무원과 계약상대자가 계약서에 기명날인 또는 서명함으로써 계약이 확정된다고 규정함으로써, 지방자치단체가 당사자가 되는 계약의 체결은 계약서의 작성을 성립요건으로 하는 요식행위로 정하고 있으므로, 이 경우 낙찰자의 결정으로 바로 계약이 성립된다고 볼 수는 없어 낙찰자는 지방자치단체에 대하여 계약을 체결하여 줄 것을 청구할 수 있는 권리를 갖는 데 그치고 (대법원 1994. 12. 2. 선고 94다41454 판결 참조), 이러한 점에서 국가계약법에 따른 낙찰자 결정의 법적 성질은 입찰과 낙찰행위가 있은 후에 더 나아가 본계약을 따로 체결한다는 취지로서 계약의 편무예약에 해당한다고 할 것이다(대법원 1977. 2. 22. 선고 74다402 판결; 2004. 5. 27. 선고 2002다46829, 46836 판결 등 참조). 이와 같이 낙찰자의 결정으로는 예약이 성립한 단계에 머물고 아직 본계약이 성립한 것은 아니라고 하더라도, 그 계약의 목적물, 계약금액, 이행기 등 계약의 주요한 내용과 조건은 지방자치단체의 입찰공고와 최고가(또는 최저가) 입찰자의 입찰에 의하여 당사자의 의사가 합치됨으로써 지방자치단체가 낙찰자를 결정할 때에 이미 확정되었다고 할 것이므로, 지방자치단체가 계약의 세부사항을 조정하는 정도를 넘어서서 계약의 주요한 내용 내지 조건을 입찰공고와 달리 변경하거나 새로운 조건을 추가하는 것은 이미 성립된 예약에 대한 승낙의무에 반하는 것으로서 특별한 사정이 없는 한 허용될 수 없다고 할 것이다(대법원 2006. 6. 29. 선고 2005다41603 판결).

[유권해석] 계약담당공무원은 장기계속계약에 있어 계약상대자가 2차 공사 이후의 계약을 체결하지 아니하는 경우에는 공사계약일반조건 제44조제1항 제4호에 따라 해당 계약의 전부 또는 일부를 해제 또는 해지할 수 있는바, 이 경우 해당 발주기관 소속 중앙행정기관의 장은 시행령 제76조제1항 제6호에 따라 동 계약상대자에 대하여 시행규칙 제76조제1항 별표2 부정당업자의 입찰참가자격 제한기준에 정한 기간 범위에서 입찰참가자격 제한조치를 하여야 함. 다만, 장기 계속공사계약이 아닌 단년도 공사계약으로서 추가 발주되는 수의계약 대상 공사에 대해 발주기관의 수의계약 체결요구에 응하지 아니하는 경우는 위의 규정에 의한 정당한 이유 없이 계약을 체결 또는 이행하지 아니한 경우에 해당되지 아니하므로 동 규정에 의한 부정당업자 제재사유에 해당되지 아니함(회제 41301-130, 1999. 15).

본 제재사유의 '계약'에는 아무런 제한이 없고 전자조달시스템을 이용하여 견적서를 제출한 자도 제재대상에 해당되므로, 전자조달시스템을 이용하여 견적서를 제출해야 하는 수의계약의 경우 계약상대자로 결정된 자가 정당한 이유 없이 계약을 체결하지 아니한다면 입찰참가자격이 제한될 수 있는지가 문제이다. 이에 대해 법리적으로는 견적서 제출이 입찰과 법률적 효과가 다르다고 보기 어려우며, 입찰참가자격 제한의 대상으로 정보처리장치를 이용하여 견적서 제출한 자도 포함시킨 취지에 비추어 보면 수의협상을 통해 계약상대자로 결정된 자가 계약을 체결하지 않는다면 이는 계약의 적정한 이행을 저해할 염려가 있으므로 입찰참가자격을 제한하여야 한다는 견해가 있을 수 있다. 그러나 수의계약은 경쟁입찰과 달리 청약으로 볼 수 있는 입찰행위가 있는 것이 아니고 견적서는 수의계약의 공정성을 위한 제도이지 입찰의사와 동일시할 수는 없으므로, 견적서를 검토하여 계약상대자를 결정하였다고 하더라도 이를 경쟁입찰의 낙찰자 결정과 동일한 법적 효과가 있다고 볼 수는 없다. 소액수의계약의 경우 의무적으로 전자조달시스템을 이용해 견적서를 제출하는 자는 입찰자와 같이 입찰참가자격 제재대상으로 규정(영 제76조제2항)하고 있다고 하더라도, 일반 수의계약의 법리와 동일하게 해석되어야 할 것이다. 유권해석[111]도, "시행령 제26조제1항 제5호 가목에 의한 소액수의계약 시 최저가격으로 견적서를 제출한 자에게는 경쟁입찰의 낙찰자와 달리 계약을 체결할 의무가 발생한다고 보기 어려워[112] 당해 견적서 제출자에 대하여 본 제재사유를 이유로 부정당업자 제재를 할 수 없다고 하였다"(계약제도과-210, 2011. 3. 4.; 조달청 유권해석 2016. 12. 13.[113]).

☞ 지방자치단체가 당사자인 계약인 경우, 정당한 이유 없이 수의계약을 체결하지 아니하는 경우는 지방계약법 시행령 제92조제1항 제6호에 따른 입찰참가자격 제한에는 해당되지 아니하나 수의계약 배제사유에 해당됨(지방자치단체 입찰 및 계약집행기준).

[유권해석] 국가계약법 시행령 제39조제3항 및 계약예규 '물품구매입찰유의서' 제9조제4항에 따라 입찰자가 입찰서에 기재한 중요한 부분에 오기가 있음을 이유로 개찰현장에서 입찰의 취소의사를 표시하였고 발주기관이 이를 인정한 경우에는 취소가 가능한 것이며, 이로 인해 낙찰자가 계약을 체결하지 않는 것은 정당한 이유가 있다고 할 것이다(회계제도과-588, 2006. 3. 17.).

[유권해석] 시행령 제47조에 따라 낙찰이 될 수 있는 동일가격 입찰자가 추첨 등의 절차를 거부하고 입찰 포기의사를 표명한 경우라면, 낙찰자결정 이전이므로 시행령 제76조제1항 제6호의 낙찰자가 정당한 이유 없이 계약을 체결하지 아니하는 경우에는 해당되지 않는다고 봄. 다만, 입찰포기가 위 같은 항 제7호(담합)의 규정에 해당되는지 여부

---

111) 2010. 7. 21. 입찰참가자격 제재대상으로 소액수의계약 대상 중 '전자조달시스템을 이용하여 견적서를 제출한 자'가 추가되었는데, 이전 유권해석의 입장을 개정된 후에도 계속 유지하고 있다.

112) 국가기관이 소액수의 계약을 할 때에 계약상대자로 결정된 자가 스스로 계약체결을 포기한 경우로서 포기한 자를 제외하고 비교 가능한 2개 이상의 견적서가 확보되어 있는 경우에는 차순위자를 계약상대자로 결정하고 있다(정부입찰·계약 집행기준 제10조의2 제2항 6호).

113) 다만 계약불이행의 경우에는 제재가 가능하다.

는 각 중앙관서의 장이 미리 입찰가격을 협정하거나 특정인의 실제 낙찰을 위한 목적으로 기획 또는 회의를 주재하였는지 여부 등 해당 사유발생의 원인 및 배경 등 구체적 사실에 근거하여 판단할 사항임(회계제도과-359, 2004. 3. 15.).

다. 계약을 이행하지 아니한 자

"계약의 이행"의 범위에는 적격심사낙찰제(영 제42조제5항)에 따른 계약이행능력심사를 위하여 제출한 하도급관리계획, 외주근로자 근로조건 이행계획에 관한 사항의 이행과 공동계약(제72조 및 제72조의2)에 관한 사항의 이행을 포함한다. 또한 "계약의 이행"에는 "하자보수의무의 이행"도 포함된다고 해석된다(시행규칙 [별표2]제16호 가목). 하자보수의 미이행의 경우 하자보수보증금의 몰수 또는 하자보수보증금으로 그 하자의 보수를 위하여 직접 사용하였다고 하더라도 제재사유에 해당한다.

> **【관련판례】** (지방자치단체가 계약당사자인 경우) 지방계약법 제31조제1항, 시행령 제92조제1항 제6호, 시행규칙 제76조제1항 [별표2] 제8호 가목은 입찰참가자격의 제한 대상자를 '계약을 체결한 이후 계약이행을 하지 아니한 자'로 정하고 있는데, 여기에서 '계약의 이행'이라는 용어의 정의나 포섭의 구체적 범위가 이들 법령에 명확히 규정되어 있지 않으므로 이를 해석함에 있어서는 위 규정들의 전반적 체계와 취지, 입법목적, 관련 규정과의 조화로운 해석, 적용상의 형평 등을 종합적으로 고려하여 해석할 수밖에 없을 것이다. (중략) [별표2] 제8호 가목의 '계약을 체결한 후 계약이행을 하지 아니한 자'에는 공사계약자로서 하자보수의무를 이행하지 아니한 자도 포함된다고 봄이 타당하다(대법원 2012. 2. 23. 선고 2011두16117 판결).

"계약을 이행하지 아니한 자"는 민법상의 채무불이행을 의미한다고 해석된다. 민법상 채무불이행은 일반적으로 이행지체, 이행불능, 불완전이행으로 구분하는데, 불완전이행의 경우 하자담보책임과 경합적으로 인정될 수 있다.[114] 그러나 제1호 사유(계약을 이행함에 있어서 부실·조잡 또는 부당하게 하거나 부정한 행위를 한 자)는 불완전한 이행을 구체적으로 유형화한 것으로 볼 수 있으므로 불완전이행은 '계약을 이행하지 아니한 자'에 포함되지 않는다고 해석된다.

본 제재사유의 다른 유형인 '계약의 주요조건 위반'은 입찰공고와 계약서에 명시된 경우에 한하여 입찰참가자격 제한을 받을 수 있고 문언상 '조건'으로 명시하고 있

---

114) 대법원 2004. 7. 22. 선고 2002다51586 판결.

으므로, 계약의 부수적인 의무로 해석됨이 타당해 보인다. 따라서 '계약을 이행하지 아니한 경우'란 계약상 의무 중 주된 의무를 이행하지 아니한 경우로 해석해야 입법취지에 부합하고 관련규정과 조화로운 해석이 된다. 주된 의무란, 당해 의무가 계약의 목적달성에 있어서 필요불가결하고 이를 이행하지 아니하면 계약의 목적이 달성되지 아니하여 발주기관이 계약을 체결하지 아니하였을 것이라고 여겨질 정도여야 한다(대법원 1994. 12. 22. 선고 93다2766 판결 참고). 계약상의 많은 의무 가운데 주된 의무와 부수적인 의무를 구별함에 있어서는 급부의 독립된 가치와는 관계없이 계약을 체결할 때 표명되었거나 그 당시 상황으로 보아 분명하게 객관적으로 나타난 당사자의 합리적 의사에 의하여 결정하되, 계약의 내용·목적·불이행의 결과 등의 여러 사정을 고려해야 할 것이다(대법원 1997. 4. 7. 선고 97마575 결정 참고). 예컨대, 특정 물품에 대한 공급계약의 경우에는 물품의 납품이 주된 의무이고 직접생산의무 등은 부수적인 의무에 해당된다고 해석될 것이다. 공사계약의 경우에도 건물의 건축이 주된 의무이고 하도급 제한 등은 부수적인 의무에 해당된다고 해석된다.

주된 의무의 일부 불이행 또는 일부 불완전 이행의 경우에는 부정당업자 제재 처분을 취할 정도의 사유에 해당되는지는 발주기관이 판단하여 제재 여부를 결정해야 할 것으로 보인다(계약제도과-939, 2011. 8. 2.[115] 유추해석). 문제는 이행지체가 본 제재사유에 포함되는지 여부이다.

'계약을 이행하지 아니한 자'의 해석에 대해 계약불이행이 종국적인 계약불이행을 의미하는 것이므로 지연이행은 본 제재사유에 해당하지 않는다고 하거나,[116] 이행지체로 인하여 계약해제까지 이룰 정도가 아니고 추후 계약 이행이 완료되었다면 그 자체로 계약불이행이라 보기는 어려우므로 이행지체를 제외한 종국적 계약불이행을 의미한다고 보는 것이 타당하다는 의견이 있다.[117] 대체로 이행지체로 인해 계약이 해제·해지되었을 경우에는 계약불이행에 해당된다는 점에 대해서는 이견이 없는 것

---

115) 본 제재사유에 '주요조건 위반'이 추가되기 전에 유권해석은 "'계약을 이행하지 아니한 자'는 계약문서에서 정하고 있는 계약조건을 이행하지 않은 경우로 일부 불이행이나 전체 불이행을 구분하지 않음. 다만, 계약조건의 불이행이 부정당업자 제재 처분을 취할 정도의 사유에 해당되는지를 발주기관이 판단하여 제재 여부를 결정해야 할 것으로 보임"으로 해석하여, 계약조건 불이행도 본 제재사유에 해당되는 전제에서 제재 여부를 결정하라는 취지로 해석하였다.

116) 정원, 『공공조달계약법』, 법률문화원, p.674.

117) 최다미, "국가계약법상 부정당업자 입찰참가자격 제한의 법적 쟁점에 대한 고찰", 고려대학교 석사논문, p.78.

같다. 그렇다면 문언상 계약의 해제·해지는 제재사유의 요건이 아니므로 이행지체로 계약을 해제·해지를 했을 경우 입찰참가자격의 제한이 가능하다고 하려면, 이행지체가 제재사유라는 점을 인정해야 논리적으로 타당하다.[118] 계약상대자가 계약의 이행을 상당 기간 지체한 경우에도 계약의 적정한 이행을 해치고 국가에 손실을 야기할 수 있다는 점, 이행불능보다는 이행지체가 빈번히 발생할 것으로 보이는데 이행지체가 발생한 경우 이에 대하여 입찰참가제한을 할 수 없다고 보게 되면 입찰참가자격 제한 규정을 둔 취지가 무색할 우려가 있다는 점,[119] 이행지체와 이행불능은 채무의 이행이 가능한지 여부로 구분하는데, 납기 이후 특정 시점에서 이행지체와 이행불능을 구별하기는 어렵다는 점 등을 고려하면, 이행지체도 본 제재사유에 해당한다고 해석해야 할 것이다. 대법원도, 공사를 약정준공기일보다 지연한 경우 '정당한 이유 없이 계약을 이행하지 아니한 때'에 해당한다고 판시한 점은 타당하다고 본다.[120]

다만, 납기를 도과하여 이행을 완료한 경우 실무적으로 지체상금을 부과하고 별도로 입찰참가자격 제한을 하지 않고 있다. 국가계약의 경우 이행지체로 인한 지체상금의 금액이 계약보증금상당액에 달하는 경우, 계약상대자의 계약이행 가능성이 있고 계약을 유지할 필요가 있다고 인정되는 경우 추가 계약보증금을 납부하게 하고 계약을 유지할 수 있다(영 제75조제2항). 이후 계약상대자가 추가 계약보증금을 납부하고 계약의 이행을 완료하였다면, 제재필요성이 없는 경우에 해당된다고 볼 수 있다.

본 제재사유로 입찰참가자격을 제한하려면 반드시 계약을 해제·해지할 것을 전제하는 것은 아니다. 그러나 계약을 수행할 가능성이 없음이 명백하다고 인정되는 경우 계약을 해제·해지할 수 있으므로(영 제75조제2항) 계약을 유지한 상태에서는 제재필요성이 없다고 판단될 여지가 있다. 실무에서는 계약을 해제·해지한 후 입찰참가자격을 제한하고 있으며 타당하다고 본다. 만약 계약이 해제·해지되지 않고도 계

---

118) 뇌물제공으로 계약이 해지된 경우 해지통보의 적법 여부와 관계없이 본 제재사유에 해당되지 않는다고 판시한 바 있다(서울고등법원 1998. 10. 27. 98누10419 판결).

119) 서울행정법원 2013. 6. 27. 선고 2012구합30363 판결 참조.

120) 대법원 1991. 11. 22. 선고 91누551판결; 이후 대법원은 "공사도급계약에 있어서 수급인이 스스로 공사를 완공하지 아니한 이상 설사 연대보증인(현재 폐지)이 도급인의 요청으로 계약상의 준공기간 이내에 공사를 완공하였다고 하더라도 수급인은 '정당한 이유 없이 계약을 이행하지 아니한 자'에 해당한다"(대법원 1994. 6. 24. 선고 94누958 판결)고 판시한 바 있으며, 이행지체가 계약불이행에 포함됨을 전제한 것으로 보인다(수급인이 공사를 완공하지 못한 이유가 이행불능에 해당되지 않음).

약불이행이라고 판단되는 경우 예컨대 하자보수의무 미이행, 계약상대자의 계약이행의 포기, 명백한 이행불능 등의 경우에는 계약이 종료되기 전에도 입찰참가자격을 제한할 수 있다고 해석된다(그러나 행정청의 입장에서는 제척기간이 길어지는 것이 유리하므로, 제척기간의 기산점을 계약의 해제·해지 시점으로 보는 경향이 있다).

> **[유권해석]** 발주처 사정으로 계약기간이 연장되었더라도 계약상대자는 연장기간 동안 당해 계약을 이행하여야 할 책임이 있다. 따라서 연장기간 동안 계약상대자가 해당업종 자격상실로 과업을 수행하지 못하는 경우는 정당한 이유 없이 계약불이행 사유로 부정당업자제재를 하여야 할 것이다(조달청 2017. 3. 3.).

라. 주요조건 위반

입찰공고와 계약서에 이행을 하지 아니하였을 경우 입찰참가자격 제한을 받을 수 있음을 명시한 주요조건에 한해 이를 위반한 경우에 입찰참가자격을 제한할 수 있다. 본 제재유형은 2016. 9. 3. 개정되어 계약불이행 제재사유에 추가되었으며, 기존 '계약을 이행하지 아니한 경우'에 계약조건을 위반한 경우가 포함되는지가 명확하지 않은 문제점을 해결한 개정으로 보인다.[121] 본 제재유형은 시행일인 2016. 9. 3. 이후 입찰공고를 하는 경우부터 적용한다(부칙 제27475호, 제3조제1항).

"계약의 주요조건 위반"은 입찰공고와 계약서에 명시된 경우에 한하여 입찰참가자격 제한을 받을 수 있고 문언상 '조건'으로 명시하고 있으므로, 계약의 부수적인 의무로 해석됨이 타당해 보인다.

마. 구체적 사례

(1) 계약내용 해석

본 제재사유로 입찰참가자격을 제한할 경우 기본적으로 계약을 불이행한 사실이 있어야 하므로, 그에 대한 전제로 계약내용이 확정되어야 한다. 그런데 계약조건 등이 명확하게 합의되지 않았을 경우에는 양 당사자는 서로 유리하게 계약내용을 해석

---

121) 기존 유권해석은, '계약을 이행하지 아니한 자'는 계약문서에서 정하고 있는 계약조건을 이행하지 않는 경우로 해석하였는바(계약제도과-939, 2011. 8. 2.), 이러한 해석은 현 법령에서는 적용될 수 없을 것이다.

하여 분쟁이 발생하게 되고 최종적으로는 법원의 판단이 필요로 하게 된다.[122)]

【관련판례】(계약품목이 성능을 충족시키지 못하였다는 이유로 부정당제재한 사안) 이 사건 계약의 목적물은 '기존 부품과 호환이 가능한 신형 부품'이거나, 적어도 이 사건 계약의 내용에 신형 부품이 기존 부품을 대체할 수 있는 성능을 보유하고 있어야 한다는 내용이 포함되어 있는 것으로 판단된다. 그럼에도 원고는 결국 피고에게 기존 부품과 호환이 가능하거나 기존 부품을 대체할 수 있는 성능을 보유하고 있는 신형부품을 납품하지 못하였으므로, '정당한 이유 없이 계약을 이행하지 아니한 자'에 해당된다(서울행정법원 2013. 5. 16. 선고 2012구합17025 판결).

【관련판례】(산불진화를 위한 헬기수송 용역제공 계약의 계약상대자가 계약기간 중 보유하던 담수 장비의 사용권한이 소멸되었음에도 다른 담수장비를 구매 또는 임차하지 않음을 이유로 이행불능으로 부정당제재한 사안) 용역에 대한 원고의 납품기한은 수요기관의 납품요구 후 20일 이내에 정하고 있을 뿐이고, 이 사건 계약에서 위 납품기한 약정과는 무관하게 긴급 상황 등에서는 수요기관의 요구가 있으면 원고가 그 즉시 담수장비를 모두 갖추어 출동할 수 있는 상태를 항상 유지할 의무를 부담한다고 인정할 만한 계약상의 명시적인 근거를 발견할 수 없는 점, (중략) 원고가 소외 회사를 통하여 적어도 이 사건 계약이 정한 수요기관의 납품요구일로부터 20일 이내까지는 쟁점 헬기에 필요한 담수장비를 임차·완비할 수 있었던 것으로 판단되는 이상 이 사건 처분은 위법하다(서울고등법원 2013. 5. 23. 선고 2012누21088 판결).

(2) 뇌물수수로 계약해제

계약상대자의 대표이사가 피고행정청의 담당공무원에게 뇌물을 제공하여 벌금형이 확정되었고, 피고행정청은 계약의 수행 중 뇌물수수 등이 있는 경우를 계약의 해지사유로 규정하고 있는 공사계약일반조건에 따라 해당 계약을 해지하고 정당한 이유 없이 계약을 이행하지 아니하였다는 사유(뇌물공여를 사유로 제재하지 않음)로 입찰참가자격을 제한한 사안에서, 하급심 법원은 "원고회사가 위 공사계약을 이행하지 못한 것은 계약조건에 따른 피고의 계약해지통보에 의한 것이고, 그 해지통보의 적법 여부와는 관계없이 그 후 원고회사가 계약을 이행하지 아니한 것을 가지고 국가계약법상 '정당한 이유 없이 계약을 이행하지 아니한' 경우에 해당한다고 할 수 없다"고 판시하

---

122) 법률행위의 해석은 당사자가 그 표시행위에 부여한 객관적인 의미를 명확하게 확정하는 것으로서 당사자 사이에 계약의 해석을 둘러싸고 이견이 있어 계약문서에 나타난 당사자의 의사해석이 문제되는 경우에는 문서의 내용, 그와 같은 약정이 이루어진 동기와 경위, 약정에 의하여 달성하려는 목적, 당사자의 진정한 의사 등을 종합적으로 고찰하여 논리와 경험칙에 따라 합리적으로 해석하여야 한다(대법원 2006. 5. 12. 선고 2005다68295, 68301 판결 등 참조).

였고(서울고등법원 1998. 10. 27. 98누10419 판결), 이후 상고기각으로 확정되었다.

위 사안은 행정청의 적법한 해지가 계약불이행(이행불능)의 정당한 이유에 해당되는지가 문제이다. 해지의 원인인 뇌물제공은 계약상대자에게 귀책이 있으므로 그에 따른 불이익도 계약상대자가 책임을 져야 한다고 해석될 여지가 있다. 그러나 뇌물제공은 주된 의무에 대한 불이행이 아니라 부수적 의무에 대한 불이행인 점, 해지는 제재사유에 해당되지 아니한다는 점, 주요조건의 위반은 입찰공고와 계약서에 명시된 경우에 한해 제재사유가 된다는 점 등을 고려하면, 계약불이행이 아닌 사유로 인한 해제·해지의 경우에는 본 제재사유에 포함되지 않는다고 해석된다.

(3) 특수한 성능·품질의 물품

> **정부 입찰·계약 집행기준(기획재정부계약예규)**
> **제5조의3(특수한 성능·품질 등의 납품능력이 요구되는 물품)**
> ① 계약담당공무원은 물품구매계약을 함에 있어 해당 물품에 특수한 성능 또는 품질(이하 "특수한 성능 등"이라 한다)이 요구되는 경우에는 다음 각호에 따라야 한다.
>   1. 특수한 성능 등의 납품능력을 가진 자가 공급하는 것이 적합하다고 인정되는 경우에는 수의계약 또는 지명경쟁에 의할 수 있다. 다만, 특수한 성능 등의 납품능력을 가진 자가 다수 존재하는 경우로서 경쟁성이 확보되는 경우에는 제한경쟁에 의할 수 있다. 이 경우 입찰공고에 입찰참가자격 제한 사유를 명시하여야 한다.
>   2. 해당 물품구매에서 특수한 성능 등이 일부만 포함되어 있는 경우에는 일반경쟁에 의하는 것을 원칙으로 하고, 일반경쟁에 의하지 않더라도 시행령 제21조제1항 제4호에 의한 사유로 제한경쟁을 실시할 수 없다.
> ② 제1항제2호에 따른 물품구매에 있어 특수한 성능 등을 규격서(시방서)에 반영하고자 하는 경우에는 규격서 작성단계에서 계약담당공무원은 별지 제3호의 예시를 참조하여 입찰공고 전에 제조사 또는 기술지원사(이하 "제조사 등"이라 한다)와 물품공급 또는 기술지원협약을 체결하여야 한다. 다만, 물품공급 또는 기술지원협약이 이루어지지 않은 경우에는 다른 물품으로 발주할 수 있다.
> ③ 계약담당공무원은 제2항에 의한 협약내용을 입찰공고에 명시하여야 하며, 낙찰자 결정 후 낙찰자에게 그 사본을 제공하여 낙찰자가 제조사 등으로부터 물품공급 또는 기술지원확약서를 발급받을 수 있도록 하여야 한다.

위 기준 제5조의3은 영 제21조에 따라 제한경쟁입찰이 가능한 경우를 전제로 한 규정이므로, 위 기준 제5조의3에서 규정하고 있는 '특수한 성능 또는 품질'의 의미는 영 제21조제1항 제4호와 같이 '특수한 성능 또는 품질이 요구되어 일정한 품질이 요구되어 일정한 품질 인증 등을 받은 물품을 구매하려는 경우'로 한정된다. 또한 위 기준 제

5조의3은 물품 제조사(기술지원사)가 과도한 사용료 및 지원조건을 요구하는 등의 지위를 남용하는 것을 막아 낙찰자의 원활한 계약체결 및 이행을 도모하고자 도입된 것으로서, 동 규정의 취지를 감안할 때 특정업체가 물품공급을 독점하고 있는 일반 물품의 경우에도 동일하게 적용된다(계약제도과-568, 2013. 5. 15.). 따라서 영 제21조제1항 제4호 각 목[123]에 해당하지 않더라도 특정업체가 해당 물품을 독점적으로 공급하거나, 계약목적물을 특정업체가 제조한 품목으로 한정하는 경우 등 사실상 '특수한 성능 등'을 요구하는 것과 같은 경우에 위 기준 제5조의3이 적용될 수 있다고 해석된다.

정부입찰·계약집행기준 제5조의3은 행정청 내부의 사무처리준칙을 정한 것이어서, 이를 준수하지 아니한 채 입찰을 통하여 계약을 체결하였다고 하더라도 그 계약이 곧바로 무효가 되는 것은 아니다. 또한 발주기관이 위 기준 제5조의3에 따라 계약물품의 제조사(기술지원사)와 물품공급(기술지원)협약을 체결해야 할 계약상 의무가 있다고 볼 수도 없다. 그리고 계약상대자가 계약물품에 특수한 성능이나 품질을 요구한다는 점을 인식하였음에도 위 물품의 납품이 가능하다고 입찰에 참가하였고 위 물품을 원활히 납품받을 수 있는지 여부를 전혀 확인해 보지 않은 귀책이 있다. 그러나 특수한 성능이나 품질을 보유한 계약물품은 제조사(기술지원사)로부터 물품 또는 기술지원을 받지 못하면 공급할 수 없음이 입찰 시 예상되었음에도 발주기관이 위 기준 제5조의3을 위반한 점을 고려하면, 계약상대자가 제조사(기술지원사)로부터 물품 또는 기술지원을 받기 위해 상당한 노력을 했을 경우, 계약의 이행을 계약상대자에게 기대하는 것이 어려운 사정에 해당되어 계약불이행에 정당한 이유가 있다고 판단될 수 있다고 본다. 실무상 계약물품이 '특수한 성능이나 품질'에 해당되는지 또는 독점적 물품인지 명확하게 판단할 수 없는 경우가 많으며, 이에 대한 입증은 결국 계약상대자가 해야 할 것이다.

---

123) 정부입찰·계약집행기준 제21조(제한경쟁입찰에 의할 계약과 제한사항등) ① 법 제7조제1항 단서에 따라 경쟁참가자의 자격을 제한할 수 있는 경우와 그 제한사항은 다음 각호와 같다. 이 경우 제1호부터 제6호까지 및 제9호의 제한사항에 대한 구체적인 제한기준은 기획재정부령으로 정한다. (생략)
    4. 특수한 성능 또는 품질이 요구되어 다음 각 목의 품질 인증 등을 받은 물품을 구매하려는 경우에는 그 품질 인증 등을 받은 물품인지 여부
      가. 「산업표준화법」 제15조에 따른 인증을 받은 물품
      나. 삭제
      다. 「환경기술 및 환경산업 지원법」 제17조에 따라 환경표지의 인증을 받은 물품
      라. 「자원의 절약과 재활용촉진에 관한 법률」 제33조에 따른 기준에 적합하고 「산업기술혁신촉진법 시행령」 제17조제1항 제3호에 따른 품질 인증을 받은 재활용제품

【관련판례】 (계약물품이 특허품인 사안) 법이나 시행령이 계약의 공정 및 경제성의 확보, 참가의 기회균등을 도모하기 위하여 일반경쟁입찰을 원칙적인 것으로 하고, 지명, 제한경쟁입찰계약이나 수의계약을 예외적인 것으로 규정하고 있는 점에 비추어 볼 때, 일반경쟁입찰에 부쳐야 할 것을 지명, 제한경쟁입찰계약이나 수의계약에 부친 경우에는 절차의 위법성이 문제될 수 있어도, 반대로 지명, 제한경쟁입찰계약이나 수의계약에 부칠 수 있는 것을 일반경쟁입찰에 부친 경우에는 특별한 사정이 없는 한 위법성의 문제가 생길 여지는 없으므로(대법원 2000. 8. 22. 선고 99다35935 판결 참조), 피고가 특허를 받은 물품을 특정하여 입찰에 부친 점에 위법이 있다고는 할 수 없다. (중략) 원고로서는 비록 위 계약물품이 특허품이라고 하더라도 이를 전용실시권을 부여받은 다른 업체로부터 구입하여 납품하는 것이 불가능하지 아니하였고, 또 피고로부터 납품기일 이전에 특허품이 아니면 납품을 받지 않을 것이며, 그 확인을 위하여 견본품을 보여 줄 것을 수차 요구받았음에도 불구하고, 위 물품구매계약을 임의로 해석하여 계약에서 정해진 물품이 아닌 다른 물품의 납품만을 고집하면서 피고의 협의요청에도 응하지 않다가 계약을 이행하지 못한 것이므로 불이행에 정당한 이유가 있다고 보기도 어렵다(부산지방법원 2000. 12. 7. 선고 2000구3559 판결).

【관련판례】 정부입찰·계약 집행기준 제5조의3의 취지는 특수한 성능 등을 구비한 물품을 공급할 수 있는 회사가 독점적 지위에 있는 경우 그 회사가 물품의 공급가격을 지나치게 높게 책정하면 낙찰자가 계약을 이행할 수 없게 되는바 이처럼 특수한 성능 등을 구비한 물품을 독점적으로 공급하는 회사에 의하여 계약 이행이 영향을 받는 것을 막기 위한 것인 점, (중략) 해당 물품을 제조 또는 판매하는 회사가 3곳인 점에 비추어 보면, 위 회사들이 해당 물품의 공급가액을 결정할 때 독점적 지위를 남용할 가능성이 희박한 점 (중략) 등을 고려하면, 정부입찰·계약 집행기준 제5조의3에 따른 의무가 인정된다고 보기 어렵다(서울행정법원 2014. 10. 16. 선고 2014구합 52022 판결).

【관련판례】 피고행정청은 이 사건 물품을 일반경쟁입찰에 부치면서도 납품 시 '원제작사(A社) 생산증명서 또는 구매(거래) 증명서 '를 제출할 것을 계약특수조건으로 명시한 것은, 이 사건 물품은 오직 A社가 직접 제조한 제품으로 한정되어, 타제조사가 만든 그와 동일하거나 유사한 성능의 물품으로는 납품이 불가능하므로, 이 사건 물품은 제조사의 판매 정책에 따라 납품 여부가 좌우되므로 납품 성격에 있어서는 사실상(집행기준 제5조의3에서 규정한) 특수한 성능의 제품과 다를 바가 없다.[124] 그러나 피고행정청은 이 사건 물품의 국내독점판매권이 B社에게 있다는 점을 알지 못하여,

---

124) 이 사건 입찰공고 당시 이 사건 물품의 제조사인 A社는 B社에게 이 사건 물품에 대한 대한민국 내에서의 독점판매권한을 부여한 상태였으므로, 원고는 대한민국 내에서 B社를 통해 이 사건 물품을 제공받지 못하면 독일에서 직접 수입하거나 제3국의 유통경로를 거쳐 이 사건 물품을 구입하는 방법밖에 없었다.

피고행정청은 이 사건 입찰공고 전에 A社와 물품공급협약을 체결하지 않았고, 그러한 내용을 이 사건 입찰공고에 명시하여 낙찰자로 하여금 제조사로부터 물품공급서를 발급받을 수 있도록 하는 등의 조치도 전혀 취하지 않았다. 따라서 비록 원고가 이 사건 계약에서 정한 납품기일까지 피고에게 이 사건 물품을 공급하지 못하였다고 하더라도 '정당한 이유 없이 계약을 이행하지 아니한 경우'에 해당한다고 볼 수 없다(대구지방법원 2014. 7. 18. 선고 2013구합3469 판결 참조; 인천지방법원 2013. 10. 10. 선고 2013구합10322 판결).

【관련판례】 위 집행기준 제5조의3은 2008. 12. 29. 개정되면서 신설되었고 그 부칙에서 2008. 12. 29. 이후 입찰공고를 한 것부터 적용한다고 규정하고 있으므로, 위 집행기준이 적용되지 않는 사안에 대해 법원은 "원고가 이 사건 계약에 따른 의무를 이행하지 못하게 된 가장 주된 원인은, C社가 합리적인 이유 없이 시장지배적 지위를 남용하여 원고에게 위 제품의 공급을 거부하는 불공정행위를 하였기 때문이라고 판단되더라도, 이에 대해 C社가 법적인 책임을 부담하거나 제재처분을 받는 것은 별론으로 하고, 원고에게 이 사건 계약을 이행하지 못한 데에 정당한 이유가 있다고 볼 수는 없다"고 판시하였다. 그 근거로, 원고는 이 사건 계약 체결 이전에 입찰공고와 관련한 사양설명회에서 피고로부터 이 사건 물품의 핵심요소로서 C社가 국내에서 독점적으로 공급하는 위 제품이 필수적이라는 설명을 들어서 알고 있는 상태에서 위 제품의 납품이 가능하다는 확답을 하고 입찰에 참가한 점, 그러나 원고는 위와 같이 입찰에 참가하고 이 사건 계약을 체결할 때까지 C社나 외국업체 등으로부터 위 제품을 원활히 납품받을 수 있는지 여부를 전혀 확인해보지 않은 점, 원고가 C社나 외국업체 등으로부터 위 제품을 구매하는 것이 전혀 불가능하였다고 단정할 수는 없는 점을 들고 있다(서울고등법원 2010. 4. 8. 선고 2009누25318 판결).

* 본 사안에 대해 위 집행기준 제5조의3의 신설취지 등 제반사정을 고려하여 제재처분이 재량권의 범위를 일탈·남용한 것으로 위법하다고 하였다.

정부 입찰·계약 집행기준(기획재정부계약예규) 제5조

④ 계약담당공무원은 시행령 제21조제1항에 의하여 제한경쟁입찰에 참가할 자의 자격을 제한하는 경우에 이행의 난이도, 규모의 대소, 수급상황 등을 적정하게 고려하여야 한다. 다만, 다음 각호와 같이 경쟁참가자의 자격을 제한하여서는 아니 된다.

5. 물품의 제조·구매입찰 시 부당하게 특정상표 또는 특정규격 또는 모델을 지정하여 입찰에 부치는 경우와 입찰조건, 시방서 및 규격서 등에서 정한 규격·품질·성능과 동등 이상의 물품을 납품한 경우에 특정상표 또는 모델이 아니라는 이유로 납품을 거부하는 경우(예: 특정 수입품목의 모델을 내역서에 명기하여 품질 및 성능 면에서 동등 이상인 국산품목의 납품을 거부)

특정상표 또는 특정규격(모델)으로 제한한 입찰에 참여하여 이를 납품하지 못하였을 경우 계약불이행에 정당한 이유가 있는지를 판단함에 있어, 발주기관의 계약담당 공무원이 당해 계약의 목적, 성질 등에 비추어 특정상표 또는 특정규격(모델)로 제한하는 것이 계약목적 달성을 위하여 불가피한 경우였는지가 중요한 판단기준이 될 수 있다.[125]

(4) 회생절차 진행

계약상대자가 계약이행 중 회생절차개시 결정을 받은 경우, 회생회사의 관리인이 당해 계약을 해지한 사안에서, 원고회사는 회생회사의 관리인은 채무자회생법 제119조제1항에 따라 적법한 절차에 따라 당해 계약을 해지하였으므로 공사를 계속 수행하지 아니한 데에 정당한 이유가 있다고 주장하였다.

이에 대해 고등법원은 "채무자회생법 제119조제1항은 회생회사 사업의 정리·재건을 원활하게 함과 동시에 양 당사자 사이의 형평성을 도모하고자 마련한 것으로, 그러한 채무자회생법의 입법 목적은 다른 법률을 적용·해석함에 있어서도 존중되어야 한다는 점, 회생절차개시부터 선택권 행사까지는 채무불이행의 문제가 생기지 않을 뿐만 아니라 관리인이 해지권을 행사한 후에는 계약의 효력이 상실된 이상 역시 채무불이행이 발생할 여지가 없다는 점, 채무자회생법 제121조제1항은 회생절차에서 양 당사자 사이의 형평성을 도모하고자 하는 취지일 뿐 그 손해배상청구권을 회생회사 관리인의 귀책사유 있는 위법한 채무불이행으로 인한 당연한 효과로서 규정한 것으로 볼 수는 없다는 점, 회생회사의 관리인은 회생회사와 그 채권자 및 주주로 구성되는 소위 이해관계인 단체의 관리자로서 일종의 공적 수탁자이므로, 관리인이 해지권을 행사한 것은 회생회사의 이익만이 아니라 피고를 비롯한 채권자의 이익도 함께 고려된 것으로 볼 수 있는 점, 회생회사 관리인의 위와 같은 선택권은 회생절차를 거친 데 따른 당연한 법률적 효과이고 회생절차를 거치지 않은 다른 업체와 같은 평면에서 형평성을 비교하는 것은 채무자회생법의 입법 취지를 도외시할 위험이 있는 점,

---

125) 다만, 발주기관의 계약담당공무원이 당해 계약의 목적, 성질 등에 비추어 볼 때 특정상표 또는 특정규격(모델)으로 제한하는 것이 계약목적 달성을 위하여 불가피하다고 판단되는 경우에는 특정상표 또는 특정규격(모델)으로 제한하는 것도 가능할 것이나, 이에 대하여는 당해 입찰목적물의 특성이나 사용목적의 특수성 등에 비추어 특정상표 또는 특정규격 또는 모델을 지정할 수밖에 없는 경우(지정하지 않으면 아니 되는 정당한 사유가 있는지)인지 등을 검토하여 발주기관 계약담당공무원이 판단할 사항이다(규제개혁법무담당관-2310, 2014. 4. 13.).

원고가 부도 발생으로 회생절차를 거치고 있었고 그 절차에서 관리인이 해지권을 행사했다는 점만으로는, 장래 계약의 적정한 이행을 해칠 것이 명백하다고 보기도 어려운 점, 실제로 그 후 위 회생절차는 회생계획에 따른 성실한 변제 등으로 비교적 빠른 시일 내에 종결되어 향후 원고의 사업수행능력에 대한 신뢰도가 높아졌다고 볼 여지가 큰 점을 고려하여, 이 사건 처분은 공공기관운영법 제39조제2항이 정한 요건에 부합하였다고 볼 수 없어 위법하다"고 판시하였다(서울고등법원 2014. 4. 30. 선고 2013누28130 판결).

위 고등법원 판례는 공공기관운영법에 따른 입찰참가자격 제한 처분에 대한 것이고, 계약불이행의 정당한 이유에 대한 판단이 아니라 제재필요성, 즉 '공정한 경쟁이나 계약의 적정한 이행을 해칠 것이 명백한 경우'에 대한 판단이다. 위 1심법원은 계약불이행에 정당한 이유가 없다고 판시하였는바,[126] 위 고등법원은 이를 인정하는 전제에서 제재필요성이 없다고 판시한 것이라고 해석된다. 공공기관운영법은 공정한 경쟁이나 계약의 적정한 이행을 해칠 것이 '명백'한 경우로 요건은 국가계약법에 비해 더 제한적으로 규정하고 있으므로, 행위태양이 동일하더라도 국가계약법이 적용될 경우에는 입찰참가자격이 제한되지만 공공기관운영법이 적용될 경우에는 제한되지 않는 경우를 법률이 이미 예정하고 있다고 볼 수 있다. 따라서 국가를 당사자로 하는 계약에 있어서 계약상대자가 회생개시절차를 거치고 있고 관리인이 해지권을 행사할 경우, 위 고등법원 판례와 동일하게 제재필요성이 없다고 판단될지는 분명하지 않지만, 채무자회생법의 취지에 대한 위 판시이유는 국가계약에도 적용될 가능성이 크다고 본다.

(5) 공동수급체 구성원의 탈퇴

[유권해석] 공공이행방식으로 체결한 공사계약에 있어서, 공공수급체 구성원 중 파산·해

---

126) 채무자회생법 제119조제1항은 회생회사에게 쌍무계약의 구속에서 벗어날 수 있도록 계약해제권을 부여한다는 취지에 불과한 점, 채무자회생법 제121조제1항은 회생회사가 쌍무 계약을 해제한 경우 그 상대방이 손해배상에 관하여 회생채권자로서 그 권리를 행사할 수 있다고 규정하고 있는바, 이는 회생회사가 회생절차 개시를 이유로 한 법정해제권을 행사하였을 경우라도 그에 따른 책임이 면제되지 아니함을 전제로 한 규정으로 보이는 점, 원고의 주장과 같이 회생회사가 채무자회생법에 따라 공사를 계속 수행하지 않은 경우에 관하여 공사 미수행에 대한 정당한 사유가 있다고 본다면, 회생절차를 신청하지 않은 부실업체가 공사를 계속 수행하지 않은 경우와의 형평성이 문제되는 점을 종합하면 회생회사의 관리인이 이 사건 계약에 따른 공사를 계속 수행하지 않은 데에 정당한 사유가 있다고 볼 수 없다(수원지방법원 2013. 9. 11. 선고 2012구합14911 판결).

산·부도 등의 사유로 인해 계약이행에 참여하지 아니하는 구성원에 대하여는 입찰참가자격을 제한하여야 할 것임. 다만, 계약이행 중 파산·해산·부도 등의 사유로 당초 협정서의 내용대로 계약이행이 곤란한 구성원이 발생하여 발주자 및 공동수급체 구성원의 동의로 공동수급체에서 탈퇴조치 되면서, 출자비율 또는 분담내용이 변경된 경우에는 '정당한 이유'가 있는 것으로 보아 입찰참가자격을 제한할 수 없다고 보는 것이 타당할 것임(계약제도과-1210, 2012. 9. 14.).

[유권해석] 공동계약을 공동이행방식으로 체결한 경우 출자비율은 공동수급체 구성원이 정당한 이유 없이 변경할 수 없으나, 시공분담 및 시공시기 등은 당초 공동수급협정서가 정한 구성원의 출자비율 범위 내에서 공동수급체의 구성원 간의 협의하에 정할 수 있을 것임. 출자비율의 변경은 시행령 제64조 내지 제66조의 규정에 의한 계약내용의 변경이나 파산·해산·부도 등의 사유로 당초 공동수급협정서의 내용대로 계약이행이 곤란한 구성원이 발생하는 경우 계약상대자의 요청에 의하여 발주기관이 승인한 경우에 가능한 것인바, 공동수급체의 구성원이 임의적으로 출자비율과 다르게 시공하여서는 아니 될 것임. 따라서 정당한 이유 없이 임의적으로 출자비율과 다르게 시공한 구성원에 대해서는 시행령 제76조제1항 제6호에 따라 부정당업자 입찰참가자격 제한을 하여야 할 것임(회계제도과-1503, 2009. 9. 8.). 부도가 발생된 업체가 기 이행한 부분만을 부도업체의 출자지분으로 변경하고 잔여 공사 시공에 따른 잔여지분을 타 구성원의 출자지분으로 조정하여 공사계약 이행을 할 수 있도록 출자비율 변경을 요청한 경우에 계약담당공무원은 공동수급체의 공사이행상황, 공동수급체 잔여구성원 및 부도업체의 계약이행능력 등을 고려하여 출자비율 변경목적이 부정당업자제재를 회피하려는 것인지, 계약이행을 원활하게 하기 위한 것인지 등을 판단하여 승인 여부를 결정하여야 하며, 공동수급체가 원활한 계약이행을 위하여 출자비율 변경을 신청하여 계약담당공무원이 이를 승인한 경우에는 부도업체는 영 제76조제1항 제6호에 의한 입찰참가자격 제한대상에 해당되지 아니함(회계제도과-438, 2008. 5. 26.).

(6) 기타

【관련판례】 (국유재산 매매계약에 따른 잔금을 납기 내에 이행하지 못하였다는 사유로 1년간 입찰참가자격 제한처분을 한 사안) 원고는 자금시장의 악화로 잔금을 지급할 형편이 못 되었던 사정이 인정되므로 여기에 이미 지급한 계약금이 국고에 귀속되어 상당한 손실을 입은 점, 원고가 저지른 부정당행위의 내용, 원고회사의 사업내용 및 거래처 등을 고려하면 국가에서 시행하는 모든 입찰에서 참가자격을 1년이나 제한한 것은 너무 가혹하여 재량권이 범위를 일탈한 위법한 처분이라고 판단한다(대법원 1986. 12. 23. 선고 86누523 판결).

【관련판례】 (하자보수의무 미이행 사안) 원고는 위 하자의 정도가 그 보수에 금 8만 원

밖에 소유되지 않을 정도로 경미하고(계약금액 250만 원), 원고회사가 피고행정청 측이 현지 업자에게 보수공사를 시키고 그 비용을 원고가 가입한 보증보험금에서 찾아서 지급해 주도록 요청하였고, 피고행정청 측도 결국 이를 받아들여 다른 업자에게 보수공사를 시키고 그 비용 금 8만 원을 보증보험으로부터 수령한 사실 등을 고려할 때 1년 6개월의 제재처분은 재량권의 범위를 일탈한 위법한 처분이다(대법원 1985. 6. 25. 선고 85누241 판결 참조).

【관련판례】 원고회사가 내분으로 사무실을 폐쇄하고 직무집행대행자만이 다른 곳에서 업무를 집행한 경우라면 피고 예하기관이 보낸 하자보수 요청서를 교부받은 원고의 전 주소지 건물의 관리실 직원이 원고의 고용인 또는 동거자에 해당하지 않는 한 이를 들어 원고에 대한 송달이라고 볼 수 없을 뿐 아니라, 그 후에 관리실 직원이 위 요청서를 원고에게 전달한 바도 없다면 계약상 원고의 주소 변동 시 하자보수 요청서를 수령할 장소를 미리 피고 측에 고지하기로 약정한 바도 없고, 그 하자보수 요구를 원고의 보증인에게도 할 수 있고 또한 피고 측에서 직접 원고가 납부한 하자보증금으로 하자를 보수할 수 있도록 약정하고 있으니 원고는 위 하자의 발생사실과 하자보수 요청이 있는 사실을 알지 못하여서 그 하자보수 불이행에 관한 정당한 유가 있다고 할 것이어서 이 사건 처분은 위법하다(대법원 1984. 2. 14. 선고 83누233 판결).

【관련판례】 원고의 주장과 같이 이 사건 계약에서 감시카메라가 차지하는 비중이 적고, 가변식 카메라와 고정식 카메라 사이에 실질적인 성능의 차이가 크지 않으며, 원고가 고정식 카메라를 설치함으로써 별다른 이익을 보지 않았다고 하더라도 그러한 사정만으로는 '계약의 적정한 이행을 해칠 것이 명백'한 경우에 해당하지 않는다고 보기 어렵고, 오히려 계약의 이행은 계약에서 정한 바에 따라 이루어질 것이 당연히 요구되는 점 등을 비추어 보면, 구매규격서도 제대로 살피지 아니한 채 계약내용과 다른 제품을 설치한 원고의 행위는 '계약의 적정한 이행을 해칠 것이 명백'한 경우에 해당한다고 평가하는 것이 타당하다(서울고등법원 2015. 1. 15. 선고 2014누51649 판결).

[유권해석] 계약체결을 앞둔 시점에서 환율폭등으로 인한 은행의 L/C 취급 중단 등이 있었던 경우, 은행의 L/C 취급업무 중단은 영구적인 사항이 아니므로 계약을 체결할 수 없는 불가항력적인 사유에 해당되는 것으로 보기는 곤란함(회제41303-74, 1998. 3. 9.).

[유권해석] 하수급인이 계약을 불성실하게 이행한 경우에도 하수급인에 대해 관리·감독할 의무는 수급인에게 있으므로 수급인에 대해 부정당업자 제재처분이 가능할 것임. 물품구매계약에서 하자보수의무규정은 없고 '물품구매계약일반조건' 제21조에 따라 납품 후 1년간 보증의무를 부과하고 있음. 따라서 (하자물품에 대해 계약상대자에게 손해배상요구를 하였으나 이에 응하지 아니한 경우) '하자보수의무를 이행하지 아니한 자'로 부정당업자 제재처분이 불가능함(회계제도과-918, 2009. 5. 19.).

16. 조사설계금액 또는 원가계산금액 부적정 산정(법 제27조제1항 제8호 나목, 영 제76조제1항 제2호 나목)

> [법] 8. 그 밖에 다음 각 목의 어느 하나에 해당하는 자로서 대통령령으로 정하는 자
> 나. 정당한 이유 없이 계약의 체결 또는 이행 관련 행위를 하지 아니하거나 방해하는 등 계약의 적정한 이행을 해칠 염려가 있는 자

> [영] 2. 계약의 적정한 이행을 해칠 염려가 있는 자로서 다음 각 목의 어느 하나에 해당하는 자
> 나. 조사설계용역계약 또는 원가계산용역계약에 있어서 고의 또는 중대한 과실로 조사설계금액이나 원가계산금액을 적정하게 산정하지 아니한 자

시행규칙 [별표2] 입찰참가자격 제한사유	제재 기간	과징금	
		책임	경쟁
17. 영 제76조제1항제2호 나목 또는 다목에 해당하는 자			
가. 고의에 의한 경우	6개월	—	9%
나. 중대한 과실에 의한 경우	3개월		9%

　　본 제재사유는 조사설계용역계약 또는 원가계산용역계약을 낙찰 받아 계약을 체결한 계약상대자가 조사설계업무 또는 원가계산업무를 고의 또는 중대한 과실로 적정하게 산정하지 아니한 때에 적용된다. '고의'란 구체적인 의무위반사실을 인식하면서도 그와 같은 의무위반행위를 하는 것을 말하고, '중대한 과실'이란 계약상대자에게 통상 요구되는 정도의 상당한 주의를 하지 않더라도 약간의 주의를 한다면 손쉽게 부적정한 산정 결과를 예견할 수 있음에도 만연히 이를 간과하여 거의 고의와 가까운 현저한 주의를 결여한 상태를 의미한다.

　　[유권해석] 발주기관이 행사대행용역을 협상에 의한 계약으로 체결한 후 사후정산 시 계약상대자가 계약금액을 과다 계상하여 청구한 경우는 본 제재사유에 해당되지 않는다 (회계제도과-361, 2005. 2. 21.).

　　【관련판례】 (설계용역계약의 계약상대자가 단가산출서에서 특정 물품의 제작 단가를 과다 계상하여 공사비를 적정하게 산출하지 않았다는 사유로 재제처분을 받은 사안) 원고가 단가산출서를 납품함에 있어 단가를 산출해야 하는 세부공사가 240여 개에 이르는데 원고는 특정 물품에 대해 단가를 잘못 산출하였고 나머지 항목에 관하여는 단가를 잘못 산출되지 않았던 점, 잘못 산출한 품목에 대한 단가산정은 착오가 발생

될 여지가 있는 점 등을 고려하면 원고의 과실은 중대한 과실이라고 인정되기 어렵다고 판시하였다(서울고등법원 1996. 7. 19. 선고 95다24809 판결 참조).

17. 부실한 타당성 조사로 인한 손해(법 제27조제1항 제8호 나목, 영 제76조제1항 제2호 다목)

[법] 8. 그 밖에 다음 각 목의 어느 하나에 해당하는 자로서 대통령령으로 정하는 자
  나. 정당한 이유 없이 계약의 체결 또는 이행 관련 행위를 하지 아니하거나 방해하는 등 계약의 적정한 이행을 해칠 염려가 있는 자

[영] 2. 계약의 적정한 이행을 해칠 염려가 있는 자로서 다음 각 목의 어느 하나에 해당하는 자
  다.「건설기술 진흥법」제47조에 따른 타당성 조사 용역의 계약에서 고의 또는 중대한 과실로 수요예측 등 타당성 조사를 부실하게 수행하여 발주기관에 손해를 끼친 자

시행규칙 [별표2] 입찰참가자격 제한사유	제재 기간	과징금	
		책임	경쟁
17. 영 제76조제1항제2호 나목 또는 다목에 해당하는 자			
가. 고의에 의한 경우	6개월	—	9%
나. 중대한 과실에 의한 경우	3개월		9%

건설기술진흥법 제47조[127])에 따라 발주기관은 시행하려는 건설공사에 대하여 계획 수립 이전에 종합적인 측면에서 적정성을 검토하기 위해 '타당성 조사용역계약'을 건설기술용역업자와 체결하여야 한다. 본 제재사유는 건설기술용역업자가 고의 또는 중대한 과실로 수요예측 등 타당성 조사를 부실하게 수행하여 발주기관에 손해를 끼친 경우이다. 제재취지는 적정한 타당성 조사를 통한 국가재정 손실을 방지하기 위한 것이다. '고의'란 구체적인 의무위반사실을 인식하면서도 그와 같은 의무위반행위

---

127) 건설기술 진흥법 제47조(건설공사의 타당성 조사)
  ① 발주청은 시행하려는 건설공사에 대하여 계획 수립 이전에 경제, 기술, 사회 및 환경 등 종합적인 측면에서 적정성을 검토하기 위하여 타당성 조사를 하여야 한다.
  ② 발주청이 발주한 타당성 조사 용역을 수행한 건설기술용역업자는 수요예측 자료 등 국토교통부령으로 정하는 자료를 용역 완료 후 지체 없이 발주청에 보고하여야 한다.
  ③ 발주청은 제2항에 따라 보고받은 자료를 해당 건설공사의 완료 후 10년 동안 보관하여야 한다.
  ④ 발주청은 타당성을 조사하는 과정에서 작성한 수요예측과 실제 이용실적의 차이가 100분의 30 이상인 경우에는 제3항에 따른 자료를 근거로 건설기술용역업자의 고의 또는 중과실 여부를 조사하여야 한다.
  ⑤ 발주청은 제4항의 조사 결과에 따라 고의 또는 중과실로 발주청에 손해를 끼친 건설기술용역업자에 대하여 제31조제1항에 따른 영업정지처분 등 조치를 시·도지사에게 요청할 수 있다.

를 하는 것을 말하고, '중대한 과실'이란 계약상대자에게 통상 요구되는 정도의 상당한 주의를 하지 않더라도 약간의 주의를 한다면 손쉽게 타당성 조사를 적절하게 수행할 수 있음에도 만연히 이를 간과하여 거의 고의와 가까운 현저한 주의를 결여한 상태를 의미한다. 부실한 타당성 조사와 발주기관의 손해 사이에는 인과관계가 존재해야 할 것이다.

타당성 조사 용역을 수행한 건설기술용역업자는 수요예측 자료 등을 용역 완료 후 발주청에 보고하여야 하고, 발주청은 보고받은 자료를 해당 건설공사의 완료 후 10년 동안 보관하여야 한다. 발주청은 타당성을 조사하는 과정에서 작성한 수요예측과 실제 이용실적의 차이가 100분의 30 이상인 경우에는 건설기술용역업자의 고의 또는 중과실 여부를 조사하여야 한다. 건설기술용역업자가 고의 또는 중대한 과실로 타당성 조사를 부실하게 수행하였는지는 발주기관이 평가하여 그 결과를 건설기술용역업자에게 통보하여야 한다.

발주청은 고의 또는 중과실로 발주청에 손해를 끼친 건설기술용역업자에 대하여 영업정지처분 등 조치를 시·도지사에게 요청할 수 있다. 또한 고의 또는 중대한 과실로 수요 예측을 부실하게 하여 발주청에 손해를 끼친 건설기술용역업자에 대하여는, 부실의 정도를 측정하여 벌점을 주고[128] 형사적으로 처벌할 수 있다.[129]

18. 감독 · 검사 방해(법 제27조제1항 제8호 나목, 영 제76조제1항 제2호 라목)

> [법] 8. 그 밖에 다음 각 목의 어느 하나에 해당하는 자로서 대통령령으로 정하는 자
> 나. 정당한 이유 없이 계약의 체결 또는 이행 관련 행위를 하지 아니하거나 방해하는 등 계약의 적정한 이행을 해칠 염려가 있는 자

---

128) 건설기술 진흥법 제53조(건설공사 등의 부실 측정) ① 국토교통부장관, 발주청과 인·허가기관의 장은 (중략) 제47조에 따른 건설공사의 타당성 조사(이하 "타당성 조사"라 한다)에서 건설공사에 대한 수요 예측을 고의 또는 과실로 부실하게 하여 발주청에 손해를 끼친 경우에는 부실의 정도를 측정하여 벌점을 주어야 한다.

129) 건설기술 진흥법 제87조(벌칙) ① 제47조제1항에 따른 타당성 조사를 할 때 고의로 수요 예측을 부실하게 하여 발주청에 손해를 끼친 건설기술용역업자는 5년 이하의 징역 또는 5천만 원 이하의 벌금에 처한다. ② 제47조제1항에 따른 타당성 조사를 할 때 중대한 과실로 수요 예측을 부실하게 하여 발주청에 손해를 끼친 건설기술용역업자는 3년 이하의 금고 또는 3천만 원 이하의 벌금에 처한다.

시행규칙 [별표2] 입찰참가자격 제한사유	제재 기간	과징금	
		책임	경쟁
18. 영 제76조제1항제2호 라목에 해당하는 자(감독 또는 검사에 있어서 그 직무의 수행을 방해한 자)	3개월	—	4.5%

'감독'이란 계약을 적절하게 이행하도록 하기 위하여 관리·지시하는 것을 의미하고, '검사'란 계약상대자가 계약을 제대로 이행했는지 확인하는 것을 의미한다. 국가계약법 제13조에 따르면, 각 중앙관서의 장 또는 계약담당공무원은 공사, 제조, 용역 등의 계약을 체결한 경우에 그 계약을 적절하게 이행하도록 하기 위하여 필요하다고 인정하면 계약서, 설계서, 그 밖의 관계 서류에 의하여 직접 감독하거나 소속 공무원에게 그 사무를 위임하여 필요한 감독을 하게 하여야 한다. 다만, 대통령령으로 정하는 계약의 경우에는 전문기관을 따로 지정하여 필요한 감독을 하게 할 수 있다. 국가계약법 제14조에 따르면, 각 중앙관서의 장 또는 계약담당공무원은 계약상대자가 계약의 전부 또는 일부를 이행하면 이를 확인하기 위하여 계약서, 설계서, 그 밖의 관계 서류에 의하여 검사하거나 소속 공무원에게 그 사무를 위임하여 필요한 검사를 하게 하여야 한다. 다만, 대통령령으로 정하는 계약의 경우에는 전문기관을 따로 지정하여 필요한 검사를 하게 할 수 있다.

감독 및 검사의 직무의 구체적 범위는 영 제54조 내지 제57조에서 규정하고 있으며, 계약내용에 구체적으로 합의할 수 있다. 본 제재사유는 이러한 감독 및 검사의 직무 수행을 방해하는 행위이다. '방해'란 직무의 집행 자체를 직접 방해하는 경우뿐만 아니라 널리 직무에 지장을 줄 위험이 발생하는 경우로 정의할 수 있다. 따라서 실제로 감독·검사 직무의 집행을 불능케 하거나 정지케 하는 결과가 발생할 것을 요구하지 않는다. 본 제재사유에 해당될 수 있는 구체적인 예로, 계약상대자의 자체 검사에 대해 검사전문기관이 품질보증검사를 할 때 계약상대자가 규격과 다른 검사 장비를 이용하여 시험을 진행하여 검사전문기관을 기망하여 합격판정을 받은 경우, 검사항목에 대한 규격을 변경할 목적으로 검사항목의 변경이 아니라는 내용이라는 허위의 규격변경 신청서를 제출하여 실제로 검사항목에 대한 규격을 변경한 경우 등이 이에 해당한다고 볼 수 있다.

19. 건설사업관리기술자의 위법·부정한 교체(법 제27조제1항 제8호 나목, 영 제76조제1항 제2호 마목)

> [법] 8. 그 밖에 다음 각 목의 어느 하나에 해당하는 자로서 대통령령으로 정하는 자
> 나. 정당한 이유 없이 계약의 체결 또는 이행 관련 행위를 하지 아니하거나 방해하는 등 계약의 적정한 이행을 해칠 염려가 있는 자

> [영] 2. 계약의 적정한 이행을 해칠 염려가 있는 자로서 다음 각 목의 어느 하나에 해당하는 자
> 마. 시공 단계의 건설사업관리 용역계약 시「건설기술 진흥법 시행령」제60조 및 계약서 등에 따른 건설사업관리기술자 교체 사유 및 절차에 따르지 아니하고 건설사업관리기술자를 교체한 자

시행규칙 [별표2] 입찰참가자격 제한사유	제재기간	과징금	
		책임	경쟁
19. 영 제76조제1항제2호 마목에 해당하는 자(시공 단계의 건설사업관리 용역계약 시「건설기술 진흥법 시행령」제60조 및 계약서 등에 따른 건설사업관리기술자 교체 사유 및 절차에 따르지 아니하고 건설사업관리기술자를 교체한 자)	8개월	4%	12%

　건설기술진흥법 시행령 제60조에 따르면, 시공 단계의 건설사업관리를 수행하는 건설사업관리용역업자는 해당 건설공사의 규모 및 공종에 적합하다고 인정하는 건설기술자를 건설사업관리 업무에 배치하여야 하며, 책임건설사업관리기술자를 건설공사의 규모 등을 고려하여 국토교통부령으로 정하는 기준에 따라 배치하여야 한다. 또한 발주청은 이미 배치되었거나 배치될 건설사업관리기술자가 해당 건설공사의 건설사업관리 업무 수행에 적합하지 아니하다고 인정되는 경우에는 그 이유를 구체적으로 밝혀 건설사업관리용역업자에게 건설사업관리기술자의 교체를 요구할 수 있으며, 건설사업관리용역업자가 스스로 건설사업관리기술자를 교체하려는 경우에는 미리 발주청의 승인을 받아야 한다. 건설사업관리기술자의 교체사유 및 절차에 대해 계약서 등으로 합의한 경우 건설사업관리용역업자는 이를 따라야 한다.

　본 제재사유는, 시공 단계의 건설사업관리 용역계약에 있어서 계약상대자(건설사업관리용역업자)가 건설기술진흥법 시행령 제60조 및 계약서 등에 따른 건설사업관리기술자 교체사유 및 절차를 따르지 아니하고 건설사업관리기술자를 교체한 경우이다. 제재취지는 부정한 방법에 의한 건설사업관리기술자의 교체에 따른 부실감리를 방지

하여 부실공사를 억제하기 위함이다. 문언해석상 '시공 단계'가 아닌 '설계 단계' 또는 '구매조달 단계'의 건설사업관리 용역계약에는 적용되지 아니한다. 또한 건설사업관리용역업자가 건설사업관리기술자를 교체한 행위가 아닌 최초 배치에는 적용되지 아니하고, 발주청의 건설사업관리기술자의 교체요구에 응하지 아니하는 경우에도 본 제재사유가 적용되지 아니한다.

20. 안전의무 위반으로 공중·근로자 위해(법 제27조제1항 제8호 다목, 영 제76조제1항 제3호 가목)

> [법] 8. 그 밖에 다음 각 목의 어느 하나에 해당하는 자로서 대통령령으로 정하는 자
> 다. 다른 법령을 위반하는 등 입찰에 참가시키는 것이 적합하지 아니하다고 인정되는 자

> [영] 3. 다른 법령을 위반하는 등 입찰에 참가시키는 것이 적합하지 아니하다고 인정되는 자로서 다음 각 목의 어느 하나에 해당하는 자
> 가. 계약의 이행에 있어서 안전대책을 소홀히 하여 공중에게 위해를 가한 자 또는 사업장에서 「산업안전보건법」에 따른 안전·보건 조치를 소홀히 하여 근로자 등에게 사망 등 중대한 위해를 가한 자

시행규칙 [별표2] 입찰참가자격 제한사유	제재 기간	과징금	
		책임	경쟁
20. 영 제76조제1항제3호 가목에 해당하는 자	1년	5%	15%
가. 안전대책을 소홀히 하여 사업장 근로자 외의 공중에게 생명·신체상의 위해를 가한 자	6개월	3%	9%
나. 안전대책을 소홀히 하여 사업장 근로자 외의 공중에게 재산상의 위해를 가한 자			
다. 사업장에서 「산업안전보건법」에 따른 안전·보건조치를 소홀히 하여 근로자가 사망하는 재해를 발생시킨 자			
(1) 동시에 사망한 근로자 수가 10명 이상	1년 6개월	7.5%	22.5%
(2) 동시에 사망한 근로자 수가 6명 이상 10 미만	1년	5%	15%
(3) 동시에 사망한 근로자 수가 2명 이상 6명 미만	6개월	3%	9%

본 제재사유는 계약의 이행에 있어서 ① 안전대책을 소홀히 하여 공중에게 위해를 가한 자 또는 ② 사업장에서 「산업안전보건법」에 따른 안전·보건 조치를 소홀히 하여 근로자 등에게 사망 등 중대한 위해를 가한 자로 구분된다.

가. 안전대책을 소홀히 하여 공중에게 위해를 가한 자

'안전대책'이란 법령 또는 계약서 등에서 정하고 있는 안전사고를 방지하기 위한 계획이나 조치를 의미한다. '안전대책을 소홀히 하는 경우'란 계약이행과정에서 발생할 우려가 있거나 발생 가능성이 있다고 인지된 안전사고를 방지하기 위해 관련 법령 또는 계약서 등에서 정하고 있는 안전사고 방지를 위한 계획을 적절히 수립하지 않거나, 물리적·시간적으로 가능한 범위에서 필요한 조치를 적절히 취하지 않고 게을리한 것을 의미한다(회계제도과-2275, 2004. 12. 7.). '공중에게 위해를 가한 자'란 사업장 근로자 이외의 일반인에 대해 생명 및 신체뿐 아니라 재산에 대한 위협 또는 피해를 가한 자를 의미한다.

> **[유권해석]** 안전사고 발생 가능성을 전혀 예측할 수 없었던 경우 및 안전사고 발생 가능성을 인지한 후 안전사고 방지를 위해 물리적·시간적으로 가능한 범위에서 필요한 조치를 취하였으나 불가항력 또는 불가피하게 안전사고가 발생한 경우에는 본 제재사유에 해당되지 아니한다(회계제도과-2275, 2004. 12. 7.).

나. 사업장에서 근로자 등에게 중대한 위해를 가한 자

사업주는 사업을 할 때 발생하는 위험 및 건강장해를 예방하기 위하여 필요한 조치를 하여야 한다(산업안전보건법 제23조, 제24조). '중대한 위해'란 근로자가 업무로 인하여 사망 또는 정도가 심한 부상 또는 질병에 걸리는 것으로 고용노동부령으로 정하는 재해를 말한다(동법 제2조제7호). 산업안전보건법 시행규칙 제2조에는 '사망자가 1명 이상 발생한 재해, 3개월 이상의 요양이 필요한 부상자가 동시에 2명 이상 발생한 재해, 부상자 또는 직업성질병자가 동시에 10명 이상 발생한 재해 중 하나에 해당하는 재해를 중대재해로 정의한다. 따라서 영 제76조제1항 제3호 가목에는 '사망 등 중대한 위해를 가한 자'로 규정하고 있음에도 별표2 제20호에는 사망하는 재해만을 규정하고 있고 중대한 위해를 가한 자는 규정하고 있지 않다. 그러나 부상자만 발생한 경우 산업안전보건법 시행규칙 제2조가 정의한 바를 기준으로 부상자의 수에 비례하여 별표2 제20호 다목을 유추 적용할 수 있다고 본다(예, 사망자 2명=3개월 요양이 필요한 부상자 2명=부상자 10명).

본 제재취지는 안전대책을 소홀히 하여 사람에 대한 중대한 장해를 방지하기 위한 것이므로, '근로자 등'에는 근로자뿐 아니라 사업장에 있는 일반인도 포함되는 것으로 해석된다.

【관련판례】 (기차역 신호기설치 공사계약 완료 후 하행선 신호기 오작동으로 열차 추돌사고 발생하여 승객이 부상한 사건에서 '안전대책을 소홀히 하여 공중에게 위해를 가한 자'로 입찰참가자격 제한처분을 한 사안) 이 사건 열차추돌사고는 원고회사 직원이 전기배선작업을 하면서 전기배선이 누락한 사실을 발견하고도 근본적인 조치를 취하지 아니함으로 야기된 것이다. (중략) 이 사건 열차추돌사고의 발생은 원고의 위 잘못뿐만 아니라 피고 측에서도 원고가 위 전기공사를 완료한 후 그 공사에 대한 연동검사를 실시함에 있어 하행선 진로조건에 대한 확인을 소홀히 하여 하행선 신호회로의 결선누락을 조기에 발견하지 못한 잘못이 있고, 피고 측 직원이 원고의 전기배선작업 현장에 입회하지 아니한 채 원고 직원으로 하여금 전기배선을 변경하도록 방치한 과실 등이 경합하여 발생한 사실을 인정할 수 있는바, 이러한 쌍방의 과실 정도와 이 사건 사고발생의 경위 및 경과, 열차추돌사고 피해자의 규모 및 부상의 정도 등 제반사정을 참작하여 보면 이 사건 처분은 비례의 원칙에 위반되어 재량권의 범위를 일탈하거나 남용한 위법한 처분으로 봄이 상당하다(서울고등법원 1995. 7. 26. 선고 94구18678 판결 참조).

21. 정보시스템 정보 누출(법 제27조제1항 제8호 다목, 영 제76조제1항 제3호 나목)

[법] 8. 그 밖에 다음 각 목의 어느 하나에 해당하는 자로서 대통령령으로 정하는 자
  다. 다른 법령을 위반하는 등 입찰에 참가시키는 것이 적합하지 아니하다고 인정되는 자

[영] 3. 다른 법령을 위반하는 등 입찰에 참가시키는 것이 적합하지 아니하다고 인정되는 자로서 다음 각 목의 어느 하나에 해당하는 자
  나. 「전자정부법」 제2조제13호에 따른 정보시스템의 구축 및 유지·보수 계약의 이행과정에서 알게 된 정보 중 각 중앙관서의 장 또는 계약담당공무원이 누출될 경우 국가에 피해가 발생할 것으로 판단하여 사전에 누출금지정보로 지정하고 계약서에 명시한 정보를 무단으로 누출한 자

시행규칙 [별표2] 입찰참가자격 제한사유	제재 기간	과징금	
		책임	경쟁
21. 영 제76조제1항제3호 나목에 해당하는 자(「전자정부법」 제2조제13호에 따른 정보시스템의 구축 및 유지·보수 계약의 이행과정에서 알게 된 정보 중 각 중앙관서의 장 또는 계약담당공무원이 누출될 경우 국가에 피해가 발생할 것으로 판단하여 사전에 누출금지정보로 지정하고 계약서에 명시한 정보를 무단으로 누출한 자)		—	
가. 정보 누출 횟수가 2회 이상인 경우	3개월		4.5%
나. 정보 누출 횟수가 1회인 경우	1개월		1.5%

본 제재의 취지는 국가기관의 정보화시스템 구축 및 운영과정에서 취득한 자료를 무단으로 유출하는 것을 방지하기 위한 것이다. "정보시스템"이란 정보의 수집·가공·저장·검색·송신·수신 및 그 활용과 관련되는 기기와 소프트웨어의 조직화된 체계를 말한다(전자정부법 제2조제13호; 예컨대 국가전자조달시스템인 나라장터). 본 제재사유는, 정보시스템의 구축 및 유지·보수 계약의 계약상대자가 계약의 이행과정에서 알게 된 정보 중 각 중앙관서의 장이 사전에 누출금지정보로 지정하고 계약서에 명시한 정보를 무단으로 누출할 경우 누출 횟수에 따라 입찰참가자격을 제한한다. 따라서 계약의 체결과정에서 알게 된 정보 또는 사전에 누출금지정보로 지정되지 않거나 계약서에 명시하지 않은 정보에 대한 누출은 본 제재사유에 해당되지 않는다. '무단으로 누출한 자'란 발주기관의 동의나 승낙을 받지 않고 누출한 자를 의미한다.

22. 정보시스템 무허가 접속(법 제27조제1항 제8호 다목, 영 제76조제1항 제3호 다목)

[법] 8. 그 밖에 다음 각 목의 어느 하나에 해당하는 자로서 대통령령으로 정하는 자
　다. 다른 법령을 위반하는 등 입찰에 참가시키는 것이 적합하지 아니하다고 인정되는 자

[영] 3. 다른 법령을 위반하는 등 입찰에 참가시키는 것이 적합하지 아니하다고 인정되는 자로서 다음 각 목의 어느 하나에 해당하는 자
　다. 「전자정부법」 제2조제10호에 따른 정보통신망 또는 같은 조 제13호에 따른 정보시스템(이하 이 목에서 "정보시스템등"이라 한다)의 구축 및 유지·보수 등 해당 계약의 이행과정에서 정보시스템등에 허가 없이 접속하거나 무단으로 정보를 수집할 수 있는 비(非)인가 프로그램을 설치하거나 그러한 행위에 악용될 수 있는 정보시스템등의 약점을 고의로 생성 또는 방치한 자

시행규칙 [별표2] 입찰참가자격 제한사유	제재기간	과징금	
		책임	경쟁
22. 영 제76조제1항제3호 다목에 해당하는 자(「전자정부법」 제2조제10호에 따른 정보통신망 또는 같은 조 제13호에 따른 정보시스템(이하 이 호에서 "정보시스템등"이라 한다)의 구축 및 유지·보수 등 해당 계약의 이행과정에서 정보시스템등에 허가 없이 접속하거나 무단으로 정보를 수집할 수 있는 비인가 프로그램을 설치하거나 그러한 행위에 악용될 수 있는 정보시스템등의 약점을 고의로 생성 또는 방치한 자)	2년	—	30%

"정보통신망"이란 전기통신설비 또는 전기통신설비·컴퓨터·컴퓨터 이용기술을 활용하여 정보를 수집·가공·저장·검색·송신 또는 수신하는 정보통신체제를 말한다(전자정부법 제2조제10호; 예컨대 인트라넷). "정보시스템"이란 정보의 수집·가공·저장·검색·송신·수신 및 그 활용과 관련되는 기기와 소프트웨어의 조직화된 체계를 말한다(동조 제13호; 예컨대 국가전자조달시스템인 나라장터). 본 제재사유는 정보시스템등의 구축 및 유지·보수 등 계약의 계약상대자가 해당 계약의 이행과정에서 ① 정보시스템등에 허가 없이 접속한 자, ② 무단으로 정보를 수집할 수 있는 비인가 프로그램을 설치한 자(예컨대 해킹프로그램 설치), ③ 무허가 접속 또는 무단 정보수집 행위에 악용될 수 있는 정보시스템등의 약점을 고의로 생성 또는 방치한 자로 구성된다. '방치'란 정보시스템등의 약점을 알면서 그대로 내버려 두는 행위를 말한다. 본 제재사유는 시행일인 2016. 9. 3. 전에 체결된 계약으로서 시행일 당시 이행과정에 있는 계약에 대하여 제재사유가 발생하는 경우에도 적용한다(부칙 27475호 제3조제2항).

제3장 입찰참가자격
제한 절차

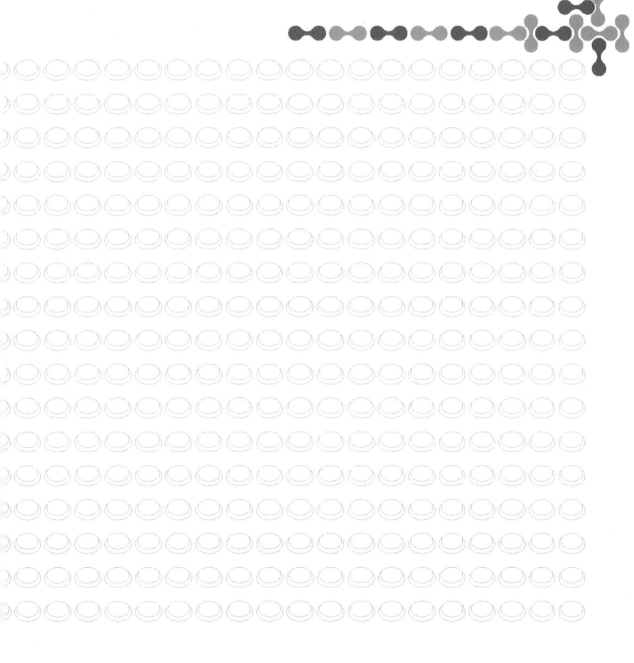

제1절 의 의

입찰참가자격 제한은 행정법상 처분이므로 그 절차에 관해서 국가계약법령에 정한 절차뿐만 아니라 행정절차법상 침익적 처분에 관한 절차요건이 그대로 적용된다. 과거 국가계약법 제27조제2항에서는 의견제출 및 필요시 청문규정을 두고 있었는데, 행정절차법이 시행됨에 따라 1997. 12. 31. 삭제되었다. 행정절차법은 처분 등의 절차에 관하여 다른 법률에 특별한 규정이 있는 경우를 제외하고는 행정절차법이 정하는 바에 의한다고 규정하고 있으므로, 국가계약법상 입찰참가자격 제한 조치는 행정절차법에서 규정된 절차에 따라야 하고, 이를 지키지 아니하였을 경우 당해 부정당업자제재 처분은 절차적으로 위법하다고 평가된다.

제2절 절차상 하자의 효력

행정절차법에는 행정절차상 하자의 효과에 대해서 일반적인 규정이 없고, 국가계약법(지방계약법 등)에도 그러한 규정을 두고 있지 않다. 이 경우 절차적 하자만 있는 행정행위를 취소할 수 있는지 여부에 대해 논의가 되고 있다. 먼저, 학설은 행정행위에 실체적인 하자가 없다면 절차상의 하자만을 이유로 행정행위를 취소할 수 없다는 소극설, 절차상의 하자는 내용상의 하자와 마찬가지로 그 자체로서 위법하여 행정행위를 취소할 수 있다는 적극설, 그리고 절차상 하자의 정도나 행정행위의 성질 등 구체적인 사안에 따라 개별적으로 검토해야 한다는 개별적 검토설로 나뉘어 있다. 판례는 적극설의 입장이라고 해석하는 견해가 유력하다. 판례는 사전통지 및 청문 등 주요절차의 하자에 대해서는 위법한 처분이라고 판시하였으나, 이유제시의 하자에 있어서는 당사자가 행정구제절차로 나아가는 데 지장이 없다면 처분의 근거와 이유가 구체적으로 명시되지 않았더라도 위법하지 않다는 입장이다.[130]

【관련판례】 행정절차법 제21조제1항, 제4항, 제22조제1항 내지 제4항에 의하면, 행정청이 당사자에게 의무를 과하거나 권익을 제한하는 처분을 하는 경우에는 미리 처분하고자 하는 원인이 되는 사실과 처분의 내용 및 법적 근거, 이에 대하여 의견을 제출할 수 있다는 뜻과 의견을 제출하지 아니하는 경우의 처리방법 등의 사항을 당사자 등에게 통지하여야 하고, 다른 법령 등에서 필요적으로 청문을 실시하거나 공청회를 개최하도록 규정하고 있지 아니한 경우에도 당사자 등에게 의견제출의 기회를 주어야 하되, 당해 처분의 성질상 의견청취가 현저히 곤란하거나 명백히 불필요하다고 인정될 만한 상당한 이유가 있는 경우 등에는 처분의 사전통지나 의견청취를 하지 아니할 수 있도록 규정하고 있으므로, 행정청이 침해적 행정처분을 함에 있어서 당사자에게 위와 같은 사전통지를 하거나 의견제출의 기회를 주지 아니하였다면 사전통지를 하지 않거나 의견제출의 기회를 주지 아니하여도 되는 예외적인 경우에 해당하지 아니하는 한 그 처분은 위법하여 취소를 면할 수 없다(대법원 2000. 11. 14. 선고 99두5870 판결). [사전통지 사안]

【관련판례】 청문절차에 관한 각 규정과 행정처분의 사유에 대하여 당해 영업자에게 변명과 유리한 자료를 제출할 기회를 부여함으로써 위법사유의 시정 가능성을 고려하고 처분의 신중과 적정을 기하려는 청문제도의 취지에 비추어 볼 때, 행정청이 침해적 행정처분을 함에 즈음하여 청문을 실시하지 않아도 되는 예외적인 경우에 해당하지 않는 한 반드시 청문을 실시하여야 하고, 그 절차를 결여한 처분은 위법한 처분으로서 취소 사유에 해당한다(대법원 2001. 4. 13. 선고 2000두3337 판결). [청문 사안]

【관련판례】 구 행정절차법(2012. 10. 22. 법률 제11498호로 개정되기 전의 것)제21조제1항, 제4항, 제22조에 의하면, 행정청이 당사자에게 의무를 과하거나 권익을 제한하는 처분을 하는 경우에는 미리 처분하고자 하는 원인이 되는 사실과 처분의 내용 및 법적 근거, 이에 대하여 의견을 제출할 수 있다는 뜻과 의견을 제출하지 아니하는 경우의 처리방법 등의 사항을 당사자 등에게 통지해야 하고, 다른 법령 등에서 필수적으

---

130) 행정절차법 시행 이전의 판례의 경향은, 행정절차가 법령상 명문으로 규정되어 있는 경우에는 그 흠결을 위법한 것으로 보아 취소사유로 인정하였으나, 행정규칙에 규정되어 있는 경우에는 대체적으로 그 흠결을 위법한 것으로 인정하지 않았다. 이유제시에 관한 행정절차법 시행 이전 판례의 경향은 처분요건을 일반적·추상적인 것만으로는 불충분하고, 상대방에게 처분 근거·이유를 이해될 수 있고 권리구제를 강구할 수 있을 정도로 구체성·상세성을 가져야 한다는 것이다(대법원 1984. 7. 10. 선고 82누551 판결; 대법원 1990. 9. 11. 선고 90누1786 판결 등).

로 청문을 실시하거나 공청회를 개최하도록 규정하고 있지 아니한 경우에도 당사자 등에게 의견제출의 기회를 주어야 하되, '당해 처분의 성질상 의견청취가 현저히 곤란하거나 명백히 불필요하다고 인정될 만한 상당한 이유가 있는 경우' 등에는 처분의 사전통지나 의견청취를 아니할 수 있도록 규정하고 있다. 따라서 행정청이 침해적 행정처분을 하면서 당사자에게 위와 같은 사전통지를 하거나 의견제출의 기회를 주지 않았다면, 사전통지를 하지 않거나 의견제출의 기회를 주지 않아도 되는 예외적인 경우에 해당하지 않는 한, 그 처분은 위법하여 취소를 면할 수 없다(대법원 2013. 1. 16. 선고 2011두30687 판결). [의견제출 사안]

【관련판례】 행정절차법 제23조제1항은 행정청이 처분을 하는 때에는 당사자에게 그 근거와 이유를 제시하도록 규정하고 있고, 이는 행정청의 자의적 결정을 배제하고 당사자로 하여금 행정구제절차에서 적절히 대처할 수 있도록 하는 데 그 취지가 있다. 따라서 처분서에 기재된 내용과 관계 법령 및 당해 처분에 이르기까지 전체적인 과정 등을 종합적으로 고려하여, 처분 당시 당사자가 어떠한 근거와 이유로 처분이 이루어진 것인지를 충분히 알 수 있어서 그에 불복하여 행정구제절차로 나아가는 데에 별다른 지장이 없었던 것으로 인정되는 경우에는 처분서에 처분의 근거와 이유가 구체적으로 명시되어 있지 않았다고 하더라도 그로 말미암아 그 처분이 위법한 것으로 된다고 할 수는 없다(대법원 2013. 11. 14. 선고 2011두18571 판결; 대법원 2002. 5. 17. 선고 2000두8912 판결 참조). [이유제시 사안]

행정청이 처분을 할 때에는 원칙적으로 문서로 하여야 하는데(행정절차법 제24조 제1항), 문서에 의하여야 할 행정행위를 구술로 한 경우에는 원칙적 무효라고 할 것이다. 행정청의 처분을 하는 문서는 그 처분 행정청과 담당자의 소속·성명 및 연락처를 적어야 하는데(행정절차법 제24조제2항), 행정청의 서명·날인이 없는 행위는 원칙적으로 무효라고 할 것이다.

【관련판례】 행정청이 당사자와 사이에 도시계획사업의 시행과 관련한 협약을 체결하면서 관계 법령 및 행정절차법에 규정된 청문의 실시 등 의견청취절차를 배제하는 조항을 두었다고 하더라도, 국민의 행정참여를 도모함으로써 행정의 공정성·투명성 및 신뢰성을 확보하고 국민의 권익을 보호한다는 행정절차법의 목적 및 청문제도의 취지 등에 비추어 볼 때, 위와 같은 협약의 체결로 청문의 실시에 관한 규정의 적용을 배제할 수 있다고 볼 만한 법령상의 규정이 없는 한, 이러한 협약이 체결되었다고 하여 청문의 실시에 관한 규정의 적용이 배제된다거나 청문을 실시하지 않아도 되는 예외적인 경우에 해당한다고 할 수 없다(대법원 2004. 7. 8. 선고 2002두8350 판결).

다음으로 논의되는 문제는 위법한 행정행위가 사후에 추완행위에 의하여 치유될 수 있는가, 있다고 하면 그 사항적 범위 및 시간적 범위는 어떠한지에 대한 것이다. 행정절차법에는 하자의 치유에 대해서 아무런 규정이 없으므로 해석에 의해서 해결해야 할 것이다. 학설은 행정결정의 신중성의 확보와 자의배제 등을 이유로 치유를 원칙적으로 인정하지 않는 부정설, 행정의 능률성 확보를 이유로 광범위하게 인정해야 한다는 긍정설, 국민의 권익을 침해하지 않는 한도 내에서 구체적인 사안에 따라 합목적이고 제한적으로 인정해야 한다는 제한적 긍정설로 나뉘며, 판례는 제한적 긍정설의 입장이다.

【관련판례】 하자 있는 행정행위의 치유는 행정행위의 성질이나 법치주의의 관점에서 볼 때 원칙적으로 허용될 수 없는 것이고, 예외적으로 행정행위의 무용한 반복을 피하고 당사자의 법적 안정성을 위해 이를 허용하는 때에도 국민의 권리나 이익을 침해하지 않는 범위에서 구체적 사정에 따라 합목적적으로 인정하여야 한다(대법원 2002. 7. 9. 선고 2001두10684 판결).

【관련판례】 행정청이 식품위생법상의 청문절차를 이행함에 있어 소정의 청문서 도달기간을 지키지 아니하였다면 이는 청문의 절차적 요건을 준수하지 아니한 것이므로 이를 바탕으로 한 행정처분은 일단 위법하다고 보아야 할 것이지만 이러한 청문제도의 취지는 처분으로 말미암아 받게 될 영업자에게 미리 변명과 유리한 자료를 제출할 기회를 부여함으로써 부당한 권리침해를 예방하려는 데에 있는 것임을 고려하여 볼 때, 가령 행정청이 청문서 도달기간을 다소 어겼다 하더라도 영업자가 이에 대하여 이의하지 아니한 채 스스로 청문일에 출석하여 그 의견을 진술하고 변명하는 등 방어의 기회를 충분히 가졌다면 청문서 도달기간을 준수하지 아니한 하자는 치유되었다고 봄이 상당하다(대법원 1992. 10. 23. 선고 92누2844 판결).

【관련판례】 국세징수법 제9조, 구 상속세법(1990. 12. 31. 법률 제4283호로 개정된 것) 제34조의7, 제25조, 제25조의2, 구 상속세법시행령(1990. 12. 31. 대통령령 제13196호로 개정된 것) 제42조제1항, 제19조제1항의 각 규정에 의하여 증여세의 납세고지서에 과세표준과 세액의 계산명세가 기재되어 있지 아니하거나 그 계산명세서를 첨부하지 아니하였다면 그 납세고지는 위법하다고 할 것이나, 한편 과세관청이 과세처분에 앞서 납세의무자에게 보낸 과세예고통지서 등에 납세고지서의 필요적 기재사항이 제대로 기재되어 있어 납세의무자가 그 처분에 대한 불복 여부의 결정 및 불복신청에 전혀 지장을 받지 않았음이 명백하다면, 이로써 납세고지서의 하자가 보완되거나 치유될 수 있다(대법원 2001. 3. 27. 선고 99두8039 판결).

【관련판례】 처분청이 택지초과소유부담금 부과처분을 함에 있어서 그 납부고지서에 초
과소유부담금 부과대상을 특정하지 아니하여 어느 토지에 대한 부과처분인지를 알
수 없을 뿐만 아니라 개별택지별 부과표준액이 얼마이며 어느 토지에 대하여 어느
부과율을 적용하였는지 등을 전혀 알 수 없는 경우에는 그 부과처분은 위법하나, 처
분청이 부과처분에 앞서 구 택지소유상한에관한법률시행령(1993. 5. 10. 대통령령 제
13882호로 개정되기 전의 것) 제31조 에 의거하여 납부의무자에게 교부한 택지초과
소유부담금 부과대상 예정통지서에 납부고지서의 필요적 기재사항이 제대로 기재되
어 있어, 납부의무자가 이를 기초로 같은 법 시행령 제31조제2항에 의거한 택지초과
소유부담금 부과 전 이의신청을 하였다면, 납부의무자로서는 부과처분에 대한 불복
여부의 결정 및 불복신청에 전혀 지장을 받지 않았을 것이므로, 그 예정통지서는 그
후 발부된 납세고지서와 결합하여 납세고지서의 하자를 보완하는 기능을 갖는다(대
법원 1996. 11. 15. 선고 96누12504 판결).

제3절 입찰참가자격 제한의 구체적 절차

1. 보고

계약담당공무원은 법 제27조제1항에 따른 부정당업자에 해당된다고 인정하는 자
가 있을 때에는 지체 없이 그 소속 중앙관서의 장에게 보고하여야 한다(규칙 제77
조제1항).

2. 처분의 사전통지(행정절차법 제21조, 시행령 제13조)

행정청은 당사자에게 의무를 부과하거나 권익을 제한하는 처분(입찰참가자격 제한
처분은 이에 해당함)을 하는 경우에는 미리 다음 각호의 사항을 당사자에게 통지하
여야 한다.

[각호 사항] ① 처분의 제목, ② 당사자의 성명 또는 명칭과 주소, ③ 처분하려는
원인이 되는 사실과 처분의 내용 및 법적 근거, ④ 제3호에 대하여 의견을 제출할
수 있다는 뜻과 의견을 제출하지 아니하는 경우의 처리방법, ⑤ 의견제출기관의 명
칭과 주소, ⑥ 의견제출기한, ⑦ 그 밖에 필요한 사항

행정청은 청문이 시작되는 날부터 10일 전까지 위 각호의 사항을 당사자에게 통지

하여야 한다. 이 경우 제4호부터 제6호까지의 사항은 청문 주재자의 소속·직위 및 성명, 청문의 일시 및 장소, 청문에 응하지 아니하는 경우의 처리방법 등 청문에 필요한 사항으로 갈음한다. 행정청이 청문서 도달기간을 다소 어겼다 하더라도 영업자가 이에 대하여 이의하지 아니한 채 스스로 청문일에 출석하여 그 의견을 진술하고 변명하는 등 방어의 기회를 충분히 가졌다면 청문서 도달기간을 준수하지 아니한 하자는 치유되었다(대법원 1992. 10. 23. 선고 92누2844 판결).

제6호에 따른 기한(의견제출기한)은 의견제출에 필요한 상당한 기간을 고려하여 정하여야 한다. 상당한 기간으로 보통 우편이 도달한 때로부터 10일에서 2주일 사이의 기간을 주는 것이 통상 관례이다.

사전통지를 하지 아니할 수 있는 사유는 다음과 같다.[131]

[법 제21조제4항]
① 공공의 안전 또는 복리를 위하여 긴급히 처분을 할 필요가 있는 경우
② 법령등에서 요구된 자격이 없거나 없어지게 되면 반드시 일정한 처분을 하여야 하는 경우에 그 자격이 없거나 없어지게 된 사실이 법원의 재판 등에 의하여 객관적으로 증명된 경우
③ 해당 처분의 성질상 의견청취가 현저히 곤란하거나 명백히 불필요하다고 인정될 만한 상당한 이유가 있는 경우

[영 제13조]
① 급박한 위해의 방지 및 제거 등 공공의 안전 또는 복리를 위하여 긴급한 처분이 필요한 경우
② 법원의 재판 또는 준사법적 절차를 거치는 행정기관의 결정 등에 따라 처분의 전제가 되는 사실이 객관적으로 증명되어 처분에 따른 의견청취가 불필요하다고 인정되는 경우
③ 의견청취의 기회를 줌으로써 처분의 내용이 미리 알려져 현저히 공익을 해치는 행위를 유발할 우려가 예상되는 등 해당 처분의 성질상 의견청취가 현저하게 곤란한 경우

---

131) 제1호부터 제3호는 법 제21조제4항에 따른 사유이고, 제4호부터 제9호까지는 시행령 제13조에 따라 사전통지를 하지 아니할 수 있는 경우이다.

④ 법령 또는 자치법규(이하 "법령등"이라 한다)에서 준수하여야 할 기술적 기준이 명확하게 규정되고, 그 기준에 현저히 미치지 못하는 사실을 이유로 처분을 하려는 경우로서 그 사실이 실험, 계측, 그 밖에 객관적인 방법에 의하여 명확히 입증된 경우

⑤ 법령등에서 일정한 요건에 해당하는 자에 대하여 점용료·사용료 등 금전급부를 명하는 경우 법령등에서 규정하는 요건에 해당함이 명백하고, 행정청의 금액산정에 재량의 여지가 없거나 요율이 명확하게 정하여져 있는 경우 등 해당 처분의 성질상 의견청취가 명백히 불필요하다고 인정될 만한 상당한 이유가 있는 경우

입찰참가자격 제한 처분은 경쟁의 공정한 집행을 저해하거나 계약의 적정한 이행을 해칠 염려가 있는 경우 부정당업자에 대해서 일정 기간 입찰의 참여를 제한하는 것이다. 이러한 입찰참가자격 제한 처분의 성질상 사전통지를 하지 아니할 예외적인 사유에 해당되기 어렵다고 판단된다. 위 법률 제1호·영 제1호의 경우, 부정당업자가 입찰에 참여하거나 계약을 체결할 예정이라는 사정은 '긴급'하다고 볼 수 없다. 즉, 경쟁의 공정한 집행을 저해하거나 계약의 적정한 이행을 해칠 염려가 있는 사유만으로는 공공의 안전이나 복리에 위해를 가한다고 단정하기는 어려울 것이다. 또한 위 영 제2호의 경우, 뇌물, 사기, 담합행위로 법원의 재판을 받은 경우 처분의 전제가 되는 사실이 객관적으로 증명되었다고 볼 수 있으나, 입찰참가자격 제한 처분은 위반행위뿐만 아니라 제재 필요성이 있어야 하므로 법원의 재판만으로 사전통지를 하지 아니할 상황에는 해당된다고 보기는 어렵다.

【관련판례】 위 3호 '의견청취가 현저히 곤란하거나 명백히 불필요하다고 인정될 만한 상당한 이유가 있는지 여부'는 당해 행정처분의 성질에 비추어 판단하여야 하는 것이지, 청문통지서의 반송 여부, 청문통지의 방법 등에 의하여 판단할 것은 아니며, 또한 행정처분의 상대방이 통지된 청문일시에 불출석하였다는 이유만으로 행정청이 관계 법령상 그 실시가 요구되는 청문을 실시하지 아니한 채 침해적 행정처분을 할 수는 없을 것이므로, 행정처분의 상대방에 대한 청문통지서가 반송되었다거나, 행정처분의 상대방이 청문일시에 불출석하였다는 이유로 청문을 실시하지 아니하고 한 침해적 행정처분은 위법하다[132)133)](대법원 2001. 4. 13. 선고 2000두3337 판결).

---

132) 피고행정청이 원고회사에 대해 영업정지 처분을 하였고, 법률에 영업정지 처분 시 청문절차가 필수적으로 규정하고 있는 사안에서, 피고행정청이 원고회사에 대해 그 주소지 및 영업소로 두 차례

사전 통지를 하지 아니하는 경우 행정청은 처분을 할 때 당사자등에게 통지를 하지 아니한 사유를 알려야 한다. 다만, 신속한 처분이 필요한 경우에는 처분 후 그 사유를 알릴 수 있으며 이 경우 처분의 방식(행정절차법 제24조[134])을 준용한다.

> **【관련판례】** 행정청이 침해적 행정처분을 함에 있어서 당사자에게 위와 같은 사전통지를 하거나 의견제출의 기회를 주지 아니하였다면 예외적인 경우에 해당하지 아니하는 한 그 처분은 위법하여 취소를 면할 수 없다(대법원 2000. 11. 14. 선고 99두5870 판결).

3. 의견청취(행정절차법 제22조)

의견청취는 청문, 공청회, 의견제출로 이루어진다. '청문'이란 행정청이 어떠한 처분을 하기 전에 당사자 등의 의견을 직접 듣고 증거를 조사하는 절차를 말한다. '공청회'란 행정청이 공개적인 토론을 통하여 어떠한 행정작용에 대하여 당사자 등, 전문지식과 경험을 가진 사람, 그 밖의 일반인으로부터 의견을 널리 수렴하는 절차를 말한다. '의견제출'이란 행정청이 어떠한 행정작용을 하기 전에 당사자 등이 의견을 제시하는 절차로서 청문이나 공청회에 해당하지 아니하는 절차를 말한다.

> **【관련판례】** 청문제도의 취지는 처분으로 말미암아 받게 될 영업자에게 미리 변명과 유리한 자료를 제출할 기회를 부여함으로써 부당한 권리침해를 예방하려는 데에 있다(대법원 1992. 10. 23. 선고 92누2844 판결).

에 걸쳐 청문통지서를 발송하였으나 수취인 부재 및 수취인 미거주를 이유로 청문통지서가 모두 반송되어 오자, 행정절차법 제14조제4항의 규정에 따라 청문통지를 공고(공시송달)하였고, 원고회사가 그 청문일시에 출석하지 아니하자, 피고행정청은 청문을 실시하지 않은 채 원고회사에 대하여 영업허가를 취소하는 이 사건 처분을 하였고, 원심은 원고회사에 대한 청문 통지서가 두 차례에 걸쳐 반송되어 온 것은 피고행정청이 청문을 실시하지 않아도 되는 행정절차법 제21조제4항 제3호의 사유에 해당하고, 따라서 피고행정청이 청문을 거치지 않고 한 이 사건 처분이 위법하지 않다고 판단하였다.

133) 당사자가 출석하지 않은 청문이 가능하다는 전제에서, 대법원은 당사자의 소재불명으로 청문통지서가 반송되어 공시송달 하였다는 사정은 사전통지에 대한 송달이 이루어졌다고 볼 수 있지만, 청문을 생략할 수 있는 사유에는 해당하지 않아 청문을 실시하여야 한다는 판시이다.

134) 제24조(처분의 방식) ① 행정청이 처분을 할 때에는 다른 법령등에 특별한 규정이 있는 경우를 제외하고는 문서로 하여야 하며, 전자문서로 하는 경우에는 당사자등의 동의가 있어야 한다. 다만, 신속히 처리할 필요가 있거나 사안이 경미한 경우에는 말 또는 그 밖의 방법으로 할 수 있다. 이 경우 당사자가 요청하면 지체 없이 처분에 관한 문서를 주어야 한다. ② 처분을 하는 문서에는 그 처분 행정청과 담당자의 소속·성명 및 연락처(전화번호, 팩스번호, 전자우편주소 등을 말한다)를 적어야 한다.

가. 청문

청문은 국민의 권익을 보장하기 위하여 행정청이 처분하려 할 때에 처분의 원인이 되는 사실 등을 당사자에게 사전에 통지하여 청문주재자의 주재하에 당사자의 구술에 의한 주장을 청취하고, 행정청과 당사자 간 또는 당사자 상호 간에 반증을 허용하며, 증거조사를 함으로써 사실 규명 및 법령의 해석·적용을 명확히 하려는 절차를 말한다(법제처 08-0337, 2008. 11. 10. 회신). 그러나 당사자의 출석이 청문절차 개시의 필수적 요건은 아니다(대법원 2001. 4. 13. 선고 2000두3337 판결, 행정절차법 제31조제3항).

행정청이 처분을 할 때 다음 각호의 어느 하나에 해당하는 경우에는 청문을 한다. [각호] ① 다른 법령등에서 청문을 하도록 규정하고 있는 경우,[135] ② 행정청이 필요하다고 인정하는 경우, ③ 인허가 등의 취소, 신분·자격의 박탈 또는 법인이나 조합 등의 설립허가의 취소의 처분 시 사전통지 제6호에 따른 의견제출기한 내에 당사자 등의 신청이 있는 경우

국가계약법 시행령 제94조에는, 각 중앙관서의 장 또는 소속기관의 장은 부정당업자의 입찰참가자격 제한에 관한 자문에 응하도록 하기 위해 계약심의위원회를 설치·운영할 수 있다고 규정하고 있을 뿐이므로, 청문을 개최하도록 규정하고 있는 근거조항은 없다.[136] 따라서 '다른 법령 등에서 청문을 실시하도록 규정하고 있는 경우'에 해당되지 않으므로, 행정청은 청문을 반드시 실시해야 하는 것은 아니고 필요하다고 인정하는 경우에 임의적으로 할 수 있다.[137] 또한 입찰참가자격 제한을 일정기간 '자격의 박탈'로 볼 수 있어 의견제출 기한 내에 당사자가 청문을 신청할 경우

---

135) 건축법 제86조 건축허가 취소, 공중위생관리법 제12조 영업정지, 국유재산법 제37조 행정재산의 사용허가 취소 등의 경우 청문을 하여야 한다고 필수적으로 규정하고 있다. '청문'이란 당사자의 의견을 직접 듣고 증거를 조사하는 것이므로, '미리 의견진술의 기회를 준다'는 문언은 의견제출이지 청문을 규정한 것으로 볼 수 없다.

136) 각 중앙관서의 계약심의회 운영에 관한 규정은 훈령이므로 법령에 해당되지 않으며, 구체적으로 청문을 필수적으로 규정하고 있지 않다. 조달청 훈령에는 '의장은 면밀한 의안심사 및 사실관계 확인을 위해 필요하다고 인정되는 경우 제재대상업체 등을 참석시켜 의견을 청취할 수 있다(제9조)'고 규정하고 있다.

137) 행정청이 청문의 필요 여부를 결정할 때 그 처분이 인·허가 등의 취소, 신분·자격의 박탈, 법인이나 조합 등의 설립허가의 취소, 그 밖에 당사자 등의 권익을 심히 침해하거나 이해관계에 중대한 영향을 미치는 처분인 경우에는 청문을 실시하도록 적극 노력하여야 한다(행정절차법 시행령 제13조의2).

에는 청문을 하여야 한다고 해석될 여지도 있지만, 당사자의 청문신청권의 대상은 '인·허가의 취소, 신분·자격의 박탈, 법인의 설립허가의 취소'로 법률상 이익에 대한 임시적 제한이 아닌 박탈·취소이므로, 입찰참가자격을 박탈하는 처분이라면 이에 해당될 수 있지만 일정 기간 동안만 임시적으로 입찰참가자격을 제한하는 경우에는 청문신청권의 대상에 해당되지 않는다고 해석된다.

☞ 지방자치단체의 장이 입찰참가자격을 제한하는 경우 지방계약법 시행규칙 제76조[138]에 근거규정이 있어, '법령등에서 청문을 실시하도록 규정하고 있는 경우'에 해당하여 반드시 청문절차를 하여야 한다.

입찰참가자격 제한처분과 관련하여 청문을 하여야 할 경우, 청문과 계약심의회의 심의와 관계가 문제가 된다. 이에 대해서 법제처는 "지방계약법 제31조제1항에 따라 지방자치단체의 장이 부정당업자의 입찰 참가자격을 제한하는 경우에는 먼저 같은 법 시행규칙 제76조의2에 따른 청문을 거치고 그다음에 같은 법 제32조에 따른 계약심의위원회의 심의를 하여야 한다"고 해석하였다(법제처-15-0765, 2016. 2. 24.). 그 이유는, 지방계약법 제32조제1항 및 제2항을 근거로 계약심의위원회의 심의는 부정당업자의 입찰 참가자격 제한 등 지방자치단체의 장의 처분을 위한 최종적인 검토 절차로서의 성질을 가지므로, 먼저 청문 등의 절차를 통해 당사자 등으로부터 수집된 다양한 의견이 해당 처분을 위한 최종 절차인 계약심의위원회의 심의에서 종합적으로 검토될 수 있도록 하여야 하기 때문이다.

행정청은 청문을 하려면 청문이 시작되는 날부터 10일 전까지 당사자등에게 통지하여야 한다(법 제21조제2항)(자세한 내용은 사전통지 항 참조). 이 경우 법 제21조제1항의 처분의 사전통지는 생략된다.

사전통지를 하지 아니할 수 있는 사유(제21조제4항)와 당사자가 의견진술의 기회를 포기한다는 뜻을 명백히 표시한 경우에는 청문을 하지 아니할 수 있다(법 제22조제4항). 행정처분의 상대방에 대한 청문통지서가 반송되었다거나, 행정처분의 상대방이 청문일시에 불출석하였다는 사정은 사전통지를 하지 아니할 수 있는 사유 중 제3

---

138) 지방자치단체의 장은 법 제31조제1항에 따라 입찰 참가자격을 제한하는 경우에는 청문을 하여야 한다.

호 '의견청취가 현저히 곤란하거나 명백히 불필요하다고 인정될 만한 상당한 이유가 있는 경우'에 해당되지 아니하므로, 그러한 사정을 이유로 청문을 실시하지 아니하고 한 처분은 위법하다(대법원 2001. 4. 13. 선고 2000두3337 판결). 따라서 당사자가 출석하지 않더라도 청문 절차를 진행하여야 할 것이다.

청문은 행정청이 소속 직원 또는 대통령령으로 정하는 자격[139]을 가진 사람 중에서 선정하는 사람이 주재할 수 있으나(법 제28조①), 보통은 소속직원이 청문을 주재하게 된다. 청문주재자가 당사자등과 관계가 있는 경우 청문을 주재할 수 없다(법 제29조). 청문은 당사자가 공개를 신청하거나 청문주재자가 필요하다고 인정하는 경우 공개할 수 있다. 다만, 공익 또는 제3자의 정당한 이익을 현저히 해칠 우려가 있는 경우에는 공개하여서는 아니 된다(법 제30조). 청문 주재자가 청문을 시작할 때에는 먼저 예정된 처분의 내용, 그 원인이 되는 사실 및 법적 근거 등을 설명하여야 한다(법 제31조①). 당사자 등은 의견을 진술하고 증거를 제출할 수 있으며, 참고인이나 감정인 등에게 질문할 수 있다(동조②). 당사자 등이 의견서를 제출한 경우에는 그 내용을 출석하여 진술한 것으로 본다(동조③). 청문 주재자는 청문의 신속한 진행과 질서유지를 위하여 필요한 조치를 할 수 있다(동조④). 청문을 계속할 경우에는 행정청은 당사자등에게 다음 청문의 일시 및 장소를 서면으로 통지하여야 하며, 당사자등이 동의하는 경우에는 전자문서로 통지할 수 있다. 다만, 청문에 출석한 당사자등에게는 그 청문일에 청문 주재자가 말로 통지할 수 있다(동조⑤). 행정청은 직권으로 또는 당사자의 신청에 따라 여러 개의 사안을 병합하거나 분리하여 청문을 할 수 있다(법 제32조).

청문 주재자는 직권으로 또는 당사자의 신청에 따라 필요한 조사를 할 수 있으며, 당사자등이 주장하지 아니한 사실에 대하여도 조사할 수 있다(법 제33조①). 증거조사는 다음 각호의 어느 하나에 해당하는 방법으로 한다(동조②).
[각호] ① 문서·장부·물건 등 증거자료의 수집, ② 참고인·감정인 등에 대한 질문, ③ 검증 또는 감정·평가, ④ 그 밖에 필요한 조사

---

139) 다음 각호의 1에 해당하는 자를 말한다.
   1. 교수·변호사·공인회계사 등 관련분야의 전문직 종사자
   2. 청문사안과 관련되는 분야에 근무한 경험이 있는 전직 공무원
   3. 그 밖의 업무경험을 통하여 청문사안과 관련되는 분야에 전문지식이 있는 자

청문 주재자는 필요하다고 인정할 때에는 관계 행정청에 필요한 문서의 제출 또는 의견의 진술을 요구할 수 있다. 이 경우 관계 행정청은 직무 수행에 특별한 지장이 없으면 그 요구에 따라야 한다(동조③).

청문 주재자는 다음 각호의 사항이 적힌 청문조서(聽聞調書)를 작성하여야 한다(법 제34조①).

[각호] ① 제목, ② 청문 주재자의 소속, 성명 등 인적사항, ③ 당사자등의 주소, 성명 또는 명칭 및 출석 여부, ④ 청문의 일시 및 장소, ⑤ 당사자등의 진술의 요지 및 제출된 증거, ⑥ 청문의 공개 여부 및 공개하거나 제30조 단서에 따라 공개하지 아니한 이유, ⑦ 증거조사를 한 경우에는 그 요지 및 첨부된 증거, ⑧ 그 밖에 필요한 사항

당사자등은 청문조서의 내용을 열람·확인할 수 있으며, 이의가 있을 때에는 그 정정을 요구할 수 있다(동조②). 청문주재자는 청문조서를 작성한 후 지체 없이 청문조서의 열람·확인의 장소 및 기간을 정하여 당사자등에게 통지하여야 한다. 이 경우 열람·확인의 기간은 청문조서를 행정청에 제출하기 전까지의 기간의 범위 내에서 정하여야 한다(영 제19조①). 청문주재자는 당사자등이 청문조서의 정정요구를 할 경우 그 사실관계를 확인한 후 청문조서의 내용을 정정하여야 한다(영 동조③).

청문 주재자는 다음 각호의 사항이 적힌 청문 주재자의 의견서를 작성하여야 한다 (법 제34조의2).

[각호] ① 청문의 제목, ② 처분의 내용, 주요 사실 또는 증거, ③ 종합의견, ④ 그 밖에 필요한 사항

청문 주재자는 해당 사안에 대하여 당사자등의 의견진술, 증거조사가 충분히 이루어졌다고 인정하는 경우에는 청문을 마칠 수 있다(법 제35조①). 청문 주재자는 당사자등의 전부 또는 일부가 정당한 사유 없이 청문기일에 출석하지 아니하거나 제31조 제3항에 따른 의견서를 제출하지 아니한 경우에는 이들에게 다시 의견진술 및 증거제출의 기회를 주지 아니하고 청문을 마칠 수 있다(동조②). 청문 주재자는 당사자등의 전부 또는 일부가 정당한 사유로 청문기일에 출석하지 못하거나 제31조제3항에 따른 의견서를 제출하지 못한 경우에는 상당한 기간을 정하여 이들에게 의견진술 및

증거제출을 요구하여야 하며, 해당 기간이 지났을 때에 청문을 마칠 수 있다(동조③). 청문 주재자는 청문을 마쳤을 때에는 청문조서, 청문 주재자의 의견서, 그 밖의 관계 서류 등을 행정청에 지체 없이 제출하여야 한다(동조④).

행정청은 처분을 할 때에 제35조제4항에 따라 받은 청문조서, 청문 주재자의 의견서, 그 밖의 관계 서류 등을 충분히 검토하고 상당한 이유가 있다고 인정하는 경우에는 청문결과를 반영하여야 한다(법 제35조의2).

행정청은 청문을 마친 후 처분을 할 때까지 새로운 사정이 발견되어 청문을 재개(再開)할 필요가 있다고 인정할 때에는 제35조제4항에 따라 받은 청문조서 등을 되돌려 보내고 청문의 재개를 명할 수 있다. 이 경우 제31조제5항을 준용한다(법 제36조).

당사자등은 청문의 통지가 있는 날부터 청문이 끝날 때까지 행정청에 해당 사안의 조사결과에 관한 문서와 그 밖에 해당 처분과 관련되는 문서의 열람 또는 복사를 요청할 수 있다. 이 경우 행정청은 다른 법령에 따라 공개가 제한되는 경우를 제외하고는 그 요청을 거부할 수 없다(법 제37조①). 행정청은 제1항의 열람 또는 복사의 요청에 따르는 경우 그 일시 및 장소를 지정할 수 있다(동조②). 행정청은 제1항 후단에 따라 열람 또는 복사의 요청을 거부하는 경우에는 그 이유를 소명(疎明)하여야 한다(동조③). 제1항에 따라 열람 또는 복사를 요청할 수 있는 문서의 범위는 대통령령으로 정한다(동조④). 행정청은 제1항에 따른 복사에 드는 비용을 복사를 요청한 자에게 부담시킬 수 있다(동조⑤). 누구든지 청문을 통하여 알게 된 사생활이나 경영상 또는 거래상의 비밀을 정당한 이유 없이 누설하거나 다른 목적으로 사용하여서는 아니 된다(동조⑥).

【관련판례】 청문절차에 관한 각 규정과 행정처분의 사유에 대하여 당해 영업자에게 변명과 유리한 자료를 제출할 기회를 부여함으로써 위법사유의 시정 가능성을 고려하고 처분의 신중과 적정을 기하려는 청문제도의 취지에 비추어 볼 때, 행정청이 침해적 행정처분을 함에 즈음하여 청문을 실시하지 않아도 되는 예외적인 경우에 해당하지 않는 한 반드시 청문을 실시하여야 하고, 그 절차를 결여한 처분은 위법한 처분으로서 취소 사유에 해당한다(대법원 2001. 4. 13. 선고 2000두3337 판결).

나. 공청회[140]

행정청이 처분을 할 때 다음 각호의 어느 하나에 해당하는 경우에는 공청회를 개최한다.

[각호] ① 다른 법령등에서 공청회를 개최하도록 규정하고 있는 경우, ② 해당 처분의 영향이 광범위하여 널리 의견을 수렴할 필요가 있다고 행정청이 인정하는 경우

다. 의견제출

행정청이 당사자에게 의무를 부과하거나 권익을 제한하는 처분을 할 때 청문 또는 공청회의 경우 외에는 당사자등에게 의견제출의 기회를 주어야 한다(법 제22조③). 입찰참가자격 제한 처분의 경우 청문절차나 공청회를 거치지 아니하였을 경우에는 당사자등에게 반드시 의견제출 기회를 부여해야 한다.

당사자등은 처분 전에 그 처분 관할 행정청에 서면이나 말로 또는 정보통신망을 이용하여 의견제출을 할 수 있다(법 제27조①). 당사자등은 위 의견제출을 하는 경우 그 주장을 입증하기 위한 증거자료 등을 첨부할 수 있다(동조②). 행정청은 당사자등이 말로 의견제출을 하였을 때에는 서면으로 그 진술의 요지와 진술자를 기록하여야 한다(동조③). 당사자등이 정당한 이유 없이 의견제출 기한까지 의견제출을 하지 아니한 경우에는 의견이 없는 것으로 본다(동조④). 행정청은 처분을 할 때에 당사자등이 제출한 의견이 상당한 이유가 있다고 인정하는 경우에는 이를 반영하여야 한다(법 제27조의2).

라. 의견청취 절차의 생략 및 기타 절차

의견청취(청문, 공청회, 의견제출)는 사전통지를 하지 아니할 수 있는 사유(제21조 제4항 각호)와 당사자가 의견진술의 기회를 포기한다는 뜻을 명백히 표시한 경우에는 생략할 수 있다(법 제22조④).

☞ 사전통지를 하지 아니할 사유: 법 제21조제4항의 3개 사유 및 시행령 제13조의 구체적 5개 사유

---

140) 공청회에 관한 규정은 행정절차법 제38조부터 제39조의2까지, 행정절차법 시행령 제20조의2부터 제22조의2까지이다.

행정청은 청문·공청회 또는 의견제출을 거쳤을 때에는 신속히 처분하여 해당 처분이 지연되지 아니하도록 하여야 한다(동조⑤). 행정청은 처분 후 1년 이내에 당사자등이 요청하는 경우에는 청문·공청회 또는 의견제출을 위하여 제출받은 서류나 그 밖의 물건을 반환하여야 한다(동조⑥).

☞ 의견청취 절차인 청문, 공청회, 의견제출은 계약심의위원회의 개최와 별개의 절차이다. 다만 실무상 의견제출에 대한 사전통지를 계약심의위원회의 개최통지와 동시에 하고 있다.

4. 계약심의위원회의 심의

각 중앙관서의 장은 입찰참가자격 제한처분과 관련하여 자문에 응하도록 하기 위하여 계약심의회를 설치 및 운영할 수 있다[141](영 제94조). 계약심의회의 운영 여부는 재량이고 계약심의회 의결의 효력은 자문에 불과함에도, 대부분의 중앙관서의 장은 입찰참가자격 제한처분을 하려는 경우 계약심의회의 심의를 거쳐 결정하고 있다. 대체로 계약심의회의 구성은 내부위원과 외부위원으로 구성하며, 관계부서에 대한 자료의 요청 및 조사, 전문가의 의견청취 등을 통해 절차적 정당성을 제고시키고 있는 점에 비추어 보면, 계약심의회를 통한 결정은 타당하다고 본다.

☞ 지방자치단체를 당사자로 하는 계약의 경우, 부정당업자의 입찰참가자격 제한에 관한 사항 등의 적절성과 적법성을 심의하기 위하여 계약심의위원회를 필수적으로 설치·운영한다(지방계약법 제32조). 지방자치단체의 장이 입찰참가자격을 제한하려는 경우에는 계약심의회의 심의를 거쳐야 한다. 다만 대통령령으로 정하는 사유[142]가 있으면 계약심의회의 심의를 거치지 아니할 수 있다(지방계약법 제31조제2항). 계약심의회는 그 심의 결과를 지방자치단체의 장에게 지체 없이 통지하여야 하며, 지방자치단체의 장은 특별한 사유가 없으면 그 심의 결과를 반영하여야 한다(지방계약법 제31조제2항).

☞ 조달청의 경우 경미한 사안으로 의장이 사전에 승인을 한 안건은 회의를 생략하고 내부위원 서명으로 의결에 갈음할 수 있다(조달청 계약심사협의회 운영규정 제5조제5항).

---

141) 이에 대한 주요 중앙관서의 규정으로, 조달청의 '계약심사협의회 운영규정', 국방부의 '계약심의회 운영 예규', 방위사업청의 '계약심의회 운영규정', 중소기업청의 '계약심의회 규정'이 있다.

142) 부정당제재사유 중 지방계약법 시행령 제92조제1항 제2호, 제3호, 제6호, 제11호부터 제15호의 경우 계약심의회의 심의를 거치지 않고 입찰참가자격을 제한할 수 있다(계약심의회 심의 없이 제재 가능: 하도급위반, 공정위요청, 계약불이행, 입찰미참가, 입찰참가방해, 검사방해, 계약이행능력 심사포기, 실시설계서 미제출).

5. 처분권자의 입찰참가자격 제한 결정

각 중앙관서의 장은 부정당제재 사유에 해당하는 자에게는 2년 이내의 범위에서 대통령령으로 정하는 바에 따라 입찰 참가자격을 제한하여야 한다(법 제27조제1항). 즉, 부정당업자에 해당된다고 인정하는 경우 입찰참가자격 제한 여부는 기속행위에 해당하므로 중앙관서의 장은 반드시 입찰참가자격을 제한하여야 한다. 다만 제한기간에 있어서 시행령 및 시행규칙에 따라서 가중 또는 감경할 수 있는 재량이 인정된다.

계약심의회 의결은 자문적 효과만 있으므로, 중앙관서의 장은 계약심의회의 심의 결과를 따르지 않고 부정당업자 제재처분 여부를 결정할 수 있는 재량이 있지만,[143] 특별한 사정이 없는 한 심의결과를 반영해야 할 것이다. 중앙관서의 장은 계약상대자등의 위반행위가 제재사유에 해당되지 않거나 제재 필요성이 없다고 인정하여 부정당업자에 해당되지 않는다고 판단하여 제재처분을 하지 않을 수 있는 재량이 있지만, 실무상 계약심의회의 심의결과를 따르지 않는 경우는 거의 없다.

☞ 공공기관운영법 제39조제2항은 "공기업·준정부기관은 공정한 경쟁이나 계약의 적정한 이행을 해칠 것이 명백하다고 판단되는 사람·법인 또는 단체 등에 대하여 2년의 범위 내에서 일정 기간 입찰참가자격을 제한할 수 있다"고 규정되어 있어, 기관장에게 입찰참가자격 제한여부에 대해서 재량이 있다고 해석된다(대법원 2013. 9. 12. 선고 2011두10584 판결 참조).

☞ 방위사업청장(계약관리본부장)은 계약심의회의 심의 결과를 고려, 부정당업자제재 처분을 하여야 한다. 다만, 계약심의회의 심의결과 명백한 오기, 단순 계산착오 등에 의한 것으로 인정되는 경우에는 행정지도[144] 서면교부서에 따라 지도·권고·조언 등을 할 수 있다(방위사업관리규정 제361조제2항). 그러나 실무상 제재사유에 해당되지 않지만 부적정한 행위를 한 경우, 제반사정을 고려하여 제재 필요성이 없거나 낮은 경우(예컨대 단종 등의 사유로 입찰자가 없어 유찰된 품목만을 모아 재입찰한 계약 건의 경우, 외국정부가 최대 주주인 업체로서 국내 입찰에 참여할 가능성이 거의 없어 제재효과는 낮은 반면, 제재 시 외교문제가 발생될 소지가 있다고 판단한 경우)에 제재처

---

143) 계약심의위원회는 자문기구로서 계약에 관하여 각 중앙관서의 장의 자문에 응할 뿐임. 따라서 각 중앙관서의 장은 계약심의위원회의 심의결과에 대하여 구속될 의무는 없다고 할 것임(계약제도과-1429, 2011. 11. 30.).

144) 행정절차법상 "행정지도"라 함은 행정기관이 그 소관사무의 범위 안에서 일정한 행정목적을 실현하기 위하여 특정인에게 일정한 행위를 하거나 하지 아니하도록 지도·권고·조언 등을 하는 행정작용을 말한다(행정절차법 제2조제3호).

분을 하지 않으면서 행정지도를 한 사례가 있다.

입찰참가자격 제한의 제재 개시일은 처분권자가 내부규정으로 별도로 정하는 바에 따라 결정된다. 방위사업청은 처분이 확정된 날(처분권자의 결재일)의 다음 날에 처분 대상자에게 처분장이 도달할 수 있도록 조치하고, 도달일로부터 5근무일이 되는 날을 제재기산일로 한다. 조달청의 경우 부정당업자 제재기간 개시일은 계약심사협의회 심의 결정일로부터 7일이 경과한 날로 한다.

6. 상대방에게 제재사실 통보

가. 처분의 방식

행정청이 처분을 할 때에는 다른 법령등에 특별한 규정이 있는 경우를 제외하고는 문서로 하여야 하며, 전자문서로 하는 경우에는 당사자등의 동의가 있어야 한다. 다만, 신속히 처리할 필요가 있거나 사안이 경미한 경우에는 말 또는 그 밖의 방법으로 할 수 있다(법 제24조①). 이 경우 당사자가 요청하면 지체 없이 처분에 관한 문서를 주어야 한다. 처분을 하는 문서에는 그 처분 행정청과 담당자의 소속·성명 및 연락처(전화번호, 팩스번호, 전자우편주소 등을 말한다)를 적어야 한다(동조②). 행정청은 처분에 오기(誤記), 오산(誤算) 또는 그 밖에 이에 준하는 명백한 잘못이 있을 때에는 직권으로 또는 신청에 따라 지체 없이 정정하고 그 사실을 당사자에게 통지하여야 한다(법 제25조). 행정청이 처분을 할 때에는 당사자에게 그 처분에 관하여 행정심판 및 행정소송을 제기할 수 있는지 여부, 그 밖에 불복을 할 수 있는지 여부, 청구절차 및 청구기간, 그 밖에 필요한 사항을 알려야 한다(법 제26조).

입찰참가자격 제한 처분은 국민의 권리를 제한하는 제재적 처분이므로 법률관계를 명확히 하여야 하므로 문서로 하여야 한다. 구두로 하여야 할 예외사유는 해당될 여지가 없다. 정정은 원처분과 일체가 되어 원처분 시에 소급하여 효력이 발생하므로, 처분의 이의기간은 정정으로 인해 영향을 받지 않고 원처분이 송달된 때로부터 진행한다. 다만 정정으로 인해 이의사유가 발생한 경우에는 이의기간은 정정통지가 도달한 때로부터 진행한다고 봐야 할 것이다.[145]

---

145) 박철우, 『주석 행정절차법』, 1998. 1.(제1판), p.308.

나. 처분의 이유제시

행정청은 처분을 할 때에는 다음 각호의 어느 하나에 해당하는 경우를 제외하고는 당사자에게 그 근거와 이유를 제시하여야 한다(법 제23조①). 행정청은 제1항 제2호 및 제3호의 경우에 처분 후 당사자가 요청하는 경우에는 그 근거와 이유를 제시하여야 한다(동조②).

[각호] ① 신청 내용을 모두 그대로 인정하는 처분인 경우, ② 단순·반복적인 처분 또는 경미한 처분으로서 당사자가 그 이유를 명백히 알 수 있는 경우, ③ 긴급히 처분을 할 필요가 있는 경우

행정절차법 제23조가 규정하고 있는 '처분의 근거와 이유 제시'가 무엇을 의미하는지 구체적으로 명시하고 있지 않다. 다만, 동법 시행령 제14조의2에 "처분의 원인이 되는 사실과 근거가 되는 법령 또는 자치법규의 내용을 구체적으로 명시하여야 한다"고 규정하고 있으므로, 행정청이 처분을 할 때는 적어도 '구체적인 사실관계'와 '법령의 구체적 내용'을 명시해야 할 것이다. 따라서 추상적인 사실관계(예컨대 '계약 불이행') 또는 추상적인 법령(예컨대 구체적 조문을 명시하지 않고 법률명만 기재한 경우)만을 제시한 경우에는 적법한 근거·이유제시라고 볼 수 없다.

가장 많이 논의되고 있는 쟁점은 처분 근거와 이유제시의 정도이다. 이는 처분 근거·이유제시의 기능과 밀접한 관련이 있으며, 그 중요한 기능으로는 ① 행정청의 자의적 결정이 배제되고 행정처분이 공개되어 행정결정에 보다 신중하게 되며, ② 당사자로 하여금 행정구제절차에서 절절히 대처할 수 있게 된다.

행정절차법 제정 이전의 판결에는, 처분에는 그 근거가 되는 법령과 처분을 받은 자가 어떠한 위반사실에 대하여 당해 처분이 있었는지를 알 수 있을 정도로 사실을 적시할 것을 요하며, 처분 당시 그 취지를 알고 있었더라도 하자는 치유될 수 없다고 판시하였다(대법원 1984. 7. 10. 선고 82누551 판결; 대법원 1990. 9. 11. 선고 90누1786 판결). 결국 근거·이유제시의 정도는 처분서를 근거로 판단하며, 처분서에 권리구제를 강구할 수 있을 정도로 구체성·상세성을 가져야 하는 것이며, 당사자가 처분 당시 어떤 경로를 통해서 구체적 처분근거·이유를 알게 되었다는 사정 등은 고려되지 않는다.

행정절차법 제정 이후 판결에는, 처분서에 기재된 내용과 관계 법령 및 당해 처분에 이르기까지 전체적인 과정 등을 종합적으로 고려하여, 처분 당시 당사자가 어떠한 근거와 이유로 처분이 이루어진 것인지를 충분히 알 수 있어서 그에 불복하여 행정구제절차로 나아가는 데에 별다른 지장이 없었던 것으로 인정되는 경우에는 처분서에 처분의 근거와 이유가 구체적으로 명시되어 있지 않았다고 하더라도 그로 말미암아 그 처분이 위법한 것으로 된다고 할 수는 없다고 판시하였다(대법원 2013. 11. 14. 선고 2011두18571 판결). 즉, 행정절차법 이전 판례와 달리 처분서의 기재뿐 아니라 전체적인 과정을 종합적으로 고려하였다.

현재 법원의 입장은 이유제시의 정도에 대해 예전에 비해 완화되었으므로, 처분서에 구체적인 법령 및 사실관계가 명시되지 않더라도 제반사정에 비추어 적법한 절차에 따른 처분이라고 판시될 가능성이 높아졌다. 그러나 입찰참가자격 제한처분은 국민의 권리에 대한 제한처분이므로, 처분서에 근거법령·사실관계 및 이유를 구체적으로 적시하지 않는다면, '처분 당시의 당사자의 인식'에 대해 행정청과 당사자의 판단이 일치하지 않게 되어 불필요한 분쟁이 야기될 여지가 있다. 경우에 따라선 '처분 당시의 당사자의 인식'을 입증하지 못하여 위법한 처분으로 판단될 수도 있을 것이다.

행정청이 부정당업자에 대해 입찰참가자격 제한처분을 한 후 당초 처분의 근거로 삼은 사유를 변경하거나 다른 사유를 추가할 수 있는지 여부에 대해서 법원의 판단은, "행정처분의 취소를 구하는 항고소송에 있어서는 실질적 법치주의와 행정처분의 상대방인 국민에 대한 신뢰보호라는 견지에서 처분청은 당초 처분의 근거로 삼은 사유와 기본적 사실관계가 동일성이 있다고 인정되는 한도 내에서만 다른 사유를 추가하거나 변경할 수 있을 뿐, 기본적 사실관계와 동일성이 인정되지 않는 별개의 사실을 들어 처분사유로 주장함은 허용되지 아니한다는 것이 당원의 일관된 견해이고(대법원 1996. 9. 6. 선고 96누7427 판결; 1995. 12. 12. 선고 95누9051 판결 등 참조), 여기서 기본적 사실관계의 동일성 유무는 처분사유를 법률적으로 평가하기 이전의 구체적인 사실에 착안하여 그 기초가 되는 사회적 사실관계가 기본적인 점에서 동일한지 여부에 따라 결정된다고 할 것이다"(대법원 1999. 3. 9. 선고 98두18565 판결)라고 판시하면서, "입찰참가자격을 제한시킨 당초의 처분 사유인 정당한 이유 없이 계약을 이행하지 않은 사실과 항고소송에서 새로 주장한 관계공무원에게 뇌물을 준 사실은 기본적 사실관계의 동일성이 없다"고 판시하였다. 다만 구 국가계약법 시행령 제76조제1항 제12호의 '담합을 주도하거나 담합하여 입찰을 방해하였다'는 것으로부터 같은 항 제7호의 '특정인의 낙찰을 위하여 담합한 자'로 처분사유를 변경한 것은 그 변경 전후에 있어서 같은 행위에 대한 법률적 평가만을 달리하는 것일 뿐 기본적 사실관계를 같이 하는 것으로 허용된다(대법원 2008. 2. 28. 선고 2007두13791 판결).

다. 송달

상대방이 있는 행정처분의 경우 특별한 규정이 없는 한 의사표시의 일반적 법리에 따라 그 행정처분이 상대방에게 고지되어야 효력을 발생한다.[146]

> **※ 송달 일반론**
>
> "송달"이라 함은 당사자 기타 절차관계인에게 행정절차상의 서류의 내용을 알 수 있는 기회를 주기 위하여 법정의 방식에 따라서 행하는 통지행위이다. 송달은 특정인을 상대로 한다는 점에서 불특정다수인에게 하는 공고와 구별된다.
>
> 송달은 우편, 교부 또는 정보통신망 이용 등의 방법으로 하되, 송달받을 자(대표자 또는 대리인을 포함한다. 이하 같다)의 주소·거소(居所)·영업소·사무소 또는 전자우편주소(이하 "주소등"이라 한다)로 한다. 다만, 송달받을 자가 동의하는 경우에는 그를 만나는 장소에서 송달할 수 있다(법 제14조①). 교부에 의한 송달은 수령확인서를 받고 문서를 교부함으로써 하며, 송달하는 장소에서 송달받을 자를 만나지 못한 경우에는 그 사무원·피용자(被傭者) 또는 동거인으로서 사리를 분별할 지능이 있는 사람(이하 이 조에서 "사무원등"이라 한다)에게 문서를 교부할 수 있다. 다만, 문서를 송달받을 자 또는 그 사무원등이 정당한 사유 없이 송달받기를 거부하는 때에는 그 사실을 수령확인서에 적고, 문서를 송달할 장소에 놓아 둘 수 있다(동조②). 정보통신망을 이용한 송달은 송달받을 자가 동의하는 경우에만 한다. 이 경우 송달받을 자는 송달받을 전자우편주소 등을 지정하여야 한다(법 제14조③).
>
> 다음 각호의 어느 하나에 해당하는 경우에는 송달받을 자가 알기 쉽도록 관보, 공보, 게시판, 일간신문 중 하나 이상에 공고하고 인터넷에도 공고하여야 한다(법 제14조④).
> [각호] ① 송달받을 자의 주소등을 통상적인 방법으로 확인할 수 없는 경우, ② 송달이 불가능한 경우
>
> 행정청은 송달하는 문서의 명칭, 송달받는 자의 성명 또는 명칭, 발송방법 및 발송 연월일을 확인할 수 있는 기록을 보존하여야 한다(동조⑤).

---

146) 방위사업청의 경우, 부정당업자 입찰참가자격 제한처분은 처분 여부가 확정된(전결권자 결재 시) 날의 다음 날에 처분 대상자에게 도달할 수 있도록 조치한다(방사청 계약심의회 운영규정 제5조제8항).

송달은 다른 법령등에 특별한 규정이 있는 경우를 제외하고는 해당 문서가 송달받을 자에게 도달됨으로써 그 효력이 발생한다(법 제15조①). 제14조제3항에 따라 정보통신망을 이용하여 전자문서로 송달하는 경우에는 송달받을 자가 지정한 컴퓨터 등에 입력된 때에 도달된 것으로 본다(동조②). 제14조제4항의 경우에는 다른 법령등에 특별한 규정이 있는 경우를 제외하고는 공고일부터 14일이 지난 때에 그 효력이 발생한다. 다만, 긴급히 시행하여야 할 특별한 사유가 있어 효력 발생 시기를 달리 정하여 공고한 경우에는 그에 따른다(동조③).

【관련판례】 피고행정청은 이 사건 처분의 사전통지서를 이미 폐쇄된 원고회사의 종전 본점 사무실로 송달하여 이사 갔다는 사유로 반송되었음에도, 강동수도사업소에 송달 가능한 주소를 확인하거나 원고법인의 대표자 주소로 송달하여 보는 등 통상적인 노력을 기울이지 않은 채 행정처분을 하고 그 처분서마저 송달이 불가능한 종전 사무실로 한 점이 인정되어, 이 사건 처분은 적법한 절차를 거치지 아니한 위법이 있다(서울행정법원 1999. 12. 23. 선고 99구7479 판결).

【관련판례】 피고행정청이 이 사건 사전처분 통지서를 일반우편의 방법으로 원고회사의 사무실 소재지로 발송하였고, 위 통지서가 반송되지 않았다고 하더라도 이때는 이미 원고회사의 상호 및 사무실 소재지가 변경된 이후이므로 위 사건처분 통지서가 원고회사에 송달되었다고 할 수 없다(서울행정법원 1999. 11. 23. 선고 99구21048 판결[147]).

【관련판례】 상대방이 있는 행정처분의 경우 특별한 규정이 없는 한 의사표시의 일반적 법리에 따라 그 행정처분이 상대방에게 고지되어야 효력을 발생하므로(대법원 1990. 7. 13. 선고 90누2284 판결; 대법원 2009. 11. 12. 선고 2009두11706 판결 등 참조), 피고행정청이 2010. 7. 12. 이 사건 처분을 하면서 입찰참가자격의 제한기간을 처분 다음 날인 2010.7. 13.부터 2010. 12. 12.까지로 정하였다 하더라도 원고회사에게 고지되어야 그 효력이 발생하며, 원고회사에게 고지되기 이전의 제한기간에 대하여는 그 효력이 미치지 아니한다(대법원 2012. 11. 15. 선고 2011두31635 판결[148]). (따라서 입찰참가자격 제한기간은 이 사건 처분이 원고회사에게 고지된 날부터 진행되어 2010. 12. 12. 종료된다.)

【관련판례】 전자조달법은 제11조제2항에서 그 전자문서의 경우 전자조달시스템에 입력된 때 송신 및 수신된 것으로 본다고 규정하고 있을 뿐, 입찰참가자격 제한과 같은 행정처분의 경우에도 전자조달법령에서 그 처분이 전자조달시스템에 입력된 때 송신 및 수신된 것으로 본다고 규정하는 것이라 할 수는 없으므로, 피고가 2016. 2. 29. 이 사건 처분을 하면서 입찰참가자격의 제한기간을 처분일인 2016. 2. 29.부터 2016. 8. 28.까지로 정하였다 하더라도 이 사건 처분은 원고에게 고지되어야 그 효력이 발생하는 것이고, 원고에게 고지되기 이전의 제한기간에 대하여는 그 효력이 발생하지 아니한다고 할 것이다(청주지방법원 2016. 9. 29. 선고 2016구합433 판결).

---

147) 나아가 피고행정청이 발송한 계약체결 요청서가 모두 반송되고 대한건설협회로부터 원고회사의 사무실 소재지가 변경된 바 없다는 회신은 받은 상태로서 공소송달 사유가 있었다고 하더라도, 피고행정청이 위 사전처분통지서를 게시판·관보·공보 또는 일간신문 등에 공고하였다는 점을 인정할 증거가 없어, 이 사건 처분은 행정절차법에서 정한 사전처분 통지를 결여한 위법한 처분이다(서울행정법원 1999. 11. 23. 선고 99구21048 판결).

148) 따라서 이 사건 처분이 송달되지 아니하였음에도 그 효력이 발생된다고 할 수 없고, 이로 인하여 원고에게 불이익이 있다고 볼 수 없으므로, 그러한 이유로 이 사건 처분을 위법하다고 할 수는 없

【관련판례】 피고행정청은 2010. 7. 12. 이 사건 처분을 하면서 제재기간을 2010. 7. 13.부터 2010. 12. 12.까지로 한 사실을 인정할 수 있으나, 다음과 같은 사정, 즉 피고행정청은 2010. 6. 15. 원고회사에게 이 사건 계약을 해제한다는 내용으로 통보하면서 위 계약해제에 따라 부정당업자제재처분에 관한 사항은 해당 지방자치단체로 이관한 사실을 아울러 통보한 점, 피고행정청은 2010. 6. 16. 원고회사에게 5월 이상 7월 미만의 범위 내에서 입찰참가자격 제한을 하고자 한다는 내용으로 부정당업자제재 처분을 사전통보한 점, 원고회사는 이 사건 처분을 2010. 7. 13.경 송달받은 것으로 보이는 점 등에 비추어, 피고행정청은 이 사건 계약이 해제될 당시 그에 따른 이 사건 처분과 같은 부정당업자제재처분이 있으리라는 점을 충분히 예상하고 있었던 것으로 보이고, 효력발생일과 송달일 사이의 시간적 간격이 그리 크지 아니하며, 이로 인하여 특별히 원고에게 불리한 사정이 발생하였다고도 보기 어려우므로, 원고회사가 주장하는 위와 같은 사정만으로는 이 사건 처분에 중대·명백한 하자가 있다거나 내지 어떠한 위법이 있다고 볼 수 없다(부산고등법원(창원) 2011. 11. 10. 선고 2011누122 판결).

7. 제한사실의 전자조달시스템[149] 게재

(1) 행정기관

각 중앙관서의 장은 부정당업자에게 입찰참가자격을 제한한 후 그 제한사실을 즉시 다른 중앙관서의 장에게 통보하여야 한다(법 제27조제1항). 각 중앙관서의 장은 입찰참가자격 제한 처분을 한 경우에는 다음 각호의 사항을 명백히 하여 입찰참가자격 제한기간의 개시일 전까지 다른 중앙관서의 장 또는 계약담당공무원이 알 수 있도록 기획재정부령으로 정하는 바에 따라 전자조달시스템에 게재하여야 한다[150](영 제76조제9항).

[각호] ① 업체(상호)명·주소·성명(법인인 경우 대표자성명, 법인등록번호)·주민등록번호·사업자등록번호, 관계 법령상 면허 또는 등록번호, ② 입찰참가자격 제한기간, ③ 입찰참가자격을 제한하는 구체적인 사유, ④ 입찰참가자격 제한처분이 집행정지된 경우 그 집행정지 또는 집행정지의 해제사실

각 중앙관서의 장은 입찰참가자격 제한처분을 한 경우에는 다음 각호의 사항을 입

다(대법원 2012. 11. 15. 선고 2011두31635 판결).

149) 전자조달시스템은 국가종합전자조달시스템(KONEPS: Korea ON-line e-Procurement System), 즉 나라장터(G2B)를 의미한다(www.g2b.go.kr).

150) 영 제76조제9항에 따른 게재는 별지 제15호 서식의 부정당업자제재확인서를 전자조달시스템에 게재하는 방법으로 한다(규칙 제77조제3항).

찰참가자격 제한기간의 개시일 전까지 기획재정부령으로 정하는 바에 따라 전자조달시스템에 공개하여야 한다[151](영 제76조제10항).

[각호] ① 업체(상호)명·성명(법인인 경우 대표자성명, 법인등록번호) 및 사업자등록번호, ② 입찰참가자격 제한기간, ③ 입찰참가자격을 제한하는 구체적인 사유, ④ 입찰참가자격 제한처분이 집행정지된 경우 그 집행정지 또는 집행정지의 해제사실

각 중앙관서의 장은 전자조달시스템을 이용하여 입찰참가자의 입찰참가자격이 제한되고 있는지 여부를 확인하여야 한다(규칙 제77조제4항). 국가·지방자치단체·공기업·준정부기관의 입찰참가자격 제한처분은 전 기관에 효과가 미치므로, 타 기관의 제재처분을 전자조달시스템을 통해 확인하여, 입찰참가자격을 제한시켜야 할 것이다.

(2) 지방자치단체

지방자치단체의 장은 입찰 참가자격을 제한하였을 때에는 다음 각호의 사항을 명백히 하여 행정자치부령으로 정하는 바에 따라 지정정보처리장치[152]에 게재하여야 한다. 이 경우 제2호에 따른 입찰 참가자격 제한기간이 개시되기 전에 게재하여야 한다(지방계약법 제92조제6항). 지방자치단체의 장은 입찰 참가자격을 제한받은 자에 대하여 해당 제한기간에는 그 지방자치단체에서 집행하는 모든 입찰에 참가할 수 없도록 하기 위해서(지방계약법 시행령 제92조제7항), 지정정보처리장치를 이용하여 입찰참가자격이 제한되는 있는지를 확인하여야 할 것이다.

[각호] ① 입찰 참가자격 제한자의 업체(상호)명, 주소, 성명(법인인 경우 대표자성명, 법인등록번호 등), 주민등록번호, 사업자등록번호, 관계 법령에 따른 면허 또는 등록 번호, ② 입찰 참가자격 제한기간, ③ 입찰 참가자격을 제한하는 구체적인 사유

---

151) 영 제76조제10항에 따른 공개는 별지 제15호 서식의 부정당업자제재확인서(영 제76조10항 각호의 사항만 기재한다)를 입찰참가자격 제한 기간 동안 전자조달시스템에 공개하는 방법으로 한다(규칙 제77조제5항).

152) 지정정보처리장치란 국가종합전자조달시스템(www.g2b.go.kr), 단체급식 식재료 전자조달시스템(www.eat.co.kr), 교육기관 전자조달시스템(www.s2b.kr)을 의미한다(지방자치단체를 당사자로 하는 계약에 관한 법률 시행령 제6조의 2 및 공유재산 및 물품관리법 시행령 제13조, 제26조에 따른 정보처리장치의 지정에 관한 고시).

(3) 공공기관

공기업·준정부기관의 기관장은 공정한 경쟁이나 계약의 적정한 이행을 해칠 것이 명백하다고 판단되는 자에 대해서는 국가계약법 제27조에 따라 입찰참가자격을 제한할 수 있다(공기업·준정부기관 계약사무규칙 제15조). 종전 규칙에서는 부정당업자의 입찰참가자격 제한에 대해 전자조달시스템의 게재를 포함한 구체적인 절차에 대해서 규정하고 있었으나, 2016. 7. 1. 현재 규정으로 개정되었다. 그 취지는 공기업·준정부기관의 입찰참가자격 제한조치 시 제재사유 및 절차 등을 국가계약법을 적용한다는 것으로, 중앙행정기관의 제재와 동일하게 되었다. 따라서 국가계약법 제27조제5항, 시행령 제76조제9항, 10항을 준용하여 전자조달시스템(나라장터)에 제한사실을 게재하여야 한다.153)

기타 공공기관의 기관장은 입찰참가자격을 제한하는 경우 지정정보처리장치에 게재할 의무가 없다.154)

---

153) 과거에는 일부 공기업·준정부기관(한국전력공사 등 13개 기관)만 입찰참가자격 제한을 전자조달시스템에 게재할 의무가 있었으나, 2011. 8 23. 위 규칙 제15조가 개정되어 모든 공기업·준정부기관으로 확대되었다.

154) [2012. 10. 29. 삭제된 규정] 기관장은 입찰참가자격을 제한하는 경우에는 다음 각호의 사항을 명백히 하여 기획재정부장관이 지정·고시하는 정보처리장치(이하 "지정정보처리장치"라 한다)에 게재하여야 한다. [1. 업체명(상호명), 주소, 성명(법인은 대표자의 성명), 주민등록번호(법인은 대표자의 주민등록번호), 법인등록번호(법인만 해당한다), 사업자등록번호, 관계 법령에 따른 면허 또는 등록번호, 2. 입찰참가자격 제한 기간, 3. 입찰참가자격 제한 사유] (기타 공공기관 계약사무 운영규정 제14조제6항). 기관장은 제6항에 따라 입찰참가자격 제한 사실이 지정정보처리장치에 게재된 자에 대하여 해당 제한 기간에는 그 기타 공공기관에서 집행하는 모든 입찰에 참가할 수 없도록 하여야 한다(동 조 제7항).

제4장 입찰참가자격
제한의 효과

제1절 입찰참가자격 제한의 의미

입찰참가자격 제한조치를 받은 자는 제한기간 동안 국가기관, 지방자치단체 및 공공기관에서 시행하는 입찰에 참가할 수 없다. 따라서 민간에서 발주하는 공사, 용역 및 물품구매의 입찰에는 참가할 수 있다. 또한 국가기관 등이 당사자가 되는 계약에서 하수급자로 참가하는 것은 가능하다. 입찰참가자격 제한에서 '입찰'의 문언적 의미는 경쟁입찰을 의미하므로, 제재처분을 받은 자는 경쟁입찰에 참가할 수 없다는 점에 대해서는 이견이 없다. 그러나 입찰참가자격이 제한되지 않아 입찰에 참가한 후 계약체결 전에 제재처분을 받거나, 수의계약을 체결하기 전에 제재처분을 받은 경우에도 입찰참가자격 제한 처분으로 인해 계약을 체결할 수 없도록 규정하고 있어 입찰참가자격 제한의 효력이 확대되었다.

국가계약법 제27조제1항은 경쟁의 공정한 집행 또는 계약의 적정한 이행을 해칠 염려가 있거나 기타 입찰에 참가시키는 것이 부적합하다고 인정되는 자에 대해 입찰참가자격을 제한하도록 규정하고 있으며, 같은 법 시행령 제76조제1항은 각호의 사유에 해당하는 계약상대자 또는 입찰자의 입찰참가자격을 제한하도록 규정하고, 같은 조 제10항은 낙찰된 자가 계약체결 전에 입찰참가자격 제한을 받은 경우 그 낙찰자와 계약을 체결하지 못하도록 규정하고 있는바, 부정당업자의 입찰참가자격을 제한하는 제도를 둔 취지는 국가를 당사자로 하는 계약에서 공정한 입찰 및 계약질서를 어지럽히는 행위를 하는 자에 대하여 일정한 기간 동안 입찰참가를 배제함으로써 국가가 체결하는 계약의 성실한 이행을 확보함과 동시에 국가가 입게 될 불이익을 미연에 방지하기 위한 것으로서(헌법재판소 2005. 6. 30. 선고 2005헌가1 결정), 국가계약법 및 같은 법 시행령은 부정당업자에 대하여는 입찰참가자격을 제한할 뿐만 아니라 계약에서도 배제하는 것을 전제로 하고 있다고 본다(법제처 08-0066, 2008. 5. 22.).

국가를 당사자로 하는 계약이 국가가 사경제주체로서 하는 계약으로서 국가계약법의 규정들은 행정청 내부의 사무처리준칙을 정한 것이어서 위 처분기준만이 아니라 관계 법령의 규정 내용과 취지에 따라 판단하여야 한다. 국가를 당사자로 하는 계약에 있어 국가도 계약체결자유의 원칙에 따라 계약을 체결하지 않을 수 있으며, 입찰참가자격 제한을 받았을 경우 계약을 체결하지 않을 수 있다. 계약담당공무원은 국가계약법 규정에 따라 업무를 처리하면 원칙적으로 합법적으로 평가받는 것이므로, 명문규정이 없는 경우 법령의 규정내용과 취지에 비추어 합리적으로 재량권을 행사하여야 할 것이다. 결국 계약담당공무원은 판례, 유권해석 등을 근거로 계약체결 여부를 판단할 수 있다.

> **[유권해석]** 부정당업자 제재처분이 법원으로부터 집행정지 결정을 받은 경우에는 해당 업체에 대한 제재처분의 효력이 정지되어 있으므로 입찰참가 및 계약체결 등에 있어서 제한사항이 없다고 할 것임(계약제도과-132, 2012. 2. 8; 계약제도과-624, 2014. 5. 15.). 그러나 입찰절차가 없는 수의계약의 경우 계약예정자에게는 계약체결을 요구할 권리가 원칙적으로 인정되지 아니하고 계약체결 시한도 정해진 바 없으므로 발주기관은 계약을 체결하지 아니하거나, 제재처분 여부가 확정되는 시기까지 계약체결을 연기하는 것이 바람직할 것임(계약제도과-703, 2012. 6. 7.). 낙찰자가 법원으로부터 집행정지 결정을 받은 경우 발주기관은 낙찰자와 계약체결을 진행할 수도 있을 것이나 집행정지결정을 받을 때까지 계약체결을 연장하는 것은 타당하지 않은 것으로 판단된다(조달청 2015. 7. 17.).

제2절 입찰참가자격 제한의 효과

1. 경쟁입찰에 참가제한 및 수의계약 체결제한

각 중앙관서의 장 또는 계약담당공무원은 입찰참가자격을 제한받은 자에 대하여 제한기간 동안에는 해당 관서에서 집행하는 입찰에 참가할 수 없도록 하여야 한다

(영 제76조제6항). 또한 각 중앙관서의 장 또는 계약담당공무원은 입찰 참가자격을 제한받은 자와 수의계약을 체결하여서는 아니 된다. 다만 입찰참가자격을 제한받은 자 외에는 적합한 시공자, 제조자가 존재하지 아니하는 등 부득이한 사유가 있는 경우에는 수의계약을 체결할 수 있다(법 제27조제3항).

각 중앙관서의 장 또는 계약담당공무원은 지방계약법 또는 공공기관운영법 등 다른 법령에 따라 입찰참가자격 제한을 한 사실을 통보받거나 전자조달시스템에 게재된 자에 대해서도 입찰에 참가할 수 없도록 하여야 한다(영 제76조제11항). 다만 입찰참가자격을 제한받는 자와 수의계약을 체결할 수 없다는 법 제27조제3항이 적용되는 경우는 '(법 제27조) 제1항에 따라 입찰 참가자격을 제한받은 자'이므로, 관할 중앙관서의 장 또는 그로부터 제한사실을 통보받은 다른 중앙관서의 장이 해당 부정당업자의 입찰참가자격을 제한하는 경우에 적용된다. 그 외 다른 법령에 따라 입찰참가자격 제한사실을 통보받거나 전자조달시스템에 게재된 자에 대서는 문언상 동조 제3항이 적용되지 않는다.[155]

입찰참가자격을 제한하는 취지는 경쟁의 공정한 집행뿐만 아니라 계약의 적정한 이행을 위한 제도이므로 입찰참가자격을 제한받는 자에게는 경쟁입찰뿐만 아니라 수의계약 체결도 금지하는 것이 타당하므로, 중앙관서의 장의 제재처분을 지방자치단체의 장(공기업·준정부기관의 장 포함)의 제재처분과 수의계약의 체결 여부로 달리 취급하는 것은 입법취지에 맞지 아니한다. 또한 입찰참가자격을 제한받는 자와의 수의계약 체결을 완전히 금지하는 조항도 아니므로, 관할 중앙관서의 장은 지방자치단체의 장(공기업·준정부기관의 장 포함)으로부터 통보받거나 전자조달시스템에 게시된 부정당업자와 수의계약을 원칙적으로 체결할 수 없도록 규정하지 않은 것은 입법 미비라고 판단된다. 따라서 관할 중앙관서의 장은 다른 중앙관서의 장이 제재한 경우와 동일하게 지방자치단체의 장(공기업·준정부기관의 장 포함)이 제재처분을 한 자와 수의계약을 원칙적으로 금지하고 예외적으로 허용하는 것으로 보아야 할 것이다.

---

[155] 예컨대 조달청장이 부정당업자에 대한 입찰참가자격을 제한하고 이를 방위사업청장에게 통보한 경우, 방위사업청장은 해당 부정당업자의 입찰참가자격을 제한해야 하고 동시에 수의계약을 체결할 수 없다. 그러나 서울시장이 부정당업자에 대한 입찰참가자격을 제한하고 이를 방위사업청장에게 통보한 경우, 방위사업청장은 해당 부정당업자에 대한 입찰참가자격을 제한하여야 하지만 수의계약은 체결할 수 있다.

☞ 지방자치단체의 장으로부터 입찰참가자격을 제한받은 부정당업자 또는 국가계약법 및 공공기관운영법에 따라 입찰참가자격을 제한받은 부정당업자는 그 제한기간 동안 모든 지방자치단체에서 시행하는 모든 입찰에 대하여 참가자격이 제한된다. 관할 지방자치단체의 장은, 다른 지방자치단체의 장으로부터 및 다른 법령에 따라 입찰참가자격을 제한받은 부정당업자와 수의계약을 체결할 수 없다는 명문규정이 있다(지방계약법 제31조제4항, 제5항156)).

☞ 공기업·준정부기관의 입찰참가자격 제한은 국가계약법 제27조가 준용되므로 위의 논의와 동일하다.

입찰참가자격이 없는 자가 한 입찰은 무효이다(시행규칙 제44조제1항 제1호). 따라서 입찰참가자격이 없음에도 입찰에 참가한 업체에 대해서, 입찰 시행기관이 이를 인지했을 경우에는 해당 입찰을 무효로 처리하면 된다. 그러나 입찰 시행기관이 입찰자에게 입찰참가자격이 없음을 알지 못하게 되어 해당 업체가 낙찰되거나 계약을 체결하게 된 경우가 문제이다. 이는 다른 기관으로부터 입찰참가자격을 제한받은 업체가 관할 기관의 입찰에 참가한 경우, 다른 기관이 전자조달시스템에 입찰참가자격 제한사실을 늦게 게재했거나, 관할기관이 이를 확인하지 않은 경우 발생될 수 있다. 이러한 입찰은 무효이므로 낙찰된 업체와 계약을 체결하지 않는 것이 타당하다(영 제76조제7항 유추적용 가능). 또한 입찰참가자격이 없는 자와 계약을 체결한 경우 이러한 계약은 입찰절차의 공공성과 공정성이 현저하게 침해될 정도로 중대하고 국가계약법의 취지를 몰각하는 결과가 되는 경우에 해당되므로 무효라고 해석함이 타당하다.

【관련판례】 국가계약법령의 규정은 국가가 사인과의 사이의 계약관계를 공정하고 합리적·효율적으로 처리할 수 있도록 관계 공무원이 지켜야 할 계약사무처리에 관한 필요한 사항을 규정한 것으로, 국가의 내부규정에 불과하다 할 것이다. 계약담당공무원이 입찰절차에서 국가계약법 및 그 시행령이나 그 세부심사기준에 어긋나게 적격심사를 하였다 하더라도 그 사유만으로 당연히 낙찰자 결정이나 그에 기한 계약이 무효가 되는 것은 아니고, 이를 위배한 하자가 입찰절차의 공공성과 공정성이 현저히 침해될 정도로 중대할 뿐 아니라 상대방도 이러한 사정을 알았거나 알 수 있었을 경

---

156) 지방자치단체의 장으로부터 입찰참가자격을 제한받은 부정당업자는 그 제한기간 동안 모든 지방자치단체에서 시행하는 모든 입찰에 대하여 참가자격이 제한된다. 다른 법령에 따라 입찰 참가자격의 제한을 받은 자도 또한 같다(지방계약법 제31조제4항). 지방자치단체의 장 또는 계약담당자는 제1항부터 제4항까지의 규정에 따라 입찰참가자격을 제한받은 자와 수의계약을 체결하여서는 아니 된다. 다만, 입찰 참가자격을 제한받은 자 외에는 적합한 시공자, 제조자가 없는 등 부득이한 사유가 있는 경우에는 그러하지 아니하다(동조 제5항).

우 또는 누가 보더라도 낙찰자의 결정 및 계약체결이 선량한 풍속 기타 사회질서에 반하는 행위에 의하여 이루어진 것임이 분명한 경우 등 이를 무효로 하지 않으면 그 절차에 관하여 규정한 국가계약법의 취지를 몰각하는 결과가 되는 특별한 사정이 있는 경우에 한하여 무효가 된다고 해석함이 타당하다(대법원 2001. 12. 11. 선고 2001다33604 판결).

국가계약법 제27조, 같은 법 시행령 제39조제4항, 같은 법 시행규칙 제44조제1호 등에 따라 부정당업자로 지정되어 입찰참가자격 제한을 받는 자가 참가한 입찰은 무효이며, 이를 간과하고 한 낙찰자 결정 및 계약은 그 하자가 입찰절차의 공공성과 공정성이 현저히 침해될 정도로 중대할 뿐 아니라, 실무상 부정당업자로 지정되면 해당 부정당업자에게 통지하고 있다는 점에서 상대방도 이러한 사정을 알았거나 알 수 있었다고 할 것이며, 누가 보더라도 낙찰자의 결정 및 계약체결이 선량한 풍속 기타 사회질서에 반하는 행위에 의하여 이루어진 것임이 분명한 경우 등에 해당하여 이를 무효로 하지 않으면 부정당업자의 입찰참가자격 제한 등을 규정한 국가계약법의 취지를 몰각하는 결과가 된다고 볼 것이므로, 부정당업자로 지정되어 입찰참가자격 제한을 받는 자가 입찰에 참가하여 낙찰자로 결정되고 계약을 체결한 경우, 낙찰자 결정 및 계약은 무효라고 할 것이다(법제처 08-0066, 2008. 5. 22.).

2. 낙찰된 자에 대한 계약체결 금지

각 중앙관서의 장 또는 계약담당공무원은 경쟁입찰에 있어 낙찰된 자가 계약체결 전에 제2항, 제4항 또는 제5항에 따라 입찰참가자격 제한을 받은 경우에는 그 낙찰자와 계약을 체결해서는 아니 된다. 다만, 법 제21조에 따른 장기계속계약의 낙찰자가 최초로 계약을 체결한 이후 입찰참가자격 제한을 받은 경우로서 해당 장기계속계약에 대한 연차별계약을 체결하는 경우에는 해당 계약상대자와 계약을 체결할 수 있다(영 제76조제7항). 장기계속계약이라 하더라도 최초로 계약을 체결하기 전에 입찰참가자격 제한을 받은 경우에는 본문에 따라 계약을 체결할 수 없다.

정부입찰·계약집행기준 제96조제3항은 "계약담당공무원은 다음 차수 계약을 체결함에 있어 계약상대자의 해당 연도 공사의 완성도 및 이행능력 등을 검토하여야 한다"고 규정하고 있으나, 이를 근거로 시행령 제76조제7항 단서의 규정내용을 제한할 수는 없다(계약제도과-1021, 2011. 8. 30.).

영 제76조제7항의 본문은 2006. 5. 25. 영 개정으로 신설되었다. 입찰 당시에는 입찰참가자격 제한조치를 받지 않았지만 낙찰된 후 제한조치를 받고 계약체결 전에 제한기간이 만료되지 않은 경우에 관한 문제로, 위 조항이 신설되기 전에는 계약을 체결하지 않는 것이 타당하다는 것이 유권해석이었으며, 이를 명문화한 것이다.

장기계속계약에 대한 단서조항은 2008. 12. 31. 영 개정으로 추가되었다. 장기계속계약의 입찰 당시에는 입찰참가자격 제한조치를 받지 않았지만 낙찰된 후 최초로 연차별 계약을 체결한 후 제한조치를 받은 경우에 관한 문제로, 위 단서조항이 신설되기 전에는 본문에 따라 계약을 체결할 수 없다는 것이 유권해석이었다. 장기계속계약은 연차별로 계약이 체결되어 이행되는데, 계약상대자가 계약 이행 중에 부정당업자로 지정받으면 다음 연도 계약을 체결할 수 없도록 되어 있어 계약상대자의 변경절차, 계약이행의 일관성 상실, 계약상대자 변경에 따른 공사이행 책임관련 분쟁 등으로 .원활한 공사이행에 어려움이 있어, 위 단서를 추가하여 입법적으로 해결하였다. 따라서 장기계속계약을 체결한 계약상대자가 계약이행 중 입찰참가자격 제한을 받은 경우에도 해당 장기계속계약을 이행할 수 있게 되었다.

[유권해석] 장기계속공사인 기본설계기술제안입찰에 실시설계적격자로 선정되어 우선 시공분 계약을 체결한 후에 부정당업자 제재처분을 받은 경우라도 계약은 유효하다. 따라서 국가계약법 시행령 제106조제1항, 제3항, 제87조제5항, 제7항 등에 따라, 총공사에 대한 최종실시설계적격통지가 있는 때에는 위 우선 시공분 계약을 체결한 자는 다음 연차 계약을 체결할 있다(조달청 2015. 8. 7.).

낙찰자와 계약을 체결할 수 없다는 영 제76조제7항이 적용되는 경우는 '(영 제76조) 제2항, 제4항 또는 제5항에 따라 입찰참가자격 제한을 받은 경우'이므로, 지방계약법 또는 공공기관운영법 등 다른 법령에 따라 입찰참가자격 제한을 한 사실을 통보받거나 전자조달시스템에 게재된 자(제11항)에 대해서는 문언상 적용되지 않는다.[157]

제76조제7항이 신설되기 전에도 계약체결 전에 제재조치를 받은 업체와 계약을 체결하지 않는 것이 타당하다는 것이 유권해석[158]인 점, 국가계약법 및 같은 법 시행령

---

157) 예컨대, 조달청장이 실시하는 입찰에 낙찰받은 업체가 계약을 체결하기 전에 서울시장으로부터 제재를 받은 경우, 조달청장이 해당 업체와 계약을 체결할 수 있는지 여부에 관한 문제이다.

158) 부정당업자 제재는 국가에서 집행하는 경쟁계약의 공정한 집행 또는 적정한 계약이행을 확보하기

은 부정당업자에 대하여는 입찰참가자격을 제한할 뿐만 아니라 계약에서도 배제하는 것을 전제로 하고 있다고 본다는 점(법제처 08-0066, 2008. 5. 22.) 등을 고려하면 관할 중앙관서의 장은 지방자치단체의 장(공기업·준정부기관의 장 포함)으로부터 통보받거나 전자조달시스템에 게시된 부정당업자와 계약을 체결하지 않는 것이 타당하다고 본다.[159]

☞ 관할 지방자치단체의 장은, 입찰에서 낙찰된 자가 다른 지방자치단체의 장으로부터 및 다른 법령에 따라 입찰참가자격을 제한받은 경우에는 그 낙찰자와 계약을 체결할 수 없다는 명문규정이 있다(지방계약법 시행령 제92조제10항, 지방계약법 제31조제4항[160]).

☞ 공기업·준정부기관의 입찰참가자격 제한은 국가계약법 제27조가 준용되므로 위의 논의와 동일하다.

입찰참가자격 제한 처분은 계약심의회의 심의를 거쳐 처분권자의 결정으로 확정되는데 보통 제재기간의 개시는 처분확정 이후 일정 기간 이후부터 진행된다. 따라서 부정당업자 제재 처분은 확정되었지만 제재 처분의 효력이 발생되지 않은 경우에는 해당 업체를 입찰참가자격 제한 중인 자로 볼 수는 없으므로 계약체결이 가능할 것이나, 제재처분이 확정되었고 효력발생이 확실한 상황에서 계약체결을 하는 것은 적절치 못하다고 본다.[161]

위하여 계약질서를 어지럽히는 자를 일정 기간 국가에서 집행하는 입찰에 참가할 수 있는 자격을 제한하는 제도이므로, 비록 정당하게 낙찰되었다고 할지라도 계약체결 전에 부정당업자 제재조치를 받게 되었다면 계약을 체결하지 않는 것이 상기 취지에 부합한다(회계제도과 2210-4372, 1986. 12. 8.).

159) 국가계약법에 따른 입찰절차에서의 낙찰자의 결정으로는 예약이 성립한 단계에 머물고 아직 본 계약이 성립한 것은 아니라고 하더라도, 그 계약의 목적물, 계약금액, 이행기 등 계약의 주요한 내용과 조건은 지방자치단체의 입찰공고와 최고가(또는 최저가) 입찰자의 입찰에 의하여 당사자의 의사가 합치됨으로써 지방자치단체가 낙찰자를 결정할 때에 이미 확정되었다고 할 것이므로, 지방자치단체가 계약의 세부사항을 조정하는 정도를 넘어서서 계약의 주요한 내용 내지 조건을 입찰공고와 달리 변경하거나 새로운 조건을 추가하는 것은 이미 성립된 예약에 대한 승낙의무에 반하는 것으로서 특별한 사정이 없는 한 허용될 수 없다(대법원 2006. 6. 29. 선고 2005다41603 판결)고 판시한 바 있다. 입찰참가자격은 낙찰의 전제이므로, 낙찰 후 입찰참가자격이 제한된 경우 계약을 체결할 수 없다고 하더라도 입찰공고와 달리 변경하거나 새로운 조건을 추가하는 것이 아니고 계약을 체결할 수 없는 특별한 사정에 해당된다고 판단된다.

160) 지방자치단체의 장으로부터 입찰참가자격을 제한받은 부정당업자는 그 제한기간 동안 모든 지방자치단체에서 시행하는 모든 입찰에 대하여 참가자격이 제한된다. 다른 법령에 따라 입찰 참가자격의 제한을 받은 자도 또한 같다(지방계약법 제31조제4항). 지방자치단체의 장 또는 계약담당자는 입찰에서 낙찰된 자가 계약체결 전에 법 제31조에 따라 입찰 참가자격의 제한을 받은 경우에는 그 낙찰자와 계약을 체결해서는 아니 된다. 다만, 장기계속계약을 체결한 계약상대자가 계약이행 중 입찰 참가자격의 제한을 받은 경우 해당 장기계속계약을 이행하기 위하여 연차별 계약을 체결하는 경우에는 그러하지 아니하다(지방계약법 시행령 제92조제10항).

이미 계약이 체결되어 진행 중에 (다른 계약 건으로) 부정당업자 제재처분을 받은 경우에는, 현재의 계약은 그대로 유효한 것이므로 발주기관은 진행 중인 계약을 해지하는 등의 불이익한 조치를 할 수 없을 것이며, 물가변동·설계변경·납기변경 등 수정계약 체결도 가능하다.

> [유권해석] 조달사업법 시행령 제7조의2에 따른 다수공급자 계약에서 수요기관의 납품요구가 없다 하더라도 계약상대방의 귀책사유로 납품이 불가능할 것이 명백하여 발주기관이 해당 계약을 해제 또는 해지하는 경우에는 이를 국가계약법 시행령 제76조제1항 제6호에 따른 계약불이행으로 보아 입찰참가자격을 제한하여야 할 것으로 판단됨. 다수공급자계약의 경우 당해 계약의 상대방이 별건의 계약으로 동 시행령 제76조에 따라 입찰참가자격을 제한받은 경우에도 계속하여 납품요구를 할 것인지 여부에 대해 계약의 성질 또는 목적에 따라 계약담당공무원이 결정할 사항임(회계제도과-681, 2010. 5. 3.).

3. 지방자치단체 및 공공기관의 입찰참가자격 제한

지방계약법에 따라 입찰 참가자격을 제한받은 자는 그 제한기간 동안 각 지방자치단체에서 시행하는 모든 입찰에 대하여 참가자격이 제한된다. 다른 법령에 따라 입찰 참가자격의 제한을 받은 자도 또한 같다(지방계약법 제31조제4항). 따라서 지방자치단체의 장은 다른 법률에 따라 입찰 참가자격 제한을 한 사실을 통보받거나 지정정보처리장치에 게재된 자에 대해서는 입찰에 참가할 수 없도록 하여야 한다.162)

공기업·준정부기관 기관장은 공정한 경쟁이나 계약의 적정한 이행을 해칠 것이 명백하다고 판단되는 자에 대해서는 국가계약법 제27조에 따라 입찰참가자격을 제한할 수 있다(공기업·준정부기관 계약사무규칙 제15조). 따라서 타 기관의 입찰참가자격의 효력은 국가계약법에서 논의된 바와 동일하다.163) 다만, 공기업·준정부기관의

---

161) 따라서 구체적인 경우에 있어서 계약체결 여부는 계약체결의 시급성 등 제반 여건을 감안하여 발주기관이 판단하여야 할 것이다(계약제도과-287, 2012. 3. 19.).

162) [2015. 8. 19. 삭제된 조항] 지방자치단체의 장은 다른 법률에 따라 입찰 참가자격 제한을 한 사실을 통보받거나 지정정보처리장치에 게재된 자에 대해서도 입찰에 참가할 수 없도록 할 수 있다. 다만, 제1항제1호부터 제5호까지, 제7호, 제8호 및 제20호의 사유로 입찰 참가자격의 제한을 받은 자에 대해서는 입찰 참가자격을 제한하여야 한다(지방계약법 제92조제8항).

163) [2016. 9. 12. 삭제된 조항] 기관장은 「국가를 당사자로 하는 계약에 관한 법률」 및 「지방자치단체를 당사자로 하는 계약에 관한 법률」에 따라 입찰참가자격 제한 사실을 통보받거나 전자조달시스템에 게재된 자에 대하여도 입찰에 참가할 수 없도록 할 수 있다. 다만, 국가계약법 시행령 제76조제8항 단서 및 지방계약법 시행령 제92조제8항 단서에 따른 사유로 입찰참가자격의 제한을 받은

기관장은 부정당업자에 대해 입찰참가자격을 제한할 수 있는 재량이 있으므로, 타 기관으로부터 입찰참가자격 제한을 받은 업체에 대해서도 입찰참가자격을 제한할지 여부에 대한 재량이 있다.

기타 공공기관의 기관장은 국가계약법, 지방계약법, 공기업·준정부기관 계약사무규칙에 따라 입찰참가자격 제한 사실을 통보받거나 지정정보처리장치에 게재된 자에 대하여도 입찰에 참가할 수 없도록 할 수 있다(기타 공공기관 계약사무 운영규정 제14조제11항). 기타 공공기관의 기관장은 입찰참가자격을 제한하는 경우 지정정보처리장치에 게재할 의무도 없고,164) 행정청·지방자치단체·공기업·준정부기관뿐만 아니라 다른 기타 공공기관도165) 관할 기타 공공기관으로부터 입찰참가자격 제한을 받은 자에 대해 입찰참가자격을 제한할 수 없다. 결국 관할 기타 공공기관은 자신이 입찰참가자격을 제한한 자에 대해서만 향후 자신이 시행하는 입찰에 입찰참가자격을 제한할 수 있을 뿐이다.

4. 확장조항에 대한 해석

입찰자에 대한 부정당업자 입찰참가자격제한 처분의 근거법률은 제재주체에 따라 중앙관서의 장이면 국가계약법, 지방자치단체의 장이면 지방계약법, 공공기관이면 공공기관운영법이 적용된다. 확장조항이란 어떤 제재주체가 한 입찰참가자격제한의 효력이 다른 제재주체가 발주하는 입찰·계약에 미친다는 내용의 조항을 말한다.

자에 대하여는 반드시 입찰에 참가할 수 없도록 하여야 한다(공기업·준정부기관 계약사무규칙 제15조제11항). (입찰참가자격 제한의 사유, 대상, 절차 등을 규정한 위 규칙 제15조 각항이 모두 삭제되고 현재 규정으로 개정되었다)

164) [2012. 10. 29. 삭제된 규정] 기관장은 입찰참가자격을 제한하는 경우에는 다음 각호의 사항을 명백히 하여 기획재정부장관이 지정·고시하는 정보처리장치(이하 "지정정보처리장치"라 한다)에 게재하여야 한다. [1. 업체명(상호명), 주소, 성명(법인은 대표자의 성명), 주민등록번호(법인은 대표자의 주민등록번호), 법인등록번호(법인만 해당한다), 사업자등록번호, 관계 법령에 따른 면허 또는 등록번호, 2. 입찰참가자격 제한 기간, 3. 입찰참가자격 제한 사유] (기타 공공기관 계약사무 운영규정 제14조제6항). 기관장은 제6항에 따라 입찰참가자격 제한 사실이 지정정보처리장치에 게재된 자에 대하여 해당 제한 기간에는 그 기타 공공기관에서 집행하는 모든 입찰에 참가할 수 없도록 하여야 한다(동조 제7항).

165) 2012. 10. 29. 주요 개정이유는 "경영자율성이 보장되는 기타 공공기관에 공기업·준정부기관에 준하는 수준의 국가계약법상 규제를 할 실익이 크지 않고, 공공기관의 운영에 관한 법률의 위임 범위를 벗어나는 문제를 해결하고자 부정당업자 입찰참가자격 제한에 관한 규제를 완화하려는 것"이고, 주요내용은 "부정당업자 입찰참가자격 제한 시 나라장터 게재를 의무화하는 규정을 삭제"한 것이다.

현재 국가계약법상 확장조항은 국가계약법 시행령 제76조 제11항이며, "각 중앙관서의 장 또는 계약담당공무원은 지방계약법 또는 공공기관운영법 등 다른 법령에 따라 입찰참가자격 제한을 한 사실을 통보받거나 전자조달시스템에 게재된 자에 대해서도 입찰에 참가할 수 없도록 해야 한다."고 규정하고 있다.

대법원은, "확장제재 조항은 각 중앙관서의 장, 지방자치단체의 장 및 공기업·준정부기관의 기관장이 해당 처분청을 관할하는 법률이 아닌 다른 법률에 의하여 입찰참가자격 제한 처분을 받은 자에 대해서도 해당 처분청이 실시하는 입찰에 참가할 수 없도록 할 수 있다고 정하면서, 다만 예외적으로 반드시 입찰에 참가할 수 없도록 해야 하는 경우를 규정하고 있다. 즉 이 사건 확장제재 조항은 최초의 입찰참가자격 제한 처분에 직접 적용되는 근거 규정이 아니라, 입찰참가자격 제한 처분이 있은 후에 그 처분에 기초하여 다른 처분청이 새로운 제재를 할 수 있는 근거 조항일 뿐이다. 따라서 어떤 처분청이 부정당업자의 입찰참가자격을 제한하는 처분을 한 경우 이 사건 확장제재 조항에 따라 다른 처분청에 의한 별도의 제재 없이도 그 효력이 당연히 확장되는 것은 아니다."고 판시한 바 있다(대법원 2017. 4. 7 선고 2015두 50313 판결).

즉 지방자치단체의 장이 지방계약법에 따라 입찰참가자격제한 처분을 한 경우 이러한 처분은 중앙관서의 장에게 당연히 효력이 확장되는 것이 아니고, 별도의 제재 처분을 하여야 효력이 확장된다는 것이다. 예컨대 서울시에서 A기업에 대한 부정당 제재처분을 한 경우를 가정한다면, A기업이 조달청이 발주한 입찰에 참여할 경우 조달청은 A기업에 대한 입찰참가자격제한 처분을 별도로 하지 않았다면 A기업의 입찰 참가를 막을 수 없다는 것이다.

지방계약법 및 공공기관운영법은 개정 이전에 국가계약법 시행령 제76조 제11항과 같은 내용의 확장조항을 가지고 있었으나 현재는 개정되었다[166]. 현재 지방계약법

---

166) 구 지방계약법 시행령(2013. 6. 17. 시행) 제92조 제8항은, "지방자치단체의 장은 다른 법률에 따라 입찰 참가자격 제한을 한 사실을 통보받거나 지정정보처리장치에 게재된 자에 대해서도 입찰에 참가할 수 없도록 할 수 있다. 다만, 제1항제1호부터 제5호까지, 제7호, 제8호 및 제20호의 사유로 입찰 참가자격의 제한을 받은 자에 대해서는 입찰 참가자격을 제한하여야 한다."고 규정하고 있었다.

구 공기업·준정부기관 계약사무규칙(2016. 9. 12. 시행) 제15조 제11항은, "기관장은 국가계약법

제31조 제4항은, "(지방계약법에 따라) 입찰 참가자격을 제한받은 자는 그 제한기간 동안 각 지방자치단체에서 시행하는 모든 입찰에 대하여 참가자격이 제한된다. 다른 법령에 따라 입찰 참가자격의 제한을 받은 자도 또한 같다."고 규정하고 있다.

따라서 국가계약법 또는 공공기관운영법에 따라 입찰참가자격제한 처분을 받은 경우 그 효력이 모든 지방자치단체의 장에게 효력이 미친다는 것을 명확하게 하고 있다. 예컨대 조달청에서 부정당제재 처분을 받은 A기업은, 서울시나 공기업이 A기업에 대한 별도의 제재처분을 하지 않더라도, 그들이 발주하는 모든 입찰에 참가할 수 없게 된다.

그러나 국가계약법 시행령 제76조 제11항을 대법원에 따라 해석하게 되면, 각 중앙행정기관의 장은 입찰을 할 때마다 다른 법률에 따라 입찰참가자격제한처분을 받은 업체에 대해 별도의 제재처분을 하여야 하며, 만약 별도의 제재처분을 하지 못한 경우에는 부정당업자가 입찰에 참가하게 되는 불합리한 결과가 발생한다. 위와 같은 문제점을 해결하기 위해 국가계약법에 지방계약법 제31조 제4항과 같은 조항으로 개정하여야 근본적이 해결이 가능할 것이다[167].

공기업·준정부기관의 경우 공기업·준정부기관 계약사무규칙 제15조에 따라 국가계약법이 준용되고, 국가계약법 시행령 제76조 제11항이 준용되므로 위와 동일한 문제점이 발생한다. 따라서 (국가계약법이 개정되기 전이라도) 공기업·준정부기관 계약사무규칙을 지방계약법 제31조 제4항과 같은 내용으로 개정함으로써 해결할 수 있을 것이다.

및 지방계약법에 따라 입찰참가자격 제한 사실을 통보받거나 지정정보처리장치에 게재된 자에 대하여도 입찰에 참가할 수 없도록 할 수 있다. 다만, 국가계약법 시행령 제76조제8항 단서 및 지방계약법 시행령 제92조제8항 단서에 따른 사유로 입찰참가자격의 제한을 받은 자에 대하여는 반드시 입찰에 참가할 수 없도록 하여야 한다."고 규정하고 있었다.

167) 2020. 11. 6. 정부에서 '국가를 당사자로 하는 계약에 관한 법률 일부개정법률안'을 제안하였다. 개정안 제27조 제2항 지방계약법, 공공기관운영법 등 다른 법률에 따라 입찰참가자격이 제한되거나 제1항에 따라 입찰 참가자격을 제한받은 자는 그 제한기간 동안 각 중앙관서에서 시행하는 모든 입찰에 대하여 참가자격이 제한된다.

제3절 입찰참가자격 제한의 효력발생 기간

부정당업자의 입찰참가자격 제한처분은 처분장에 효력기간, 즉 개시시점 및 종료시점을 특정하여 상대방에게 통지된다. 따라서 원칙적으로 처분장에서 정한 개시시점부터 효력이 개시된다. 다만, 상대방이 있는 행정처분의 경우 특별한 규정이 없는한 의사표시의 일반적 법리에 따라 그 행정처분이 상대방에게 고지되어야 효력을 발생하므로, 만약 처분장의 개시시점 이후 처분이 상대방에게 고지된 경우에는 고지되기 이전의 제한기간에 대해서는 그 효력이 미치지 아니한다. 따라서 입찰참가자격 제한기간은 처분장의 개시시점이 아니라 처분이 상대방에게 고지된 날부터 진행되어 처분장의 종료시점에 종료된다.

입찰 시 입찰참가자격의 판단기준일은 입찰참가신청서류의 접수마감일[168](입참참가등록마감일=입찰서제출마감일 전일)로 하며, 입찰참가자는 입찰서제출마감일까지해당 입찰참가자격을 계속 유지하여야 한다(입찰유의서 제3조의2). 따라서 입찰참가자격 제한을 받았으나 입찰참가등록마감일 전일까지 제재기간이 만료되는 입찰자는입찰참가가 가능하다(계약제도과-156, 2011. 2. 18.).

입찰참가자격 제한처분을 부과할 경우 업체는 곧바로 행정심판이나 소송을 통해해당 처분의 취소를 구함과 동시에 처분의 효력정지를 구하는 신청을 하여 법원으로부터 해당 처분에 대한 집행정지 결정을 받을 수 있다. 집행정지 결정은 보통은 해당심급의 판결선고 시 또는 판결선고 시부터 30일(최대 40일)까지 입찰참가자격 처분의 효력을 정지하는 내용이다. 집행정지 결정의 효력은 당해 판결이 청구기각이든취소판결이든 상관없이 결정문에 기재된 기간까지이므로, 기재된 기간 이후에는 해당 판결이 확정(상소포기로 인한 상소기간 도과)되지 않는다면 해당 처분은 진행된다. 예컨대, 집행정지가 '1심 판결 선고 시까지 처분의 효력이 정지된다'는 결정이라면, 1심 법원이 '해당 처분을 취소한다'는 원고 승소판결이라 하더라도 판결이 확정되지 않는 이상,[169] 1심 판결 선고 이후에는 해당 입찰참가자격 제한처분이 진행한

---

168) 입찰참가신청서류의 접수마감일은 입찰서제출마감일 전일로 한다(시행규칙 제40조제4항).

169) 행정처분의 취소를 구하는 항고소송은 확정되어야 형성력이 발생하는 것이므로, 입찰참가자격 제한 처분취소소송에서 원고가 승소하더라도 피고행정청의 항소가 제기되지 않아 확정되어야 해당 처분이 취소된다. 또한 항고소송에 대해서는 가집행이 선고될 수 없다.

다.[170] 문제는 위와 같이 해당 처분이 일부 진행된 후에야 집행정지 결정을 재차 받은 경우, 전체 처분의 제한기간 중 일부기간이 진행되었으며 이 경우 법률관계에 대한 논의가 필요하다.

이러한 논의는 결국 입찰참가자격 제한처분에 대한 불이익을 규정한 개개 조항의 해석 문제이다. 예컨대 물품적격심사 시 입찰참가자격 제한처분을 받은 업체에 대해서는 감점을 적용하는데, 그 기준은 제재기간 "종료일" 또는 "만료일"로 규정하고 있다. 따라서 비록 제재처분이 일부 진행하더라도 만료되지 않았으므로 감점 대상이 될 수 없다.[171][172][173] 다만, 수익적 행정행위의 경우, 즉 지원금 및 융자대출 지원 등의 경우 지원대상자 선정을 위한 심사 시 입찰참가자격을 제한받은 업체에 대해 지원대상 제외 혹은 감점을 적용하는 데 있어, 그 기준이 명확하게 규정하고 있지 않아[174][175] 행정청이 일부 제재처분이 진행하고 있는 업체를 지원대상에서 제외하거나 감점을 할 수 있다. 이 경우 당해 행정행위가 객관적으로 합리적이 아니라거나 타당하지 않다고 보이지는 아니하므로 이를 위법하다고 주장하기는 어렵다고 생각한다.[176]

---

170) 따라서 집행정지 결정의 효력 만료일 이전에 '항소법원의 판결 시까지 처분의 효력이 정지된다'는 집행정지 결정을 재차 받아야 할 것이다. 그렇게 해야지만 제재처분이 조금이라도 진행되지 않는다.

171) 조달청 물품구매적격심사 세부기준에 따르면, 부정당업자 제재받은 자에 대하여는 부정당업자 제재기간 "종료일"이 입찰 공고일로부터 2년 이내에 포함된 전체 부정당업자 제재 건의 총제재기간에 따라 해당 배점으로 평가한다(조달청 물품구매적격심사 세부기준 별표1,2,3).

172) 방위사업청 물품적격심사기준에 따르면, 부정당업자 제재와 관련한 입찰참가자격 제한기간의 감점 적용은 입찰참가 등록마감일 전일부터 과거 2년 내에 입찰참가자격 제한기간 "만료일"이 포함된 건수를 기준으로 한다(방위사업청 물품적격심사기준 별표1 적격심사항목 및 배점한도 3).

173) 부정당업자 제재는 입찰참가 등록마감일 전일부터 최근 2년 이내에 입찰참가자격 제한기간 만료일이 포함된 건수를 기준으로 적용(방위사업청 무기체계 연구개발사업 제안서평가 및 협상 지침 제21조 별표9의1, 무기체계 양산 제안서 평가기준).

174) '최근 2년간 부정당업체로 제재를 받은 실적이 있는 기업'에 대해 주관기업 선정평가 시 감점한다(방위산업육성 지원사업 공통 운영규정 제12조 별표).

175) 당해 연도 자금융자 심사 시 다음 각호에 대하여도 융자추천을 제한한다(방위산업 육성을 위한 융자사업 운영에 관한 고시 제23조). 3. 국가를 당사자로 하는 계약에 관한 법률 제27조(부정당업자의 입찰참가자격 제한)에 의거 제재 중에 있는 자.

176) 구 여객자동차 운수사업법(2005. 12. 7. 법률 제7712호로 개정되기 전의 것)에 의한 개인택시운송사업면허는 특정인에게 권리나 이익을 부여하는 이른바 수익적 행정행위로서 법령에 특별한 규정이 없는 한 재량행위이고, 그 면허를 위하여 정하여진 순위 내에서 운전경력 인정방법에 관한 기준을 설정하거나 변경하는 것 역시 행정청의 재량에 속하는 것이므로, 그 기준의 설정이나 변경이 객관적으로 합리적이 아니라거나 타당하지 않다고 보이지 아니하는 이상 행정청의 의사는 가능한 한 존중되어야 하며, 설령 그 기준의 해석상 불명확한 점이 생길 수 있다고 하더라도 이를 합리적으로 해석하여 통일을 기함으로써 모든 면허신청자에게 동일하게 적용된다면 객관적으로 합리적이 아니라고 할 수 없다(대법원 2007. 3. 15. 선고 2006두15783 판결).

제4절 입찰참가자격 제한 처분으로 인한 기타 불이익

부정당업자 입찰참가자격 제한처분으로 인해 제재기간 동안 입찰에 참가할 자격이 제한되고 계약에서도 배제된다. 또한 제재기간 중 또는 종료된 후에도 입찰참가자격 제한처분이 있었다는 사실로 인해 국가(지방자치단체 및 공공기관)가 당사자인 계약에 낙찰되는 데 있어 불이익을 받을 수 있고 또한 혜택이 제한될 수 있다. 구체적으로는 다음과 같다.

(1) 제재기간 중의 불이익

선금 지급금지(정부 입찰·계약 집행기준 제34조), 방위산업 착수금·중도금 지급금지(방위산업에 관한 착수금 및 중도금 지급규칙 제4조제4항), 건설업 등록말소(건설산업기본법 제83조, 제10조), 정보통신공사업 등록취소(정본통신공사업법 제66조, 제15조), 컨설팅 지원대상 기업에서 제외(방산 중소기업 컨설팅 지원사업 운영규정 제12조) 등

(2) 제재처분을 받은 사실로 인한 불이익

조달청 물품구매 적격심사 시 감점(조달청 물품구매적격심사 세부기준 별표12,3), 방위사업청 물품적격심사 시 감점(방위사업청 물품적격심사기준 별표1), 기준대출자금 회수 및 당해 연도 융자추천 제한(국방 중소기업 정책자금 지원사업 운영규정 제19조, 제21조), 제안서 평가 시 감점(무기체계 연구개발사업 제안서평가 및 협상 지침 제21조 별표9의1, 무기체계 양산 제안서 평가기준), 당해 연도 자금융자 심사 시 융자추천 제외(방위산업 육성을 위한 융자사업 운영에 관한 고시 제23조), 벤처창업혁신 조달상품 후보 추천 및 지정제외(벤처나라 등록 물품·서비스 지정 관리 규정 제6조), 우수조달물품 지정 취소(우수조달물품 지정관리 규정 제22조), 조달청 새싹기업 지정취소(조달청 새싹기업 지정·관리규정 제13조), 방위산업육성 주관기업 선정 평가 시 감점(방위산업육성 지원사업 공통 운영규정 제12조 별표) 등

제5절 입찰참가자격 제한의 효과가 미치는 대상

1. 제재를 받았던 대표자를 사용하고 있는 자

입찰참가자격 제한조치의 대상은 법 제27조제1항 사유에 해당하는 자, 즉 부정당업자이다. 즉, 입찰참가자격 제한의 효과는 제재사유에 해당하는 행위를 한 계약상대자등 부정당업자에게 미친다. 공공계약의 공동수급체가 법 제27조제1항 각호의 어느 하나에 해당하는 경우에는 입찰참가자격 제한의 원인을 제공한 계약상대자에 대해서만 제재조치를 한다(영 제76조제4항). 따라서 제재의 원인을 제공하지 않는 공동수급체의 계약상대자에 대해서는 제재조치를 하지 않는다. 계약상대자인 법인·단체가 제재사유에 해당하는 경우 대표자도 같이 제재조치를 하고, 계약상대자인 중소기업협동조합이 제재사유에 해당하는 경우 제재의 원인을 제공한 조합원도 같이 제재조치를 한다(영 제76조제5항). 즉, 공동수급체 중 재제원인을 제공하지 않은 계약상대자는 계약상대자임에도 불구하고 제재대상자가 아니고, 대표자 및 제재원인을 제공한 조합원은 계약상대자가 아님에도 제재대상자가 된다. 따라서 제재대상자에 대해서는 제재효과가 당연히 미치는 것이다(자세한 내용은 제1장 제3절 입찰참가자격제한의 대상 참조).

위 논의와 달리 제재대상자는 아니나 제재의 효과가 미치는 경우가 있다. 제재조치를 받지 않은 법인·단체이어서 입찰참가자격이 제한되지 않지만, 과거 제재조치를 받았던 자(과거 제재사유를 행한 법인·단체와 함께 제재를 받은 대표자, 영 제76조제5항 제1호)를 대표자로 사용하고 있다면 입찰참가자격이 제한된다(낙찰자인 경우 계약체결 원칙적 금지). 다만, 대표자가 여러 명 있는 경우로서 해당 대표자가 입찰에 관여하지 아니한 경우에는 제외한다(영 제76조제8항, 제6항, 제7항). 따라서 법인이 2인(甲, 乙)의 대표이사 중 甲을 대표자로 하여 입찰에 참여하여 낙찰자 결정 전에 甲의 부정당업자 제재가 예정되어 있을 경우 입찰의 대표자를 乙로 변경할 경우 결과적으로 입찰참가자격이 제한된 자를 대표자로 사용한 적이 없게 되었으므로 위 규정을 적용하여 입찰참가자격을 제한할 수 없다(계약제도과-1499, 2012. 11. 20.).

[유권해석] 중소기업협동조합의 이사장은 중소기업협동조합법 제57조에 따라 조합을 대표하고 업무를 통할하는바, 이사장이 입찰참가자격을 제한 받은 경우라면 해당 조합도

입찰에 참가할 수 없다고 할 것임(계약제도과-648, 2012. 5. 24.).

2. 상호, 대표자 등 변경 시

형식적으로 상호나 대표자 등이 변경되더라도 실질적으로 법인격이 동일하다면, 입찰참가자격 제한처분의 효력은 당연히 유지된다. 이를 위해서 각 중앙관서의장 또는 계약담당공무원은 입찰참가자격이 제한된 자와 전자조달시스템에 게재된 자가 상호·대표자 변경 등의 방법으로 제한기간 내에 입찰에 참가하는 것을 방지하기 위하여 입찰참가자의 주민등록번호, 법인등록번호, 관계 법령상의 면허 또는 등록번호 등을 확인하여야 한다(영 제76조제12항).

【관련판례】 비록 ○○산업의 상호가 변경(○○산업→○○종합건설주식회사)되고, 대표이사 등 임원진과 주주를 교체하는 등 법인의 인적 구성요소가 변경된 점은 인정되나, 무릇 법인은 그 인적 구성원과 독립하여 권리·의무의 주체가 되고 소정의 해산사유에 따라 소멸되기 전까지는 상호의 변경, 구성원의 가입·탈퇴, 주식소유관계의 변동 등에 불구하고 동일한 법인으로서 존속하는 것이므로 원고회사(○○종합건설주식회사)는 ○○산업과 동일한 법인이라고 할 것이고, 이러한 법리는 위 입찰참가자격 제한처분의 효력에 있어서도 그대로 적용되어야 할 것이다(서울고등법원 1998. 9. 29. 선고 98누2173 판결).

* 원고회사는 ○○산업의 본점 소재지, 주식의 총수 및 종류, 자본총액 등은 그대로 유지하여 동일 사무실에서 동일 업종에 종사하며, 회사설립연월일이나 법인등록번호에도 변경이 없는 법인변경등기를 경료하였다. 원고회사는 ○○산업이 취득한 토목건축공사업 면허 및 전기공사업 면허의 상호와 대표자만을 변경한 다음 각종 공사의 입찰에 참가하면서 ○○산업의 위 각 면허수첩과 입찰참가등록증을 사용하였다. 또한 종전 ○○산업의 이사, 감사 중 일부는 위 변경등기 후 다시 원고회사의 이사로 취임하였다.

[유권해석] 부정당업자 제재 조치된 자가 주식회사인 경우 동 회사의 상호와 대표자 및 임원 등이 변경된 때 그 제재효과의 승계에 대해서는 동 법인과 동일성이 인정되는지 여부에 따라 결정되어야 할 것인바, 그 동일성 여부는 발주관서의 장이 상호, 대표, 임원, 대주주, 정관, 면허수첩상의 면허번호, 법인등록번호 등의 변경사항을 종합적으로 고려하여 판단하여야 할 사항임(회계45107-783, 1995. 5. 27.). 다만, 입찰참가자격 제한행위를 한 법인의 상호 및 대표자가 변경된 경우라도 사업자등록번호가 그대로 유지되고 있다면 입찰참가자격 제한이 가능함(계약제도과-550, 2010. 12. 20.).

3. 부정당업자 제한의 승계

입찰참가자격 제한조치를 받은 업체에 대해 영업양도 혹은 합병이 있을 경우 부정당업자의 효력이 승계되는지가 문제 된다. 이는 입찰참가자격이 제한되는 부정당업자의 지위는 공법상의 의무를 부담하는 것이므로, 영업양도 또는 합병 등으로 인해 공법상의 의무가 승계되는지 여부의 문제이기도 하다. 구체적으로는 부정당제재 사유 위반자에 대해 아직 제재처분이 행해지지 않은 단계에서 그 법적 지위를 승계받은 자에게 제재처분을 행할 수 있는가 하는 문제 및 제재처분을 받은 자의 지위를 승계한 자가 진행 중인 또는 종료된 당해 행정제재처분의 효과도 승계받는가 하는 문제이다.

가. 행정제재 승계 일반론

이하에는 주로 특정 사업에 대한 허가를 취득한 자가 이후 법률상 의무를 위반하여 사업진행상 행정제재를 받는 경우를 전제로 논의가 진행된다.[177)

먼저 행정제재처분의 효과가 승계될 수 있는지를 검토해 보면(승계적합성), 승계를 부인한다면 법규위반을 이유로 사업상 제재처분을 받을 지위에 있는 자가 행정청의 제재처분이 있기 직전에 사업면허 등을 타인에게 양도할 경우 양도인이나 양수인 누구에게도 위반행위에 대한 책임을 물을 수 없게 되는 부당한 결과가 발생하는바, 제재처분이 대물적 성질을 가지고 있는 경우에는 그 승계를 인정해야 한다는 것이 일반적 견해이다. 대인적 처분은 보통 일신전속성을 지녀 대체 가능성이 희박하므로 위반행위자에게 전속되고 양수인에게 승계되지 않는다. 판례도 행정허가의 성질이 대물적 성질이라면 제재처분도 대물적 성질을 가지고 있어 일신전속성이 없다는 이유로 제재사유가 승계된다는 취지로 판시하고 있다(대법원 2001. 6. 29. 선고 2001두1611판결; 대법원 2003. 10. 23. 선고2003두8005판결; 대법원 2005. 8. 19. 선고 2003두9817판결). 대물적 혹은 대인적 처분인지 여부는 위반행위의 성질 및 이로 인한 제재처분효과의 성질에 따라 판단하여야 한다.

---

177) 이하 논의는 김향기, "행정제재처분의 승계", 『토지공법연구』, 제33집, 한국토지공법학회, 2006. 11, 논문 중 필요부분을 발췌한 것이다.

다음으로, 행정제재처분의 효과가 승계된다는 법적 근거가 필요한지를 검토해 보면,[178][179] 행정제재처분은 침익적 행정행위이므로 법률유보의 원칙에 따라 승계에 관한 법적 근거가 필요하다는 것이 일반적인 견해이다. 포괄승계에 관해서는 일반 행정법에는 명시적인 승계 규정이 없고, 사법의 경우 민법상의 상속(제1005조) 및 상법상의 합병(제235조)의 포괄승계 규정이 있다. 이 경우 법상 규정된 권리의무의 포괄승계에는 공법상 의무도 당연히 포함되고 따라서 책임도 승계되는 것인바, 사법의 포괄승계 규정은 공법에도 공통적으로 적용되는 법원칙의 표현으로 볼 수 있으므로 위 규정을 유추 적용할 수 있다는 것이 일반적인 견해이다. 판례는 처분의 효과가 대물적 처분인 경우, 행정제재처분효과의 승계를 허용하는 명문규정이 없어도 공법상 지위승계 규정을 준용하거나 해석상 인정하여 행정제재처분효과의 승계를 인정하고 있다(대법원 2001. 6. 29. 선고 2001두1611 판결; 대법원 2003. 10. 23. 선고 2003두8005 판결 등 참조). 결론적으로 행정제재처분의 효과가 승계되려면 개별적 법적 근거(공법상 지위승계 규정)가 필요하며 포괄승계는 민법·상법 조항을 근거로 가능하다.

나. 입찰참가자격 제한 처분의 승계

입찰참가자격 제한처분이 대물적 성격인지에 대해 검토해 보면, 입찰참가자격 제한사유의 성질을 대물적이라고 보기는 어려우나 입찰참가자격 제한처분의 효과로 향후 국가 등이 시행하는 입찰의 참여가 제한된다는 점은 재산적 성격이 강한 제재이고, 이러한 제한은 타인이 대신 이행할 수 없는 일신전속적인 의무라고 보기도 어려우므로, 대물적 처분이라고 볼 수 있다는 것이 행정청의 입장인 것으로 보인다. 반면에 입찰참가자격제한은 행위에 대한 제재이므로 그 성질을 대인적으로 볼 수 있다는 견해가 있을 수 있으나, 이에 대해 명확한 입장의 판례는 없다.

---

178) 공법상 권리의무의 승계만 규정한 예로 여객자동차운수사업법 제14조제9항, 도로법 제106조 등이 있다; 도로법 제106조(권리·의무의 승계 등) ① 이 법에 따른 허가 또는 승인을 받은 자의 사망, 그 지위의 양도, 합병이나 분할 등의 사유가 있으면 이 법에 따른 허가 또는 승인으로 인하여 발생한 권리·의무는 다음 각호의 구분에 따른 자가 승계한다(각호 생략).

179) 행정제재처분효과의 승계도 규정한 예로, 공중위생관리법 제11조의3, 식품위생법 제61조 등이 있다; 공중위생관리법 제11조의3(행정제재처분효과의 승계) ① 공중위생영업자가 그 영업을 양도하거나 사망한 때 또는 법인의 합병이 있는 때에는 종전의 영업자에 대하여 제11조제1항의 위반을 사유로 행한 행정제재처분의 효과는 그 처분기간이 만료된 날부터 1년간 양수인·상속인 또는 합병 후 존속하는 법인에 승계된다. ② 공중위생영업자가 그 영업을 양도하거나 사망한 때 또는 법인의 합병이 있는 때에는 제11조제1항의 위반을 사유로 하여 종전의 영업자에 대하여 진행 중인 행정제재처분 절차를 양수인·상속인 또는 합병 후 존속하는 법인에 대하여 속행할 수 있다.

만약 입찰참가자격 제한처분에 대한 승계를 인정하지 않는다면 제재의 효과를 회피하기 위한 합병·영업양도 등의 방법을 동원하여 부정당업자가 다시 공공부분의 입찰에 참여할 가능성이 있다는 문제가 발생할 수 있으므로 입찰참가자격제한 처분이 승계되어야 할 필요성은 존재한다. 그러나 입찰참가 자격 제한 처분의 효과가 승계된다는 개별적인 법적 근거는 없으며, 행정절차법 제10조를 근거로 제한처분의 효과를 승계할 수는 없다고 본다. 행정절차법 제10조는 상속, 합병에서 당사자의 지위 승계에 관한 규정이므로 이를 근거로 제재처분의 승계에 관한 일반적인 근거규정이라고 볼 수는 없다. 법제처도 이와 동일하게 해석하고 있다.[180] 다만 입찰참가자격 제한처분에 대한 포괄승계는 민법의 상속 또는 상법의 합병 조항을 근거로 가능하다.

영업의 양도라 함은 일정한 영업목적에 의하여 조직화된 업체, 즉 인적·물적 조직을 그 동일성은 유지하면서 일체로서 이전하는 것이므로(대법원 2002. 3. 29. 선고 2000두8455 판결), 양도법인의 기업자산 및 부채가 포괄적으로 승계된다. 따라서 영업양수 계약을 통하여 양수법인이 부정당업자 제재와 관련된 사업의 권리·의무를 포괄적으로 승계하였다면 양수법인을 대상으로 부정당업자 제재 처분을 하는 것이 타당하다(조달청 계약제도과-55, 2013. 1. 16.).

합병의 경우, 합병 후 존속한 회사 또는 합병으로 인하여 설립된 회사는 합병으로 인하여 소멸된 회사의 권리의무를 승계하고(상법 제235조), 판례도 "회사합병이 있는 경우에는 피합병회사의 권리의무는 사법상의 관계나 공법상의 관계를 불문하고 그 성질상 이전을 허용하지 않는 것을 제외하고는 모두 합병으로 인하여 존속한 회사에게 승계되는 것으로 보아야 한다"는 입장이다(대법원 1994. 10. 25. 선고 93누21231 판결). 즉, 합병으로 인해 소멸된 회사의 권리의무가 존속한 회사에 포괄적으로 승계되므로 입찰참가자격 제한조치도 승계된다(회제 41301-407, 2002. 3. 28.).

---

180) "「행정절차법」 제3조 제1항에서는 처분·신고·행정상 입법예고·행정예고 및 행정지도의 절차에 관하여 다른 법률에 특별한 규정이 있는 경우를 제외하고는 이 법이 정하는 바에 따르도록 하고 있고, 같은 법 제10조 제1항 및 제2항에서는 당사자 등이 사망하였을 때의 상속인, 법인 등이 합병한 때에는 합병 후 존속하는 법인이나 새로 설립된 법인, 다른 법령 등에 의하여 당사자 등의 권리 또는 이익을 승계한 자 등에 대해서는 당사자 등의 지위를 승계하도록 하고 있습니다. 이 건의 경우, 다른 법령 등에 의하여 당사자의 권리 또는 이익을 승계한 경우에 해당하는지가 문제되는바, 「영유아보육법」은 개인이 설치한 가정보육시설 또는 민간보육시설을 타인에게 양도하는 경우에 양수인이 양도인의 권리 또는 이익을 승계하도록 하는 규정을 두고 있지 않으므로 「행정절차법」 제10조 제1항 및 제2항에 따라 그 지위를 승계할 수도 없다고 할 것입니다"(법제처 07-0084, 2007. 4. 13.).

한편, 부정당제재사유에 해당하는 행위를 한 법인이 입찰참가자격제한 처분을 받기 전에 다른 법인에 합병되었을 경우, 합병 후 회사에 대해 제재처분을 부과할 수 있다고 해석된다. 법원도 이를 긍정하는 전제에서 판시한 바 있다(대법원 2016. 6. 28. 선고 2014두13072 판결).

입찰참가자격 제한 처분을 받은 업체로부터 건설업을 포괄적으로 승계받지 아니하고, 일부 업종(등록)만을 적법하게 양수한 경우에는(특정승계의 경우) 법적 근거가 없어 입찰참가자격 제한처분의 승계를 인정할 수 없다고 본다.[181]

【관련판례】 합병 전 회사가 위반행위를 저지른 후 합병 후 존속회사에 합병되어, 합병 후 존속회사에 대하여 합병 전 회사의 위반행위를 이유로 입찰참가자격 제한처분을 하는 경우에도 합병 전 회사의 위반행위의 동기, 내용 및 횟수뿐만 아니라 합병이 이루어진 동기와 경위, 합병 전 회사와 합병 후 존속회사의 관계, 합병 전 회사와 합병 후 존속회사의 영업 내용의 유사성, 합병 전 회사의 사업부문 매출이 합병 후 존속회사의 전체 매출에서 차지하는 비중 등의 다양한 사정을 합병 후 존속회사에 대한 입찰참가자격 제한기간을 정할 때 그 고려요소로서 참작하여, 처분청이 그러한 사정을 참작한 결과 제한기간을 감경할 필요가 있다고 판단할 때에 감경하면 충분한 점 등을 종합하면, 합병 전 회사의 위반행위를 이유로 합병 후 존속회사에 대하여 입찰참가자격 제한처분을 하는 경우 합병 전 회사의 위반행위 후 그 회사가 합병되었다는 사정은 국가계약법 시행규칙 제76조 제4항에 따라 자격제한기간의 감경 여부를 결정하는 참작사유에 불과할 뿐이고, 합병되었다는 사정 자체만으로 국가계약법 시행규칙 제76조 제4항에서 정하고 있는 감경사유에 해당한다고 볼 수는 없다(대법원 2016. 6. 28. 선고 2014두13072 판결).

법인이 분할하였을 경우, 분할 전의 법인이 행한 부정당제재 사유에 대해서 어떤 법인이 제재를 받는지 문제 된다. 단순분할신설회사, 분할승계회사 또는 분할합병신

---

181) 건설업을 신규로 등록하지 아니하고 기존 건설업을 양수하는 가장 큰 이유는 기존 업체의 실적을 승계받기 위해서이다. 현 건설산업기본법상 실적을 승계받기 위해서는 기존 건설업을 포괄양수 하거나 기존 업체를 합병하여야 한다(건설산업기본법 시행규칙 제18조제6항). 따라서 건설업 면허만을 양수받을 경우 실적이 승계되지 않아 아무런 실익이 없다. 2002. 9. 18. 이전에는 "건설업과 건설업이 아닌 다른 업종을 겸업하는 자가 건설업을 전부 양도하는 때"에도 실적이 승계되었으나 현재는 삭제되었다(舊 시행규칙 제18조제6항 제5호). 따라서 예전 기획재정부의 "건설업의 포괄양도·양수가 아닌 일부 업종 면허(등록)만을 적법하게 양수한 경우, 양수한 자는 양도업체가 제한받은 기간 동안에 그 업종 등록으로는 입찰에 참가할 수 없고 양수한 업종 등록이 아닌 다른 업종 등록으로 입찰에 참가하는 것은 제한되지 않는다"(기획재정부 회계 45101-1558, 1995. 8. 24.)는 유권해석에 대해서, 영업의 특정승계의 경우에는 법적 근거가 없어 입찰참가자격 제한처분의 승계를 인정할 수 없다는 비판은 가능하나, 현재는 그 실익이 없어졌다.

설회사는 분할회사의 권리와 의무를 분할계획서 또는 분할합병계획서에서 정하는 바에 따라 승계한다(상법 제530조의10). 따라서 관계법령 및 분할계획서(또는 분할합병계획서) 등을 종합적으로 고려한 결과 법인분할을 통해 부정당업자 제재와 관련된 특정사업에 대한 권리 및 의무가 신설법인에게 포괄적으로 이전되어 신설법인이 해당 사업과 관련하여 분할 전 법인과 실체적으로 동일하다면, 분할 전 법인의 부정당 제재 사유에 대하여 신설법인을 대상으로 입찰참가자격 제한 처분을 하는 것이 타당하다고 본다. 유권해석도 이와 동일한 의견이나, 법원은 신설법인을 대상으로 입찰참가자격제한 처분을 하는 것은 위법하다는 하급심 판례(이후 항소심 및 상고심에서 확정)가 있다.

【관련판례】 아래에서 보는 여러 사정을 고려할 때 신설회사인 원고에 대하여 분할 전 회사의 위반행위를 이유로 이 사건 처분을 할 수는 없다고 할 것이므로, 이 사건 처분은 위법하므로 취소되어야 한다. (1) 계약사무규칙 제15조 제1항은 '기관장은 경쟁의 공정한 집행이나 계약의 적정한 이행을 해칠 우려가 있거나 입찰에 참가시키는 것이 부적합하다고 인정되는 자로서 「국가를 당사자로 하는 계약에 관한 법률 시행령」 제76조 제1항 각 호의 어느 하나에 해당되는 계약상대자 또는 입찰참가자(계약상대자 또는 입찰참가인의 대리인, 지배인, 그 밖의 사용인을 포함한다)에 대하여는 1개월 이상 2년 이상의 범위에서 그 입찰참가 자격을 제한하여야 한다.'고 규정하고 있고, 위 규정에 의하면 입찰참가자격제한 처분의 대상자는 경쟁의 공정한 집행이나 계약의 적정한 이행을 해칠 우려가 있는 소정의 행위를 한 계약상대자 또는 입찰참가자라 할 것인데, 이 사건 처분의 사유가 된 위반 행위를 한 계약당사자 또는 입찰참가자는 원고가 아니라 분할 전 회사 A이고 분할 이후의 존속 회사는 A이다. (2) 상법은 회사분할에 있어서 분할되는 회사의 채권자를 보호하기 위하여, 분할로 인하여 설립되는 신설회사와 존속회사는 분할 전의 회사 채무에 관하여 연대책임을 지는 것을 원칙으로 하고 있으나(제530조의 9 제1항), 한편으로는 회사분할에 있어서 당사자들의 회사분할 목적에 따른 자산 및 채무 배정의 자유를 보장하기 위하여 소정의 특별의결 정족수에 따른 결의를 거친 경우에는 신설회사가 분할되는 회사의 채무 중에서 출자한 재산에 관한 채무만을 부담할 것을 정할 수 있다고 규정하고 있고(제530조의 9 제2항), 신설회사 또는 존속회사는 분할하는 회사의 권리와 의무를 분할계획서가 정하는 바에 따라서 승계하도록 규정하고 있으므로(제530조의10), 신설회사 또는 존속회사가 승계하는 것은 분할하는 회사의 권리와 의무라 할 것이고, 분할하는 회사의 분할 전 법 위반행위를 이유로 과징금 부과나 부정당업자제재처분 등이 있기 전까지는 단순한 사실행위만 존재할 뿐 그 과징금 등과 관련하여 분할하는 회사에게 승계의 대상이 되는 어떠한 의무가 있다고 할 수 없고, 특별한 규정이 없는 한 신설회사에 대하여 분할하는 회사의 분할 전 법 위반행위를 이유로 과징금 등을 부과하

는 것은 허용되지 않는다. (과징금과 관련해서는 대법원 2007. 11. 29. 선고 2006두 18928 판결 ; 대법원 2009. 6. 25. 선고 2008두17035 판결 등 참조). 그리고 신설회 사가 법 위반행위와 관련된 사업을 승계하였다고 하여 위에서 본 법리에 관계없이 당연히 법 위반행위에 대한 재제처분까지 승계하는 것으로 볼 수도 없다. (3) 피고는, 과징금 부과처분은 과거 행위를 대상으로 한 금전제재이고, 입찰참가자격제한은 과거 행위에 대한 제재의 의미와 함께 장래에 대한 예방의 의미가 있으며, 또한 입찰참가 자격제한의 실효성을 확보하기 위해서도 분할되어 나온 신설회사에 대하여 입찰참가 자격제한 처분을 하여야 한다고 주장하나, 과징금 부과처분과 입찰참가자격제한처분 은 모두 과거의 법 위반행위에 대한 제재라는 점에서는 그 본질적 성격이 동일하다 고 볼 것이고, 처분의 실효성 확보만을 위해서 개별적 사안마다 입찰참가자격제한처 분의 상대방이 달라지는 것은 법치행정의 원리에도 위배된다(서울행정법원 2010. 6. 24. 선고 2010구합7369 판결[182])).

법인·단체에 대한 입찰참가자격 제한을 하는 경우 해당 법인·단체의 대표자에 대해서도 입찰참가자격 제한을 할 수 있으나, 해당 입찰 및 계약에 관한 업무를 소관 하는 대표자로 한정하는 취지에 비추어,[183] 부정당제재 사유를 발생시킨 분할 전 법 인의 대표자와 신설법인의 대표자가 동일하지 않은 경우라면, 신설법인의 대표자에 대해서는 입찰참가자격 제한을 할 수 없다고 해석된다. 그렇다면 분할 전 대표자를 대상으로 입찰참가자격 제한을 할 수 있는지가 문제 되는데, 유권해석은 이를 긍정 하여, 분할 전 법인의 대표자 및 신설법인에 대한 입찰참가자격 제한을 인정한다.

[유권해석] 부정당업자 제재의 취지는 과거 부정행위 자체에 대한 제한(시정조치 등)에 있
는 것이 아니라, 장래의 행위(입찰참가) 가능성을 제한하는 것에 있다고 이해하여야
함. 따라서 상법 등 관련법 및 분할계획서(또는 사업양수도계약서) 등을 종합적으로 고
려한 결과, 법인분할 또는 사업 양수도를 통해 부정당업자 제재와 관련된 특정사업에
대한 권리·의무가 신설법인 또는 양수법인(이하 '신설법인 등')에게 포괄적으로 이전
되어, 신설법인 등이 해당 사업과 관련하여 분할 전 법인 또는 양도법인(이하 '분할 전
법인 등')의 지위(실체적 동일성)를 승계하였다고 볼 수 있는 경우라면, 분할 전 법인
등의 행위에 따른 부정당업자 제재의 시점이 분할 또는 양도 이후라고 할지라도, 부정
당업자 제재처분은 존속법인 또는 양도법인이 아니라 분할 전 법인 등의 당해 사업과

---

182) 이후 항소심 및 상고심에서 기각되어 확정되었다(서울고등법원 2011. 2. 9. 선고 2010누22841, 대
    법원 2014. 11. 27. 선고 2011두7342 판결).
183) 국가계약법 시행령 제76조 ⑤ 다음 각호의 어느 하나에 해당하는 자가 법 제27조제1항 각호의 어
    느 하나에 해당하는 경우에는 그 구분에 따른 자에 대해서도 제2항을 적용한다.
    1. 법인 또는 단체: 법인 또는 단체의 대표자(대표자가 여러 명 있는 경우에는 해당 입찰 및 계약에
    관한 업무를 소관하는 대표자로 한정한다).

관련한 권리·의무를 포괄적으로 승계하여 장래 국가계약에 입찰참가가 가능한 신설법인 등을 대상으로 하는 것이 국가계약법 제27조 취지에 부합한다고 보는 것이 타당함(회계제도과-153, 2010. 1. 25.; 기획재정부 계약제도과-55, 2013. 1. 16.).

[유권해석] 또한 부정당업자 제재를 받은 자가 법인인 경우에 시행령 제76조제4항은 그 대표자에 대하여도 부정당업자 제재를 하도록 하고 있는바, 부정당업자 제재사유를 발생시킨 분할 전 법인의 대표자와 신설법인의 대표자가 동일하지 않은 경우라면 부정당업자 제재처분의 대상은 분할 전 법인의 대표자가 되는 것이 타당하며, 이 경우 분할 전 법인의 대표자가 담합 등 부정당업자 제재사유가 발생하고 있는 동안 수차례 교체되었다면 당해 담합 등에 직접 관여한 대표자를 대상으로 하는 것이 타당할 것임(회계제도과-153, 2010. 1. 25.).

제5장 위법한 부정당업자
제재처분에 대한
구제수단

제1절 직권취소

　행정행위의 "직권취소"란 일단 유효하게 발령된 행정행위를 처분청 등이 그 행위에 위법 또는 부당한 하자가 있음을 이유로 하여 직권으로 그 효력을 소급적으로 소멸시키는 것을 말한다. 입찰참가자격 제한은 침익적 행정행위이므로 취소권자에게 상당한 재량이 허용된다.[184)]

　행정행위를 한 처분청은 그 행위에 하자가 있는 경우에는 별도의 법적 근거가 없더라도 스스로 이를 취소할 수 있다. 왜냐하면 처분권한 속에는 위법한 처분을 바로잡는 권한까지 포함된 것으로 볼 수 있기 때문이다. 위법한 처분에 대해 취소소송이 진행 중이라고 그 처분청은 위법한 처분을 스스로 취소하고 그 하자를 보완하여 다시 적법한 처분을 할 수도 있다(대법원 2006. 2. 10. 선고 2003두5686 판결 참조).

　행정청이 일단 행정처분을 한 경우에는 행정처분을 한 행정청이라도 법령에 규정이 있는 때, 행정처분에 하자가 있을 때, 행정처분의 존속이 공익에 위반되는 때, 또는 상대방의 동의가 있는 때 등의 특별한 사유가 있는 경우를 제외하고는 행정처분을 자의로 취소(철회의 의미를 포함한다)할 수 없다(대법원 1990. 2. 23. 선고 89누

---

184) 수익적 행정행위에 대해서는 신뢰보호원칙에 따라 직권취소가 상당히 제한된다. 이에 대해 대법원은, "행정행위를 한 처분청은 그 행위에 하자가 있는 경우에는 별도의 법적 근거가 없더라도 스스로 이를 취소할 수 있고, 다만 수익적 행정처분을 취소할 때에는 이를 취소하여야 할 공익상의 필요와 그 취소로 인하여 당사자가 입게 될 기득권과 신뢰보호 및 법률생활 안정의 침해 등 불이익을 비교·교량한 후 공익상의 필요가 당사자가 입을 불이익을 정당화할 만큼 강한 경우에 한하여 취소할 수 있다"(대법원 2008. 11. 13. 선고 2008두8628 판결).

7061 판결 참조).

위와 같이 행정처분을 한 처분청이 직권취소를 할 수 있다는 사정만으로 이해관계인이 처분청에 대하여 그 직권취소를 요구할 신청권을 가지는 것은 아니다(대법원 2006. 6. 30. 선고 2004두701 판결). 민원제기는 가능하다.

제2절 일사부재리(이중처벌의 금지)

동일한 범죄에 대하여 거듭 처벌받지 아니한다는 이중처벌금지의 원칙은 형사절차에서 일사부재리가 적용된 모습이다.[185] 행정절차 특히 제재적 처분의 경우 이중처벌 금지의 원칙이 유사하게 적용될 수 있다. 입찰참가자격 제한처분과 관련하여 일사부재리가 문제 되는 구체적인 사안으로, 행정청이 계약상대자의 위반행위에 대해 입찰참가자격 제한처분을 한 후 이를 직권취소하고 동일한 위반행위에 대해 선행 제한처분보다 더 무거운 제한처분을 할 수 있는지이다. 이는 행정행위의 취소와 신뢰보호와 관련된 문제이다.

> **【관련판례】** 행정청이 일단 행정처분을 한 경우에는 행정처분을 한 행정청이라도 법령에 규정이 있는 때, 행정처분에 하자가 있는 때, 행정처분의 존속이 공익에 위반되는 때, 또는 상대방의 동의가 있는 때 등의 특별한 사유가 있는 경우를 제외하고는 행정처분을 자의로 취소(철회 포함)할 수 없다고 할 것인바(대법원 1990. 2. 23. 선고 89누7061 판결 참조), 선행처분인 면허정지처분은 비록 그와 같은 처분이 도로교통법시행규칙 제53조제1항 [별표 16]에서 정한 행정처분기준에 위배하여 이루어진 것이라 하더라도 그와 같은 사실만으로 곧바로 당해 처분이 위법하게 되는 것은 아닐뿐더러, 원고로서는 그 면허정지처분이 효력을 발생함으로써 그 처분의 존속에 대한 신뢰가 이미 형성되었다 할 것이고 또한 그와 같은 처분의 존속이 현저히 공익에 반한다고는 보이지 아니하므로, 동일한 사유에 관하여 보다 무거운 면허취소처분을 하기 위하여 이미 행하여진 가벼운 면허정지처분을 취소하는 것은 선행처분에 대한 당사자의 신뢰 및 법적 안정성을 크게 저해하는 것이 되어 허용될 수 없다 할 것이다(대법원 2000. 2. 25. 선고 99두10520 판결).

---

185) 부정당업자 입찰참가자격 제한은 형법, 건설산업기본법, 산업안전보건법 등 다른 법령에 따른 처벌과는 별도의 처분이므로, 다른 법령에 따른 처벌이나 처분과 병과할 수 있다.

예컨대, 계약상대자가 입찰담합으로 인해 국가에 손해를 끼친 경우, 제재 당시에는 손해액을 특정할 수 없어서 담합(법 제27조제1항 제2호)으로 6개월의 제재처분을 하였으나(시행규칙 별표2 제4호 다목), 이후 손해액을 특정한 후 동일한 담합행위에 대해 국가손해(동항 제4호, 별표2 제6호 나목)로 1년의 제재처분[186]을 할 수 있는지 여부에 관한 문제이다. 위 대법원의 판단에 따르면, 선행처분은 원래 담합 및 국가손해를 사유로 1년의 제재처분이 적합한 것이었으므로 담합에 관한 시행규칙을 기준으로 6개월 처분을 한 것은 행정처분기준에 위배하여 이루어진 것이지만 그 사실만으로 선행 처분이 위법하게 된 것이 아니다. 따라서 선행처분에 하자가 있는 것이 아니므로 이를 직권취소를 할 수 없다. 또한 선행처분이 이미 당사자에 통보되어 제재처분이 개시되고 있다면 그 처분의 존속에 대한 신뢰는 이미 형성되었으므로, 동일한 사유에 관하여 제재기간이 더 가중된 처분을 하기 위해서 이미 행하여진 가벼운 처분을 취소하는 것은 신뢰 및 법적 안정성을 크게 저해하는 것이어서 허용될 수 없다. 선행처분을 직권취소하지 않고 새로운 처분을 하는 경우는, 동일한 위반행위에 대한 중복 제한처분이므로 일사부재리의 원칙에 반한다는 점, 선행처분으로 인해 중복처분이 없을 것이라는 신뢰보호 이익에 반한다는 점, 실질적으로 선행처분을 직권 취소하는 경우와 동일한 결과이므로, 이 역시 허용될 수 없다고 생각한다.

제3절 행정소송

1. 처분성

"행정처분"이란 행정청 또는 그 소속기관이나 권한을 위임받은 공공단체가 국민의 권리의무에 관계되는 사항에 관하여 직접 효력을 미치는 공권력의 발동으로서 하는 공법상의 행위를 말한다.

국가계약법에 따라 국가가 당사자가 되어 체결하는 계약은 사법상의 계약일 뿐, 공권력을 행사하는 것이거나 공권력 작용과 일체성을 가진 것은 아니라고 할 것이므

---

186) 선행 6개월의 제재처분을 직권취소하고 담합 및 국가손해를 사유로 새로운 1년의 제재처분을 하든지 또는 선행 6개월의 제재처분을 취소하지 않고 국가손해만을 사유로 1년의 제재처분을 하되 선행처분이 집행한 기간을 제외하는 방법이 있을 수 있다.

로 이에 관한 분쟁은 행정소송의 대상이 될 수 없는 것이 원칙이다(대법원 1996. 12. 20. 선고 96누14708 판결). 그러나 국가가 체결하는 계약이 사법상의 계약의 성격이라 하더라도, 입찰참가자격 제한제도가 법률에 규정되어 있고 이를 통보받은 다른 중앙관서의 장을 구속하는 것으로 명시되어 있기 때문에 입찰참가자격 제한은 처분성이 인정된다는 것이 법원의 입장이며, 대법원도 입찰참가자격 제한조치에 대한 처분성을 인정하는 것을 전제로 본안에서 그 취소 여부를 판단하였다(대법원 2014. 12. 11. 선고 2013두26811 판결 등). 입찰참가자격 제한은 경쟁의 공정한 집행 및 계약의 적정한 이행을 확보하기 위한 최후의 수단으로서 계약상대자의 의사를 묻지 않고 국가 등이 강제적으로 발동한다는 점에서 공권력의 작용의 일환이라고 볼 수 있고, 입찰참가자격 제한은 일정 기간 동안 국가 등이 시행하는 모든 입찰에 참가할 수 없게 하는 것이므로[187] 구체적 사실에 대한 법 집행행위로 볼 수 있으며, 부정당업자의 권리를 직접적으로 제한하는 것으로 볼 수 있다. 따라서 입찰참가자격 제한은 행정처분이므로 항고소송의 대상이 된다.

상대방의 권리를 제한하는 행위라 하더라도 행정청 또는 그 소속기관이나 권한을 위임받은 공공단체의 행위가 아닌 한 이를 행정처분이라고 할 수 없다(대법원 1985. 1. 22. 선고 84누647 판결). 행정청 또는 그 소속기관은 국가계약법 제27조에 따라 입찰참가자격 제한처분을 할 수 있고, 지방자치단체의 장은 지방계약법 제31조에 따라 제한처분을 할 수 있다. 공공기관 중 공기업 및 준정부기관은 공공기관운영법 제39조에 따라 부정당업자 제재조치의 권한을 위임받았다는 법적 근거가 있으므로, 그에 따른 제한조치는 행정처분으로 볼 수 있다.

기타 공공기관의 경우, 공공기관운영법 제39조는 처분권한자를 '공기업·준정부기관'으로 명시함으로써 기타 공공기관은 적용범위에서 제외하고 있다. 기타 공공기관

---

187) 각 중앙관서의 장, 지방자치단체의 장, 공기업·준정부기관의 장은 법령에 근거하여 부정당업자에 대해 입찰참가자격 제한조치를 한다(국가계약법 제27조제1항, 국가계약법 시행령 제76조, 지방계약법 제31조, 지방계약법 시행령 제92조, 공공기관운영법 제39조, 공기업·준정부기관 계약사무규칙 제15조). 각 기관의 입찰참가자격 제한사실은 다른 기관에 통보되거나 전자조달시스템에 게재되어 함께 공유한다(국가계약법 시행령 제76조제9항, 제10항, 지방계약법 제92조제6항, 공기업·준정부기관 계약사무규칙 제15조). 또한 각 기관의 장의 입찰참가자격 제한의 효과는 다른 전 기관의 장을 구속하여, 부정당업자는 다른 기관이 시행하는 모든 입찰에 참가할 수 없다(국가계약법 제27조제1항, 국가계약법 시행령 제76조제11항, 지방계약법 제31조제4항, 공기업·준정부기관 계약사무규칙 제15조).

이 입찰참가자격 제한 조치를 할 수 있는 근거는 법령이 아닌 기획재정부 훈령 '기타 공공기관 계약사무 운영규정' 제14조이며, 기타 공공기관은 입찰참가자격 제한조치 시 나라장터에 게재하는 의무가 없고, 입찰참가자격 제한조치는 해당 기타 공공기관이 집행하는 입찰에만 제한의 효과가 있게 되었다. 따라서 기타 공공기관이 훈령에 의거하여 입찰참가자격을 제한한 부정당업자 제재처분은 공법상의 행위가 아니라 단지 그 대상자를 위 기타 공공기관이 시행하는 입찰에 참가시키지 않겠다는 뜻의 사법상의 효력만을 가지는 통지행위에 불과하다 할 것이고 위 통지행위가 있다 하여 국가 또는 지방자치단체에서 시행하는 모든 입찰의 참가자격을 제한하는 효력이 발생한다고 볼 수는 없으므로 이를 행정소송의 대상이 되는 행정처분이라고 할 수는 없다(대법원 1985. 4. 23. 선고 82누369 판결 참조).

2. 소의 이익

취소소송은 처분의 취소를 구할 법률상 이익이 있는 자가 제기할 수 있다. 입찰참가자격 제한처분 취소소송에 있어서 소의 이익이 인정되기 위해서는 행정소송법 제12조 소정의 '법률상 이익'이 있어야 하는바, 그 법률상 이익은 당해 처분의 근거법률에 의하여 보호되는 직접적이고 구체적인 이익이 있는 경우를 말하고 간접적이거나 사실적·경제적 이해관계를 가지는 데 불과한 경우는 이에 해당되지 아니한다(대법원 1995. 10. 17. 선고 94누14148 판결). 이와 관련하여 제재기간이 경과한 이후에도 취소소송을 제기할 수 있는지, 즉 소의 이익이 있는지 여부가 문제된다.

제재처분에 대한 불이익이 시행규칙에 규정되어 있다고 하더라도 담당공무원은 이를 준수할 의무가 있으므로 이에 따른 불이익이 당연히 예견되고, 시행규칙은 법률 및 시행령에 근거하고 있으므로 그에 따른 불이익을 단순히 사실적·경제적 이해관계로 볼 수 없다. 따라서 제재기간이 도과되었다고 하더라도 처분이 있었다는 점으로 인한 불이익은 법률상 이익에 해당되므로 항고소송에서 소의 이익을 인정하는 것이 타당하다. 판례의 태도도 이와 같다.

【관련판례】제재적 행정처분이 그 처분에서 정한 제재기간의 경과로 인하여 그 효과가 소멸되었으나, 부령인 시행규칙 또는 지방자치단체의 규칙(이하 이들을 '규칙'이라고 한다)의 형식으로 정한 처분기준에서 제재적 행정처분(이하 '선행처분'이라고 한다)을 받은 것을 가중사유나 전제요건으로 삼아 장래의 제재적 행정처분(이하 '후행처

분'이라고 한다)을 하도록 정하고 있는 경우, 제재적 행정처분의 가중사유나 전제요건에 관한 규정이 법령이 아니라 규칙의 형식으로 되어 있다고 하더라도, 그러한 규칙이 법령에 근거를 두고 있는 이상 그 법적 성질이 대외적·일반적 구속력을 갖는 법규명령인지 여부와는 상관없이, 관할 행정청이나 담당공무원은 이를 준수할 의무가 있으므로 이들이 그 규칙에 정해진 바에 따라 행정작용을 할 것이 당연히 예견되고, 그 결과 행정작용의 상대방인 국민으로서는 그 규칙의 영향을 받을 수밖에 없다. 따라서 그러한 규칙이 정한 바에 따라 선행처분을 받은 상대방이 그 처분의 존재로 인하여 장래에 받을 불이익, 즉 후행처분의 위험은 구체적이고 현실적인 것이므로, 상대방에게는 선행처분의 취소소송을 통하여 그 불이익을 제거할 필요가 있다. (중략[188]) 규칙이 정한 바에 따라 선행처분을 가중사유 또는 전제요건으로 하는 후행처분을 받을 우려가 현실적으로 존재하는 경우에는, 선행처분을 받은 상대방은 비록 그 처분에서 정한 제재기간이 경과하였다 하더라도 그 처분의 취소소송을 통하여 그러한 불이익을 제거할 권리보호의 필요성이 충분히 인정된다고 할 것이므로, 선행처분의 취소를 구할 법률상 이익이 있다고 보아야 한다(대법원 2006. 6. 22. 선고 2003두1684 전원합의체 판결).

이전 대법원 판례는 "행정명령에 불과한 각종 규칙상의 행정처분 기준에 관한 규정에서 위반 횟수에 따라 가중처분하게 되어 있다 하여 법률상의 이익이 있는 것으로 볼 수 없다"고 하여 불이익이 행정명령에 규정된 경우에는 소의 이익을 부정하였으나[189](대법원 1995. 10. 17. 선고 94누14148 전원합의체 판결), 위 2003두1684 판결 이후 법원은 제재기간이 도과한 입찰참가자격 제한처분 취소소송에서 소의 이익을 긍정하였다.

---

188) 또한 나중에 후행처분에 대한 취소소송에서 선행처분의 사실관계나 위법 등을 다툴 수 있는 여지가 남아 있다고 하더라도, 이러한 사정은 후행처분이 이루어지기 전에 이를 방지하기 위하여 직접 선행처분의 위법을 다투는 취소소송을 제기할 필요성을 부정할 이유가 되지 못한다. 그러한 쟁송 방법을 막는 것은 여러 가지 불합리한 결과를 초래하여 권리구제의 실효성을 저해할 수 있기 때문이다. 오히려 앞서 본 바와 같이 행정청으로서는 선행처분이 적법함을 전제로 후행처분을 할 것이 당연히 예견되므로, 이러한 선행처분으로 인한 불이익을 선행처분 자체에 대한 소송에서 사전에 제거할 수 있도록 해 주는 것이 상대방의 법률상 지위에 대한 불안을 해소하는 데 가장 유효적절한 수단이 된다고 할 것이고, 또한 그 소송을 통하여 선행처분의 사실관계 및 위법 여부가 조속히 확정됨으로써 이와 관련된 장래의 행정작용의 적법성을 보장함과 동시에 국민생활의 안정을 도모할 수 있다. 이상의 여러 사정과 아울러, 국민의 재판청구권을 보장한 헌법 제27조제1항의 취지와 행정처분으로 인한 권익침해를 효과적으로 구제하려는 행정소송법의 목적 등에 비추어 행정처분의 존재로 인하여 국민의 권익이 실제로 침해되고 있는 경우는 물론이고 권익침해의 구체적·현실적 위험이 있는 경우에도 이를 구제하는 소송이 허용되어야 한다는 요청을 고려해서 소의 이익이 있다고 판단하였다(대법원 2006. 6. 22. 선고 2003두1684 전원합의체 판결).

189) 불이익이 시행령에 규정된 경우에는 소의 이익을 긍정하였다(대법원 1999. 2. 5. 선고 98두13997 판결).

【관련판례】 국가계약법 시행규칙 별표2 및 지방계약법 시행규칙 제76조제2항은 "입찰 참가자격의 제한을 받은 자에게 그 처분일부터 입찰 참가자격 제한기간 종료 후 6개월이 경과하는 날까지의 기간 중 다시 부정당업자에 해당하는 사유가 발생한 경우에는 해당 사유에 대하여 2년을 초과하지 아니하는 범위에서 자격 제한기간을 별표 2의 해당 호에서 정한 기간의 2배까지 가중하여 제한할 수 있다"고 규정하고 있는바, (중략) 피고행정청으로서는 위 시행규칙 조항에 따라 원고회사에 대하여 이 사건 처분을 가중사유로 삼아 별도의 제재적 행정처분을 할 수도 있을 것이므로, 원고회사에게 이 사건 처분의 취소를 구할 법률상 이익이 있다(광주고등법원 2014. 5. 1. 선고 2013누5271 판결).

【관련판례】 국가계약법 시행령 제42조제5항에서 '과거 계약이행 성실도'를 세부심사기준에서 고려하여야 하는 요소로 명시하고 있는 점, 이에 따라 피고가 정한 위 세부심사기준에서 입찰참가자격 제한기간에 따라 감점을 하고 있는 점 등을 고려하면, 이 사건 처분에서 정한 제재기간이 경과되었다고 하더라도 원고회사는 여전히 이 사건 처분으로 인한 불이익을 받을 우려가 현실적으로 존재한다. 따라서 원고회사는 이 사건 처분의 취소를 통하여 불이익을 제거할 권리보호의 필요성이 인정된다(서울고등법원 2015. 2. 4. 선고 2014누58251 판결).

【관련판례】 (다른 기관 입찰 시) 부정당업자로 제재를 받아 나라장터에 등록된 자로서 제재기간 종료일이 입찰공고일로부터 최근 2년 이내인 경우에는 (입찰보증금을 면제받지 못하고) 입찰보증금을 납부하여야 한다는 점, (다른 기관 입찰 시) 적격심사자료 중 하나로 제재처분확인서를 제출하도록 요구하는 경우가 많아 부정당업자로 제재를 받은 전력이 있는 입찰자가 심사에서 불이익을 받을 현실적인 위험이 존재하는 점 등을 인정할 수 있다. 또한 공기업·준정부기관 계약사무규칙 제15조제11항(현재 삭제)은 '기관장은 법에 따라 입찰참가자격 제한 사실을 통보받거나 전자조달시스템에 게재된 자에 대하여도 입찰에 참가할 수 없도록 할 수 있다'고 규정하고 있다. 이에 의하면 이 사건 입찰참가자격 제한 처분은 원고에 대하여 장래에 이루어질 수도 있는 제재처분 등의 전제요건이나 가중요건으로 고려될 수 있다고 봄이 상당하므로, 원고는 위 입찰참가자격 제한 처분의 취소를 구할 법률상 이익이 있다(서울고등법원 2015. 5. 13. 선고 2014누63000 판결 참조).

【관련판례】 정부의 특별사면 및 특별감면조치에 의하여 부정당업자 제재처분이 해제된 경우에는 제재처분으로 인한 불이익이 없으므로 입찰참가자격 제한처분의 취소를 구할 소의 이익이 없다(서울행정법원 2013. 4. 12. 선고 2011구합40752 판결 참조).

【관련판례】 (원심이 원고가 주장한 위법사유 중 하나인 재량권 일탈·남용을 받아들여 당해 처분을 취소하는 판결을 선고하였을 경우 이유에 불복하여 항소할 이익이 있는

지 여부에 대한 사안) 원심판결의 주문 내용에 따라 이 사건 처분이 취소되고 그 판결이 확정된다면, 기판력에 따라 그 처분은 더 이상 존속한다고 볼 여지가 없을 뿐만 아니라, 기판력은 원칙적으로 주문에 대하여서만 미치고 이유에는 미치지 않는 것이므로, 특별히 이유에까지 기판력이 미친다고 볼 사정을 엿볼 수 없는 이 사건에서, 피고가 원고에게 새로운 처분을 한다 하더라도, 원심판결의 이유에 기속되어 원고가 이에 항쟁할 수 없다는 등 어떤 법적 장애가 초래된다고 볼 수 없으니, 원고가 드는 원심판결의 이유에 대한 불만은 항소의 이익이 있다고 인정하여야 할 사유에 해당한다고 볼 수 없다(부산고등법원 2001. 5. 25. 선고 2001누250 판결).

【관련판례】 (원심 계속 중 처분을 직권취소하고 새로운 처분을 한 사안) 직권처분에 어떠한 하자가 있다고 볼 사정도 발견되지 아니하므로, 이 사건 처분은 적법하게 취소되었다 할 것이어서 결국 이사건 처분의 취소를 구할 소의 이익이 없어졌다고 할 것이다(대법원 2002. 9. 6. 선고 2001두5200 판결).

3. 집행정지

취소소송의 제기는 처분의 효력이나 그 집행 또는 절차의 속행에 영향을 주지 아니한다(행정소송법 제23조제1항). 따라서 처분의 상대방은 취소소송만 제기하였더라도 처분의 절차가 진행되거나 집행되어 입찰에 참여할 수 없게 되는 손해를 입게 된다. 따라서 처분의 상대방은 취소소송과 동시에 집행정지 신청을 하여 해당 처분의 효력이나 집행 또는 절차를 잠정적으로 정지하는 결정을 받아야 입찰에 참여할 수 있다.

집행정지의 요건은 ① 적법한 본안소송이 제기되어 있을 것(행정소송법 제23조제2항), ② 본안소송에서 패소할 가망이 없을 것(판례상 인정), ③ 회복하기 어려운 손해를 예방하기 위하여 긴급한 필요가 있을 것(동항), ④ 공공복리에 중대한 영향을 미칠 염려가 없을 것(동조 제3항) 등 4가지이다. 위 요건에 대한 구체적인 해석은 판례에서 제시하고 있다.

【관련판례】 행정처분의 효력정지나 집행정지제도는 신청인이 본안 소송에서 승소판결을 받을 때까지 그 지위를 보호함과 동시에 후에 받을 승소판결을 무의미하게 하는 것을 방지하려는 것이어서 본안 소송에서 처분의 취소 가능성이 없음에도 처분의 효력이나 집행의 정지를 인정한다는 것은 제도의 취지에 반하므로 효력정지나 집행정지 사건 자체에 의하여도 신청인의 본안 청구가 이유 없음이 명백하지 않아야 한다는

것도 효력정지나 집행정지의 요건에 포함시켜야 한다(대법원 1999. 11. 26.자 99부3 결정, 1992. 6. 8.자 92두14 결정 등 참조).

문제는 어떠한 경우에 본안청구가 이유 없음이 명백하다고 볼 것인가이다. 이에 관해서 일반적으로 인정되는 것은 신청인이 본안청구에 대해 전혀 소명하지 못하는 경우, 행정청의 주장·소명에 의해 본안청구가 이유 없음이 명백하게 밝혀진 경우 등이다. 그러나 신청인이 본안청구에 대해 어느 정도 소명한 경우에는 행정청이 본안청구가 이유 없다고 주장하더라도 이를 명백하다고 판단하기는 어렵다.

【관련판례】 행정소송법 제23조제2항에서 정하고 있는 집행정지 요건인 '회복하기 어려운 손해'라 함은 특별한 사정이 없는 한 금전으로 보상할 수 없는 손해로서 이는 금전보상이 불능인 경우 내지는 금전보상으로는 사회관념상 행정처분을 받은 당사자가 참고 견딜 수 없거나 또는 참고 견디기가 현저히 곤란한 경우의 유형, 무형의 손해를 일컫는다 할 것이고(대법원 1986. 3. 21.자 86두5 결정, 2003. 4. 25.자 2003무2 결정 등 참조), '처분등이나 그 집행 또는 절차의 속행으로 인하여 생길 회복하기 어려운 손해를 예방하기 위하여 긴급한 필요'가 있는지 여부는 처분의 성질과 태양 및 내용, 처분상대방이 입는 손해의 성질·내용 및 정도, 원상회복·금전배상의 방법 및 난이 등은 물론 본안 청구의 승소 가능성의 정도 등을 종합적으로 고려하여 구체적·개별적으로 판단하여야 한다(대법원 2004. 5. 12.자 2003무41 결정 참조).

【관련판례】 같은 조 제3항에서 규정하고 있는 집행정지의 장애사유로서의 '공공복리에 중대한 영향을 미칠 우려'라 함은 일반적·추상적인 공익에 대한 침해의 가능성이 아니라 당해 처분의 집행과 관련된 구체적·개별적인 공익에 중대한 해를 입힐 개연성을 말하는 것으로서 이러한 집행정지의 소극적 요건에 대한 주장·소명책임은 행정청에게 있다(대법원 2004. 5. 12.자 2003무41 결정 참조).

모든 행정처분은 공익을 목적으로 하는 것이므로, 이 요건은 처분의 집행으로 인한 신청인의 손해와 처분의 목적인 공익 간에 비례의 원칙에 부합하여야 한다는 것으로 볼 수 있다. 즉, 신청인이 처분의 집행으로 입은 손해가 클수록 이를 희생시킬 수밖에 없다고 할 만한 중대한 공익상의 필요가 있는 경우에는 집행정지가 불허된다.

부정당업자의 입찰참가자격 제한 처분에 대한 효력정지 또는 집행정지 신청사건에서는 특별한 사정이 없는 한 대부분 인용으로 결정된다. 특별한 사정의 예로는 제재처분의 위법성에 대한 법원의 판단 이후 행정청이 하자를 치유하여 재처분한 경우 등을 들 수 있다.

【관련판례】부정당업자제재처분의 위법 여부가 심리되어 있지 아니하여 상대방이 위 본
안소송에서 승소할 것인지의 여부가 불분명하지만, 만일 위 처분의 효력이 정지되지
아니한 채 본안소송이 진행된다면 상대방은 그동안 국가기관 등의 입찰에 참가하지
못하게 되고 따라서 만일 본안소송에서 승소한다고 하더라도 그동안 위 입찰 등에
참가하지 못함으로 인하여 입은 손해는 쉽사리 금전으로 보상될 수 있는 성질의 것
이 아니어서 사회관념상 회복하기 어려운 손해에 해당된다 할 것이고, 상대방의 위
부정당제재처분취소의 본안청구가 이유 없음이 기록상 분명하지 아니한 이상, 위와
같은 손해를 예방하기 위하여 이 사건 처분의 효력을 정지시킬 긴급한 필요가 있다
고 할 것이다(대법원 1986. 3. 21. 자 86두5 결정).

결국 부정당업자 제재처분이 기한이 있는 처분으로서 권리구제의 실효성을 확보하기 위해서라도 집행정지결정을 유연하게 허용하는 것은 타당한 것으로 보인다. 다만, 행정청에서 제반사정을 고려하여 합리적으로 결정한 처분의 효력이 대부분 정지된다는 것은 제재처분이 무의미하게 될 소지가 있고, 이러한 법원의 경향을 업체가 악용할 수 있다는 문제점[190]으로 인해, 집행정지 신청의 인용률은 지금보다도 낮아져야 바람직할 것으로 보인다.

4. 형사판결 및 민사판결과의 관계

행정소송에 있어서 형사판결이 그대로 확정된 이상 위 형사판결의 사실판단을 채용하기 어렵다고 볼 특별한 사정이 없는 한 이와 배치되는 사실을 인정할 수 없다(대법원 1999. 11. 26. 선고 98두10424 판결).

민사재판에 있어서는 다른 민사 사건 등의 판결에서 인정된 사실에 구속받는 것은 아니라 할지라도 이미 확정된 관련 민사 사건에서 인정된 사실은 특별한 사정이 없으면 유력한 증거가 되므로 합리적인 이유설시 없이 이를 배척할 수 없고(대법원

---

190) 행정청의 입찰참가자격 제한처분에 대한 본안청구가 이유 없음이 명백한 사안에서도 업체가 당장 입찰에 참가해야 할 상황인 경우 집행정지 결정을 받아두고 입찰에 참가한 후 계약을 체결한 후 본안소송은 계속 시간을 끄는 방법으로 진행하는 방법, 행정청의 입찰참가자격처분에 대해 일단 집행정지 결정으로 받아 제한처분의 효력을 정지시킨 다음 본안소송은 업체에게 피해가 가장 적을 시기(업체가 참가할 만한 입찰 건이 적은 시기)에 판결이 나오도록 의도적으로 시간을 끌거나 빨리 종결시키는 방법으로 입찰참가자격 제한처분의 개시시점을 업체가 임의로 선택하는 방법 등이 악용될 수 있다.

1995. 10. 12. 선고 94다52768판결 등 참조), 이러한 법리는 행정재판을 함에 있어서 확정된 관련 민사판결이 인정한 사실에 관하여도 마찬가지로 적용된다고 할 것이다 (광주고등법원 2014. 10. 6. 선고 2014누477 판결).

제4절 행정심판

행정심판이란 행정청의 위법 또는 부당한 처분이나 부작위로 침해된 국민의 권리 또는 이익을 구제하고 행정의 적정한 운영을 꾀함을 목적으로 한다. 행정심판은 행정청의 위법 또는 부당한 처분 또는 부작위에 행정심판위원회가 심판하는 행정쟁송 절차이다. 행정심판은 행정소송에 비해 절차가 간편하고 신속하며 처분의 적법성뿐 아니라 적정성까지 판단을 받을 수 있는 장점이 있다.

행정심판법상 '행정청'이란 행정에 관한 의사를 결정하여 표시하는 국가, 지방자치단체의 기관, 행정권한을 위탁받은 공공단체나 그 기관 또는 사인으로 정의하므로(법 제2조), 공기업·준정부기관도 '행정청'으로 정의되어 국가·지방자치단체의 장과 동일하게 취급된다.

일반적인 국가행정기관의 장 또는 그 소속 행정청, 광역 지방자치단체의 장·의회 (교육감), 공공기관의 처분 또는 부작위에 대한 심판청구에 대해서는 중앙행정심판위원회에서 심리·재결한다(법 제6조). 행정심판의 종류는 취소심판(행정청의 위법 또는 부당한 처분을 취소하거나 변경하는 행정심판), 무효등확인심판(행정청의 처분의 효력 유무 또는 존재 여부를 확인하는 행정심판), 의무이행심판(당사자의 신청에 대한 행정청의 위법 또는 부당한 거부처분이나 부작위에 대하여 일정한 처분을 하도록 하는 행정심판)이 있다(법 제5조).

행정심판은 처분이 있음을 "알게 된 날부터 90일 이내"에 청구하여야 한다. 행정심판은 처분이 "있었던 날부터 180일"이 지나면 청구하지 못한다. 다만, 정당한 사유가 있는 경우에는 그러하지 아니하다. 위 기간은 불변기간(不變期間)으로 한다. 행정청이 심판청구 기간을 90일보다 긴 기간으로 잘못 알린 경우 그 잘못 알린 기간 내에 청구하면 되고, 행정청이 심판청구 기간을 알리지 아니한 경우에는 처분이 있었던 날부터 180일 내에 청구를 하면 된다.

행정심판법상 "처분"이란 행정청에서 행하는 구체적 사실에 관한 법집행으로서의 공권력의 행사 또는 그 거부, 그 밖에 이에 준하는 행정작용을 말하므로, 이는 행정소송법상 처분의 개념과 동일하다. 따라서 부정당업자의 입찰참가자격 제한조치는 행정처분이므로 행정심판의 대상이 된다.

행정심판은 행정소송과 달리 적법하더라도 부당한 처분에 대해 다툴 수 있고, 중앙심판위원회는 취소심판의 청구가 이유가 있다고 인정하는 경우에 처분의 취소 결정 이외에 다른 처분으로 변경하거나 다른 처분으로 변경할 것을 피청구인에게 명할 수 있다(법 제43조). 예컨대 입찰참가자격 제한처분이 위법 또는 부당하다고 인정하는 경우 제재처분을 취소할 수 있고 제재기간을 감경하여 변경처분을 할 수 있다.[191] 중앙심판위원회의 변경처분이 있는 경우 처분청의 별도의 행위를 기다릴 것이 원래의 처분은 취소되고 이를 대신하는 새로운 처분이 이루어진 것이다.

행정심판은 행정심판위원회의 재결로 종료되며 당해 재결에 대하여 다시 심판청구를 제기할 수 없고(법 제39조), 이를 다툴 경우 행정소송은 원처분을 대상으로 제기해야 하며, 다만 재결 자체의 고유한 위법이 있는 때에는 재결의 취소를 구하는 행정소송의 제기가 가능하다(행정소송법 제19조). 심판청구를 인용하는 재결은 피청구인과 그 밖의 관계 행정청을 기속한다(법 제49조제1항).

행정소송법 제18조제1항은 '취소소송은 법령의 규정에 의하여 당해 처분에 대한 행정심판을 제기할 수 있는 경우에도 이를 거치지 아니하고 제기할 수 있다. 다만, 다른 법률에 당해 처분에 대한 행정심판의 재결을 거치지 아니하면 취소소송을 제기할 수 없다는 규정이 있는 때에는 그러하지 아니하다'고 규정하고 있다. 부정당업자 입찰참가자격 제한처분에 대한 행정심판의 재결을 거쳐야 한다는 특별한 규정이 없으므로,

---

191) 식품위생법 위반의 경우 영업정지 처분을 과징금 처분을 변경하는 결정이 이루어지고 있다. 이와 동일하게 부정당업자에 대한 입찰참가자격제한 처분을 과징금 처분으로 변경해 줄 것을 청구할 수 있을 것으로 보이나 실제로 변경 결정된 예는 확인할 수 없다. 국가계약법은 식품위생법과 달리 부정당제재 사유에 해당되더라도 추가 요건(책임이 경미하거나 유효한 경쟁입찰이 명백히 성립되지 아니하는 경우)이 필요한 점이 고려된 것으로 보인다.

행정소송을 제기하기 전에 행정심판을 거쳐야 하는 것은 아니다. 따라서 행정소송을 제기한 후 행정심판을 나중에 신청할 수 있고, 행정심판을 신청한 후 행정소송을 나중에 제기할 수 있다. 요즈음 행정소송의 제기와 행정심판의 신청을 동시에 하기도 한다. 그 이유는 집행정지에 대해 법원 및 심판위원회로부터 2번의 판단을 받을 수 있기 때문이다. 즉, 입찰참가자격 제한 처분의 집행정지 신청에 대해 행정소송과 행정심판의 판단이 다를 경우 인용결정에 대한 기속력으로 인해 어느 한쪽이라도 집행정지 인용결정이 있으면 이로 인해 처분의 효력이 정지되기 때문이다. 또한 집행정지 결정에 있어서 법원보다도 행정심판이 더 쉽게 결정하는 경향이 있는 것으로 보이며, 특히 행정심판위원회의 위원장은 직권으로 집행정지 결정도 가능하다.[192]

---

192) 행정심판법 제30조 ⑥ 제2항과 제4항에도 불구하고 위원회의 심리·결정을 기다릴 경우 중대한 손해가 생길 우려가 있다고 인정되면 위원장은 직권으로 위원회의 심리·결정을 갈음하는 결정을 할 수 있다. 이 경우 위원장은 지체 없이 위원회에 그 사실을 보고하고 추인(追認)을 받아야 하며, 위원회의 추인을 받지 못하면 위원장은 집행정지 또는 집행정지 취소에 관한 결정을 취소하여야 한다.

제6장 과징금

제1절 의의 및 도입배경

과징금이란 행정법상의 의무위반 또는 불이행에 대하여 행정청이 부과하는 금전상의 제재로서, 주로 경제행정법상 의무에 위반한 자가 당해 위반행위로 인해 얻은 불법적 이익을 전적으로 박탈함으로써 간접적으로 의무이행을 강제하는 효과를 거두기 위한 취지로 도입되었다.[193] 그러나 과징금 제도를 도입하고 있는 법률 대부분은 당초 도입 시의 취지에서 벗어나 '변형된 과징금제도'를 운영하고 있다. 즉, 다수 국민이 이용하는 사업 또는 국가나 사회에 중대한 영향을 미치는 사업을 시행하는 자가 행정법규를 위반한 경우 그 위반자에 대하여 영업정지(입찰참가자격 제한) 처분을 한다면 오히려 국민에게 불편과 생활의 어려움을 줄 수 있는 경우에 영업정치(입찰참가자격 제한) 처분에 갈음하여 과징금을 부과시키고 영업자로 하여금 당해 사업을 계속 수행하게 함으로써 국민의 편의를 도모하려는 것이다.[194]

국가계약법상 과징금은 입찰 참가자격 제한의 원인이 되는 위반행위에 대한 부정당업자의 책임이 경미하거나 유효한 경쟁입찰이 명백히 성립되지 않는 경우에는 입찰 참가자격 제한을 갈음하여 부과할 수 있도록 규정하고 있으므로 위 변형된 과징금 제도라고 볼 수 있다.

국가계약법에서 과징금을 도입한 배경은, 개정 전 국가계약법은 같은 법 시행령

---

193) 김남진, 『행정법』, 법문사, 2004, p.471; 김동희, 『행정법 I (제13판)』, 박영사, 2007, p.447.
194) 김호정, "새로운 행정제재수단으로서의 과징금제도", 『외법논집』, 제9집(2002), pp.312-313.

제76조의 위반행위에 해당하면 2년 이내의 범위에서 필수적으로 입찰참가자격을 제한하고, 위반의 정도, 공익상의 필요 등 구체적 타당성을 고려한 대체수단을 두고 있지 않아 부정당업자에 대한 제재가 경직되게 운용되는 부작용이 있었으며, 이러한 문제를 해결하기 위해 입찰참가자격 제한을 대체하는 과징금 제도를 도입함으로써 부정당업자 제재의 실효성과 적정성의 조화를 모색하게 되었다. 과징금 제도는 2013. 6. 19.부터 시행되었다.

따라서 과징금은 입찰참가자격제한 사유가 2013. 6. 19. 이후 발생한 경우에 부과할 수 있다(법률제11547호, 2012.12.18. 부칙 제3조). 만약 부정당업자의 부정당제재 행위가 2013. 6. 19. 이전에 저지른 경우에는 과징금을 부과할 수 없다.

문제는 개정 국가계약법 시행일(2013. 6. 19.) 전에 입찰참가자격 제한사유에 해당하는 행위를 하였으나 개정 국가계약법 시행일 이후에 그 행위가 적발된 경우라면, 같은 법 제27조의2에 따라 입찰 참가자격 제한을 갈음하여 과징금을 부과할 수 있는지에 관한 것이다. 이에 대한 법제처 유권해석은 "개정 국가계약법 부칙 제3조에서는 '제27조의2의 개정규정은 같은 개정규정 시행 후 최초로 같은 법 제27조에 따른 입찰 참가자격 제한사유가 발생하는 경우'에만 적용하도록 명시적으로 규정하고 있고, 여기에서 '입찰 참가자격 제한사유가 발생하는 경우'란 '입찰 참가자격 제한사유에 해당하는 행위를 한 경우'를 의미한다고 할 것이므로, 그러한 행위가 적발된 날이 언제인지에 따라 법률의 적용관계가 달라지는 것은 아니라고 할 것이다. 또한 입찰 참가자격 제한은 계약의 당사자인 국가가 단순히 일정 기간 동안 자신이 체결하려는 계약에서 부정당업자를 배제하는 소극적 조치인 반면, 과징금 부과처분은 이러한 소극적 조치를 넘어 상대방에게 금전 납부 의무를 발생시키는 적극적 조치라 할 것이므로(법제처 2015. 3. 27. 회신 15-0134 해석례 참조), 과징금을 부과하기 위해서는 법률상 근거가 필요하다고 할 것인데(법제처 2009. 12. 4. 회신 09-0366 해석례 참조), 법률상 근거도 없이 개정법률 부칙의 명문 규정과 다르게 소급하여 과징금을 부과할 수는 없다고 할 것이다"(법제처-15-0309, 2015. 7. 13.)라고 판단하였으며 타당하다고 생각한다.

제2절 처분성

과징금 부과는 입찰참가자격 제한의 대체처분이고 행정청이 공권력의 행사로 행하는 금전적 제재이므로 처분성이 인정되며, 항고소송 및 행정심판의 대상이 된다.

제3절 재량행위

과징금 부과사유에 해당할 경우 입찰참가자격 제한을 과징금으로 갈음할 수 있는지 여부는 행정청의 재량에 맡겨져 있다. 이러한 행정청의 재량에 대한 다툼은 독자적으로 주장되기보다는 입찰참가자격 제한처분에 대한 취소소송에서 재량권 일탈·남용 여부에 포함되어 주장된다.

제4절 부과주체

각 중앙관서의 장은 부정당업자에게 입찰 참가자격을 제한하여야 하는 경우로서 과징금 부과사유에 해당하는 경우에는 입찰 참가자격 제한을 갈음하여 과징금을 부과할 수 있다(국가계약법 제27조의2 제1항).

☞ 지방자치단체의 장 및 지방자치단체의 장으로부터 계약사무를 위임·위탁받은 중앙행정기관의 장은 과징금을 부과할 수 있다.[195]

☞ 공기업·준정부기관은 별도의 법적 근거가 없어 과징금을 부과할 수 없다.[196]

---

195) 제31조의2(과징금) ① 지방자치단체의 장은 제31조제1항(지방자치단체의 장, 그로부터 계약사무를 위임·위탁받은 중앙행정기관의 장의 제재처분)에 따라 부정당업자에 대하여 입찰 참가자격을 제한하여야 하는 경우로서 다음 각호의 어느 하나에 해당하는 경우에는 부정당업자의 신청에 따라 입찰 참가자격 제한을 갈음하여 다음 각호의 구분에 따른 금액 이하의 과징금을 부과할 수 있다 (각호 생략).

196) 과징금은 행정법상의 의무위반에 대하여 행정청이 그 의무자에게 부과·징수하는 금전적 제재를 말하는 것으로서 강제적 금전부담이라는 점에서 과징금을 부과하기 위해서는 법률상 근거가 필요하다고 할 것입니다(법제처-09-0366, 2009. 12. 4. 해석례 참조). 그리고 공공기관운영법에서는 부정당업자에 대한 제재수단으로서 입찰 참가자격 제한 제도만을 규정하고 이를 갈음하는 과징금제

제5절 부과사유

중앙관서의 장이 부정당업자에게 입찰참가자격을 제한하여야 하는 경우로서 다음 2가지 사유 중 어느 하나에 해당하는 경우에는 입찰참가자격 제한을 갈음하여 과징금을 부과할 수 있다(법 제27조의2 제1항).

① 부정당업자의 위반행위가 예견할 수 없음이 명백한 경제여건 변화에 기인하는 등 부정당업자의 책임이 경미한 경우로서 대통령령으로 정하는 경우

② 입찰 참가자격 제한으로 유효한 경쟁입찰이 명백히 성립되지 아니하는 경우로서 대통령령으로 정하는 경우

1. 부정당업자의 책임이 경미한 경우

"부정당업자의 책임이 경미한 경우로서 대통령령으로 정하는 경우"란 다음 각호의 어느 하나에 해당하는 경우를 말한다(영 제76조의2 제1항).

① 천재지변이나 그 밖에 이에 준하는 부득이한 사유로 인한 경우

② 국내·국외 경제 사정의 악화 등 급격한 경제 여건 변화로 인한 경우

③ 발주자에 의하여 계약의 주요 내용이 변경되거나 발주자로부터 받은 자료의 오류 등으로 인한 경우

④ 공동계약자나 하수급인 등 관련 업체에도 위반행위와 관련한 공동의 책임이 있는 경우

⑤ 입찰의 공정성과 계약이행의 적정성이 현저하게 훼손되지 아니한 경우로서 부정당업자의 책임이 경미하며 다시 위반행위를 할 위험성이 낮다고 인정되는 사유가 있는 경우

☞ 지방계약법은 위 사유들에 추가하여 "6. 금액단위의 오기 등 명백한 단순착오로 가격을 잘못 제시하여 계약을 체결하지 못한 경우"가 포함된다.

도는 두고 있지 않는데, 그 이유는 입찰 참가자격 제한은 계약의 당사자인 공공기관이 단순히 일정 기간 동안 자신이 체결하려는 계약에서 부정당업자를 배제하는 소극적 조치인 반면, 과징금 부과 처분은 이러한 소극적 조치를 넘어 상대방에게 적극적으로 금전 납부 의무를 발생시킨다는 점에서 일반적으로 행정청으로서의 권한을 행사할 수 없는 공기업·준정부기관이 과징금을 부과할 수 있도록 하는 것은 허용될 수 없기 때문입니다(법제처-15-0134, 2015. 3. 27.).

다만, 다음 제재사유에 해당하는 자에게는 책임이 경미한 경우로 과징금을 부과할
수 없다. 그러나 다음 제재사유에 해당하는 자가 경쟁입찰이 성립되지 않는 경우에
해당할 경우에는 과징금을 부과할 수 있다.

① 법 제27조제1항 제2호(담합행위)

② 법 제27조제1항 제4호(사기, 그 밖의 부정한 행위로 손해발생)

③ 법 제27조제1항 제5호(공정거래위원회 요청)

④ 법 제27조제1항 제6호(중소기업청장 요청)

⑤ 법 제27조제1항 제7호(뇌물제공)

⑥ 영 제76조제1항 제1호 가목(서류의 위조·변조·부정행사 또는 허위서류제출)

⑦ 영 제76조제1항 제1호 나목(고의 무효입찰)

⑧ 영 제76조제1항 제1호 라목(입찰참가·계약체결·계약이행 방해)

⑨ 영 제76조제1항 제2호 나목(조사설계금액·원가계산금액 등의 부적정 산정)

⑩ 영 제76조제1항 제2호 다목(타당성조사 부실 수행)

⑪ 영 제76조제1항 제2호 라목(감독·검사의 직무수행 방해)

⑫ 영 제76조제1항 제3호 나목(정보 무단 누출)

⑬ 영 제76조제1항 제3호 다목(정보시스템 등 무단접속 등)

☞ 지방계약법에 따라 부정당업자의 책임이 경미한 경우로 과징금을 부과할 수 없는 제
재사유는, 지방계약법 제33조를 위반한 경우와 ④ 및 ⑬ 사유를 제외한 나머지 국가계
약법상 사유들이다.

2. 유효한 경쟁입찰이 명백히 성립되지 아니하는 경우

"입찰참가자격 제한으로 유효한 경쟁입찰이 명백히 성립되지 아니하는 경우로서
대통령령으로 정하는 경우"란 "입찰자가 2인 미만이 될 것으로 예상되는 경우"를 말
한다(영 제76조의2 제2항). 이 경우 책임이 경미한 경우와 달리 모든 부정당업자에게
적용된다.

문제는 "입찰자가 2인 미만이 될 것"이 어느 정도 예상되어야 하는지에 관한 것이
다. 법률은 과징금을 부과하기 위해서는 경쟁입찰이 "명백히" 성립하지 아니하는 경
우로 규정하고 있으므로, 시행령도 "명백히" 입찰자가 2명 미만이 될 것으로 예상되

는 경우로 해석되어야 한다는 견해가 있을 수 있다. 이 견해에 따르면 심의대상 업체가 향후 입찰에 참가하지 못하거나 향후 동일(혹은 유사)한 입찰에서 입찰자가 2명 미만이 될 것이 현재시점에 명백히 예상되어야 과징금 부과요건에 해당될 것이다. 그러나 법률에서 규정된 "유효한 경쟁입찰이 명백히 성립되지 아니하는 경우"의 정의를 시행령이 "입찰자가 2인 미만이 될 것으로 예상되는 경우"라고 규정하고 있으므로, 시행령의 문언대로 '예상되는 경우'로 충분하다는 견해가 있을 수 있습니다. 이 견해에 따르면 입찰자가 2명 미만이 될 것으로 현재 시점에서 예상되면 족하고 명백히 예상할 것으로 요구하지 않는다. 과징금 부과사유를 굳이 제한적으로 엄격히 해석할 필요가 없고, 문언의 내용에 따른 해석이라는 점에서 후자의 견해가 타당하다고 생각한다.

다만, "예상"에 대해서는 충분한 근거가 있어야 할 것이며 단순히 그러할 것이라는 추측으로는 본 요건을 충족할 수는 없다. 따라서 과거 동일 혹은 유사한 입찰에서 ⓐ 입찰자가 부정당업자를 포함하여 2인 이하였다거나 ⓑ 유효한 경쟁입찰이 성립되지 않아 유찰되어 수의계약이 체결된 상황이거나 ⓒ 특수한 성능(기술)이 요구되는 입찰이 공고될 것으로 예상되는 상황이라면 이는 충분한 근거가 될 수 있다[197].

☞ 종전 시행령에서는 경쟁입찰이 성립되지 않는 경우에도 적용이 제외되는 입찰참가자격 제한사유가 있었다. 담합행위, 허위서류 제출, 뇌물제공, 국가손해의 4개의 사유에 해당하는 부정당업자에 대해서는 과징금을 부과할 수 없었으나, 2015. 1. 1. 과징금 제도의 실효성을 위해 과도한 규제를 완화하기 위해서 적용제외 조항을 삭제하였다. 해당 부칙도 개정조항은 2015. 1. 1. 전의 위반행위에 대해서도 적용하도록 규정하고 있으므로, 현재는 위 4개 사유의 위반시점을 확인할 필요가 없이 경쟁입찰이 성립되지 않는 경우 과징금을 부과할 수 있다.

제6절 부과금액 및 기준

책임이 경미한 경우에는 위반행위와 관련된 계약의 계약금액(계약을 체결하지 아

---

197) 방산물자를 생산하는 발산업체는 입찰자가 2명 미만이 될 것으로 쉽게 예상되어 과징금 부과사유에 해당하나, 방산물자만 생산하는 업체는 입찰참가자격제한처분을 받더라도 수의계약으로 체결하는 기회가 있어 과도한 과징금 부과에 대해 적극적으로 고려하지 않고 있다.

니한 경우에는 추정가격을 말한다)의 100분의 10에 해당하는 금액이며, 구체적 부과 기준은 시행규칙 별표3과 같다. 경쟁입찰이 성립되지 않는 경우에는 위반행위와 관련된 계약의 계약금액(계약을 체결하지 아니한 경우에는 추정가격을 말한다)의 100 분의 30에 해당하는 금액이며, 구체적 부과기준은 시행규칙 별표4와 같다. 중앙관서의 장은 위반행위의 동기·내용과 횟수 등을 고려하여 제1항에 따른 과징금 금액의 2분의 1의 범위에서 이를 감경할 수 있다(시행규칙 제77조의2 제2항).

제7절 부과 및 납부 절차

중앙관서의 장은 과징금 부과를 하려면 과징금부과심의위원회의 심의를 거쳐야 한다(법 제27조의2 제2항). 과징금 부과 여부 및 과징금 금액의 적정성을 심의하기 위하여 기획재정부에 과징금부과심의위원회를 둔다(법 제27조의3 제1항).

중앙관서의 장은 과징금을 부과하려는 때에는 위반행위의 종류와 과징금의 금액을 분명하게 적은 서면으로 알려야 한다(영 제76조의3 제1항). 과징금 납부를 통지받은 날부터 60일 이내에 과징금을 부과권자가 정하는 수납기관에 내야 한다. 다만, 천재지변이나 그 밖의 부득이한 사유로 그 기간 내에 과징금을 낼 수 없을 때에는 그 사유가 해소된 날부터 30일 이내에 내야 한다(동조 제2항). 과징금을 받은 수납기관은 과징금을 낸 자에게 영수증을 내줘야 한다(동조 제3항). 과징금의 수납기관이 과징금을 받았을 때에는 지체 없이 그 사실을 부과권자에게 통보하여야 한다(동조 제4항).

중앙관서의 장은 부정당업자가 납부하여야 할 과징금이 계약금액의 10퍼센트를 초과하는 경우 또는 「중소기업기본법」 제2조에 따른 중소기업자에게 10억 원을 초과하여 과징금을 부과하는 경우로서 다음 각호의 어느 하나에 해당하는 사유로 인하여 과징금을 납부하여야 하는 자가 과징금의 전액을 일시에 납부하기가 어렵다고 인정되는 경우에는 그 납부기한을 연장하거나 분할납부하게 할 수 있다(영 제76조의4 제1항).
① 재해 또는 도난 등으로 재산에 현저한 손실을 입은 경우, ② 사업 여건의 악화로 사업이 중대한 위기에 처한 경우, ③ 과징금을 일시납부하면 자금 사정에 현저한 어려움이 예상되는 경우, ④ 그 밖에 위와 유사한 사유가 있는 경우

과징금 납부기한의 연장이나 분할납부를 신청하려는 자는 과징금 납부를 통지받은 날부터 30일 이내에 납부기한의 연장 또는 분할납부의 사유를 증명하는 서류를 첨부하여 각 중앙관서의 장에게 신청하여야 한다(동조 제2항). 납부기한의 연장은 그 납부기한의 다음 날부터 1년을 초과할 수 없다(동조 제3항). 또한 중앙관서의 장은 분할납부를 하게 하는 경우 분할된 납부기한 간의 간격은 3개월을 초과할 수 없으며, 분할 횟수는 3회를 초과할 수 없다(동조 제4항).

중앙관서의 장은 과징금을 부과받은 자가 납부기한까지 내지 아니하면 국세 체납처분의 예에 따라 징수한다(법 제27조의2 제4항).

☞ 시장·군수 또는 구청장[198)]이 과징금을 부과하려면 특별시·광역시·도에 설치된 계약심의위원회의 심의를 거쳐야 한다(지방계약법 제31조의2 제2항).

☞ 특별시장·광역시장·특별자치시장·도지사 또는 특별자치도지사[199)]가 과징금 부과를 하려면 행정안전부에 설치된 과징금부과심의위원회의 심의를 거쳐야 한다(지방계약법 제31조의2 제3항).

제8절 과징금부과심의위원회의 구성 및 운영

과징금부과심의위원회(이하 "위원회"라 함)는 위원장 1명을 포함하여 15명 이내의 위원으로 구성한다(법 제76조의5 제1항). 위원회의 위원장은 기획재정부 제2차관이 되고, 위원은 성별을 고려한 다음 각호의 사람이 된다(동조 제2항).
① 기획재정부, 국방부, 행정자치부, 공정거래위원회, 조달청의 고위공무원단에 속하는 공무원 중에서 소속 기관의 장이 지명하는 사람 각 1명(다만, 조달청의 경우에는 2명으로 함)
② 계약 관련 분야에 관한 학식과 경험이 풍부한 사람으로서 다음 각 목의 어느 하나에 해당하는 사람 중에서 기획재정부장관이 위촉하는 민간위원 8명 이내

---

198) 시장·군수 또는 구청장으로부터 계약사무를 위탁받은 중앙행정기관의 장 또는 지방자치단체의 장이 과징금을 부과하는 경우도 동일하다.
199) 시·도지사로부터 계약사무를 위임 또는 위탁받은 중앙행정기관의 장 또는 지방자치단체의 장이 과징금을 부과하는 경우도 동일하다.

ⓐ 「고등교육법」에 따른 대학에서 법학·경제학 또는 경영학의 부교수 이상의 직에 근무한 경력이 있는 사람, ⓑ 변호사의 자격을 가진 사람으로서 그 자격과 관련된 업무에 5년 이상 재직 중이거나 재직한 사람, ⓒ 정부조달계약 업무에 관한 학식과 경험이 풍부한 사람으로서 가목과 나목의 기준에 상당하다고 인정되는 사람

민간위원의 임기는 2년으로 하되, 연임할 수 있다(동조 제3항). 위원 중 공무원이 아닌 위원의 사임 등으로 인하여 새로 위촉된 위원의 임기는 전임위원 임기의 남은 기간으로 한다(동조 제4항).

위원장은 위원회를 대표하고, 위원회의 업무를 총괄한다(영 제76조의6 제1항). 위원장이 부득이한 사유로 직무를 수행할 수 없을 때에는 기획재정부장관이 지명하는 위원이 그 직무를 대행한다(동조 제2항).

위원회의 위원은 다음 각호의 어느 하나에 해당하는 사건에 대한 심의에서 제척(除斥)된다(제76조의7 제1항).
① 위원 또는 그 배우자나 배우자이었던 사람이 해당 부정당업자(부정당업자가 법인·단체 등인 경우에는 그 임원을 포함한다. 이하 이 호 및 제2호에서 같다)이거나 부정당업자의 공동권리자 또는 공동의무자인 사건, ② 위원이 해당 부정당업자와 친족이거나 친족이었던 경우, ③ 위원이나 위원이 속한 기관 또는 법인이 해당 사건에 관하여 증언, 진술, 자문, 연구, 용역 또는 감정을 한 경우, ④ 위원이나 위원이 속한 중앙관서(조달청의 경우 위원이 속한 국을 말한다)가 발주한 계약에 관련된 사건, ⑤ 위원이 각 중앙관서의 소속 공무원으로서 해당 사건과 관련된 조사 또는 심사를 한 사건

해당 사건의 부정당업자는 위원에게 공정한 심의를 기대하기 어려운 사정이 있는 경우에는 기피 신청을 할 수 있다. 이 경우 위원장은 이 기피 신청에 대하여 위원회의 의결을 거치지 아니하고 기피 여부를 결정한다(동조 제2항). 위원이 제척 사유와 기피 사유에 해당하는 경우에는 스스로 그 사건의 심의에서 회피(回避)하여야 한다(동조 제3항).

중앙관서의 장은 법 제27조의2 제2항에 따라 과징금 부과 여부나 과징금 금액의 적정성 등에 관한 심의를 요청할 경우에는 다음 각호의 사항을 적은 서면을 위원회에 제출하여야 한다(영 제76조의9 제1항).
① 부정당업자의 성명과 주소(법인인 경우에는 법인의 명칭, 주된 사무소의 소재지, 그 대표자의 성명을 말한다), ② 과징금 부과가 필요한 사유, ③ 과징금 부과 액수와 판단 근거

위의 서면에는 다음 각호의 서류를 첨부하여야 한다(동조 제2항).
① 부정당업자에게 입찰 참가자격을 제한하거나 과징금을 부과하게 된 원인과 사실을 증명하는 서류, ② 그 밖에 심의에 필요한 증거 서류

위원회는 위 서면 및 서류만으로는 과징금 부과 여부와 과징금 금액의 적정성을 판단하기 곤란한 경우에는 상당한 기간을 정하여 서류의 보완을 요청할 수 있다. 이 경우 서류의 보완에 걸리는 기간은 제76조의10 제1항에 따른 심의 기간에 산입하지 아니한다(동조 제3항).

위원회는 각 중앙관서의 장으로부터 심의 요청을 받은 날부터 60일 이내에 심의 결과를 통보하여야 한다. 다만, 부득이한 사정이 있으면 30일의 범위에서 그 기간을 연장할 수 있다(영 제76조의10 제1항). 위원회는 필요한 경우 부정당업자와 해당 중앙관서의 장에게 심의 요청된 사항에 관한 서류의 제출을 요구할 수 있으며, 관계 전문기관에 감정·진단과 시험 등을 의뢰할 수 있다(동조 제2항). 위원회는 심의·결정의 완료 전에 부정당업자 및 해당 중앙관서의 장과 그 대리인에게 의견을 진술할 기회를 주어야 하며, 필요한 경우에는 부정당업자 및 해당 중앙관서의 장과 그 대리인, 증인 또는 관계전문가로 하여금 위원회에 출석하게 하여 그 의견을 들을 수 있다(동조 제3항).

위원장은 위원회의 회의를 소집하고, 그 의장이 된다(제76조의11 제1항). 위원회의 회의는 재적위원 과반수의 출석으로 개의(開議)하고, 출석위원 과반수의 찬성으로 의결한다(동조 제2항). 위원회에 위원회의 사무를 처리할 간사 1명을 둔다(동조 제3항). 이 외에 위원회의 운영에 필요한 사항은 위원회의 위원장이 정한다(동조 제4항).

위원회의 업무를 효율적으로 처리하기 위하여 위원회에 공사분야소위원회 및 물품·용역분야소위원회(이하 이 장에서 "소위원회"라 한다)를 각각 둔다(영 제76조의12 제1항). 공사분야소위원회는 건설·전기통신 등 공사와 관련된 과징금 부과의 심의에 관한 사항을 담당한다(동조 제2항). 물품·용역분야소위원회는 물품의 제조·구매와 용역과 관련된 과징금 부과의 심의에 관한 사항을 담당한다(동조 제3항). 소위원회는 소위원회의 위원장을 포함하여 10명 이내의 위원으로 구성한다(동조 제4항). 소위원회의 위원장 및 위원은 위원회의 위원 중에서 위원회의 위원장이 지명하되, 심의 요청된 사항의 전문성을 고려하여 필요한 경우에는 위원회의 위원이 아닌 사람을 소위원회의 위원으로 임명하거나 위촉할 수 있다(동조 제5항). 위원회에 심의 요청된 사안은 해당 소위원회에서 우선 심사하여 결정안을 작성하고, 이를 위원회에 상정하여야 한다(동조 제6항). 이 외에 소위원회의 운영에 필요한 사항은 위원회의 위원장이 정한다(동조 제8항).

제7장 지방자치단체,
공기업·준정부기관,
기타 공공기관의 입찰참가자격 제한

제1절 지방자치단체가 계약당사자인 경우

　지방자치단체의 계약 절차와 기준에 관한 사항은 정부조달계약과 그 제도적 근간을 같이 하여 거의 대분이 동일하다고 볼 수 있지만 지방계약법령에는 지방자치단체의 특성을 반영하여 새로운 사항을 규정하고 있다. 입찰참가자격 제한제도에 있어서도 지방계약법령의 관련 규정은 거의 대분이 국가계약법령과 동일하지만, 지방자치단체의 특성을 반영하여 일부 내용이 국가계약법령과 차이가 있다.

　국가계약에 있어서 계약심의회가 중앙관서의 장의 의사결정을 돕기 위한 자문기구인 데 반하여, 지방계약법상 입찰참가자격 제한에 있어서의 계약심의위원회는 필수적 심의기구이다. 다만, 제2호, 제3호, 제6호 또는 제11호부터 제15호까지의 어느 하나에 해당하는 자의 경우에는 계약심의위원회의 심의를 거치지 아니하고 입찰 참가자격을 제한할 수 있다(법 제31조제2항, 영 제92조제1항).

제2호(하도급 위반)	제3호(공정위 요청)
제6호(계약불이행)	제11호(입찰미참가)
제12호(입찰참가방해)	제13호(감독검사방해)
제14호(계약이행능력 심사포기)	제15호(실시설계서 미제출)

　계약의 당사자인 지방자치단체의 장뿐 아니라 지방자치단체의 장이 중앙행정기관의 장 또는 다른 지방자치단체의 장에게 계약사무를 위임하거나 위탁하여 처리하는

경우에는 그 위임 또는 위탁을 받은 중앙행정기관의 장 또는 지방자치단체의 장도 입찰참가자격을 제한할 수 있다(법 제31조제1항).

☞ 지방자치단체의 장이 조달청장에게 수요물자 구매에 관한 계약체결을 요청한 경우, 그 계약의 이행 등과 관련한 입찰참가자격 제한에 관한 권한이 위탁기관인 지방자치단체의 장에게 있는지 또는 수탁기관인 동시에 계약당사자인 조달청장에게 있는지에 대한 논의가 있었다. 판례는 조달청장이 아닌 위탁기관인 지방자치단체의 장에게 입찰참가자격 제한권한이 있다고 판시하였지만, 2013. 8. 6. 지방계약법(법률 제12000호) 제31조제1항이 현재와 같이 개정되면서 입법적으로 해결하였다.

국가계약법령과 달리 지방계약법은, "부정당업자"를 정의함에 있어 경쟁의 공정한 집행 또는 계약의 적정한 이행을 해칠 우려가 있는 자나 그 밖에 입찰에 참가시키는 것이 부적합하다고 인정되는 자에 추가하여 '제6조의2에 따른 청렴서약서의 내용을 위반한 자'를 포함하고 있다. 청렴서약서에는 금품·향응제공, 불공정행위, 특정정보 획득행위를 금지하고 있으며, 이는 일부 뇌물제공 또는 담합행위와 관련된다. 따라서 문언해석상 제재필요성을 판단함에 있어 뇌물제공행위 또는 담합행위의 경우에는 '청렴서약서 위반행위'이기 때문에 경쟁의 공정한 집행이나 계약의 적정한 이행을 해칠 우려가 있는지 판단할 필요가 없다.

국가계약법상 '그 밖의 사용인'에 대해서는 특별한 정의규정이 없어 판례는 '반드시 부정당업자와 고용계약을 체결하는 등 일반적인 업무 전반에 관하여 직접적인 지휘·감독을 받는 자에 한정할 것이 아니라 부정당업자 스스로 처리해야 하는 의무가 있는 업무를 제3자에게 위탁하여 처리하도록 함으로써 부정당업자의 책임하에 그의 의무를 대신하여 처리하는 자 등을 포함하는 것으로 해석'하고 있다(서울고등법원 2016. 12. 7. 선고 2016누38589 판결). 그러나 지방계약법은 '고용계약, 하도급계약 등을 체결한 자의 행위에 기인하는 경우에는 그의 위반행위를 방지하기 위한 의무이행을 게을리한 것을 탓할 수 없는 정당한 사유가 있는 경우는 제외한다'고 규정하여, 명문으로 고용계약뿐만 아니라 하도급계약을 체결한 자의 행위에 대해 계약상대자가 책임을 지는 것이므로 국가계약법에 대한 판례의 해석과 유사한 것으로 보인다.

제재사유 중 국가계약법령에는 규정하지 아니하고 지방계약법령에만 규정된 것은 "16호, 법 제33조를 위반하여 계약을 체결한 자"이다. 지방계약법 제33조[200]는, 지방차치단체의 장 또는 지방의회의원은 그 지방자치단체와 영리를 목적으로 하는 계약을 체결할 수 없고, 지방자치단체의 장 또는 지방의회 의원의 가족이거나 기타 특수관계에 있는 사업자인 경우에는 그 지방자치단체와 영리를 목적으로 하는 수의계약을 체결할 수 없다. 이를 위반하여 계약을 체결한 자에 대해서 입찰참가자격을 제한하여야 한다.

법 제33조의 취지는 지방자치단체를 당사자로 하는 계약에 관하여 영향력을 행사할 수 있는 자들의 계약 체결을 제한하여 계약의 체결 및 이행과정에서 부당한 영향력을 행사할 수 있는 여지를 사전에 차단함으로써 투명성을 높이려는 것이다. 따라서 지방자치단체는 지방계약법 제33조제2항 각호에 해당하는 사업자를 계약상대자로 하여서는 어떤 내용의 수의계약도 체결할 수 없다고 할 것이고, 계약상대자의 부당한 영향력 행사의 가능성을 개별적으로 심사하여 수의계약 체결 여부를 결정할 수 있다거나, 경쟁입찰방식을 일부 혼합한 절차를 거친다고 하여 수의계약을 체결하는 것이 허용되는 것은 아니다(대법원 2014. 5. 29. 선고 2013두7070 판결).

지방계약법령의 개별적인 입찰참가자격 제재사유의 대부분 국가계약법령에서 규정한 제재사유와 동일하지만, 문언상 미세한 차이가 있으며 제재처분을 함에도 국가계약법령과 약간 차이가 있다.

---

200) 지방계약법 제33조(입찰 및 계약체결의 제한) ① 지방자치단체의 장 또는 지방의회의원은 그 지방자치단체와 영리를 목적으로 하는 계약을 체결할 수 없다. ② 다음 각호의 어느 하나에 해당하는 자가 사업자(법인의 경우 대표자를 말한다)인 경우에는 그 지방자치단체와 영리를 목적으로 하는 수의계약을 체결할 수 없다.
　1. 지방자치단체의 장의 배우자
　2. 지방자치단체의 지방의회의원의 배우자
　3. 지방자치단체의 장 또는 그 배우자의 직계 존속·비속
　4. 지방자치단체의 지방의회의원 또는 그 배우자의 직계 존속·비속
　5. 지방자치단체의 장 또는 지방의회의원과 다음 각 목의 관계에 있는 사업자(법인을 포함한다. 이하 같다)
　　가. 「독점규제 및 공정거래에 관한 법률」 제2조제3호에 따른 계열회사
　　나. 「공직자윤리법」 제4조제1항에 따른 등록대상으로서 소유 명의와 관계없이 지방자치단체의 장 또는 지방의회의원이 사실상 소유하는 재산이 자본금 총액의 100분의 50 이상인 사업자
　6. 지방자치단체의 장과 제1호·제3호·제5호에 해당하는 자가 소유하는 자본금 합산금액이 자본금 총액의 100분의 50 이상인 사업자
　7. 지방자치단체의 지방의회의원과 제2호·제4호·제5호에 해당하는 자가 소유하는 자본금 합산금액이 자본금 총액의 100분의 50 이상인 사업자

① 국가계약법령상 하도급 제한 제재사유에는 하도급통지의무위반은 포함되지 않는다. 따라서 계약상대자가 하도급통지의무를 위반하더라도 입찰참가자격 제한 처분을 할 수 없다. 반면에 지방계약법령에는 '거짓으로 하도급 통보를 한 자'도 제재사유에 포함하고 있어, 객관적 진실에 반하는 하도급 통보를 한 자에 대하여 부정당제재를 할 수 있다. 예컨대, 하도급의 범위를 축소하여 발주자에게 통보하는 경우에 이에 해당되나, 하도급 통보를 해야 함에도 소극적으로 하지 않은 경우는 이에 포함되지 아니한다.

② 계약불이행 재제사유의 경우, 국가계약법령은 계약의 주요조건을 이행하지 아니한 경우도 제재사유에 해당되나, 입찰공고와 계약서에 이행을 하지 아니하였을 경우 입찰참가자격 제한을 받을 수 있음을 명시한 주요조건에 한정하고 있다. 지방계약법령은 '계약서에 정한 조건을 위반하여 이행한 자'로 계약불이행의 범위가 상당히 넓다. 따라서 주요조건이 아니라 하더라도 계약서에 정한 조건을 위반한 경우에도 본 제재사유에 해당하고, 계약조건 위반 시 입찰참가자격을 제한한다고 공고문이나 계약서에 명시하지 않은 계약조건을 불이행한 경우에도 본 제재사유에 해당한다. 다만, 계약조건의 불이행이 부정당업자 제재처분을 취할 정도의 사유에 해당되어야 하고 제재필요성도 인정되어야 부정당제재를 할 수 있을 것이다.

③ 지방계약법령상 '거짓 서류를 제출한 자'는 국가계약법령상 '허위서류를 제출한 자'와 동일하고, 지방계약법령상 '금품 또는 그 밖의 재산상 이익을 제공한 자'는 국가계약법령상 '뇌물을 준 자'와 동일하다고 해석된다.

④ 국가계약법령은 '사기, 그 밖의 부정한 행위로 국가에 손해를 끼친 자'로 규정하고 있는 반면, 지방계약법령은 '사기로 지방자치단체에 손해를 끼친 자'로 규정하고 있다. 따라서 지방계약법령은 사기, 즉 기망행위로 손해를 끼친 경우에만 제재를 할 수 있고, 사기에 준하는 부정한 행위로 손해를 끼친 경우에는 제재사유에 해당하지 않는다.

⑤ 국가계약법령에서는 "6.「대·중소기업 상생협력 촉진에 관한 법률」제27조제5항에 따라 중소기업청장으로부터 입찰참가자격 제한의 요청이 있는 자"를 제재

사유로 규정하고 있는데, 지방계약법령에서는 이를 규정하고 있지 않다. 대기업과 중소기업 간의 위탁거래 과정에서 발생하는 불공정거래행위를 방지하기 위해 국가계약법령에 도입된 규정인데, 지방계약법령에 추가되지 않은 이유는 입법미비로 보인다.

입찰참가자격의 제한을 받은 자에게 그 처분일부터 입찰참가자격 제한기간 종료 후 6개월이 경과하는 날까지의 기간 중 다시 부정당업자에 해당하는 사유가 발생한 경우에는, 국가계약법령은 별표 2에 따른 해당 제재기간의 2분의 1의 범위에서 자격제한기간을 늘릴 수 있는 반면, 지방계약법령은 별표 2에 따른 해당 제재기간의 2배까지 가중하여 제한할 수 있다(지방계약법 시행규칙 제76조제2호). 두 경우 모두 가중한 기간을 합산한 기간은 2년을 넘을 수 없다.

부정당업자에 대한 입찰참가자격을 제한하는 경우 자격제한기간을 그 위반행위의 동기·내용 및 횟수 등을 고려하여 국가계약법령에서는 별표 2에서 정한 기간의 2분의 1의 범위에서 줄일 수 있는 반면, 지방계약법령에서는 6개월 이내로 감경할 수 있다(지방계약법 시행규칙 제76조제5항). 두 경우 제한기간은 1개월 이상이어야 한다.

제2절 공기업 및 준정부기관이 계약당사자인 경우

공기업·준정부기관의 입찰참가자격 제한은 국가계약법 제27조를 준용함에 따라 국가계약의 입찰참가자격 제한처분의 제재사유 및 절차 등이 동일하게 운영되고 있다(공기업·준정부기관 계약사무규칙 제15조).

다만, 입찰참가자격 제한에 관하여 규정한 국가계약법과 공공기관운영법을 대비해 보면, 그 규정의 내용이나 규정방식에 상당한 차이가 있다. 입찰참가자격 제한의 요건 등과 관련해서도, 국가계약법은 경쟁의 공정한 집행 또는 계약의 적정한 이행에 대한 침해의 '염려'나 입찰에 참가시키는 것이 '부적합'하다고 인정되는 경우 등 그 대상을 폭넓게 규정하면서도, 그 요건에 해당하면 입찰참가자격을 제한하여야 한다고 하여 기속규정의 형식을 취하고 있다(제27조제1항). 공공기관운영법은 공정한 경쟁이나 계약의 적정한 이행을 해칠 것이 '명백'한 경우로 요건은 더 제한적으로 규정하면서도 제한 여부에 대해서는 '제한할 수 있다'고 하여 처분 재량을 인정하고 있다. 따라서 행위 태양이 동일하더라도 국가계약법이 적용될 경우에는 입찰참가자격이 제한되지만 공공기관법이 적용될 경우에는 제한되지 않는 경우를 법률이 이미 예상하고 있다고 할 수 있다(대법원 2013. 9. 12. 선고 2011두10584 판결).

따라서 공기업·준정부기관이 입찰참가자격을 제한할 경우 비록 국가계약법령상 제재사유와 동일하더라도 제재 필요성에 있어서 국가계약법령보다 더 제한적으로 규정하고 있으므로, 동일한 사안이더라도 행정청의 제재는 적법하다고 판단되더라도 공기업·준정부기관의 제재는 위법하다고 판단될 가능성이 존재한다.

다만, 입찰참가자격 제한사유에 해당되는 자에 대해 입찰참가자격을 제한할 수 있다고 처분재량을 인정하고 있는 점이 기속규정의 형식을 취하고 있는 국가계약법과 다르다.

☞ 공기업·준정부기관은 「공기업·준정부기관 계약사무규칙」 제정 이후 입찰참가자격 제한제재를 국가계약법령과 동일하게 운영하여 왔다. 그러던 중 위 대법원 판결(2011두10584)을 계기로 2013. 11. 18. 위 규칙을 개정하여 부정행위가 명백하다고 인정되는 경우로 한정하고 5가지 제재사유(하도급위반, 공정위요청, 담합, 허위서류, 뇌물제공)에 대해서만 재량으로 입찰참가자격을 제한할 수 있게 되었다. 이후 2016. 9. 12. 공적 기능을 수행하는 공공기관의 설립취지에 따라 계약사무에 관한 국가기관과의 형평성을 확보하기 위하여 부정당업자의 입찰참가자격 제한 대상을 국가계약법에서 규정하고 있는 내용과 일치시켰다.

부칙 제2조에 따라 「공기업·준정부기관 계약사무규칙」(기획재정부령 제571호) 부칙 제2조[201])에 따라, 2016. 9. 12. 이전에 위 5가지 제재사유 이외의 위반행위에 대해서는 입찰참가자격을 제한할 수 없다.

주의할 점은 공공기관운영법 제39조 제2항은 "공기업·준정부기관은 공정한 경쟁

---

201) 제2조(부정당업자의 입찰참가자격 제한에 관한 경과조치) 제15조의 개정규정에도 불구하고 이 규칙 시행 전에 한 행위에 따른 입찰참가자격의 제한에 대해서는 종전의 규정에 따른다.

이나 계약의 적정한 이행을 해칠 것이 명백하다고 판단되는 사람·법인 또는 단체 등에 대하여 2년의 범위에서 일정기간 입찰참가자격을 제한할 수 있다"고 규정하고 있고, 동조 제3항은 "입찰참가자격의 제한기준 등에 관하여 필요한 사항은 기획재정부령으로 정한다"고 규정하고 있다. 그렇다면 국가계약법 시행령 제76조 제5항에 따라 입찰참가자격 제한을 받은 자가 법인 또는 단체인 경우에는 그 대표자, 입찰참가자격제한을 받은 자가 중소기업협동조합인 경우 입찰참가자격 제한의 원인을 제공한 조합원에 대하여도 입찰참가자격 제한을 할 수 있는지가 문제가 된다.

대법원은 "공공기관운영법 제39조 제3항에서 부령에 위임한 것은 '입찰참가자격의 제한기준 등에 관하여 필요한 사항'일 뿐이고, 이는 규정의 문언상 입찰참가자격을 제한하면서 그 기간의 정도와 가중·감경 등에 관한 사항을 의미하는 것이지 처분대상까지 위임한 것이라고 볼 수는 없다. 따라서 위 규칙 조항에서 위와 같이 처분대상을 확대하여 정한 것은 상위법령의 위임 없이 규정한 것이므로 이는 위임입법의 한계를 벗어난 것으로서 대외적 효력을 인정할 수 없다"고 판시한 바 있다(대법원 2017. 6. 15 선고 2016두52378 판결). 따라서 공기업·준정부기관이 입찰참가자격제한의 대상인 회사의 대표자에 대해 제재처분을 한 것은 그 처분의 근거가 없어 위법하다고 판단하였다.

위 대법원 판례에 따라 공기업·준정부기관은 중앙 행정청과 달리 국가계약법 시행령 제76조 제5항에 따라 처분의 대상인 법인 또는 단체의 대표자에 대해서 제재를 할 수 없다고 해석된다. 중소기업협동조합이 제재대상인 경우 입찰참가자격 제한의 원인을 제공한 조합원에 대해서도 동일한 법리로 제재를 할 수 없다고 해석된다.

제3절 기타 공공기관이 계약당사자인 경우

기관장은 공정한 경쟁이나 계약의 적정한 이행을 해칠 것이 명백한 경우로서 5가지 제재사유(담합, 하도급위반, 공정위요청, 뇌물공여, 허위서류)에 대해서만 재량으로 입찰참가자격을 제한할 수 있다(「기타 공공기관 계약사무 운영규정」 제14조).

제8장 입찰참가자격 제한과
유사한 제도

제1절 조세포탈 등에 대한 입찰참가자격 제한

1. 의의 및 법적 성질

조세포탈에 대한 제재를 보다 강화하기 위하여 조세포탈 등을 한 자로서 유죄판결이 확정된 날부터 2년이 지나지 아니한 자에 대해서는 국가 발주 사업에 있어서 입찰참가자격을 제한한다.

각 중앙관서의 장은 조세포탈 등을 한 자로서 유죄판결이 확정된 날부터 2년이 지나지 아니한 자에 대하여 입찰 참가자격을 제한하여야 한다(법 제27조의5 제1항). 즉, 조세포탈 등의 유죄판결이 확정된 날로부터 2년이 경과되지 아니한 자는 개별경쟁입찰에 참가할 요건을 갖추지 못한 것이다. 따라서 조세포탈 등에 따른 입찰참가자격제한은 별도의 독립된 행위가 아니라 낙찰자 결정의 과정이라고 평가될 수 있다. 이는 부정당업자에 대하여 장래 일정 기간 동안 입찰참가를 배제한다는 의미의 독립된 입찰참가자격 제한 처분과는 그 법적 성질이 다르다고 할 수 있다.

2. 제재대상 및 사유

각 중앙관서의 장은 아래 각호에 해당하는 조세포탈 등을 한 자로서 유죄판결이 확정된 날부터 2년이 지나지 아니한 자에 대하여 입찰 참가자격을 제한하여야 한다(법 제27조의5, 영 제12조제3항).

1. 「조세범처벌법」 제3조에 따른 조세 포탈세액이나 환급·공제받은 세액이 5억

원 이상인 자

2. 「관세법」 제270조에 따른 부정한 방법으로 관세를 감면받거나 면탈하거나 환급
받은 세액이 5억 원 이상인 자

3. 「지방세기본법」 제102조에 따른 지방세 포탈세액이나 환급·공제 세액이 5억
원 이상인 자

4. 「국제조세조정에 관한 법률」 제34조에 따른 해외금융계좌의 신고의무를 위반하고,
그 신고의무 위반금액이 같은 법 제34조의2 제1항에 따른 금액을 초과하는 자

5. 「외국환거래법」 제18조에 따른 자본거래의 신고의무를 위반하고, 그 신고의무
위반금액이 같은 법 제29조제1항 제6호에 해당하는 자

3. 제재절차

각 중앙관서의 장 또는 계약담당공무원은 「형의 실효 등에 관한 법률」 제2조제5호
에 따른 범죄경력자료의 회보서나 판결문 등의 입증서류를 제출하게 하는 등의 방법
으로 계약상대방이 조세포탈 등에 해당하는지를 계약 체결 전까지 확인하여야 한다
(영 제12조제4항).

각 중앙관서의 장 또는 계약담당공무원은 계약상대방이 입찰에 참가할 때에 조세
포탈 등에 해당하지 않는다는 입증서류(제4항)를 제출하기 어려운 경우에는 조세포
탈 등(제3항 각호)에 해당하지 아니한다는 사실을 적은 서약서를 제출하게 할 수 있
다. 이 경우 서약서에는 서약서에 적은 내용과 다른 사실이 발견된 때에는 계약을 해
제·해지할 수 있고, 부정당업자제재처분을 받을 수 있다는 내용이 포함되어야 한다
(동조 제5항).

☞ 조세포탈 등에 따른 입찰참가자격제한은 별도의 독립된 행위가 아니라 낙찰자 결정
과정의 일부이므로, 계약상대자의 권리의무에 직접 법률상 변동을 가져오지는 아니한
다. 따라서 행정처분으로 볼 수는 없으며, 처분에 대한 행정절차법상 절차를 거치지
아니할 수 있다.

4. 제재효과

각 중앙관서의 장은 조세포탈 등을 한 자로서 유죄판결이 확정된 날부터 2년이 지

나지 아니한 자에 대하여 입찰 참가자격을 제한하여야 한다. 입찰참가자격 제한의 효과는 부정당업자 입찰참가자격 제한과 동일하다. 국가계약법 제27조의5 및 시행령 제12조에 따르면, 조세포탈 등에 따른 입찰참가자격 제한에 대해서는 국가계약법 제27조제3항, 동법 시행령 제76조제4항·제5항·제7항·제8항을 준용하고 있다. 주된 내용은 아래와 같다.

① 각 중앙관서의 장은 조세포탈 등을 하여 유죄판결이 확정된 자에 대하여 2년 동안 해당 관서에서 집행하는 입찰에 참가할 수 없도록 하여야 한다. 또한 각 중앙관서의 장 또는 계약담당공무원은 조세포탈 등으로 입찰 참가자격을 제한 받은 자와 수의계약을 체결하여서는 아니 된다. 다만 입찰참가자격을 제한받은 자 외에는 적합한 시공자, 제조자가 존재하지 아니하는 등 부득이한 사유가 있는 경우에는 수의계약을 체결할 수 있다(법 제27조제3항).

② 각 중앙관서의 장 또는 계약담당공무원은 경쟁입찰에 있어 낙찰된 자가 계약체결 전에 조세포탈 등으로 입찰참가자격 제한을 받은 경우에는 그 낙찰자와 계약을 체결해서는 아니 된다. 다만, 법 제21조에 따른 장기계속계약의 낙찰자가 최초로 계약을 체결한 이후 입찰참가자격 제한을 받은 경우로서 해당 장기계속계약에 대한 연차별계약을 체결하는 경우에는 해당 계약상대자와 계약을 체결할 수 있다(영 제76조제7항).

③ 법 제25조에 따른 공동계약의 공동수급체가 조세포탈 등에 해당하는 경우에는 입찰참가자격 제한의 원인을 제공한 자에 대해서만 입찰참가자격을 제한한다(영 제76조제4항). 따라서 공공수급체 구성원 중 입찰참가자격 제한의 원인을 제공하지 않은 자에 대해서는 입찰참가자격을 제한할 수 없다.

④ 입찰참가자격의 제한을 받은 자가 법인 또는 단체인 경우에는 법인 또는 단체뿐만 아니라 그 대표자에게도 입찰참가자격을 제한한다. 다만, 대표자가 여러 명 있는 경우에는 해당 입찰 및 계약에 관한 업무를 소관하는 대표자로 한정한다. 입찰참가자격 제한을 받은 자가 「중소기업협동조합법」에 따른 중소기업협동조합인 경우에는 조합뿐만 아니라 입찰참가자격 제한의 원인을 제공한 조합원에게도 입찰참가자격을 제한한다(영 제76조제5항).

⑤ 과거 조세포탈 등으로 입찰참가자격이 제한되었던 자(과거 조세포탈 등을 행한 법인·단체의 대표자, 영 제76조제5항 제1호)를 대표자로 사용하고 있는 자에 대해서도 입찰참가자격이 제한된다. 다만, 대표자가 여러 명 있는 경우로서 해당 대표자가 입찰에 관여하지 아니한 경우에는 제외한다(영 제76조제8항, 제6항, 제7항).

☞ 조세포탈 등에 따른 입찰참가자격 제한에 대해서는 시행령 제76조제9항 및 제10항을 준용하지 아니하므로, 입찰참가자격 제한처분 사실을 전자조달시스템에 게시 및 공개할 의무는 없다.

제2절 방위사업법상 입찰참가자격 제한

1. 청렴서약서 제출

방위사업의 수행에 있어서 투명성 및 공정성을 높이기 위하여 당해 방위사업에 참가하는 방위산업체등의 대표 및 임원에 대하여 청렴서약서를 제출하도록 하고 있다. 청렴서약서에는 금품·향응 제공 등의 요구·약속·수수 금지, 방위사업과 관련된 특정정보의 제공금지, 담합 및 불공정 하도급 등 불공정한 행위 금지 등에 관한 사항이 포함되어야 하며(방위사업법 제6조제1항, 제2항), 구체적으로는 방위사업법 시행규칙 별지 2호 서식에 따라 작성되었다.[202] 방산업체등은 방위사업에 참가하여 입찰

---

202) 청렴서약서(방산업체 및 연구기관 등)

> 우리 회사는 부패 없는 투명한 기업경영과 공정한 행정이 사회발전과 국가 경쟁력에 중요한 관건이 됨을 깊이 인식하고, 국제적으로도 경제협력개발기구(OECD) 뇌물방지 협약이 발효되고 부패기업 및 국가에 대한 제재가 강화되는 추세에 맞추어 청렴계약이행서약 취지에 적극적으로 호응하여 년 월 일 방위사업청에서 시행하는 입찰 및 계약에 참여함에 있어 다음 사항을 서약합니다.
> 1. 입찰가격의 사전공개 및 특정인의 낙찰을 위한 담합을 하거나 다른 업체와 협정·결의 또는 합의하여 입찰의 자유경쟁을 부당하게 저해하는 일체의 불공정한 행위를 하지 아니한다.
> 2. 입찰, 계약체결 및 계약이행과정에서 관계 공무원에게 직·간접적으로 금품이나 향응 등의 뇌물을 제공하기로 약속하거나 제공하지 아니한다.
> 3. 위 제1호 및 제2호를 위반한 경우에는 낙찰자 결정 취소, 계약 취소·해제·해지, 또는 입찰참가자격의 제한 등 「방위사업법」에서 규정한 조치를 받더라도 이를 감수하고 방위사업청장을 상대로 손해배상을 청구하거나 민·형사상의 이의를 제기하지 아니한다.
> 4. 회사 임직원이 관계 공무원에게 뇌물을 제공하거나 담합 등 불공정 행위를 하지 않도록 하고, 내부 비리 제보자에 대해서도 일체의 불이익을 받지 않도록 한다.
> 5. 방위사업과 관련한 하도급계약의 체결 및 이행에 있어 원도급자로서의 우월한 지위를 이용하여

등록을 하는 경우에 청렴서약서를 제출한다(동법 시행령 제4조제4항).

2. 청렴서약위반에 대한 제재

국방부장관과 방위사업청장은 방위산업체등이 청렴서약서의 내용을 지키지 아니한 경우에는 대통령령이 정하는 바에 따라 해당 방위산업체 등에 대하여 5년의 범위 안에서 입찰참가자격을 제한하는 등의 제재를 할 수 있다(법 제59조).

3. 제재 부과주체

국방부장관과 방위사업청장만이 방위사업법상 청렴서약을 위반한 자에 대하여 입찰참가자격을 제한할 수 있다. 방위사업법상 방위력개선사업에 관한 계약 중 일부(방위사업법 제18조에 의한 핵심기술의 연구개발 계약)는 방위사업청장의 위탁을 받은 국방과학연구소장이 체결한다. 그러나 국방과학연구소장은 방위사업법상 입찰참가자격 제한처분을 할 수 없다. 그 이유는 입찰참가자격 제한처분은 국민의 권리·의무를 제한하는 처분이므로 제재권한이 있기 위해서는 명확한 법적 근거가 있어야 하는데, 이에 대한 법적 근거가 없기 때문이다. 계약체결 및 관리에 관한 위탁규정(방위사업법 시행령 제71조제1항)은 입찰참가자격 제한처분의 위탁에 대한 법적 근거가 아니다.

4. 제재대상

방위사업법상 입찰참가자격 제한의 대상은 "방위사업법 제6조제1항 제4호에 해당하는 자"로 청렴서약서를 제출한 자이다.

법 제6조제1항 제4호에 따르면, 해당 방위사업에 참가하는 ① 방위산업체, ② 방위산업과 관련된 업체로서 방산업체가 아닌 업체, ③ 군수품을 납품하는 업체로서 방산업체 또는 일반업체가 아닌 업체, ④ 전문연구기관, ⑤ 전문연구기관이 아닌 연구

하도급자로부터 금품을 수수하거나 부당 또는 불공정한 행위를 하지 아니한다.
6. 방위사업과 관련한 특정정보의 제공을 관계공무원에게 요구하거나 제공받지 않도록 하며, 계약이행과정에서 알게 된 연구성과물 등 특정정보를 임의로 제3자에게 제공 또는 누설하지 아니한다.
7. 우리 회사가 낙찰자로 결정될 경우 위의 서약내용을 그대로 계약특수조건에 명시하고 이행한다.
    서약자: 회사(업체코드:) 대표 또는 임원 (서명 또는 인)
                    방위사업청장 귀하

기관이다. 이들은 방위사업에 참가하여 입찰등록을 하는 경우에 청렴서약서를 제출하는데, 청렴서약서를 제출한 시점부터 제재대상이 된다.

최근 방산비리 예방을 위해 청렴서약서 제출 대상자를 확대하였다. 군수품무역대리업체(소위 무기중개업자), 하수급업체 및 재하수급업체[203]의 대표와 임원도 청렴서약서를 제출할 의무를 부담하게 되었다. 그러나 군수품무역대리업체 및 하수급업체의 대표·임원의 청렴서약서 위반행위에 대해서는 입찰참가자격 제한처분의 대상이 아니다. 입찰참가자격 제한처분은 기본적으로 계약상대자에 해당되어야 하는데, 이들은 계약상대자가 아니므로 제재처분 대상으로 포함시키는 데 법리상 어려움이 있고 제재대상이 확대됨에 따른 방위산업 위축 등 부작용을 고려한 것으로 보인다.

5. 제재요건

방위사업법 시행령 제70조에 따라, ① 법 제59조의 규정에 의하여 업체 및 연구기관의 대표 및 임원이 ② 청렴서약을 위반하여 ③ 제재사유에 해당하는 경우 업체·연구기관에 대하여 입찰참가자격을 제한할 수 있다.

가. 위반행위자

청렴서약 위반행위의 주체는 업체 및 연구기관의 "대표 및 임원"이다. 법인은 현실적으로 존재하는 사회적 실체이므로 법질서의 수범자가 되고 그 수범명령을 위반한다면 그 법인은 그 의무를 위반한 것이다. 그러나 법인은 그 구성원인 자연인을 통해 실질적인 외부적인 활동을 하므로, 자연인인 행위자의 위반행위를 매개로 하여 법인의 의무위반을 인정할 수 있다. 법 제59조에 의하면 업체·연구기관의 대표·임원이 청렴서약서의 내용을 지키지 아니한 경우 업체·연구기관에 대해 입찰참가자격을 제한하는 것으로 규정하고 있으므로, 자연인인 대표·임원의 행위를 매개로 업체·연구기관의 입찰참가자격을 제한하여야 한다.

특히 국가계약법령과 달리 업체·연구기관의 '대리인, 지배인 또는 그 밖의 사용인'의 행위에 대한 업체·연구기관의 책임에 관한 규정이 없으므로, 청렴서약서를 제

---

203) 2017. 9. 22. 시행되며, 계약금액이 10억 원 이상으로 시행령으로 정하는 금액 이상인 경우에 한정한다.

출한 업체·연구기관의 대표·임원 이외의 대리인, 지배인 또는 사용인의 위반행위에 대해서 업체·연구기관은 입찰참가자격 제한의 책임을 부담하지 아니한다.

업체 직원이 공무원에게 향응을 제공한 사안에 대해서, 법제처는 "법령을 해석할 때에는 법령에 사용된 문언의 통상적인 의미에 충실하게 해석하는 것을 원칙으로 하고, 법령의 문언 자체가 비교적 명확한 개념으로 구성되어 있다면 원칙적으로 더 이상 다른 해석방법은 활용할 필요가 없거나 제한될 수밖에 없다고 할 것인바(대법원 2009. 4. 23. 선고 2006다81035 판결례 참조), 「방위사업법 시행령」 제70조제1항 제1호에서는 방산업체의 '대표 및 임원'이 청렴서약을 위반하여 방위사업과 관련된 관계공무원에게 향응 등을 준 사실 있는 경우에 입찰참가자격을 제한할 수 있다고 규정하고 있으므로, 방산업체의 '대표 및 임원'이 아닌 '직원'이 관계공무원에게 향응을 제공하였음을 이유로 위의 규정에 따라 해당 방산업체에 대하여 입찰참가자격을 제한할 수는 없다고 할 것이다"고 해석하였다(법제처-16-0519, 2017. 1. 6.).

문제는 청렴서약서의 내용으로 대표·임원이 직원의 청렴서약 위반행위를 방지할 의무를 규정하고 있거나 그렇게 해석될 경우, 직원이 청렴서약을 위반하는 행위를 한 경우 대표·임원은 이를 방지할 의무를 위반한 것으로 평가하여 입찰참가자격을 제한할 수 있는지이다. 방위사업법 시행령 제70조제1항의 입찰참가자격 제한 사유에 청렴서약 위반행위를 방지해야 하는 의무위반이 명시적으로 규정하고 있지 않은 점, 침익적 행정행위의 근거가 되는 행정법규는 엄격하게 해석해야 한다는 점을 고려하면 대표·임원이 직원의 위반행위를 방지하지 못한 의무를 위반으로 업체·연구기관에게 입찰참가자격을 제한할 수 없다고 해석된다. 법제처도 이와 동일하게 유권해석을 하였다.[204]

---

204) "한편, 「방위사업법 시행규칙」 별지 제2호 서식 제4호에 따라 방산업체의 대표 및 임원은 직원이 관계 공무원에게 향응을 제공하는 것을 방지할 의무가 있는데, 방산업체의 직원이 향응을 제공하였다면 이는 임원 및 대표가 직원의 향응 제공을 방지할 의무를 위반한 것으로 볼 수 있으므로 방위사업청장은 해당 방산업체의 입찰참가자격을 제한할 수 있다는 의견이 있을 수 있습니다. 그러나 침익적 행정행위의 근거가 되는 행정법규는 엄격하게 해석·적용하여야 하고 그 행정행위의 상대방에게 불리한 방향으로 지나치게 확장해석하거나 유추해석해서는 안 되며, 그 입법 취지와 목적 등을 고려한 목적론적 해석이 전적으로 배제되는 것은 아니라고 하더라도 그 해석이 문언의 통상적인 의미를 벗어나서는 안 된다고 할 것인바(대법원 2013. 12. 12. 선고 2011두3388 판결례 참조), 국가계약법 제27조제1항 제7호에서는 각 중앙관서의 장은 계약의 체결·이행과 관련하여 관계 공무원에게 뇌물을 준 자에게는 2년 이내의 범위에서 입찰참가자격을 제한할 수 있다고 규정하고 있어 방산업체의 직원이 관계 공무원에게 향응을 제공한 경우 해당 규정에 따라 방산업체에 대하여 입찰참가자격을 제한할 수 있는지 여부는 별론으로 하고, 이를 방산업체의 대표 및 임원이 청렴서약을 위반하여 방위사업과 관련된 계약체결·이행에 있어서 관계공무원에게 금품·향응 등을

따라서 업체의 직원이 청렴서약을 위반하는 행위를 할 경우에는 제재사유에 해당되지 않게 되므로, 업체의 입장에서는 청렴서약 위반행위를 직원에게 시킴으로써 법적 규제를 회피할 수 있다. 금품·향응제공 또는 담합 등 행위는 국가계약법의 부정당업자 입찰참가자격 제한사유에 해당되므로 제재의 공백이 없으나, 특정정보 제공또는 불공정행위의 경우에는 제재를 할 수 없는 문제점이 발생할 수 있다. 입법적으로 청렴서약서의 제출의무자를 확대하는 것도 중요하지만 청렴서약을 위반하였을 경우 제재수단의 실효성을 강화하는 것이 더 중요하다고 본다.

나. 청렴서약 위반

업체·연구기관의 대표·임원이 제출한 청렴서약서의 서약을 위반하여야 한다. 청렴서약서의 내용은 대체로 제재사유와 동일하게 규정하고 있으나, 제재사유 2호인 '특정정보의 제공요구'의 경우 시행령상 제재사유에는 특정정보의 제공을 요구받는 객체나 제공하는 주체에 대한 제한이 없으나, 시행규칙 별지 청렴서약서 제6호에는 특정정보의 제공을 관계공무원에게 요구하거나 제공받지 않는 의무를 규정하여, 특정정보의 제공을 요구받는 객체나 제공하는 주체를 '관계공무원'으로 한정하고 있다. 따라서 업체의 대표가 다른 방산업체로부터 특정정보의 제공을 요구하거나 제공받을 경우, 제재사유 제2호에 해당된다고 해석하더라도 청렴서약서의 서약을 위반한 것은 아니므로 해당 업체에 대해 입찰참가자격을 제한할 수 없다고 본다.

6. 제재사유

방위사업법상 청렴서약 위반으로 입찰참가자격을 제한할 경우, 업체가 청렴서약서를 제출하여 입찰등록한 사업에 한정하여 제재사유가 적용되는지가 문제 된다. 예컨대, 업체가 입찰등록한 특정 사업에 대해 청렴서약서를 제출하였는데, 다른 사업에 관한 특정정보의 제공을 요구한 경우가 본 제재사유에 해당되는지에 대한 문제이다. 청렴서약서의 서약내용 및 제재사유에는 문언상 '방위사업' 또는 '계약'에 대해 제한이 없는 점 및 방위사업의 투명성을 확보하기 위한 청렴서약서 제도의 취지를 중시하여 다른 방위사업 또는 계약도 포함된다고 해석될 여지가 있다. 그러나 청렴서

준 사실이 있는 경우로 해석하는 것은 「방위사업법 시행령」 제70조제1항 제1호의 문언의 해석범위를 넘어선 유추해석 또는 확장해석에 해당하는 것이어서, 그러한 의견은 타당하지 않다고 할 것입니다"(법제처-16-0519, 2017. 1. 6.).

약서는 업체·연구기관이 특정 방위사업에 참가하여 입찰등록할 경우 제출하는 것이 므로 특정 사업에 관한 청렴의무 위반임이 전제된다는 점, 국민의 권리를 제한하는 제재적 행정처분은 엄격히 해석해야 한다는 점, 국가계약법에서는 제재대상이 '계약 상대자등'으로 한정되어 있음을 근거로 당해 계약에 관한 위반행위로 해석되므로, 방 위사업법도 제재대상이 '청렴서약서를 제출한 자'로 한정되기 때문에 서약서를 제출 한 사업에 한정된다고 해석하는 것이 형평성에 부합한다는 점 등을 고려할 때, 제재 사유는 청렴서약서를 제출하여 입찰참가한 특정 사업 및 계약에 한정된다.

또한 청렴서약서의 서약의무를 위반하였으나 시행령에서 규정하고 있는 4가지 제재 사유에 해당되지 아니하는 경우에는 명문으로 입찰참가자격 제한처분을 할 수 없다.

가. 금품·향응 제공

> 1. 방위사업과 관련된 의사결정, 입찰, 낙찰 또는 계약체결·이행에 있어서 관계공무원(위원회, 분과위원회 및 실무위원회의 위원과 제16조의 규정에 의한 전문위원을 포함한다)에게 금품·향응 등을 주기로 약속하거나 준 사실이 있는 경우

입찰참가자격 제한 사유(시행규칙 별표 3)	제재기간
1. 영 제70조제1항제1호에 해당하는 경우	
가. 10억원 이상의 금품·향응 등을 제공하거나 약속한 경우	5년
나. 5억원 이상 10억원 미만의 금품·향응 등을 제공하거나 약속한 경우	3년
다. 2억원 이상 5억원 미만의 금품·향응 등을 제공하거나 약속한 경우	2년
라. 1억원 이상 2억원 미만의 금품·향응 등을 제공하거나 약속한 경우	18개월
마. 1천만원 이상 1억원 미만의 금품·향응 등을 제공하거나 약속한 경우	1년
바. 1천만원 미만의 금품·향응 등을 제공하거나 약속한 경우	6개월

국가계약법령은 "입찰·낙찰 또는 계약의 체결·이행과 관련하여 관계 공무원에게 뇌물을 준 자"로 규정하고 있다. 본 제재사유가 국가계약법령과 다른 점은 ① 뇌물의 직무관련성에 입찰단계 이전 방위사업의 의사결정 과정도 포함된다는 점, ② 관계공 무원에게 뇌물을 준 경우뿐 아니라 주기로 약속한 사실이 있는 경우에도 제재사유에 해당된다는 점이다. 그 외 국가계약법령상 뇌물공여 제재사유와 동일하게 운영된다.

방위사업법상 방위력개선사업이란 군사력을 개선하기 위한 무기체계의 구매 및 신 규개발·성능개량 등을 포함한 연구개발과 이에 수반되는 시설의 설치 등을 행하는

사업을 말한다. 이러한 방위력개선사업은 규모가 크고 국가방위에 중요한 역할을 하므로 그 수행에 있어 여러 단계를 거치도록 하고 있다. 즉, 입찰단계 이전 소요제기, 소요결정, 선행연구, 사업추진기본전략수립의 단계를 거쳐 추진방법(구매 또는 연구개발)을 결정한 후에 비로소 입찰단계로 나아가게 된다. 방위력개선사업에서는 입찰단계 이전 소요단계에서 업체에게 유리한 무기체계가 결정되도록 하는 것이 입찰 이후보다 더 중요하다고 평가되므로, 국가계약법령과 다르게 '의사결정' 과정과 직무관련성이 있는 뇌물제공도 본 제재사유에 포함된 것으로 보인다.

형법상 뇌물이란 직무에 관한 부당한 이익이라고 정의되고, 이익이란 금품, 물품 등 재산적 이익뿐만 아니라 사람의 수요 욕망을 충족시키기에 족한 일체의 유형·무형의 이익을 포함한다. 국가계약법령의 '뇌물'의 개념은 일반적으로 형법상 뇌물과 동일한 개념이라고 해석한다. 본 제재사유의 '금품·향응 등'을 해석함에 있어 국가계약법령 및 형법상 '뇌물'의 개념과 달리 해석할 필요성이 없으므로 동일하게 해석하는 것이 타당하다.

본 제재사유는 관계공무원에게 금품·향응 등을 주거나 주기로 약속한 경우도 명시적으로 규정하고 있다. 국가계약법령과 달리 금품·향응 등을 제공한 사실이 없더라도 약속한 경우 본 제재사유에 해당된다.

그 외 관계공무원의 직무와 금품·향응 수수가 대가관계에 있어야 하는 등 국가계약법령과 동일하게 운영된다.

나. 특정정보 제공 및 요구

> 2. 방위사업과 관련된 특정정보의 제공을 요구하거나 받은 사실이 있는 경우

입찰참가자격 제한 사유(시행규칙 별표 3)	제재 기간
2. 영 제70조제1항제2호에 해당하는 경우	
가. 1급 비밀로 지정되거나 이와 상응하는 특정정보의 제공을 요구하거나 받은 사실이 있는 경우	5년
나. 장기간 지속적으로 2급 또는 3급으로 지정된 비밀의 제공을 요구하거나 받은 사실이 있는 경우	5년
다. 나목에 해당하는 경우를 제외하고 2급 또는 3급 비밀 또는 대외비로 지정되거나 이와 상응하는 특정정보의 제공을 요구하거나 받은 사실이 있는 경우	2년
라. 비밀 또는 대외비로 지정되지 않은 특정정보의 제공을 요구하거나 받은 사실이 있는 경우	1년

'특정정보'에 대한 정의규정이 없으나, '특정인 또는 일정한 범위의 사람에게만 알려져 있는 사실로서 타인에게 알려 있지 아니하는 데 이익이 되는 사실'로 정의할 수 있을 것이다. 특정정보는 반드시 비밀로 지정되어 있어야 하는 것은 아니나, 비밀등급이 높아짐에 따라 기본 제재기간을 가중하고 있다. 특정정보의 주체에 대해서는 문언해석상 제한이 없으므로 국가, 업체, 연구기관 등이 이에 해당될 수 있다. 특정정보의 예로, 특정사업의 예산, 주요성능, 추진방법 등을 들 수 있다.

또한 특정정보의 제공을 요구받는 객체 또는 제공하는 주체에 대해서는 문언상 제한이 없다. 그러나 시행규칙 별지 청렴서약서 제6호에는 특정정보의 제공을 관계공무원에게 요구하거나 제공받지 않는 의무를 규정하고 있어, 특정정보의 제공을 요구받는 객체 및 제공하는 주체에 대해서 '관계공무원'으로 제한하고 있다. 그러나 방위사업법 제6조제2항은 청렴서약서에 포함해야 할 사항으로 '방위사업과 관련된 특정정보의 제공 금지 등에 관한 사항'으로만 규정하고 있는 점, 관계공무원뿐만 아니라 다른 업체·연구기관에게 특정정보의 제공을 요구하거나 받는 행위도 방위산업의 투명성을 저해한다고 평가될 수 있는 점, 시행규칙 별지의 청렴서약서 양식은 상위규범의 취지에 따라 개정할 수 있는 점을 고려하면, 특정정보의 제공을 요구받는 객체 및 제공하는 주체를 '관계공무원'으로 한정할 필요는 없다고 해석된다. 따라서 예컨대, 담합을 위해 다른 업체에게 입찰가격의 제공을 요구하거나 제공받는 행위는 '입찰의 자유경쟁을 저해하는 불공정한 행위의 금지에 관한 사항'(시행령 제4조제5항 제3호, 청렴서약서 제1호)에 해당되므로, 모든 청렴서약 위반행위를 제재사유로 규정하지 않는 취지에 비추어 보면, 담합을 위한 입찰가격은 '특정정보'에 해당되지 않는다. 그러나 관계공무원이 보관하고 있는 '입찰가격'은 '특정정보'에 해당될 수 있는 것으로 보인다.

특정정보는 청렴서약서를 제출한 방위사업과 관련되어야 할 것이므로, 다른 사업과 관련된 특정정보에 대해서는 본 제재사유에 해당되지 않는다. 예컨대, 관계공무원으로부터 군사기밀을 제공받은 업체 대표가 군사기밀보호법으로 형사처벌받은 사안에서, 업체가 입찰참가한 사업과 관련된 군사기밀이 아닌 경우에는 업체에 대해 방위사업법상 입찰참가자격 제한처분을 할 수 없다고 해석된다.

다. 연구성과물 누설

> 3. 계약이행과정에서 알게 된 연구성과물 등 특정정보를 임의로 제3자에게 제공하거나 누설한 경우

입찰참가자격 제한 사유(시행규칙 별표 3)	제재기간
3. 영 제70조제1항제3호에 해당하는 경우 　가. 무기체계와 관련된 중요한 특정정보를 제3자에게 제공하거나 누설한 경우 　나. 가목에 해당하는 경우를 제외하고 특정정보를 제3자에게 제공하거나 누설한 경우	3년 2년

　'특정정보'에 대한 정의규정이 없으나, '특정인 또는 일정한 범위의 사람에게만 알려져 있는 사실로서 타인에게 알려 있지 아니하는 데 이익이 되는 사실'로 정의할 수 있을 것이다. 특정정보의 주체에 대해서는 문언해석상 제한이 없으므로 국가뿐만 아니라 다른 업체·연구기관 등이 이에 해당될 수 있다. 특정정보의 예로 연구성과물, 무기체계의 예산, 주요성능 등을 들 수 있다. 특정정보는 계약이행과정에서 알아야 하며, 계약이행과정에서 알게 된 정보인 이상, 그 특정정보를 알게 된 기회나 방법은 묻지 않는다. 다만, 계약이행과 그로 인해 알게 된 정보 사이에는 인과관계 및 밀접성(직접성)이 있어야 한다. 누설이란 정보를 알지 못하는 타인에게 이를 알려주는 행위를 말한다. 누설의 방법에는 제한이 없다.

라. 하도급 불공정행위

> 4. 방위사업과 관련된 하도급계약을 체결하거나 이행하면서 원도급자의 우월한 지위를 이용하여 하도급자로부터 금품을 수수하거나 부당 또는 불공정행위를 한 경우

입찰참가자격 제한 사유(시행규칙 별표 3)	제재기간
4. 영 제70조제1항제4호에 해당하는 경우 　가. 수급인으로부터 금품·향응을 수수하거나 부당 또는 불공정행위를 하여 계약이행을 부실하게 한 경우 　나. 수급인으로부터 금품·향응을 수수하거나 부당 또는 불공정행위를 한 경우	1년 6개월

　방위사업청으로부터 방위사업의 완성을 도급받은 수급인(청렴서약서 제출자, 하도

급인)이, 도급받은 사업의 일부를 다시 도급하기 위하여 제3자(하수급인)와 체결하는 계약을 '하도급계약'이라고 정의할 수 있다. 본 제재사유는 위 하도급계약을 체결하거나 이행하면서 도급자의 우월한 지위를 이용하여 하수급인으로부터 금품을 수수하거나 부당 또는 불공정행위를 한 경우이다. 시행령 제70조제1항 제4호의 '하도급자로부터'는 '하수급업자로부터'를 의미하는 것으로 해석된다.

"원도급자의 우월한 지위"란 결국 수급자(하도급자)가 하수급인의 거래활동에 상당한 영향을 미치는 지위로 해석할 수 있으며, 수급자(하도급자)는 이러한 우월한 지위를 이용하여 부당·불공정행위를 하는 것이다. 도급을 주었다는 사실만으로 하도급인에게 우월한 지위가 있다고 볼 수는 없으며, 우월한 지위에 해당하는지 여부는 당사자가 처하고 있는 시장의 상황, 당사자 간의 전체적 사업능력의 격차, 거래의 대상인 상품의 특성 등을 모두 고려하여 판단하여야 한다. "부당 또는 불공정행위"란 정상적인 거래관행에 비추어 하수급인에게만 불리하거나 공정하고 자유로운 경쟁을 저해하는 행위를 의미한다고 해석되며, 실무상으로는 하도급거래법, 공정거래법 등 관계 법령에 위반되는 행위가 될 것이다.

7. 제재 절차

입찰참가자격의 제한 기간 및 그 밖에 필요한 사항은 국방부령에 의한다(방위사업법 시행령 제70조제3항). 입찰참가자격 제한의 세부기준은 시행규칙 별표 3에서 정하고 있다. 방위사업청장은 그 위반행위의 동기·내용 및 횟수를 고려하여 별표 3의 해당 호에서 정한 기간의 2분의 1의 범위에서 자격제한기간을 감경할 수 있다. 이 경우 감경 후의 제한기간은 1월 이상이어야 한다(방위사업법 시행규칙 제58조제1항, 제2항).

청렴서약의 위반을 이유로 한 입찰참가자격의 제한에 관하여 방위사업법 시행령에 규정되지 아니한 사항에 대하여는 국가계약법 시행령에 의한다(방위사업법 시행령 제70조제2항). 실무상 청렴의무 위반에 따른 입찰참가자격 제한의 절차는 제재요건 및 기준 이외에 국가계약법령과 동일하게 집행하고 있다.

국가계약법상 입찰참가자격의 제한을 받은 자에게 그 처분일부터 입찰참가자격 제한기간 종료 후 6개월이 경과하는 날까지의 기간 중 다시 부정당업자에 해당하는 사유가 발생한 경우에는 제재기준에 따른 기간의 2분의 1의 범위에서 자격제한기간을 늘릴 수 있다(국가계약법 시행규칙 별표2). 위 제재기간의 가중에 관한 조항을 방위사업법상 입찰참가자격 제한에 적용할 수 있는지가 문제이다. 입찰참가자격 제한의 세부기준 및 그 밖의 필요한 사항은 국방부령으로 정하도록 하면서 세부기준과 감경만 시행규칙으로 정하는 취지 및 제재적 행정처분은 엄격히 해석해야 한다는 점을 고려하면, 입찰참가자격의 가중을 하기 위해서는 방위사업법령에 명학한 근거가 있어야 할 것이다. 따라서 청렴서약 위반에 따른 입찰참가자격 제한은 국가계약법령과 달리 제한기간을 가중할 수 없다고 본다.

8. 제재 효과

방위사업법상 입찰참가자격의 효과는 국가계약법 시행령 제76조가 준용되어 국가계약법상 입찰참가자격 제한의 효과와 동일하다(방위사업법 시행령 제70조제2항). 청렴서약 위반에 따른 입찰참가자격 제한은 방위사업법에 근거한 처분이고, 부정당업자에 대한 입찰참가자격 제한은 국가계약법에 근거한 처분으로, 양 처분의 법적 근거 및 취지가 다르므로 별개의 처분이라고 해석된다. 그러나 입찰참가자격 제한의 법적 효과는 동일하므로, 일사부재리가 적용되어 동일한 행위에 대해서 여러 번의 입찰참가자격을 제한할 수는 없다. 즉, 방산업체의 대표가 관계공무원에게 뇌물을 제공하였을 경우 국가계약법상 업체에게 제재처분을 하였다면, 추후 방위사업법상 청렴서약 위반으로 다시 제재처분을 할 수는 없다. 다만 청렴서약 위반으로 계약심의회 심의를 거쳤지만 제재사유에 해당되지 않아 기각된 경우에는 다시 국가계약법에 따라 제재를 할 수 있다고 해석된다.[205]

제3절 국가연구개발사업에 대한 참여제한

1. 정의(부정당업자 입찰참가자격 제한과의 관계)

국가연구개발사업에 대한 참여제한은 부정당업자 입찰참가자격 제한과 유사한 제도

---

205) 실무상 청렴의무 위반을 단서로 진행된 제재절차에 있어서는 방위사업법 및 관련 국가계약법 조항을 근거로 제재를 하고 있다. 예컨대 뇌물의 경우, 방위사업법 시행령 제70조제1항 제1호, 국가계약법 제27조제1항 제7호를 근거로 한다.

라고 할 수 있다. 참여제한은 국가연구개발사업에 참여한 업체 등이 연구개발 실패, 연구개발 내용 누설 또는 사용용도 외 연구개발비 사용 등의 사유에 해당할 경우 국가연구개발사업의 참여를 제한하는 제도이다. "국가연구개발사업"이란 중앙행정기관이 법령에 근거하여 연구개발과제를 특정하여 그 연구개발비의 전부 또는 일부를 출연하거나 공공기금 등으로 지원하는 과학기술 분야의 연구개발사업을 말한다. 연구개발 용역에 관한 "국가계약"이란 계약물품을 연구개발하여 납품할 것을 약정하고 국가가 그 일의 결과에 대하여 대가를 지급할 것을 약정하는 것을 말한다. 국가연구개발사업의 근거법률은 '과학기술기본법', '산업기술혁신 촉진법' 등을 근거로 하며 '계약'이 아닌 '협약'의 성격으로 체결하며 국가계약법이 적용되지 않는다. 따라서 국가계약법상 부정당업자 입찰참가자격 제한과 국가연구개발사업 참여제한은 별개의 처분이므로, 비록 국가계약법상 부정당업자 제재처분을 받은 업체는 국가연구개발사업에 참여할 수 있다.[206][207]

2. 참여제한 절차 및 사유

중앙행정기관의 장은 소관 국가연구개발사업에 참여한 기관, 단체, 기업, 연구책임자·연구원 또는 소속 임직원에 대하여 다음 각호의 어느 하나에 해당하면 5년(과거에 이미 동일한 참여제한 사유로 다른 국가연구개발사업 과제에서 참여를 제한받은 자에 대하여는 10년)의 범위에서 소관 국가연구개발사업의 참여를 제한할 수 있으며, 이미 출연하거나 보조한 사업비의 전부 또는 일부를 환수할 수 있다. 다만, 제1호에 해당하는 경우로서 연구개발을 성실하게 수행한 사실이 인정되는 경우에는 참여제한 기간과 사업비 환수액을 감면할 수 있다(과학기술기본법 제11조의2 제1항).

☞ 과학기술기본법 이외 「기초연구진흥 및 기술개발지원에 관한 법률」, 「산업기술혁신 촉진법」, 「중소기업 기술혁신 촉진법」에도 과학기술기본법 제11조의2와 동일한 조항이

---

206) 국방연구개발(R&D)은 핵심연구개발사업(기초연구, 응용연구, 시험개발, 특화연구센터과제), 민군 겸용기술개발, 신개념기술시범사업(ACTD), 부품국산화사업이라고 일반적으로 정의한다.

207) 방위사업법상 방위력개선사업(연구개발 및 핵심연구개발 포함)은 국가계약법의 절차를 따르고 있다. 다만 계약의 종류·내용·방법 등의 경우에만 국가계약법의 특례로 방위사업법령이 적용될 뿐이다(방위사업법 제46조). 따라서 방위사업법상 연구개발은 국가연구개발사업에 해당되지 않아 참여제한 제도가 적용되지 않는다고 해석된다. 국방과학연구소에서 수행하는 사업은 '국가연구개발사업의 관리 등에 관한 규정'이 적용되지 않는 것도 이와 관련된 것으로 보인다(동 규정 제3조). 다만 방위사업법상 핵심연구개발사업은 국가연구개발사업의 성격을 가지고 있으므로, 과학기술기본법 제12조의2의 국가연구개발사업 예산의 배분·조정의 대상이 되는 것으로 개정이 되었다(과학기술기본법 시행령 제21조제3항).

있으며 이를 근거로 참여제한을 하고 있다.

---

1. 연구개발의 결과가 극히 불량하여 중앙행정기관이 실시하는 평가에 따라 중단되거나 실패한 연구개발과제로 결정된 경우
2. 정당한 절차 없이 연구개발 내용을 국내외에 누설하거나 유출한 경우
3. 정당한 사유 없이 연구개발과제의 수행을 포기한 경우
4. 정당한 사유 없이 기술료를 납부하지 아니한 경우
4의2. 정당한 사유 없이 사업비 환수금을 납부하지 아니한 경우
5. 연구개발비를 사용용도 외의 용도로 사용한 경우
6. 정당한 사유 없이 연구개발성과인 지식재산권을 연구책임자나 연구원의 명의로 출원하거나 등록한 경우
7. 거짓이나 그 밖의 부정한 방법으로 연구개발을 수행한 경우
8. 그 밖에 국가연구개발사업을 수행하기 부적합한 경우로서 협약의 규정을 위반한 경우

제재조치의 대상은 국가연구개발사업에 참여한 기관, 단체, 기업, 연구책임자·연구원 또는 소속 임직원이며, 협약의 당사자인지 여부는 중요하지 않다. 중앙행정기관의 장은 제재사안에 따라 국가연구개발사업에 참여한 기관, 단체, 기업, 연구책임자·연구원 또는 소속 임직원 중 귀책사유를 고려하여 선택하여 제재조치를 할 수 있다. 참여제한은 제재적 행정처분이므로 행정절차법상 사전통지, 의견청취 등의 절차를 거쳐야 한다.

3. 참여제한의 효과

중앙행정기관의 장은 국가연구개발사업의 참여를 제한한 경우, 사업비의 전부 또는 일부를 환수한 경우 또는 제재부가금을 부과한 경우에는 이를 각각 관계 중앙행정기관 및 관련 기관에 통보하고, 국가과학기술종합정보시스템에 해당 사항을 등록·관리하여야 한다(동조 제2항). 참여제한 사항을 통보받은 관계 중앙행정기관의 장은 참여제한 조치를 받은 자에 대하여 국가연구개발사업에 대한 참여를 제한하여야 한다(동조 제3항). 중앙행정기관의 장은 참여제한을 결정한 때에는 지체 없이 참여제한 조치를 받은 자와 그 소속 기관의 장 등에게 그 사실을 통지하여야 한다(동조 제4항). 따라서 특정 중앙행정기관에서 발주하는 연구개발사업에 대해 참여제한 처분을 받을 경우 전체 국가연구개발사업에 참여할 수 없게 된다.

구체적인 참여제한 기간은 「국가연구개발사업의 관리 등에 관한 규정」(대통령령) 별표 4의2에서 정하였으며, 최대 참여제한 기간은 5년이 기본이나, 과거에 동일한 제한사유로 참여제한을 받은 자는 최대 10년 범위 내에서 참여제한을 할 수 있다.[208]

4. 사업비 환수 및 제재부가금 부과

중앙행정기관의 장은 사업비 환수 처분을 받은 자가 영업을 양도하거나 법인의 합병이 있는 경우 영업을 양수한 자, 합병 후 존속하는 법인 및 합병에 따라 설립되는 법인에 대하여 환수 절차를 계속할 수 있다(동조 제5항). 중앙행정기관의 장 또는 중앙행정기관의 장의 승인을 받은 전문기관의 장은 사업비 환수 처분을 받은 자가 환수금을 기한 내에 납부하지 아니하면 기한을 정하여 독촉을 하고, 그 지정된 기간에도 납부하지 아니하면 국세 체납처분의 예에 따라 징수할 수 있다(동조 제6항).

중앙행정기관의 장은 사용용도 외의 용도로 연구개발비를 사용한 경우에는 해당 기관, 단체, 기업, 연구책임자·연구원 또는 소속 임직원에 대하여 사용용도 외의 용도로 사용한 금액의 5배 이내의 범위에서 제재부가금을 부과·징수할 수 있다(동조 제7항). 중앙행정기관의 장은 제7항에 따라 제재부가금 부과처분을 받은 자가 제재부가금을 기한 내에 납부하지 아니하면 국세 체납처분의 예에 따라 징수한다(동조 제8항).

중앙행정기관의 장은 법 제11조의2제1항에 따른 참여제한 및 사업비 환수에 관한 사항을 심의하기 위하여 제재조치 평가단을 구성·운영하여야 한다(국가연구개발사업의 관리 등에 관한 규정 제27조제6항).

5. 성실수행 면제

법 제11조의2 제1항 각호 외의 부분 단서에 따라 중앙행정기관의 장은 다음 각호의 기준에 따라 연구개발을 성실하게 수행한 사실이 인정되는 경우에는 별표 4의2 제2호 가목에 따른 참여제한기간을 단축하거나 참여제한을 하지 아니할 수 있으며, 별표 5에 따른 사업비 환수액의 전부 또는 일부를 면제할 수 있다(위 규정 제27조의2).

---

208) 하나의 연구개발과제에 대하여 별표 4의2에서 규정한 사유 중 둘 이상의 참여제한 사유에 해당하는 경우에는 각각의 참여제한 기간을 합산할 수 있다. 이 경우 합산하여 정하는 참여제한 기간은 5년을 한도로 하되, 참여제한 사유 중 어느 하나와 동일한 사유로 과거에 다른 연구개발과제에서 이미 참여제한을 받은 경우에는 10년을 한도로 한다(별표4의2 1호 가목).

1. 당초 목표를 도전적으로 설정하여 목표를 달성하지 못한 경우
2. 환경 변화 등 외부요인에 따라 목표를 달성하지 못한 경우
3. 연구수행 방법 및 과정이 체계적이고 충실하게 수행된 경우

6. 기타 절차

그 외 구체적인 절차는 국가연구개발사업의 관리 등에 관한 규정(대통령령) 제27조(참여제한 기간 및 사업비 환수 기준),[209] 제27조의3(사업비 환수금의 독촉),[210] 제27조의4(제재부가금 부관기준 등),[211] 제27조의5(제재부가금의 부과 및 납부)[212]으로 규율하고 있다.

---

209) 제27조(참여제한 기간 및 사업비 환수 기준) ① 법 제11조의2 제1항에 따른 참여제한 기간은 별표 4의2와 같다. ④ 법 제11조의2 제1항에 따라 참여제한을 받은 자가 국가연구개발사업에 참여하기 위해서는 제6조제4항 또는 제5항 전단에 따른 신청 마감일 전날까지 별표 4의2에 따른 참여제한 기간이 종료되어야 한다. ⑤ 중앙행정기관의 장은 법 제11조의2 제1항제4호 또는 제4호의2의 사유로 참여제한 조치를 받은 자가 기술료 또는 사업비 환수금을 납부하여 참여제한의 사유가 소멸되었다고 판단될 경우에는 해당 참여제한을 해제할 수 있다. ⑥ 생략, ⑦ 중앙행정기관의 장은 제6항의 심의 결과에 대한 이의신청 제도를 운영할 수 있다. ⑧ 중앙행정기관의 장은 전문기관의 장에게 제6항에 따른 제재조치 평가단의 구성·운영에 관한 업무를 대행하게 할 수 있다. ⑨ 제6항부터 제8항까지에서 규정한 사항 외에 제재조치 평가단의 구성·운영에 필요한 사항은 중앙행정기관의 장이 정한다. ⑩ 중앙행정기관의 장은 법 제11조의2 제1항에 따라 사업비를 환수하는 경우 같은 조 제4항에 따라 참여제한 결정사실 및 환수금액을 함께 통지하여야 하고, 통지를 받은 기관의 장은 통지를 받은 날부터 30일 이내에 해당 금액을 전문기관에 이체하여야 한다. ⑪ 법 제11조의2 제1항에 따른 사유별 사업비 환수기준은 별표 5와 같다. 다만, 중앙행정기관의 장은 위반행위의 경중과 연구개발과제의 목표달성 가능성 등을 고려하여 사업비 환수금액을 감액할 수 있다. ⑫ 중앙행정기관의 장은 법 제11조의2 제1항부터 제3항까지의 규정에 따라 참여제한을 결정한 때에는 같은 조 제2항에 따라 국가과학기술종합정보시스템에 이를 지체 없이 등록하여야 한다.

210) 제27조의3(사업비 환수금의 독촉) 법 제11조의2 제6항에 따라 사업비 환수금의 납부를 독촉하는 경우에는 납부기한이 지난 후 15일 이내에 다음 각호의 사항을 기재한 서면으로 통지하여야 한다. 1. 사업비 환수금 체납액, 2. 납부기한(독촉장 발급일부터 10일 이내로 한다), 3. 납부장소, 4. 납부기한까지 납부하지 아니하는 경우에는 국세 체납처분의 예에 따라 징수한다는 내용.

211) 제27조의4(제재부가금 부과기준 등) ① 법 제11조의2 제7항에 따른 제재부가금(이하 "제재부가금"이라 한다)의 부과기준은 별표 6과 같다. ② 중앙행정기관의 장은 제1항에 따른 제재부가금을 부과하려는 경우에는 제27조제6항에 따른 제재조치 평가단의 심의를 거쳐야 한다.

212) 제27조의5(제재부가금의 부과 및 납부) ① 중앙행정기관의 장은 법 제11조의2 제7항에 따라 제재부가금을 부과하는 경우에는 위반행위의 종류와 제재부가금의 금액 등을 밝혀 이를 납부할 것을 서면으로 알려야 한다. ② 제1항에 따른 통지를 받은 자는 통지를 받은 날부터 30일 이내에 중앙행정기관의 장이 정하는 수납기관에 제재부가금을 납부하여야 한다. 다만, 천재지변이나 전시 또는 사변 등 부득이한 사유로 그 기간 내에 제재부가금을 납부할 수 없는 경우에는 그 사유가 없어진 날부터 7일 이내에 납부하여야 한다. ③ 제2항에 따라 제재부가금을 받은 수납기관은 제재부가금을 납부한 자에게 영수증을 발급하고, 제재부가금을 받은 사실을 지체 없이 해당 중앙행정기관의 장에게 통보하여야 한다.

부록

[표 1] 국가계약법 시행규칙 [별표] 입찰참가자격 제한기준/과징금 부과기준

시행규칙 [별표2] 입찰참가자격 제한사유	제재 기간	과징금	
		책임	경쟁
1. 법 제27조제1항제1호에 해당하는 자 중 부실시공 또는 부실설계·감리를 한 자			
가. 부실벌점이 150점 이상인 자	2년	10%	30%
나. 부실벌점이 100점 이상 150점 미만인 자	1년	5%	15%
다. 부실벌점이 75점 이상 100점 미만인 자	8개월	4%	12%
라. 부실벌점이 50점 이상 75점 미만인 자	6개월	3%	9%
마. 부실벌점이 35점 이상 50점 미만인 자	4개월	2%	6%
바. 부실벌점이 20점 이상 35점 미만인 자	2개월	1%	3%
2. 법 제27조제1항제1호에 해당하는 자 중 계약의 이행을 조잡하게 한 자			
가. 공사			
1) 하자비율이 100분의 500 이상인 자	2년	10%	30%
2) 하자비율이 100분의 300 이상 100분의 500 미만인 자	1년	5%	15%
3) 하자비율이 100분의 200 이상 100분의 300 미만인 자	8개월	4%	12%
4) 하자비율이 100분의 100 이상 100분의 200 미만인 자	3개월	1.5%	4.5%
나. 물품			
1) 보수비율이 100분의 25 이상인 자	2년	10%	30%
2) 보수비율이 100분의 15 이상 100분의 25 미만인 자	1년	5%	15%
3) 보수비율이 100분의 10 이상 100분의 15 미만인 자	8개월	4%	12%
4) 보수비율이 100분의 6 이상 100분의 10 미만인 자	3개월	1.5%	4.5%
3. 법 제27조제1항제1호에 해당하는 자 중 계약의 이행을 부당하게 하거나 계약을 이행할 때에 부정한 행위를 한 자			
가. 설계서(물품제조의 경우에는 규격서를 말한다. 이하 같다)와 달리 구조물 내구성 연한의 단축, 안전도의 위해를 가져오는 등 부당한 시공(물품의 경우에는 제조를 말한다. 이하 같다)을 한 자	1년	5%	15%
나. 설계서상의 기준규격보다 낮은 다른 자재를 쓰는 등 부정한 시공을 한 자	6개월	3%	9%
다. 가목의 부당한 시공과 나목의 부정한 시공에 대하여 각각 감리업무를 성실하게 수행하지 아니한 자	3개월	1.5%	4.5%
4. 법 제27조제1항제2호에 해당하는 자			
가. 담합을 주도하여 낙찰을 받은 자	2년	―	30%
나. 담합을 주도한 자	1년		15%
다. 입찰자 또는 계약상대자 간에 서로 상의하여 미리 입찰가격, 수주 물량 또는 계약의 내용 등을 협정하거나 특정인의 낙찰 또는 납품대상자 선정을 위하여 담합한 자	6개월		9%
5. 법 제27조제1항제3호에 해당하는 자			
가. 전부 또는 주요부분의 대부분을 1인에게 하도급한 자	1년	5%	15%
나. 전부 또는 주요부분의 대부분을 2인 이상에게 하도급한 자	8개월	4%	12%
다. 면허·등록 등 관련 자격이 없는 자에게 하도급한 자	8개월	4%	12%
라. 발주기관의 승인 없이 하도급한 자	6개월	3%	9%
마. 재하도급금지 규정에 위반하여 하도급한 자	4개월	2%	6%
바. 하도급조건을 하도급자에게 불리하게 변경한 자	4개월	2%	6%
6. 법 제27조제1항제4호에 해당하는 자(사기, 그 밖의 부정한 행위로 입찰·낙찰 또는 계약의 체결·이행 과정에서 국가에 손해를 끼친 자)			
가. 국가에 10억 원 이상의 손해를 끼친 자	2년	―	30%
나. 국가에 10억 원 미만의 손해를 끼친 자	1년		15%

7. 법 제27조제1항제5호 또는 제6호에 따라 공정거래위원회 또는 중소기업청장으로부터 입찰참가자격 제한 요청이 있는 자 　가. 이 제한기준에서 정한 사유로 입찰참가자격 제한 요청이 있는 자 　나. 이 제한기준에 해당하는 사항이 없는 경우로서 입찰참가자격 제한 요청이 있는 자	각호 기준 6개월	—	각호기준 9%
8. 법 제27조제1항제7호에 해당하는 자 　가. 2억 원 이상의 뇌물을 준 자 　나. 1억 원 이상 2억 원 미만의 뇌물을 준 자 　다. 1천만 원 이상 1억 원 미만의 뇌물을 준 자 　라. 1천만 원 미만의 뇌물을 준 자	2년 1년 6개월 3개월	—	30% 15% 9% 4.5%
9. 영 제76조제1항제1호 가목에 해당하는 자 　가. 입찰에 관한 서류(제15조제2항에 따른 입찰참가자격 등록에 관한 서류를 포함한다)를 위조·변조하거나 부정하게 행사하여 낙찰을 받은 자 또는 허위서류를 제출하여 낙찰을 받은 자 　나. 입찰 또는 계약에 관한 서류(제15조제2항에 따른 입찰참가자격등록에 관한 서류를 포함한다)를 위조·변조하거나 부정하게 행사한 자 또는 허위서류를 제출한 자	1년 6개월	—	15% 9%
10. 영 제76조제1항제1호 나목에 해당하는 자(고의로 무효의 입찰을 한 자)	6개월	—	9%
11. 영 제76조제1항제1호 다목에 해당하는 자[입찰참가신청서 또는 입찰참가승낙서를 제출하고도 정당한 이유 없이 해당 회계 연도 중 3회 이상 입찰(영 제39조제1항에 따라 전자조달시스템 또는 각 중앙관서의 장이 지정·고시한 정보처리장치에 의하여 입찰서를 제출하게 한 입찰을 제외한다)에 참가하지 아니한 자]	1개월	0.5%	1.5%
12. 영 제76조제1항제1호 라목에 해당하는 자(입찰참가를 방해하거나 낙찰자의 계약체결 또는 그 이행을 방해한 자)	3개월	—	4.5%
13. 영 제76조제1항제1호 마목에 해당하는 자(정당한 이유 없이 영 제42조제1항에 따른 계약이행능력의 심사에 필요한 서류의 전부 또는 일부를 제출하지 아니하거나 서류제출 후 낙찰자 결정 전에 심사를 포기한 자)	3개월	1.5%	4.5%
14. 영 제76조제1항제1호 바목에 해당하는 자(영 제42조제4항에 따른 종합 심사 낙찰자 선정과정에서 정당한 이유 없이 심사에 필요한 서류의 전부 또는 일부를 제출하지 아니하거나 서류제출 후 낙찰자 결정 전에 심사를 포기한 자)	3개월	1.5%	4.5%
15. 영 제76조제1항제1호 사목에 해당하는 자(영 제87조에 따라 일괄입찰의 낙찰자를 결정하는 경우에 실시설계적격자로 선정된 후 정당한 이유 없이 기한 내에 실시설계서를 제출하지 아니한 자)	3개월	1.5%	4.5%
16. 영 제76조제1항제2호 가목에 해당하는 자 　가. 계약을 체결 또는 이행(하자보수의무의 이행을 포함한다)하지 아니한 자 　나. 공동계약에서 정한 구성원 간의 출자비율 또는 분담내용에 따라 시공하지 아니한 자 　　1) 시공에 참여하지 아니한 자 　　2) 시공에는 참여하였으나 출자비율 또는 분담내용에 따라 시공하지 아니한 자 　다. 계약상의 주요조건을 위반한 자 　라. 영 제52조제1항 단서에 따라 공사이행보증서를 제출하여야 하는 자로서 해당 공사이행보증서 제출의무를 이행하지 아니한 자 　마. 영 제42조제5항에 따른 계약이행능력심사를 위하여 제출한 하도급관리계획, 외주근로자 근로조건 이행계획에 관한 사항을 지키지 아니한 자	6개월 3개월 1개월 3개월 1개월 1개월	3% 1.5% 0.5% 1.5% 0.5% 0.5%	9% 4.5% 1.5% 4.5% 1.5% 1.5%
17. 영 제76조제1항제2호 나목 또는 다목에 해당하는 자 　가. 고의에 의한 경우 　나. 중대한 과실에 의한 경우	6개월 3개월	—	9% 9%
18. 영 제76조제1항제2호 라목에 해당하는 자(감독 또는 검사에 있어서 그 직무의 수행을 방해한 자)	3개월	—	4.5%

19. 영 제76조제1항제2호 마목에 해당하는 자(시공 단계의 건설사업관리 용역계약 시 「건설기술 진흥법 시행령」제60조 및 계약서 등에 따른 건설사업관리기술자 교체 사유 및 절차에 따르지 아니하고 건설사업관리기술자를 교체한 자)	8개월	4%	12%
20. 영 제76조제1항제3호 가목에 해당하는 자			
가. 안전대책을 소홀히 하여 사업장 근로자 외의 공중에게 생명·신체상의 위해를 가한 자	1년	5%	15%
나. 안전대책을 소홀히 하여 사업장 근로자 외의 공중에게 재산상의 위해를 가한 자	6개월	3%	9%
다. 사업장에서 「산업안전보건법」에 따른 안전·보건조치를 소홀히 하여 근로자가 사망하는 재해를 발생시킨 자			
(1) 동시에 사망한 근로자 수가 10명 이상	1년6개월	7.5%	22.5%
(2) 동시에 사망한 근로자 수가 6명 이상 10명 미만	1년	5%	15%
(3) 동시에 사망한 근로자 수가 2명 이상 6명 미만	6개월	3%	9%
21. 영 제76조제1항제3호 나목에 해당하는 자(「전자정부법」제2조제13호에 따른 정보시스템의 구축 및 유지·보수 계약의 이행과정에서 알게 된 정보 중 각 중앙관서의 장 또는 계약담당공무원이 누출될 경우 국가에 피해가 발생할 것으로 판단하여 사전에 누출금지정보로 지정하고 계약서에 명시한 정보를 무단으로 누출한 자)		—	
가. 정보 누출 횟수가 2회 이상인	3개월		4.5%
나. 정보 누출 횟수가 1회인 경우	1개월		1.5%
22. 영 제76조제1항제3호 다목에 해당하는 자(「전자정부법」제2조제10호에 따른 정보통신망 또는 같은 조 제13호에 따른 정보시스템(이하 이 호에서 "정보시스템등"이라 한다)의 구축 및 유지·보수 등 해당 계약의 이행과정에서 정보시스템등에 허가 없이 접속하거나 무단으로 정보를 수집할 수 있는 비인가 프로그램을 설치하거나 그러한 행위에 악용될 수 있는 정보시스템등의 약점을 고의로 생성 또는 방치한 자)	2년	—	30%

[표 2] 지방계약법 시행규칙 [별표] 입찰참가자격 제한기준 및 과징금 기준

입찰참가자격 제한사유	제한기간	과징금 책임	과징금 경쟁
1. 영 제92조제1항제1호에 해당하는 자 중 부실시공 또는 부실 설계·감리를 한 자			
가. 부실벌점이 150점 이상인 자	1년 10개월 이상 2년 이하	10%	30%
나. 부실벌점이 100점 이상 150점 미만인 자	11개월 이상 1년 1개월 미만	5%	15%
다. 부실벌점이 75점 이상 100점 미만인 자	7개월 이상 9개월 미만	4%	12%
라. 부실벌점이 50점 이상 75점 미만인 자	5개월 이상 7개월 미만	3%	9%
마. 부실벌점이 35점 이상 50점 미만인 자	3개월 이상 5개월 미만	2%	6%
바. 부실벌점이 20점 이상 35점 미만인 자	1개월 이상 3개월 미만	1%	3%
2. 영 제92조제1항제1호에 해당하는 자 중 계약의 이행을 조잡 하게 한 자 가. 공사			
1) 하자비율이 100분의 500 이상인 자	1년 10개월 이상 2년 이하	10%	30%
2) 하자비율이 100분의 300 이상 100분의 500 미만인 자	11개월 이상 1년 1개월 미만	5%	15%
3) 하자비율이 100분의 200 이상 100분의 300 미만인 자	7개월 이상 9개월 미만	4%	12%
4) 하자비율이 100분의 100 이상 100분의 200 미만인 자	2개월 이상 4개월 미만	1.5%	4.5%
나. 물품			
1) 보수비율이 100분의 25 이상인 자	1년 10개월 이상 2년 이하	10%	30%
2) 보수비율이 100분의 15 이상 100분의 25 미만인 자	11개월 이상 1년 1개월 미만	5%	15%
3) 보수비율이 100분의 10 이상 100분의 15 미만인 자	7개월 이상 9개월 미만	4%	12%
4) 보수비율이 100분의 6 이상 100분의 10 미만인 자	2개월 이상 4개월 미만	1.5%	4.5%
3. 영 제92조제1항제1호에 해당하는 자 중 계약의 이행을 부당 하게 하거나 부정한 행위를 한 자			
가. 설계서(물품제조의 경우에는 규격서를 말한다. 이하 같다) 와 달리 구조물 내구성 연한의 단축, 안전도의 위해를 가 져오는 등 부당한 시공(물품의 경우에는 제조를 말한다. 이하 같다)을 한 자	11개월 이상 1년 1개월 미만	5%	15%
나. 설계서상의 기준규격보다 낮은 다른 자재를 쓰는 등 부정 한 시공을 한 자	5개월 이상 7개월 미만	3%	9%
다. 가목의 부당한 시공 및 나목의 부정한 시공에 대하여 각 각 감리업무를 성실하게 수행하지 아니한 자	2개월 이상 4개월 미만	1.5%	4.5%
4. 영 제92조제1항제2호에 해당하는 자			
가. 전부 또는 주요부분의 대부분을 1인에게 하도급한 자	11개월 이상 1년 1개월 미만	5%	15%
나. 전부 또는 주요부분의 대부분을 2인 이상에게 하도급한 자	7개월 이상 9개월 미만	4%	12%
다. 면허·등록 등 관련 자격이 없는 자에게 하도급한 자	7개월 이상 9개월 미만	4%	12%
라. 발주관서의 승인 없이 하도급한 자	5개월 이상 7개월 미만	3%	9%
마. 재하도급 금지규정을 위반하여 하도급한 자	3개월 이상 5개월 미만	2%	6%
바. 하도급조건을 하도급자에게 불리하게 변경한 자	3개월 이상 5개월 미만	2%	6%
사. 하도급 거짓 통보자	3개월 이상 5개월 미만	2%	6%

5. 영 제92조제1항제3호에 따라 공정거래위원회로부터 입찰 참가자격 제한 요청이 있는 자			각호 따름 4.5%
가. 이 제한기준에서 정한 사유로 입찰 참가자격 제한 요청이 있는 자	해당 각호의 기준에 따름	—	
나. 이 제한기준에 해당하지 아니하는 경우로서 입찰 참가자격 제한 요청이 있는 자	2개월 이상 4개월 미만	—	
6. 영 제92조제1항제4호 및 제20호에 해당하는 자			
가. 고의에 의한 경우	5개월 이상 7개월 미만	—	9%
나. 중대한 과실에 의한 경우	2개월 이상 4개월 미만	—	9%
7. 영 제92조제1항제5호에 해당하는 자			
가. 계약을 이행하면서 안전대책을 소홀히 하여 사고가 발생하여 해당 사업장 내외에서 2명 이상의 사람(근로자의 경우 다목을 적용한다)에게 인명피해를 입혔거나 사업장 외의 시설을 손괴한 자	11개월 이상 1년 1개월 미만	5%	15%
나. 안전대책을 소홀히 하여 사업장 외의 공중에게 재산상의 위해를 가한 자	5개월 이상 7개월 미만	3%	9%
다. 사업장에서 「산업안전보건법」에 따른 안전보건조치를 소홀히 하여 근로자가 사망하는 재해를 발생시킨 자			
1) 동시에 사망한 근로자 수가 10명 이상인 경우	1년 5개월 이상 1년 7개월 미만	7.5%	22.5%
2) 동시에 사망한 근로자 수가 6명 이상 10명 미만인 경우	11개월 이상 1년 1개월 미만	5%	15%
3) 동시에 사망한 근로자 수가 2명 이상 6명 미만인 경우	5개월 이상 7개월 미만	3%	9%
8. 영 제92조제1항제6호에 해당하는 자			
가. 정당한 이유 없이 계약을 체결하지 아니한 자 또는 계약을 체결한 후 계약이행을 하지 아니한 자	5개월 이상 7개월 미만	3%	9%
나. 삭제			
다. 영 제42조제2항에 따른 계약이행능력 심사 또는 영 제42조의3제2항에 따른 평가를 위하여 제출한 하도급관리계획, 「건설산업기본법」 제31조의2에 따른 하도급계획 및 외주근로자 근로조건 이행계획에 관한 사항을 지키지 아니한 자	1개월 이상 3개월 미만	0.5%	1.5%
라. 영 제51조제1항 단서에 따라 공사이행보증서를 제출하여야 하는 자가 공사이행보증서를 제출하지 아니한 자	1개월 이상 3개월 미만	0.5%	1.5%
마. 영 제88조에 따른 공동계약을 하고, 공동계약에서 정한 공동수급체 구성원 간의 출자비율 또는 분담 내용에 따라 시공하지 아니한 자	1개월 이상 3개월 미만	0.5%	1.5%
바. 계약서에서 정한 조건을 위반하여 이행한 자	1개월 이상 3개월 미만	0.5%	1.5%
9. 영 제92조제1항제7호에 해당하는 자			
가. 담합을 주도하여 낙찰을 받은 자	1년 6개월 이상 2년 이하	—	30%
나. 입찰 시 특정인의 낙찰을 위하여 담합을 주도한 자	11개월 이상 1년 1개월 미만	—	15%
다. 입찰자 또는 계약상대자 간에 서로 상의하여 미리 입찰가격, 수주물량 또는 계약의 내용 등을 협정하였거나 특정인의 낙찰 또는 납품대상자 선정을 위하여 담합한 자	5개월 이상 7개월 미만	—	9%
10. 영 제92조제1항제8호에 해당하는 자			
가. 입찰에 관한 서류(제15조제2항에 따른 입찰 참가자격 등록에 관한 서류를 포함한다)를 위조·변조·부정행사하거나 거짓 서류를 제출하여 낙찰을 받은 자	11개월 이상 1년 1개월 미만	—	15%

나. 입찰 또는 계약에 관한 서류(제15조제2항에 따른 입찰 참가자격 등록에 관한 서류를 포함한다)를 위조·변조·부정행사하거나 거짓 서류를 제출한 자	5개월 이상 7개월 미만	—	9%
11. 영 제92조제1항제9호에 해당하는 자	5개월 이상 7개월 미만	—	9%
12. 영 제92조제1항제10호에 해당하는 자			
가. 2억 원 이상의 금품 또는 그 밖의 재산상 이익을 준 자	2년	—	30%
나. 1억 원 이상 2억 원 미만의 금품 또는 그 밖의 재산상 이익을 준 자	1년	—	15%
다. 1천만 원 이상 1억 원 미만의 금품 또는 그 밖의 재산상 이익을 준 자	6개월	—	9%
라. 1천만 원 미만의 금품 또는 그 밖의 재산상 이익을 준 자	3개월	—	4.5%
13. 영 제92조제1항제11호에 해당하는 자	1개월 이상 3개월 미만	0.5%	1.5%
14. 영 제92조제1항제12호에 해당하는 자	2개월 이상 4개월 미만	—	4.5%
15. 영 제92조제1항제13호에 해당하는 자	2개월 이상 4개월 미만	—	4.5%
16. 영 제92조제1항제14호 및 제21호에 해당하는 자	2개월 이상 4개월 미만	1.5%	4.5%
17. 영 제92조제1항제15호에 해당하는 자	2개월 이상 4개월 미만	1.5%	4.5%
18. 영 제92조제1항제16호에 해당하는 자	5개월 이상 7개월 미만	—	9%
19. 영 제92조제1항제17호에 해당하는 자	7개월 이상 9개월 미만	4%	12%
20. 영 제92조제1항제18호에 해당하는 자			
가. 지방자치단체에 10억 원 이상의 손해를 끼친 자	1년 10개월 이상 2년 이하	—	30%
나. 지방자치단체에 10억 원 미만의 손해를 끼친 자	11개월 이상 1년 1개월 미만	—	15%
21. 영 제92조제1항제19호에 해당하는 자			
가. 정보 누출 횟수가 2회 이상인 경우	3개월	—	4.5%
나. 정보 누출 횟수가 1회인 경우	1개월	—	1.5%

[규정 1]

방위사업청 계약심의회 운영 규정

[시행 2016.4.25.] [방위사업청훈령 제356호, 2016.4.25., 일부개정]

방위사업청(조달기획관리팀), 02-2079-4114

제1조(목적) 이 규정은 「국가를 당사자로 하는 계약에 관한 법률 시행령」 제94조의 규정에 따라 방위사업청 계약심의회의 설치 및 운영에 필요한 사항을 규정함을 목적으로 한다.

제2조(구성) ① 방위사업청 계약심의회(이하 "심의회"라 한다)는 위원장을 포함하여 11인(위원장 1명, 상임위원 3명, 비상임위원 7명)의 위원과 2명의 간사로 구성한다.

② 심의회 구성원은 아래 각호와 같다.

1. 위원장: 계획지원부장

2. 상임위원: 규제개혁법무담당관, 법무지원파트리더, 조달기획관리팀장

3. 비상임 위원: 청본부, 사업관리본부, 계약관리본부의 과·팀장과 외부위원(6명 이상)으로 구성한다. 다만, 심의안건 상정부서의 과·팀장은 심의위원에서 제외하여야 한다.

4. 행정간사: 조달기획관리팀 소속직원 중에서 위원장이 지명

5. 법무간사: 규제개혁법무담당관 소속직원 중에서 위원장이 지명

③ 비상임위원은 7명으로 구성하되 제2조 제2항 제3호의 비상임위원 중 청본부·사업관리본부에서 2명, 계약관리본부에서 2명, 외부위원 중에서 3명을 심의회 3일전 까지 위원장이 선정한다.

④ 외부위원은 조달업무에 필요한 전문지식과 경험이 풍부한 자, 시민단체(비영리민간단체지원법 제2조 규정의 비영리민간단체를 말한다)가 추천하는 자 중에서 위원장이 위촉한 자로 하며, 임기는 2년으로 하되 1회 연임할 수 있다.

⑤ 내부위원의 대리참석은 과·팀장 부재로 인한 대리명령자 또는 심의회 개최 1일 전까지 위원장의 승인을 득한 인원으로 한다.

제3조(기능) 심의회는 소관부서에서 제기한 다음 각호의 사항을 심의·조정한다.

1. 「국가를 당사자로 하는 계약에 관한 법률」(이하 "국계법"이라 한다) 제27조의

규정에 의한 부정당업자의 입찰참가자격 제한처분 및 국계법 제27조의2의 규정에 의한 과징금 심의요청에 관한 사항

2. 「방위사업법」 제59조의 규정에 의한 청렴서약 위반에 대한 입찰참가자격 제한처분에 관한 사항

3. 「국계법」 제28조의 규정에 의한 입찰 관련 이의신청의 처리에 관한 사항

4. 「국계법 시행령」 제85조의2(일괄입찰 등의 실시설계적격자 또는 낙찰자결정방법 등 선택), 제102조(실시설계 기술제안입찰 등 낙찰자 결정방법 선택)에 관한 기준 및 절차 등의 제·개정 사항

제4조(직무) ① 위원장은 심의회를 대표하며 그 사무를 총괄한다.

② 위원장이 직무를 수행할 수 없을 경우에는 조달기획관리팀장이 그 직무를 대행한다.

③ 위원은 심의회에 상정된 안건에 대한 의결권을 가진다.

④ 위원에게 사고가 발생하여 직무대리규정에 따른 직무대리자가 위원의 직무를 대리하고자 할 때에는, 심의회 개최 1일 전까지 조달기획관리팀장에게 통보하여 위원장의 승인을 받아야 한다.

⑤ 행정간사는 안건을 종합하여 심의회에 상정하고 심의결과를 처리한다.

⑥ 법무간사는 행정간사로부터 미리 통보받은 안건에 관하여 법무검토를 하여 심의회에서 의견을 제시한다.

제5조(운영) ① 제3조에서 규정한 심의·조정·협의할 사항이 발생한 부서(이하 '안건제기부서'라 한다)의 장은 관련부서 의견서 및 증거자료 등을 첨부한 심의안건을 작성하여 위원장에게 보고 후 조달기획관리팀장에게 통보하고, 심의회 소집을 건의한다.

② 제1항에 따라 부정당업자 제재를 위한 심의를 요청한 경우, 안건제기부서의 장은 통합사업관리시스템에 심의대상 업체 및 그 대표자를 부정당 제재 예정업자로 등록하여야 한다.

③ 안건제기부서의 장은 필요한 경우 위원에게 안건 사전설명을 하되 단순·명확한 안건일 경우 위원 사전설명 절차를 생략할 수 있다.

④ 심의회는 매월 셋째 주 화요일에 개최하는 것을 원칙으로 한다. 다만, 위원장은 필요하다고 인정하는 경우 수시로 심의회를 소집할 수 있다.

⑤ 행정간사는 위원장의 명을 받아 각 위원에게 심의회 소집을 통보하며, 안건제기부서는 심의회 당일 심의안건과 업체의견서를 현장 배포 및 회수하고 의

견진술업체에 대한 출입신청·인솔·퇴청을 조치한다. 다만, 위원장이 필요하다고 판단하는 경우 심의회 3일 전까지 심의안건을 배포할 수 있다.

⑥ 심의회는 상정된 안건에 대하여 위원 과반수 출석과 출석위원 과반수 찬성으로 의결한다.

⑦ 제2조 제2항 제3호의 비상임위원 중 외부위원으로 위촉된 자는 매년 1회 청렴서약서를 작성·제출한다.

⑧ 부정당업자 입찰참가자격 제한처분(심의보류, 기각 등 처분 외 사항 포함)은 처분 여부가 확정된(전결권자 결재 시) 날의 다음 날에 처분 대상자에게 도달할 수 있도록 조치하고 도달일로부터 5근무일이 되는 날을 제재기산일로 한다. 다만, 천재지변, 통신장애 등의 사유로 제재당사자에게 지연도달 시에는 도달일자를 효력발생일로 산정하며, 업체파산 등으로 미도달 시에는 행정절차법 제15조(송달의 효력발생) 제3항에 의거 관보게재 후 14일이 경과한 때에 효력이 발생한다.

제6조(의견청취) ① 심의회는 상정된 안건을 심의하기 위하여 미리 입찰 참가자격 제한처분 대상자에게 의견제출(통지일로부터 10일 이내) 또는 진술의 기회를 부여하여야 한다. 다만, 업체의 의견 제출기한 연기 요청이 있는 경우는 계약심의회 7일 전까지 연장 가능하다.

② 심의회는 상정된 안건을 심의하기 위하여 필요한 경우 이해관계인을 심의회에 출석하게 하여 의견을 듣거나 관련서류의 제출을 요구할 수 있다.

③ 심의회는 필요한 경우 외부 전문기관(실무 자문위원 포함) 등에 조사·연구 및 감정·시험 등을 의뢰할 수 있고, 필요한 경우에는 출석하여 발언하게 할 수 있다.

제7조(부정당업자 제재 세부기준) ① 제3조 제1호에 따른 부정당업자의 제재사유별 입찰참가자격 제한 기준은 국계법 시행규칙(이하 "국계칙"이라 한다) 제76조 제1항의 별표2를 적용한다.

② 부정당업자의 제재사유가 국계법 제27조의2에 해당하는 다음 각호의 경우에는 입찰참가자격 제한을 갈음하여 과징금을 부과할 수 있다. 이 경우 과징금 부과 기준은 국계칙 제77조의2 제1항의 별표3 및 별표4를 적용한다.

1. 부정당업자의 위반행위가 예견할 수 없음이 명백한 경제여건 변화에 기인하는 등 부정당업자의 책임이 경미한 경우

2. 입찰참가자격 제한으로 유효한 경쟁입찰이 명백히 성립되지 아니하는 입찰자

가 2인 미만이 될 것으로 예상되는 경우

③ 부정당업자가 제재기간 이내 또는 제재기간 종료 후 6개월 이내에 다시 제재 사유가 발생한 경우에는 제재기간의 2분의 1 범위 안에서 가중할 수 있다.

④ 부정당업자의 계약이행 성실도, 계약금액 등을 고려하여 제재기간과 과징금 부과율을 기본제재기간의 2분의 1 범위 안에서 감경할 수 있다.

⑤ 부정당업자의 가중 및 감경에 대한 세부기준은 별표의 부정당업자 제재 세부 기준을 적용한다.

⑥ 안건제기부서의 장은 심의결과 재심의가 의결된 경우에는 재심의 사유가 해소된 때에 심의안건을 보완하여 조달기획관리팀으로 제출하여야 한다.

제8조(기타) 이 규정에서 정한 사항 이외에 심의회의 운영에 필요한 사항에 대하여는 위원장이 정할 수 있다.

부칙 <제356호, 2016.4.25.>

(시행일) 이 규정은 발령한 날부터 시행한다.

부정당업자 제재 세부기준

1. 기본원칙

국계칙 제76조 제1항 [별표2]에서 정한 제재사유별 기본기간에 의거 입찰참가자격 제한은 가중 또는 감경기간을 합산하여 2년 이내의 범위에서 결정하고 제재기간은 월단위로 정한다. 국계칙 제77조의2 [별표3] 및 [별표4]에서 정한 과징금 부과 심의 는 과징금 대상 여부 또는 과징금 부과율(계약금액 기준)에 따른 과징금액을 부과하 고 기획재정부 과징금 부과 심의위원회에 상정하여 결정한다.

2. 입찰참가자격 제한의 제재기간 가중

국계칙 제76조 제2항에 따라 제재기간 이내에 또는 제재기간 종료 후 6개월 이내 에 다시 제재사유가 발생한 경우에는 제재기간을 가중할 수 있으며 가중기간 산정은 다음 각호와 같다.

가. 가중기간

가중기간은 기본기간의 2분의 1 범위 안에서 정하되, 기본기간이 3개월인 경 우 1개월로 한다.

1) 적격심사서류 미제출 1건이 가중제재에 해당하는 경우

구 분	기본기간	가중기간	계
제재기간	3개월	1개월	4개월

2) 계약불이행 1건이 가중제재에 해당하는 경우

구 분	기본기간	가중기간	계
제재기간	6개월	1~3개월	7~9개월

3) 1건의 계약에서 하도급위반(영 제76조 제1항 제2호 가항)과 계약불이행의
제재사유가 발생하고, 가중제재에 해당하는 경우

구 분	기본기간	가중기간	계
제재기간	12개월	1~6개월	13~18개월

4) 하도급위반(영 제76조 제1항 제2호 가항) 1건과 계약불이행 3건으로 제재
건의 된 업체가 4건 모두 가중제재에 해당하는 경우

구 분	기본기간	가중기간	계
제재기간	12개월	1~6개월	13~18개월

나. 전과로 인한 가중제재의 제한

가중제재사유에 해당하는 계약 1건이 가중제재사유 발생 당시 여러 건의 제재(전과)가 동시에 진행 중인 경우 가중제재는 1회만 적용한다.

1) 계약불이행 1건으로 제재건의 된 업체가 부정당제재 사유가 발생 당시 3건
의 부정당제재가 동시에 중복 진행 중인 경우

구 분	기본기간	가중기간	계
제재기간	6개월	1~3개월	7~9개월

다. 입찰참가자격의 제한을 받은 업체에 다시 부정당업자 사유가 발생한 경우 가
중제재 적용 여부 판단 기준일자는 계약해제·해지일로 한다.

3. 입찰참가자격 제한의 제재기간 및 과징금 부과율 감경

국계칙 제76조 제4항, 제77조의2에 따라 제재기간과 과징금 금액을 감경하는 경우
다음을 기준으로 하여 기본기간의 2분의 1 범위 안에서 감경할 수 있다.

가. 계약이행률(하자보수 이행률 포함)에 의한 감경

    1) 이행률이 50% 이상 70% 미만일 경우에는 1개월 또는 과징금 부과율의
1.5%p를 감경한다.

    2) 이행률이 70% 이상 90% 미만일 경우에는 2개월 또는 과징금 부과율의

3%p를 감경한다.

3) 이행률이 90% 이상 100% 미만일 경우에는 3개월 또는 과징금 부과율의 4.5%p를 감경한다.

4) 이행률은 기성 또는 기납부분의 금액을 계약금액으로 나눈 비율(%)로 하며, 소수점 둘째자리에서 반올림한다.

5) 체계연동에 영향이 있는 경우에는 계약이행률(하자보수 이행률 포함)에 의한 감경을 적용하지 않는다.

나. 계약금액에 의한 감경

1) 계약금액이 2,200만 원 이상 5,500만 원 미만일 경우에는 1개월 또는 과징금 부과율의 1.5%p를 감경한다.

2) 계약금액이 2,200만 원 미만일 경우 2개월 또는 과징금 부과율의 3%p를 감경한다.

다. '가'항 및 '나'항에 의한 감경이 모두 가능한 경우 업체에 유리한 기준을 선택하여 적용한다.

라. 계약금액에 의한 감경을 적용 시 다수의 계약건이 있을 경우 해당 계약금액을 합산하여 적용한다.

마. 계약이행을 위하여 노력하는 등 기타 정상 참작할 사유가 있는 경우 위원들이 협의하여 감경 여부 및 기간을 정할 수 있으나, 가항 및 나항에 의한 감경은 국가계약법 시행령 제76조 제1항 제6호(계약미체결 및 계약불이행)의 제재사유의 경우에 한하여 적용한다.

바. 다음의 경우에는 상기 '가' 내지 '마' 규정에 의한 감경을 적용하지 아니한다.

1) 입찰담합, 뇌물공여, 정보제공 등 청렴서약 위반으로 제재를 받는 경우

2) 사기, 부정한 행위, 내구성의 연한단축, 안전도의 위해를 가져오는 부당한 제조·구매로 제재를 받는 경우

3) 위장 납품, 고의적인 계약 위배, 유해물질 혼입 등 군 급식에 위해를 가한 경우

4. 다수의 제재사유에 대한 제한기준

1인이 다수의 계약에서 제재사유가 발생한 경우 국계칙 제76조 제3항에 따라 가장 무거운 제한기준에 의해 제재기간을 정한다.

5. 과징금 부과

국계법 제27조의2에 해당하는 경우에는 입찰참가자격 제한을 갈음하여 과징금액을 부과할 수 있다. 과징금 부과 심의는 과징금 대상 여부 또는 과징금 부과율에 따른 과징금액을 부과하고 기획재정부 과징금 부과 심의위원회에 상정하여 결정한다.

가. 부과대상

1) 부정당업자의 위반행위가 예견할 수 없음이 명백한 경제여건 변화에 기인하는 등 부정당업자의 책임이 경미한 다음의 경우

가) 천재지변이나 그 밖에 이에 준하는 부득이한 사유로 인한 경우

나) 국내외 경제사정의 악화 등 급격한 경제여건 변화로 인한 경우

다) 발주자에 의하여 계약의 주요내용이 변경되거나 발주자로부터 받은 자료의 오류 등으로 인한 경우

라) 공동계약자나 하수급인 등 관련 업체에도 위반행위와 관련한 공동의 책임이 있는 경우

2) 입찰참가자격 제한으로 유효한 경쟁입찰이 명백히 성립되지 아니하는 입찰자가 2인 미만이 될 것으로 예상되는 경우

나. 부과기준

1) 부정당업자의 책임이 경미한 경우는 국계칙 제76조 제1항[별표3]에 의한 부과기준을 적용한다.

2) 입찰자가 2인 미만인 유효한 경쟁입찰이 성립되지 아니하는 경우는 국계칙 제76조 제1항[별표4]에 의한 부과기준을 적용한다.

다. 과징금 부과 심의위원회 심의 / 후속조치

1) 계약팀은 상정된 안건이 계약심의회에서 과징금 부과로 의결된 경우 [절차도 1]의 과징금 부과 심의위원회 심의절차에 따라 기획재정부에 심의요청하며, 필요시 과징금 부과 심의위원회에 출석하여 의견을 진술한다.

2) 계약팀은 기획재정부 과징금 부과 심의위원회의 심의결과에 따른 채권발생을 조달기획관리팀과 회계팀으로 통보하며, 회계팀은 업체로부터 채권을 회수한다.

3) 조달기획관리팀(행정간사)은 계약팀의 과징금 부과 심의위원회 안건상정 협조요청에 대한 행정지원과 과징금 부과 심의결과에 대한 현황을 관리한다.

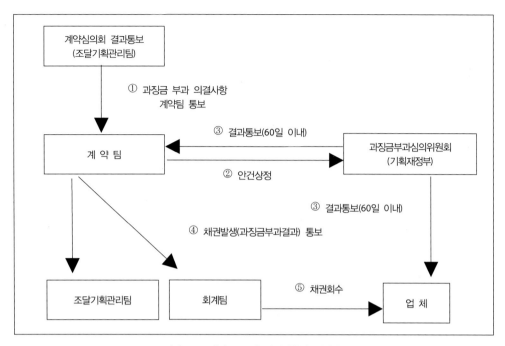

[절차도 1] 과징금 부과 심의위원회 심의절차

국방부 계약심의회 운영 예규

[시행 2017.3.9.] [국방부예규 제587호, 2017.3.9., 일부개정]

국방부(재정회계담당관), 02-748-5366

제1조(목적) 이 예규는 「국가를 당사자로 하는 계약에 관한 법률 시행령」(이하 "시행령"이라 한다) 제94조 및 「국방부 계약업무처리훈령」 제69조의 규정에 의한 국방부계약심의회(이하 "심의회"라 한다)의 구성과 운영에 관하여 필요한 사항을 정함을 목적으로 한다.

제2조(구성) ① 심의회는 위원장을 포함하여 10인 이내의 위원으로 구성하며, 행정간사 1인, 법무간사 1인과 서기 1인을 둔다.

② 위원장은 계획예산관으로 하고, 위원은 다음 각호에 규정된 사람 중 행정간사의 추천을 받아 위원장이 승인하여 구성한다.

1. 내부위원: 법무관리관실 법무담당관, 감사관실 회계감사담당관, 계획예산관실 재정회계담당관, 군수관리관실 군수품수명주기관리과장, 군사시설기획관실 건설관리과장, 기타 국방부 과장급 이상 직위자

2. 외부위원: 군수·시설·계약분야에 대한 전문지식과 경험이 풍부한 전문가 중에서 국방부장관이 위촉하는 자

③ 위원장은 심의회 개최 시 안건의 성격을 고려하여 내부 위원은 재정회계담당관, 법무담당관 및 안건 관련 분야 위원을 우선적으로 포함하되 외부 위원은 6명까지 참석시킬 수 있다.

④ 외부위원의 풀(pool)은 11명 이내로 하되 위원의 임기는 2년으로 하고 연임할 수 있다.

⑤ 행정간사와 법무간사는 계획예산관실 재정회계담당관 계약관리담당으로 하고, 서기는 위원장이 지명하는 자로 한다.

⑥ 위원이 부득이한 사유로 직무를 수행할 수 없을 경우에는 해당 위원이 지명하는 자로 직무를 대행하게 할 수 있다.

제3조(기능) ① 심의회는 다음 각호의 사항을 심의·조정한다.

1. 「국가를 당사자로 하는 계약에 관한 법률」(이하 "법"이라 한다) 제27조, 시행령 제76조 및 「국가를 당사자로 하는 계약에 관한 법률 시행규칙」(이하 "시행규칙"이라 한다) 제76조의 규정에 의한 부정당업자의 입찰참가자격 제한처분에 관한 사항

2. <삭제>

3. 「정부입찰·계약 집행기준」 제5조의2 제2항에 의한 신기술 등의 설계 포함 관련 사항

4. 법 제27조의2, 시행령 제76조의2 및 시행규칙 제77조의2 규정에 의한 부정당업자의 과징금 부과에 관한 사항

5. 그 밖에 계약과 관련하여 위원장이 부의하는 사항

② <삭제>

③ 제1항 제3호의 규정에도 불구하고, 필요시 신기술 등의 설계 포함 관련 사항을 각 군, 국직부대(기관), 국방부 소속기관, 주한미군기지이전사업단 등에 위임할 수 있다.

제4조(직무) ① 위원장은 심의회를 대표하며 회무를 통할한다.

② 위원장이 부득이한 사유로 직무를 수행할 수 없는 경우에는 위원장이 위원 중에서 지명한 자가 그 직무를 대행한다.

③ 간사 및 서기는 심의회에 부의된 안건에 관한 사무를 처리한다.

제5조(운영) ① 심의회는 위원장이 소집한다.

② 심의회는 부의된 안건에 대하여 위원 과반수의 출석으로 개회하고, 출석위원 과반수의 찬성으로 의결한다. 단, 불문결정은 출석위원 2/3 이상의 찬성으로 의결한다.

③ 위원장이 심의회에 부여할 안건 중 심의회 개최가 합리적이고 효율적이지 아니하다고 판단하는 경우 서면으로 심의할 수 있다.

④ 위원장은 심의회에 부의된 안건 중 계약 체결·이행과 관련하여 발주기관에 대하여 개선권고가 필요한 사항이 있을 경우 이를 포함하여 의결할 수 있으며, 업체에 대하여 불문결정 시에도 「행정절차법」에 따라 행정지도를 포함하여 의결할 수 있다.

⑤ 심의회를 통하여 부정당업자로서 입찰참가자격 제한이 결정된 업체에 대한 제재 기산일은 제재처분 결과 통보일로부터 14일 후로 한다. 다만, 주소불명 등의 사유로 제재 처분 결과 송달이 불가능할 경우에는 「행정절차법」 제14조

제4항에 따라 관보에 게재하고 관보게재 후 14일이 경과한 때를 제재 기산일로 한다.

제5조의2(외부 위원의 청렴서약·제척·회피) ① 위원은 별지 제1호 서식에 따른 반부패 청렴서약서에 서명하여야 한다.

② 위원은 다음 각호의 어느 하나에 해당하는 경우 해당 사건에 대한 심사에서 제척된다.

1. 위원 또는 그 배우자나 배우자이었던 사람이 해당 사건의 당사자(법인·단체 등인 경우에는 그 임원을 포함한다)이거나 당사자의 공동권리자 또는 공동의무자인 경우

2. 위원이 해당 사건의 당사자와 친족이거나 친족이었던 경우

3. 위원이나 위원이 속한 기관 또는 법인이 해당 사건에 관하여 증언, 진술, 자문, 연구, 용역 또는 감정을 한 경우

③ 위원이 제2항 각호의 제척 사유에 해당하는 경우에는 스스로 그 사건의 심의에서 회피하여야 한다.

④ 제3항에 따른 회피 신청을 하고자 하는 때에는 별지 제2호 서식에 따른 신청서를 작성하여 위원장에게 제출하여야 한다.

⑤ 위원장은 회피 사유에 해당됨에도 불구하고 위원으로 참석하여 심사의 공정성에 지장을 초래하거나, 이해관계자로부터 금품이나 부정청탁을 받은 사실이 확인되는 등 위원으로서의 자격이 없다고 판단되는 경우 해당 위원을 잔여 위촉 기간에 관계없이 즉시 해촉한다.

제6조(관계기관 등의 의견청취) ① 심의회는 부의된 안건을 심의하기 위하여 이해관계인을 심의회에 직접 출석하게 하여 그 의견을 듣거나 관련서류의 제출을 요구할 수 있다.

② 심의회는 필요한 경우 관계전문가 또는 관계기관 등에 조사·연구 및 감정·시험 등을 의뢰할 수 있다.

제7조(부정당업자의 입찰참가자격 제한 등) 제3조제1항제1호에 따른 부정당업자의 입찰참가자격 제한기준은 시행규칙 제76조제1항 별표 2의 '부정당업자의 입찰참가자격 제한기준'과 같고, 시행규칙 제76조제1항 내지 제4항에 의한 감경 또는 가중 제한기준은 이 예규 별표 1의 "부정당업자 제재 세부기준"과 같으며, 기타 심의회의 운영에 필요한 사항에 대하여는 위원장이 따로 정한다.

제8조(과징금 부과 금액과 기준) 제3조제1항제4호에 따른 부정당업자의 과징금 부

과 세부기준 중 시행령 제76조의2제1항에 의한 과징금은 시행규칙 77조의2제1
항제1호 별표3, 시행령 제76조의2제2항에 의한 과징금은 시행규칙 제77조의2제1
항제2호 별표4와 같으며, 시행규칙 제77조의2제2항에 의한 감경기준은 이 예규
별표2의 "과징금 부과 세부기준"과 같다.

부칙 <제587호, 2017.3.9.>
이 예규는 발령한 날부터 시행한다.

부정당업자 제재 세부기준(제7조 관련)

1. 기본원칙

「국가를 당사자로 하는 계약에 관한 법률 시행규칙」 제76조제1항 별표2에서 정한 제재사유별 기본기간에 가중 또는 감경기간을 합산하여 2년 이하의 범위에서 결정하고, 제재기간은 월단위로 정한다.

2. 제재기간의 가중

「국가를 당사자로 하는 계약에 관한 법률 시행규칙」 제76조 제2항에 따라 제재기간 이내에 또는 제재기간 종료 후 6월 이내에 다시 제재사유가 발생한 경우에는 제재기간을 가중할 수 있으며, 가중기간 산정은 다음과 같다.

가. 가중기간

가중기간은 기본기간의 2분의 1 범위 안에서 정하되, 기본 기간이 3월인 경우 1월로 한다. 다만, 계약불이행의 경우에는 이행률을 고려하여 아래와 같이 적용한다.

(가) 50% 미만: 3개월

(나) 50% 이상 70% 미만: 2개월

(다) 70% 이상 90% 미만: 1개월

(라) 90% 이상: 0개월

<예시1> 적격심사서류 미제출 1건이 가중제재에 해당하는 경우

구 분	기본기간	가중기간	계
제재기간	3월	1월	**4월**

<예시2>

1건 계약에서 하도급위반(일괄하도급)과 계약불이행의 제재사유가 발생하고, 가중제재에 해당하는 경우

구 분	기본기간	가중기간	계
제재기간	12월	6월	**18월**

<예시3> 하도급위반(일괄하도급) 1건, 계약불이행 3건으로 제재건의 된 업체가 4건 모두 가중제재에 해당하는 경우

구 분	기본기간	가중기간	계
제재기간	12월	6월	**18월**

나. 전과로 인한 가중제재의 제한

가중제재사유에 해당하는 계약 1건이 가중제재사유 발생 당시 여러 건의 제재(전과)가 동시에 진행 중인 경우 가중제재는 1회만 적용한다.

<예시> 계약불이행 1건으로 제재건의 된 업체가 부정당제재사유가 발생 당시 3건의 부정당제재가 동시에 중복 진행 중인 경우

구 분	기본기간	가중기간	계
제재기간	6월	3월	9월

다. 입찰참가자격의 제한을 받은 업체에 다시 부정당업자 사유가 발생한 경우 가중제재 적용 여부 판단 기준일자는 다음과 같다.
   1) 업체에서 자의적으로 계약포기서를 제출한 일자
   2) 1) 이외의 경우로서 발주기관에서 최고 등의 행위를 거쳐 계약해지를 한 일자

3. 제재기간의 감경

「국가를 당사자로 하는 계약에 관한 법률 시행규칙」 제76조 제4항에 따라 기간을 감경하는 경우 다음을 기준으로 하여 기본기간의 2분의 1 범위 안에서 감경할 수 있다.

가. 이행률에 의한 감경
   1) 이행률이 16.7% 이상 33.3% 미만이면 1월을 감경한다.
   2) 이행률이 33.3% 이상 50% 미만이면 2월을 감경한다.
   3) 이행률이 50% 이상 100% 이하이면 3월을 감경한다.

4) 여러 건인 경우 이행률이 가장 낮은 건에 대하여 1) 내지 3)에 해당하는 기간을 감한다.

5) 이행률은 기성 또는 기납부분의 금액을 계약금액으로 나눈 비율(%)로 하며, 소수점 둘째자리에서 반올림한다.

6) 하자보수 불이행의 경우 3)을 준용한다.

나. 업체가 부도 또는 폐업한 경우

1) 부도발생 및 폐업 후 시공/계약포기서를 15일 이내에 제출하는 경우에는 2월을 감경한다.

2) 부도발생 및 폐업 후 시공/계약포기서를 30일 이내에 제출하는 경우에는 1월을 감경한다.

3) 1)과 2)는 계약기간 이내에 계약포기서를 제출한 경우에 적용하며 30일이 경과 후 제출한 때에는 적용하지 않는다.

4) 부도업체가 계약이행률에 의한 감경이 있는 경우 업체에 유리한 기준을 선택하여 적용한다.

다. 계약불이행으로 인한 제재사유가 발생하고, 계약금액이 소액인 경우 다음과 같이 감경한다.

1) 계약금액이 1,000만 원 이상 2,000만 원 미만일 경우에는 1월을 감경한다.

2) 계약금액이 500만 원 이상 1,000만 원 미만일 경우 2월을 감경한다.

3) 계약금액이 500만 원 미만일 경우 3월을 감경한다.

4) 여러 건인 경우 금액을 합산하여 1)내지 3)의 해당하는 기간을 감한다.

5) 1) 내지 3)은 계약이행률에 의한 감경이 있는 경우 업체에 유리한 기준을 선택하여 적용한다.

라. 계약이행을 위한 성실도 등을 고려하여 위원들이 협의하여 감경 여부(감경배제 포함) 및 기간을 정한다.

마. 다음의 경우에는 상기 '가' 내지 '다' 규정에 의한 감경을 적용하지 아니한다.

1) 가중제재에 해당하는 경우

2) 사기, 허위서류 제출, 부정한 행위 등 악의적인 사유로 제재를 받는 경우

3) 군 급식 관련 계약에서 고의적인 계약위반, 허위 납품, 유해물질 혼입 등 장병 급식에 위해를 끼친 경우

4. 1인이 다수의 계약에서 제재사유가 발생한 경우「국가를 당사자로 하는 계약에 관한 법률 시행규칙」제76조 제3항에 따라 가장 무거운 제한기준에 의해 제재기간을 정한다.

5. 「국가를 당사자로 하는 계약에 관한 법률 시행령」제76조 제1항 제6호에 해당하는 제재사유가 발생한 경우로 다음의 경우에는 불문을 결정할 수 있다. 다만, 이 경우 출석위원 2/3 이상의 찬성으로 의결한다.

가. 낙찰자 및 계약상대자의 상당한 노력에도 불구하고 제재사유 발생의 이유가 명백한 발주기관의 귀책사유로 인한 것이라고 인정되는 경우

나. 입찰과정에서 입찰자가 총액계약을 단가계약으로 판단 착오함으로 인한 오기임이 명백하게 인정되는 경우

[별표 2]

과징금 부과 세부기준(제8조 관련)

1. 기본원칙

「국가를 당사자로 하는 계약에 관한 법률 시행규칙」제77조의2 제1항 별표3 및 별표4에서 정한 제재사유별 과징금 부과금액의 2분의 1 범위 안에서 감경할 수 있으며, 과징금 부과금액에 10원 미만의 끝수가 있을 때에는 「국고금 관리법」제47조에 의거 그 끝수는 계산하지 아니한다.

2. 과징금 부과금액의 감경

「국가를 당사자로 하는 계약에 관한 법률 시행규칙」제77조의2 제2항에 따라 과징금 부과금액을 감경하는 경우에는 다음을 기준으로 하여 기본 부과금액의 2분의 1 범위 안에서 감경할 수 있다.

가. 이행률에 의한 감경
   1) 이행률이 16.7% 이상 33.3% 미만이면 12.5%를 감경한다.
   2) 이행률이 33.3% 이상 50% 미만이면 25%를 감경한다.
   3) 이행률이 50% 이상 100% 이하이면 50%를 감경한다.
   4) 여러 건인 경우 건별 계약금액을 합산하여 총 계약금액 대비 이행률을 산정하여 1) 내지 3)의 해당하는 비율을 감한다.
   5) 이행률은 기성 또는 기납부분의 금액을 계약금액으로 나눈 비율(%)로 하며, 소수점 둘째자리에서 반올림한다.
   6) 하자보수 불이행의 경우 3)을 준용한다.

나. 업체가 부도 또는 폐업한 경우
   1) 부도발생 및 폐업 후 시공/계약포기서를 15일 이내에 제출하는 경우에는 25%를 감경한다.
   2) 부도발생 및 폐업 후 시공/계약포기서를 30일 이내에 제출하는 경우에는

12.5%를 감경한다.

   3) 1)과 2)는 계약기간 이내에 계약포기서를 제출한 경우에 적용하며 30일이 경과 후 제출한 때에는 적용하지 않는다.

   4) 부도업체가 계약이행률에 의한 감경이 있는 경우 업체에 유리한 기준을 선택하여 적용한다.

다. 계약불이행으로 인한 제재사유가 발생하고, 계약금액이 소액인 경우 다음과 같이 감경한다.

   1) 계약금액이 1,000만 원 이상 2,000만 원 미만일 경우에는 12.5%를 감경한다.

   2) 계약금액이 1,000만 원 미만일 경우 25%를 감경한다.

   3) 1)과 2)는 계약이행률에 의한 감경이 있는 경우 업체에 유리한 기준을 선택하여 적용한다.

라. 계약이행을 위하여 노력하는 등 기타 정상 참작할 사유가 있는 경우 위원들이 협의하여 감경 여부 및 기간을 정한다.

마. 상기 '가' 내지 '다' 규정에 의한 감경은 별표1의 "가중제재에 해당하는 경우"에는 적용하지 아니한다.

[규정 3]

조달청 계약심사협의회 운영규정

[시행 2016.3.14.] [조달청훈령 제1736호, 2016.3.14., 일부개정]

조달청(규제개혁법무담당관), 070-4056-7511

제1장 총 칙

제1조(설치목적) 조달업무에 관한 중요사항을 심사하게 하기 위하여 조달청에 계약심사협의회(이하 "협의회"라 한다)를 설치 운영한다.

제2장 계약심사협의회

제2조(기능) 협의회는 다음 각호의 사항을 심사한다.

1. 주요 계약방법 및 특정규격의 심사 결정에 관한 사항
2. 주요 민원 또는 소송의 처리방안에 관한 사항
3. 부정당업자의 입찰참가자격 제한, 계약해제·해지의 결정에 관한 사항
4. 주요 규정의 제·개정 및 주요 제도개선이나 정책결정에 관한 사항
5. 정보화사업 등 주요 사업계획에 관한 사항
6. 국내 의사결정이 어렵거나 국간 의견조정이 필요한 사항
7. 구매·시설 등 본·지방청 간 업무조정에 관한 사항
8. 직접생산확인, 품질점검 등 품질관리에 관하여 결정이 필요한 사항
9. 기타 의장이 심사가 필요하다고 판단하는 사항

제3조(협의회의 구성) ① 협의회는 의장 1인을 포함한 10인 내외의 위원으로 구성한다.

② 위원은 조달청 차장과 각 국장, 감사담당관(이하 '내부위원'이라 한다)으로 하며, 제5조 제2항에 의하여 외부위원을 참여시키는 경우에는 협의회 참여를 수락한 외부위원을 포함한다.

③ 협의회의 의장은 조달청 차장이 된다.

④ 외부위원은 조달업무에 필요한 전문지식과 경험이 풍부한 전문가 중에서 조달청장이 위촉하는 자로 하며 임기는 2년으로 하되 연임할 수 있다.

⑤ 단체·협회 등의 특정직책 보유자가 위원으로 위촉된 후 그 직책의 자가 변경된 경우에는 별도의 위촉절차 없이 당해 위원직을 자동 승계하며, 승계받은 위원의 임기는 전임위원의 잔여임기로 한다.

⑥ 본청 각 국장, 조달품질원장 및 각 지방청장은 소관 업무 중 중요사항에 관하여 자체 심사를 하거나, 이 협의회에 심사 안건을 상정하기 위하여 자체 심사기구를 설치 운영하여야 한다. 자체 심사기구의 운영방법, 절차 등 필요한 사항은 「조달청 계약심사협의회 운영규정」을 준용한다.

제4조(의장의 직무) ① 의장은 협의회의 직무를 통할하고 협의회를 대표한다.

② 의장이 사고가 있을 때에는 기획조정관이 그 직무를 대행한다.

제5조(회의) ① 의장은 협의회의 회의를 소집하고 회의개최 1일 전까지 회의개최 목적에 관한 사항을 각 위원에게 서면으로 통지한다.

② 협의회는 다음 각호에 해당하는 경우에 3인 이내의 외부위원을 참여시킬 수 있다.

1. 소관국장이 요청한 경우

2. 의장이 특히 필요하다고 인정하는 경우

③ 제2항의 경우 재적위원은 내부위원과 협의회 참여를 수락한 외부위원으로 한다.

④ 회의는 의장을 포함한 재적위원 과반수 출석으로 개의하고 출석위원 과반수의 찬성으로 의결한다.

⑤ 의장은 다음 각호에 해당하는 안건(이하 "약식안건"이라 한다)의 경우 회의를 생략하고 내부위원 서명으로 의결에 갈음할 수 있다.

1. 「국가를 당사자로 하는 계약에 관한 법률 시행령」 제76조 제1항 제6호, 제11호, 제14호, 제14의2호, 제15호 및 「지방자치단체를 당사자로 하는 계약에 관한 법률 시행령」 제92조 제1항 제6호, 제11호, 제14호, 제15호에 해당하는 안건

2. 경미한 사안으로서 간사가 의장에게 사전 보고하여 승인을 받은 안건

제6조(심사요구) ① 각 소관국장이 이 규정 제2조에 해당하는 사항 중에서 이 협의회의 심사를 원할 때에는 별지 제1호 및 제2호의 서식에 의한 안건을 위원정수에 3부를 추가 작성하여 간사에게 제출하여야 한다. 단, 제5조 제5항에 해당하는 경우에는 그러하지 아니하다.

② 조달품질원장 및 각 지방청장은 제3조 제6항에 따라 심사 안건이 이 협의회의 심사가 필요한 때에는 본청 소관 국을 거쳐서 해당 국장이 심사를 요청하여야 한다. 단, 제5조 제5항에 해당하는 경우에는 그러하지 아니할 수 있다.

제7조(자료의 요청 및 조사) 협의회는 의안심사를 위하여 필요하다고 인정할 때에는 관계부서에 대하여 필요한 자료의 제출을 요구하거나 관계자의 의견을 들을 수 있으며 현장조사를 할 수도 있다.

제8조(전문가의 의견청취) ① 협의회는 전문적인 판단을 필요로 하는 의안을 심사할 때에는 민간전문기술자, 변호사, 공인회계사 등 관계전문가를 초빙하여 의견을 청취하거나 자문을 받을 수 있다.

② 협의회는 다음 각호의 사항에 대하여 필요하다고 인정할 경우에는 계약심사협의회 실무위원회에서 사전 검토하게 할 수 있다.

1. 계약방법, 구매규격, 낙찰자 결정에 있어 민원이나 수요기관의 이견이 제기된 사항
2. 입찰담합 의혹에 대한 재입찰 여부에 관한 사항
3. 적기 또는 일괄구매·공급을 위한 계약방법이나 예정가격 변경 등에 관한 사항
4. 보증시공방법 또는 대상자 등에 대한 이견이 있는 사항
5. 계약관련 지침, 고시, 제도개선 등에 관한 사항
6. 기타 입찰, 계약체결, 계약관리와 관련하여 필요한 사항

③ 제1항에 따라 자문을 받는 경우 외부전문가에 대하여는 예산의 범위 내에서 수당을 지급할 수 있다.

제9조(제재 당사자 등에 대한 의견청취) 의장은 면밀한 의안심사 및 사실관계 확인을 위해 필요하다고 인정되는 경우 제재대상업체 등을 참석시켜 의견을 청취할 수 있다.

제10조(간사) 협의회의 사무를 처리하기 위하여 간사 1인을 두며 간사는 규제개혁법무담당관이 된다.

제11조(심사결과 통보) ① 협의회의 간사는 협의회에서의 심사결과를 처리담당부서에 통보하여야 한다.

② 처리담당부서는 심사결과와 업무를 종합하여 청장에게 보고하여야 한다.

제3장 계약심사협의회 실무위원회

제12조(기능) 계약심사협의회 실무위원회(이하 "실무위원회"라 한다)는 제8조 제2항의 안건 중 의장이 사전검토가 필요하다고 인정하여 회부하는 사항을 검토한다.

제13조(실무위원회의 구성) ① 실무위원회는 위원장(이하 "실무위원장"이라 한다) 1인을 포함한 9인 이내의 위원으로 구성한다.

② 실무위원장은 기획조정관이 되고 실무위원은 규제개혁법무담당관, 그리고 정보기획과, 물품관리과, 원자재총괄과, 외자구매과, 구매총괄과, 시설총괄과 주무 서기관(또는 사무관)이 된다.

제14조(실무위원장의 직무) ① 실무위원장은 실무위원회의 직무를 통할하고 실무위원회를 대표한다.

② 위원장이 사고가 있을 때에는 규제개혁법무담당관이 그 직무를 대행한다.

제15조(회의) ① 실무위원장은 회의를 소집하고 회의 개최 1일 전까지 회의 개최의 목적에 관한 사항을 서면으로 통지한다.

② 회의는 실무위원장을 포함한 3분의 2 이상 위원의 출석으로 개의한다.

제16조(실무위원회의 간사) 실무위원회의 간사는 규제개혁법무담당관실 담당서기관 또는 사무관이 된다.

제17조(검토결과 보고) 실무위원회의 간사는 실무위원회의 검토의견을 종합하여 의장에게 보고하여야 한다.

제4장 자문위원

제18조(자문위원의 위촉) ① 조달청장은 정부회계제도와 조달계약업무에 관한 풍부한 경험과 전문지식이 있는 자로서 조달행정 발전에 기여할 수 있는 자를 자문위원으로 위촉할 수 있다.

② 자문위원은 다음 분야별로 10인 이내로 한다.

1. 전자조달 업무분야

2. 국제물자 업무분야

3. 구매 업무분야(해외자문위원운영규정에 의한 사항 제외)

4. 시설 업무분야

③ 자문위원의 위촉기간은 2년으로 하되, 필요한 경우 재위촉할 수 있다.

제19조(자문범위) 의장은 다음 사항에 대하여 필요하다고 인정할 경우에는 분야별 자문위원에게 자문을 요청할 수 있다.

1. 계약심사협의회 심사안건에 관한 사항

2. 그 밖에 조달행정 발전에 관한 사항

제20조(자문위원의 간사) 분야별 자문위원의 자문사무를 처리하기 위하여 다음과 같이 간사 1인을 둔다.

1. 전자조달 업무분야: 정보기획과 주무서기관(또는 사무관)

2. 국제물자 업무분야: 원자재총괄과 주무서기관(또는 사무관)

3. 구매 업무분야: 구매총괄과 주무서기관(또는 사무관)

4. 시설 업무분야: 시설총괄과 주무서기관(또는 사무관)

제21조(자문결과 보고) 자문위원의 간사는 소관분야의 자문 결과를 의장에게 보고하여야 한다.

제22조(경비지급) 외부위원에 대하여는 예산의 범위 안에서 일정액의 수당과 여비를 지급할 수 있다.

제23조(비밀엄수) 외부위원은 협의회 참석 시 지득한 정보나 관련 자료를 외부에 누설하거나 유출하여서는 아니 된다.

제24조(기타사항) 이 규정에 규정된 사항 외에 협의회, 실무위원회 및 자문위원의 운영에 관하여 필요한 사항은 협의회의 의결을 거쳐 의장이 정한다.

부칙 <제1736호, 2016.3.14.>

이 규정은 발령한 날부터 시행한다.

중소기업청 계약심의회 규정

[시행 2014.12.15.] [중소기업청훈령 제344호, 2014.12.15., 일부개정]

중소기업청(운영지원과), 042-481-4318

제1조(목적) 국가계약업무의 투명성 제고 및 계약과 관련된 중요사항을 심의하기 위하여 중소기업청에 계약심의회(이하 "심의회"라 한다)를 설치·운영한다.

제2조(기능) 심의회는 다음 각호의 사항을 심의·조정한다.

1. 수의계약의 요건, 수의시담자 선정기준에 관한 사항

2. 계약방법의 적정성 여부에 관한 사항

3. 진정, 건의, 질의 또는 이의신청 등 특별민원으로서 계약과 관련된 사항

4. 계약불이행 및 계약해제에 따른 제반조치(제재기간 등)의 결정에 관한 사항

5. 기타 국가계약업무의 효율적 운영을 위하여 청장이 필요하다고 인정하는 경우

제3조(심의회의 구성) ① 심의회는 위원장(이하 "위원장"이라 한다) 1인을 포함하여 10인 이내의 위원으로 구성한다.

② 심의회의 위원장은 운영지원과장이 되고 위원은 감사담당관 및 각 국 주무과 장으로 한다.

제4조(심의 대상사업) ① 3천만 원 이상인 공사, 2천만 원 이상의 물품구입, 용역 및 기타사업을 대상으로 한다.

② 다만, 다음 각호는 계약심의회의 심의를 생략할 수 있다.

1. 조달청에 의뢰하여 계약을 체결하는 경우

2. 경쟁방법에 의한 계약을 체결하는 경우

3. 중소기업청 일상감사규정에 의한 일상감사를 필할 경우

제5조(심의요구) ① 수요부서의 담당과장은 이 규정 제2조에 해당하는 사항 중에서 심의회의 심의를 요구할 때에는 별지 제1호의 서식에 의한 "계약심의회 소집 요구서"를 작성하여 각 위원에게 제출하여야 한다.

② 사안의 긴급, 기타 사유로 심의회를 개최할 수 없는 경우에는 서면심의로 갈 음할 수 있다.

③ 각 지방청 등의 경우 별도의 심의회를 구성 운영한다. 다만, 소관 사업국의 승인을 얻어 처리하여야 할 경우 이 심의회에 심의요청을 하여야 한다.

제6조(위원장의 직무) ① 위원장은 심의회의 직무를 총괄하고 심의회를 대표한다.

② 위원장이 사고가 있을 때에는 제3조 2항의 직제 순위에 의하여 그 직무를 대행한다.

제7조(회의) 회의는 위원장을 포함한 3분의 2 이상 위원의 출석으로 개의하고 출석위원 과반수의 찬성으로 의결한다. 다만, 가부동수인 경우에는 부결로 처리한다.

제8조(자료의 요청 및 조사) 심의회는 각 의안 심사를 위하여 필요하다고 인정할 때에는 관계부서에 대하여 필요한 자료의 제출을 요구하거나 관계자의 의견을 들을 수 있으며 현장조사를 할 수도 있다.

제9조(의견청취) ① 심의회에서 전문적인 판단을 필요로 하는 의안을 심의할 때에는 해당 분야의 전문가를 초빙하여 의견을 청취하거나 자문을 받을 수 있다.

② 제1항에 따라 자문을 받는 경우 외부전문가에 대하여는 예산의 범위 내에서 수당을 지급할 수 있다.

제10조(회의록) 심의회를 개최한 때에는 회의록을 작성하여 5년간 보관하여야 한다.

제11조(간사) 심의회의 사무를 처리하기 위하여 간사 1인을 두며 간사는 심의요청 부서의 주무관 혹은 사무관이 된다.

제12조(심사결과 통보) 수요부서에서는 운영지원과에 계약체결 의뢰 시 별지 제2호 서식에 의한 "계약심의 의결서"를 첨부하여야 한다.

제13조(기타사항) 이 규정에 정한 사항 외에 심의회의 운영에 관하여 필요한 사항은 심의회의 의결을 거쳐 위원장이 정한다.

부칙 <제344호, 2014.12.15.>

이 규정은 2014년 12월 15일부터 시행한다.

양창호

고려대학교 철학과 졸업
미국 USC(University of Southern California) 로스쿨 LLM 졸업
고려대학교 법과대학원 박사과정 수료(상법)
사법연수원 수료
방위사업청 법률소송담당관실 항공/지휘유도사업 법제·송무담당
방위사업청 계약심의회 법무간사
현) 법무법인(유)로고스 변호사

이메일: ychangho21@naver.com
블로그: http://blog.naver.com/ychangho21

부정당업자
입찰참가자격 제한 해설

초판 2쇄 2021년 3월 15일
초판발행 2017년 12월 11일

지은이 양창호
펴낸이 채종준
펴낸곳 한국학술정보㈜
주소 경기도 파주시 회동길 230(문발동)
전화 031) 908-3181(대표)
팩스 031) 908-3189
홈페이지 http://ebook.kstudy.com
전자우편 출판사업부 publish@kstudy.com
등록 제일산-115호(2000. 6. 19)

ISBN 978-89-268-8178-1 93360